Parteirat

CHRISTOPH MEYER

Greta Wehner

CHRISTOPH MEYER

Greta Wehner

Eine Frau tritt aus dem Schatten

BIOGRAFIE

Thomas-Wimmer-Ring 11
80539 München
info@langenmueller.de

Umschlaggestaltung: Wolfgang Heinzel
Umschlagmotiv: Sammlung Herbert-und-Greta-Wehner-Stiftung, Dresden
Innenlayout: Sibylle Schug, München
Satz: VerlagsService Dietmar Schmitz, Erding
Druck und Binden: Friedrich Pustet GmbH & Co.KG, Regensburg
Printed in Germany
ISBN 978-3-7844-3721-7
www.langenmueller.de

INHALT

*»Freiheit und Recht besteht nur dann wirklich,
wenn es in den täglichen Kleinigkeiten des Lebens
anerkannt wird.«*

(GRETA BURMESTER, 1953)

*»Helfen. Und arbeiten und nicht verzweifeln.
Und auch die skeptischen Leute die Erfahrung erleben lassen,
dass es mit Ehrlichkeit geht.«*

(HERBERT WEHNER, 1964)

Der Autor ist Zeitzeuge zugleich. Darum werden dieses und andere Bilder, hier und an anderen Stellen, in den Fluss der Erzählung eingefügt.

SUCHBILD

Ein Parteikongress, Anfang der Sechzigerjahre. Der Saal ist dicht besetzt. Vorne stehen Tische mit weißem Tuch, daran sitzen Funktionäre, weiter hinten, gedrängt in Stuhlreihen, das Publikum, die Basis. Dunkle Anzüge, weiße Hemdkragen, Krawatten, die Herren meist mittleren Alters, nur vereinzelt Damen im Kostüm. Rechts steht ein kleiner, älterer Herr am Redepult. Es ist der Vorsitzende, Erich Ollenhauer. Hinter ihm erhebt sich ein deutlich jüngerer Mann. Unverkennbar im Profil: der Regierende Bürgermeister von Berlin. Der Fotograf will einen historischen Moment festhalten. Hier stellt sich ein Hoffnungsträger vor. Viele Hände klatschen Beifall. Erwartungsvolle Blicke. Willy Brandt ist Kanzlerkandidat. Endlich hat die Partei eine frische Alternative zum Alten, zu Adenauer.

Das ist die Diagonale von links unten nach rechts oben. Sie dominiert das Bild, auch das Geschichtsbild. Aber da geht noch eine weitere Linie durch das Bild, sie ist schwächer, kreuzt die andere in entgegengesetzter Richtung. In der linken oberen Bildhälfte vor den Stuhlreihen ist eine junge Frau zu sehen. Stehend, kurzes dunkles Haar, Seitenscheitel, breite Wangenknochen. Groß gewachsen, dunkel gekleidet, Perlenkette, eine Hand vor dem Mund, überlegend. Ihr Blick ist nicht auf die ebenfalls stehenden Hauptfiguren gerichtet. Er geht in die rechte untere Bildhälfte, zum Präsidiumstisch. Die Herren dort sind nur von schräg hinten zu sehen. Einer sitzt etwas nach vorn gebeugt, er scheint den Blick der Frau zu erwidern. Braucht er etwas?

Der Mann, das kann Herbert Wehner sein. Die Frau, das ist Greta. Greta Burmester, später Greta Wehner, weiß sicher nicht, dass sie gerade fotografiert wird. Sonst wäre sie gar nicht ins Bild gelaufen. Denn Greta tut alles, nämlich das, was sie für das Notwendige hält, für Herbert. Sie drängt sich nicht nach vorn. Im Gegenteil, wenn sie einmal zu sehen ist, dann oft nur am Bildrand, im Hintergrund. Greta sorgt dafür, dass der Mann arbeiten kann. Im Politikbetrieb wie im Privatleben hält sie Herbert Wehner den Rücken frei. Ihre Hilfe ist notwendig, damit der wichtigste Stratege der deutschen Sozialdemokratie, der Architekt auch dieses historischen Moments, weiterarbeiten kann.

Da steht sie nun, in ihrem Rücken die Stuhlreihen der Parteibasis, die Funktionärsriege im Blick. Gretas aufrechter Stand hebt das hierarchische Oben und Unten etwas auf, ihre Erscheinung gibt dem kalten Schwarzweiß etwas Wärme. Ohne Greta ist das Bild nicht vollständig.

Als Gegenentwurf zu klassischen Rollenbildern taugt Greta nicht. Sie passt aber auch in keines hinein. Sie ist die Tochter von Herbert Wehners Frau Lotte, aber sie ist nicht seine Stieftochter. Aus gesundheitlichen Gründen kann die Mutter ihren Mann nicht auf seinen Reisen und Terminen begleiten. Diese Aufgabe fällt Greta zu; aber sie ist kein schmückendes Beiwerk mit karitativer Nebentätigkeit. Sie ist keine Politikerfrau. Greta organisiert Herberts Termine, fährt ihn überall hin, ist stets mit Hilfe zur Stelle. Aber ebenso wie im Privaten gibt es auch im Beruflichen keine Stellenbeschreibung, die auf Greta passt. Hinter jedem starken Mann steht eine starke Frau, der Spruch allerdings trifft hier zu.

Die alte Bundesrepublik Deutschland, das Wirtschaftswunderland, ist männerdominiert. Männer und Frauen sind gleichberechtigt, verspricht das Grundgesetz, doch die Wirklichkeit sieht anders aus. Nicht nur auf Parteitagen, in der gesamten Politik, im Berufsleben und in den Familien, überall haben die Männer das Sagen. Kindergartenplätze sind rar. Frauen, die heiraten, hängen ihren Beruf an den Nagel und dienen ihren Männern und Kindern als Hausfrauen und Mütter. Arbeitende Frauen sind meist alleinstehende Frauen, oft in untergeordneten Stellungen, in helfenden Berufen: Krankenschwestern, Sekretärinnen, Sozialarbeiterinnen. So auch Greta Burmester.

Greta, Jahrgang 1924, ist die Tochter eines Hamburger Widerstandskämpfers, den die Nazis ermorden, als sie noch keine zehn Jahre alt ist. Mit Mutter und Bruder flüchtet sie nach Schweden, dort lernt Lotte Burmester 1944 Herbert Wehner kennen und lieben. In dieser Zeit geht Greta eigene Wege.

Im Jahr 1953 ist sie Fürsorgerin in Offenbach am Main. Im Sommer, kurz nach dem Aufstand vom 17. Juni – es ist Bundestagswahlkampf – wird Greta aus ihrem Berufsleben gerissen. Herbert ruft an, Lotte hat einen schweren Herzinfarkt und liegt im Krankenhaus. Der Abgeordnete, Ausschussvorsitzender und Mitglied im Parteivorstand, hat keine persönliche Hilfe zu Hause und kein eigenes Personal im Büro: Greta, du musst kommen! Sie bittet ihren Vorgesetzten um unbezahlten Urlaub. Der wird ihr verweigert. Herbert sagt: Dann musst du eben kündigen, eine Arbeit findest du immer wieder. Greta fährt mit dem Zug nach Bonn, sie kündigt und zieht zu Herbert und ihrer Mutter.

Greta ist 28 Jahre alt. Die erste Dienstreise führt sie nach Schweden, zum Kongress der Sozialistischen Internationale. Die Ärztin ihrer Mutter hat dazu geraten, dass Herbert nicht allein nach Stockholm fährt. Lotte hat Angst um Herbert, und diese Angst sei lebensgefährlich für die schwerkranke Frau. Besser, es fährt jemand mit. Am 11. Juli, Herberts 47. Geburtstag, geht es los, von Bonn über Hamburg nach Lübeck. An Bord der Fähre von Travemünde nach Trelleborg ist nahezu die komplette SPD-Spitze: Vorsitzender Erich Ollenhauer, Parteikassierer Alfred Nau und so weiter. Die Genossen haben Durst. Genau gesagt: Sie fürchten, im alkoholfeindlichen Skandinavien trockengelegt zu werden. Also werden Schnapsflaschen gekauft und gleich an Ort und Stelle eröffnet. Greta ist entsetzt. Um das Schlimmste zu verhindern, tut sie das ihre. Selbst trinkt sie sonst nie, aber heute lässt sie sich ein Glas nach dem anderen geben. In unbeobachteten Momenten kippt sie das Zeug über die Reling. Das bemerkt keiner, aber: »Das half nur gar nichts, denn die haben immer neuen Schnaps gekauft.«[1]*

Von den politischen Debatten des Kongresses bekommt Greta so gut wie nichts mit. Für sie ist die Reise ein willkommenes Wiedersehen mit Schweden, dem Land ihrer Jugend im Exil. Sie hat auch keine wichtigen Aufgaben, außer eben Herbert zu begleiten. Auf dem Besuchsprogramm stehen eine Schifffahrt in den Schären mit dem gesamten Kongress, ein Abstecher nach Uppsala sowie ein Besuch auf Schloss Drottningholm. Greta sieht dort ein Theaterstück, eine Art »Achtzehnhundertwittkohltheater«, »mit Barock und so«.

Zurück in Deutschland rutscht Greta voll hinein in das Leben mit »Mutti und Herbert«. Ein Termin jagt den anderen. Von nun an ist Greta immer mittendrin, drei Jahrzehnte lang. Die Fürsorgerin sorgt für ihre Mutter und deren Mann, sie bringt Ordnung in das Leben der beiden und in seine Arbeit, in den politischen wie in den privaten Betrieb. Ohne sie geht es nicht. Gretas Hilfe ist lebensnotwendig.

Wenn Greta sich zu Hause um ihre kranke Mutter kümmert, kann Herbert politische Termine wahrnehmen. Und wenn Herbert bei Mutti ist, dann führt Greta Gespräche mit

---

* Anmerkung zur Wiedergabe direkter Rede: Aufgrund der besseren Lesbarkeit werden alle Zitate an die derzeit gültige Rechtschreibung angepasst. Charakteristische sprachliche Eigenheiten werden jedoch beibehalten.

Juli 1953: Greta an Bord des Dampfers »Drottningholm« auf dem Mälarsee

Leuten, die Rat und Hilfe suchen. Sie denkt: »Das ist auch nicht viel anders als Fürsorgearbeit.« So geht es im Wahlkreis in Hamburg-Harburg, so geht es unterwegs im Wahlkampf, und so geht es dann in Bonn, nach der Wahl. Da fragt Herbert Greta, ob sie sich nicht um sein Büro im Bundestag kümmern kann, und so versucht sie auch dort, »etwas Grund reinzubringen«. Sie sortiert die Akten, bearbeitet die Post, führt die Terminkalender. Im Jahr darauf macht Greta den Führerschein. Von da an fährt sie Herbert zu fast allen Terminen. Dienerin, Fahrerin, Sekretärin, Ordonnanz, Adjutantin, Büroleiterin, Referentin, Begleiterin, Fürsorgerin, Pflegerin, all diese Wörter beschreiben Teile von Gretas Tätigkeit, keines jedoch trifft den Kern. »Helferin, nicht Dienerin«, schlägt Hans-Jochen Vogel später vor.[2]

Als Lotte stirbt, 1979, bleibt Greta mit Herbert allein. Die Beziehung der beiden wird noch enger, 1983 heiraten sie. Da ist Herbert aus dem Parlament ausgeschieden und bereits schwer krank. Die Demenz ist noch unerkannt, aber sie greift immer weiter um sich, bis sie den ganzen Alltag des Paares bestimmt. Greta pflegt Herbert, das formelhafte Wort dafür heißt »aufopferungsvoll«. Intensiv, belastend, liebevoll, das alles trifft auf diese letzten Jahre mit Herbert zu.

Zum Ruhestand werden die Jahre nach seinem Tod 1990 für Greta nicht. Sie fährt in den Osten Deutschlands, will »ein Stück von Herbert« in seine Heimat zurückbringen und wird so zur Mutmacherin in Sachsen. Sie hilft, ein Bildungswerk zu gründen und setzt sich öffentlich und wirksam für Demenzkranke und deren Angehörige ein. 1996, mit über siebzig Jahren, zieht sie ganz nach Dresden. Soweit ihre Kräfte es zulassen, nimmt sie weiter Stellung, setzt sie sich für die Entwicklung der Demokratie ein.

1998 komme ich nach Dresden, ein Jahr später meine Frau Margarete. Zwanzig Jahre, bis zu ihrem Tod 2017, ist Greta Teil unseres Lebens. Ein Buch über Herbert zu schreiben, den ich persönlich nicht mehr kennengelernt habe, das war historisches Handwerk, verbunden mit vielen Erzählungen und Eindrücken der Atmosphäre, die nicht zuletzt Greta vermitteln konnte. In erster Linie aber eben doch wissenschaftliche Quellenarbeit. Die leiste ich jetzt auch, wenn ich über Greta Wehner schreibe. Aber einen Menschen persönlich eng gekannt zu haben, das ist doch etwas Anderes. Bei mir liegt nicht nur Papier, hinzu kommt Erinnerung. Der Autor ist Zeitzeuge zugleich. Darum werden dieses und andere Bilder, hier und an anderen Stellen, in den Fluss der Erzählung eingefügt.

Dieses Frauenleben in das Jahrhundert des Feminismus einzuordnen, fällt schwer. Gewiss ist Greta Wehner keine Feministin, weder in der Theorie noch praktisch. Aber sie ist auch keine Untergebene, Ausgebeutete. Sie tut stets, eigenständig, was sie für das Nötige hält. Sie leistet – und das ist einer der klassischen Begriffe für Tätigkeitsfelder der Sozialen Arbeit – Einzelfallhilfe, aber eben nicht im professionellen Feld, sondern in der Politik und zu Hause und überall und für die zwei Men-

Greta, Lotte und Herbert auf dem SPD-Parteitag in Hannover 1960

schen, die ihr näherstehen als alle anderen, für die zwei, die sie liebt.

Das wiederum hat sie mit all den Millionen Hausfrauen und Müttern gemein, aber sie ist weder Hausfrau noch Mutter. Weder Goldenes Buch noch Goldenes Blatt. Kein Muster passt richtig. Greta zieht eine Linie, die quer zu allen gängigen Bildern läuft. Greta Wehner, 1924 bis 2017, eines ganzen Menschen Leben.

I. KINDHEIT

ARBEITERFAMILIEN

Ihre Mutter stammte aus Flensburg, ihr Vater aus Hamburg. Geboren aber wurde Greta am 31. Oktober 1924 in Harxbüttel, das liegt bei Braunschweig. Wie kam das?

Als ich sie nach ihrer Herkunft frage, erklärt Greta als erstes, kurz und knapp: »Die Mutter war wichtiger als der Vater.« Überhaupt waren die Frauen in ihrer Familie die bemerkenswerteren, die stärkeren Persönlichkeiten, meint Greta. Die Familie Clausen war eine Arbeiterfamilie. Großvater Clausen war Stemmer auf einer Flensburger Werft. Er stammte ebenso wie seine Frau Margarethe, geborene Nielsen, von Flensburger Werftarbeitern ab. Allerdings gab es auch etwas bessergestellte Vorfahren. Ein Urgroßvater mütterlicherseits war Prediger, also eine Art Pfarrer im nordschleswigschen Bov, das nach dem Ersten Weltkrieg zu Dänemark kam. Von diesem Familienzweig stammen die schönen antiken Möbel im Eingangsbereich von Gretas Wohnung.[3]

Die Großeltern wohnten mit ihren Kindern, das waren drei Töchter, in der Norderstraße, nahe der Förde. Es gab auch noch einen Jungen, Frieder, der aber schon mit einem halben Jahr starb. Die Norderstraße war die alte Flensburger Durchfahrtsstraße von Süd nach Nord. Nicht sehr breit. Von dort gingen noch schmalere Gassen zum Hafen ab, mit Häusern, die langgezogene Höfe hatten, mit vielen Werkstätten und kleinen Fabriken, zum Beispiel einer Zigarrenfabrik.

Beide Großeltern waren aktive Sozialdemokraten. Im Kaiserreich mit seiner Klassenjustiz und mit unzureichenden Arbeitnehmerrechten kämpften sie für Gerechtigkeit. Diesen Kampf beantworteten die Herrschenden oft mit noch schärferer Ungerechtigkeit. Gretas Großvater beteiligte sich an einem Streik auf der Werft und wurde ausgesperrt. In seinem Fall hatte das zur Folge, dass er in ganz Flensburg und Umgebung keine Arbeit mehr bekam. Damit die Familie nicht in Not käme, versuchte er sich zunächst beim Deichbau an der Nordseeküste, dann fand er eine Arbeit auf einer Werft in Husum. In dieser Zeit eröffnete seine Frau einen Weiterverkauf von Backwaren in der eigenen Wohnung. Die befand sich in einem sehr alten Haus, ohne Sonne und Licht, ohne fließendes Wasser und nur mit Gasbeleuchtung. Gretas Tante Frieda erinnert sich: »Wir hatten acht Zimmer, aber eines hinter dem anderen gelegen, das war natürlich sehr unpraktisch. Aber wir hatten ein sehr gutes Elternhaus. Ich besinne mich nicht einmal darauf, dass wir irgendwie gescholten wurden, unser Vater guckte mal zur Seite, und in seinem Blick merkte man, dass etwas nicht richtig war.«[4]

Gretas Mutter Lotte, ihre zwei Jahre ältere Schwester Anna und die drei Jahre jüngere Frieda, mussten früh mit anpacken. So holten sie sonntags mit einem Bollerwagen Brötchen und Kuchen von einem Bäcker in der Nähe des Nordermarkts. Und sie trugen Zeitungen aus, sozialdemokratische Zeitungen.

Ihren Namen bekam Greta nach ihrer Großmutter Margarethe, die von ihrem Vater nur Greta gerufen wurde, wobei er das »G« – dänisch – wie »Ch« aussprach. Margarethe Clausen und ihre Schwester Johanne Hansen, beide geborene Nielsen, wurden im Mai 1908 Mitglieder der SPD. Sie wären bestimmt früher beigetreten, aber sie durften nicht. Erst zu dieser Zeit erlaubte das Reichsvereinsgesetz Frauen, einer Partei beizutreten. Zuvor hatten sie bei Versammlungen der Flensburger Sozialdemokraten als Garderobieren gearbeitet, weil sie dann hinter dem Vorhang den Diskussionen folgen konnten, ohne von der Polizei gesehen und verjagt zu werden.

Eine besonders große Bedeutung in Gretas Leben hat ihre Großtante Johanne Hansen, »Tante Hanne«, deren Mann aus dem Ersten Weltkrieg nicht zurückgekehrt war. Selbst, zu ihrem großen Bedauern, kinderlos, hat Tante Hanne, so Greta, dennoch eine ganze Menge Kinder miterzogen. Auch ihr Bruder Peter und sie waren oft bei ihr, in den Schulferien dann immer. Tante Hanne kümmerte sich abwechselnd um zahlreiche Kinder. Bis ins Alter hinein war sie montags bei der einen Familie, dienstags bei einer anderen, und so weiter. »Nur samstags bin ich zu Hause, dann können alle, die wollen, mich besuchen«, erklärte sie. Bei den Ziehkindern handelte es sich nicht nur um Verwandte, sondern teilweise auch um die Kinder oder gar Enkelkinder ihrer Jugendfreunde. Wahrscheinlich zu ihrem 95. Geburtstag, so erinnert sich Greta, kam eine junge Frau mit einem zweijährigen Kind. »Das ist meine Butendeern«, stellte Tante Hanne die junge Mutter vor, »der habe ich laufen gelernt.«

Tante Hanne hat die ganze Zeit, brieflich auch, als sie im schwedischen Exil waren, die Verbindung zu ihrer Nichte und deren Kindern gehalten. Sie stand in der Familie – über die Zeitläufte hinweg – für Kontinuität. Sie starb erst 1973 kurz vor ihrem 100. Geburtstag, und Herbert Wehner hielt die Trauerrede, in der er sagte, »sie verkörperte das Beste, was die arbeitenden Menschen hervorbringen können – Solidarität«. Tante Hanne war so etwas wie eine Institution und, so meint Greta, »wohl die bekannteste Sozialdemokratin in Flensburg«[5].

Von dieser Familie, erinnert sich Greta, hat sie erfahren und gelernt, was Solidarität ist. Wenn sie einmal sonntags Kuchen kauften, gingen die Clausens immer ins Mariencafé, das lag recht weit entfernt von ihrer Wohnung. Als Kind fragte Greta ihre Mutter, warum sie immer nur in dieses Café gingen und nicht auch einmal in ein anderes, näher gelegenes. Da bekam sie zur Antwort, dieses Café sei entstanden, weil frühere Werftarbeiter, die wie ihr Großvater ausgesperrt worden waren, irgendwie versuchen mussten, mit der Familie über die Runde zu kommen, und darum haben sie das Café aufgemacht. »Alle Arbeiter, die in der Lage waren, mal Kuchen zu kaufen, gingen in dieses Café.« Das Mariencafé ist also wahrscheinlich Anfang des 20. Jahrhunderts entstanden, und zuletzt ist Greta mit Herbert Wehner im Jahr 1980 dort gewesen. »Damals, als ich mit Herbert da war, das letzte Mal, haben die sich riesig gefreut.«

In Gretas Erinnerung waren die Verbindungen zur Familie ihrer Mutter meist stärker als zur väterlichen, obwohl die väterliche Verwandtschaft in ihren Kinderjahren ebenso in Hamburg lebte wie sie selbst. Der Vater ihres Vaters, Franz Burmester, kam aus Geesthacht, östlich von Hamburg-Bergedorf. Dort hatte die Familie Burmester ein kleines Haus mit Hinterhof, in dem Platz für eine Ziege und ein oder zwei Schweine war, von denen das eine Gretas Großvater gehörte, »und da gab es im Winter Grützwurst von dem Schwein«. Ebenso wie sein Sohn war der Großvater Schiffszimmermann, und er war ebenso wie die mütterlichen Großeltern von Greta Mitglied der SPD. Er pflegte aber »wahrscheinlich ein herkömmliches patriarchalisch-autoritäres Verhältnis in Bezug auf Frauen und Familie«, ganz anders als bei den Großeltern Clausen. Deren Verhältnis zueinander sei »ausgesprochen gleichberechtigt« gewesen. Greta erinnert sich an eine Aussage ihrer Tante Frieda von Anfang der Neunzigerjahre, wonach diese kein Ehepaar kannte, »was mit einer solchen tiefen Liebe zusammengelebt hat« wie ihre Eltern.

Dieses war, sagt Greta, beim väterlichen Großvater mit Sicherheit nicht der Fall, auch wenn sie ebenso wie ihre Mutter die recht früh verstorbene Großmutter nicht mehr kennengelernt hat. Ihr Vater hatte aber eine Schwester, die Tante Marie, welche deutlich älter war als er und »die wohl sehr gelitten hat«. Marie wurde von »Opa Burmester« geschlagen, und ihr jüngerer Bruder konnte das nicht ertragen, sodass er in sehr jungen Jahren aus dem väterlichen Haushalt ausgezogen ist, offenkundig im Streit. Tante Marie aber blieb bis zuletzt beim Großvater. Außerdem hatte Gretas Vater einen Bruder, ihren Onkel Heinrich, der ebenfalls einige Jahre älter war als er. Jedenfalls hatte er schon als Soldat am Ersten Weltkrieg teilgenommen.

Gretas Mutter Charlotte Nicoline Johanna Clausen, gerufen Lotte, kam am 20. August 1903 in Flensburg zur Welt. Sie gehörte ebenso wie ihre Schwestern und ihre späteren Ehemänner zur Kriegsjugend des Ersten Weltkrieges, einer Generation, die als die erste von drei »politischen Generationen« des 20. Jahrhunderts gilt, junge Leute, deren Kindheit ganz von den Auswüchsen dieses Krieges geprägt wurde und die nach »von Kompromissen freiem und radikalem, dabei aber organisiertem, unspontanem, langfristig angelegtem Handeln« trachteten. Diese Feststellung eines Historikers zielt zwar vor allem auf männliche Bürgerkinder und spätere nationalsozialistische Täter ab – aber unter ganz anderen politischen Vorzeichen und in ganz anderer Richtung gerieten damals offenkundig auch weibliche Arbeiterkinder in Schwingung. Greta jedenfalls blickt distanziert auf die Generation ihrer Eltern: »›Gesponnen‹ haben wohl viele Heranwachsende der 1.-Weltkriegs-Jungen-Leute.«[6]

Lotte Clausen war eines der ersten Mädchen, die in Schleswig-Holstein eine Gärtnerlehre abschlossen. Eine ihrer ersten beruflichen Stationen führte sie nach Dresden, in eine Großgärtnerei, welche gerne junge Frauen und Mädchen einstellte, weil diese damals üblicherweise mit einem Hungerlohn abgespeist werden konnten. Die Mädchen wohnten oft noch bei ihren Eltern. Anders sah das aber für die weit gereiste Lotte aus. Fern von Zuhause konnte sie sich in Dresden nicht halten, und so ging sie nach Hamburg.

Die Clausen-Schwestern (Anna, Lotte und Frieda) um 1913

Dort fand sie – spätestens 1923 – eine feste Anstellung bei der jüdischen Bankiersfamilie Warburg im Altonaer Vorort Blankenese, einem feinen, großbürgerlichen Villenviertel. Dort, auf dem Kösterberg, einem Hügel etwa 100 Meter oberhalb der Elbe, hatten die Warburgs gegen Ende des 19. Jahrhunderts ein stattliches Anwesen mit Wald-, Park- und Gartenflächen erworben und darauf zwei hübsche und prächtige Häuser als Sommersitz errichten lassen, die sie zeitweise auch als Dauerwohnort nutzten. Das erschien, inmitten der Krisenjahre der Weimarer Republik, wie eine Oase. Für eine aus einfachen Verhältnissen stammende junge Gärtnerin war diese berufliche Tätigkeit in ihrem erlernten Beruf ein Glücksgriff. Und auch die politischen Verhältnisse schienen sich zu stabilisieren. Nach Krieg, Revolution, Putschversuchen, Ruhrbesetzung und Inflation kam Deutschland vorerst zur Ruhe. Hitler, noch von begrenzter Prominenz, saß im Gefängnis, die Währungsturbulenzen waren vorüber. 1924 war, wie einer der Warburgs, der Bankier Paul, es nannte, »das Jahr, in dem der Krieg eigentlich erst endete und der Wiederaufbau begann«.[7]

Lotte war politisch aktiv, natürlich in der sozialdemokratischen Jugendorganisation. Deren Blankeneser Gruppe traf sich im Hause eines jüdischen Sozialdemokraten, des bedeutenden Literaturwissenschaftlers Walter A. Berendsohn. In dessen Haushalt arbeitete die jüngere Schwester Frieda, und bei den politischen Gesprächen dort lernte Lotte einen hochgewachsenen, sympathischen jungen Mann mit offenem Blick kennen, den 1901 geborenen Carl Burmester. Dieser hatte zu der Zeit eine Beschäftigung als Schiffszimmermann und Bootsbauer auf einer Segelschiffswerft. Die beiden kamen zusammen, und im Frühjahr 1924 wurde Lotte schwanger. Sie würden ein Paar bleiben, aber nicht heiraten, denn sie wollten, wie Greta sich erinnert, »das 1924 in Kraft getretene Jugendwohlfahrtsgesetz auf die Probe stellen«. Es ist rätselhaft, was sie mit dieser Probe bezweckten, denn das neue Gesetz sah klipp und klar vor: »Mit der Geburt eines unehelichen Kindes erlangt das Jugendamt des Geburtsorts die Vormundschaft.«[8]

Nun waren die Warburgs zwar säkular und liberal gesinnt, demokratisch, aufgeklärt, aber eine unverheiratete Schwangere im eigenen Haus, das ging ihnen dann doch zu weit. Die noch minderjährigen Töchter der Familie – und davon gab es in jener Generation eine ganze Reihe – sollten sich daran kein Beispiel nehmen, und so verlor Lotte ihre Anstellung. Die bittere Entlassung versüßten die Warburgs dem jungen Paar dadurch, dass sie ihnen eine andere Tätigkeit in der Nähe von Lübeck vermittelten. Jedoch, diese Arbeit war so »unmöglich« beziehungsweise »unerträglich«, dass Lotte Clausen und Carl Burmester schnell von dort weiterzogen – etwas südwärts, mitten hinein in ein jugendbewegtes Experiment.[9]

Junge, linke Idealisten wie sie hatten um diese Zeit in Harxbüttel bei Braunschweig die »Landkommune Horstkamp« gegründet. Haus und Grundstück mitsamt einer Konservenfabrik gehörten der Familie des jungen Pädagogen Hans Löhr, der gemeinsam mit seinem Freund Hans Koch, dem Erfinder der ersten tragbaren motorisierten Hackmaschine für Gemüse, zu den Gründern der Kommune gehörte. Ziel des Projekts sollte es sein, »ein Modell für eine friedlichere Welt zu entwerfen und neue Lebensformen zu prüfen«. Diese wollten sie später dann als sozialistische Siedler in Brasilien in die Tat umsetzen. »Es war eine bunte Schar, die das Arbeiten nicht gerade erfunden hatte«, berichtet Greta aus den Erzählungen ihrer Mutter.[10]

Spätestens im Mai 1924, jedenfalls noch vor der Kartoffellege, wurden Lotte und Carl Teil der Kommune in Harxbüttel. »Arbeit gab es dort für eine tüchtige Gärtnerin reichlich, es wurde Gemüse angebaut, vor allem Spargel, der in der eigenen Konservenfabrik verarbeitet wurde. Für einen handwerklich versierten Mann wie meinen Vater gab es ebenfalls viel zu tun – aber es gab kein Geld! Meine Eltern hungerten und ich mit ihnen«, so Greta. Für die Bezahlung der Hebamme musste Lottes Schwester Frieda aufkommen, die gerade in Ausbildung war und dafür immerhin eine Vergütung bekam.[11]

Ende Oktober 1924 herrschte warmes, sonniges Herbstwetter. Gegen Mittag machte Lotte, deren errechneter Geburtstermin bereits eine Woche zurücklag, einen Spaziergang an der frischen Luft. »Alles ringsum lag so friedlich dem Licht ausgesetzt, als söge es die Wärme in sich. Ich ging im Zwiegespräch mit Dir – Du solltest doch endlich kommen.« Bei dem schönen Wetter – warum warten auf den nebligen November? Bei diesen Gedanken war es der werdenden Mutter, als ob ihr Kind plötzlich einen Satz machte. Sie fasste das als Ankündigung auf, dass es nun losgehen würde, ging ins Haus und sagte es dem werdenden Vater.[12]

Der lachte nur und meinte, junge Frauen könnten eben schlecht warten. Bald schon setzten dann die Wehen ein, aber Carl Burmester war der Meinung, bei Erstgebärenden dauere das ohnehin länger, und er könne sich Zeit lassen. Lotte drängte ihn jedoch, zügig das Pferd anzuspannen, mit dem Wagen ins Nachbardorf zu fahren und die Geburtshelferin zu holen. Und sie hatte Recht. Die Hebamme ließ sich Lottes Zustand schildern und bat Carl, die Pferde anzutreiben, »sonst kämen sie zu spät und so war ich auch schon halb geboren, als sie ankamen«.[13]

Am 4. November 1924 meldete die Hebamme Magdalene Kunkel auf dem Standesamt von Groß Schwülper, dass in Harxbüttel, im Hause Nr. 11, die ledige Charlotte Clausen um zwei Uhr in der Nacht zum Reformationstag, dem 31. Oktober 1924, ein Mädchen zur Welt gebracht habe, welches den Namen Greta erhielt. So die Geburtsurkunde. Daneben befindet sich ein weiterer Eintrag des Standesbeamten, wonach der Schiffszimmerer Carl Burmester am 19. August 1925, knapp zehn Monate später also, »das nebenbezeichnete Kind ›Greta‹ als das seinige anerkannt« und am gleichen Tag – einen Tag vor Lottes Geburtstag – in Hamburg die Ehe mit der Mutter des Kindes geschlossen habe.[14]

Zur Geburt ihres Kindes hatte Lotte sich gewünscht, »dass ich einen guten Menschen gebären möge, mit einem weiten Herzen für die Not, aber auch die Schönheit des Lebens.« Dieser Wunsch sollte in Erfüllung gehen.[15]

KINDERJAHRE

Bei aller Liebe zu neuen Formen des Zusammenlebens – schon lange vor Gretas Geburt war klar: Das abenteuerliche Leben in der alternativen Landkommune war für die junge Familie unmöglich. Die Clausen-Burmesters litten weiter Hunger. Schon wenige Wochen nach der Geburt gingen sie wieder nach Norden, zunächst nach Hamburg. Dort stellte ein Kinderarzt fest, dass die kleine Greta zwar reichlich Milch von ihrer Mutter be-

Lotte Clausen mit Tochter Greta, 1925 – dieses Bild hatte Gretas Vater auf seiner Südamerikafahrt dabei

komme, diese selbst aber so stark an Unterernährung leide, dass der Mangel sich auf ihr Kind übertrage. Der Arzt riet der jungen Mutter, zu ihren Eltern zu fahren, damit sie ausreichend Nahrung bekämen. So zog Lotte mit ihrer kleinen Tochter weiter nach Flensburg.[16]

Spätestens Anfang Januar 1925 kehrten Mutter und Kind jedoch wieder nach Hamburg zurück. Ihre erste Unterkunft fanden sie in einer Laube in einem Schrebergarten am Flughafen Hamburg-Fuhlsbüttel. Es war ein eiskalter Winter, das Wasser in der Waschschüssel war häufig gefroren. Die junge Mutter traute sich kaum aufzustehen, weil sie das Kind bei sich unter der Bettdecke hatte, um es warmhalten zu können. Nach diesem sehr kalten Januar fand sie eine andere Unterkunft in Fuhlsbüttel, im Dachgeschoss.[17]

Zu dieser Zeit bekam der junge Vater, Carl Burmester, in seinem Beruf an Land keine Arbeit, und so fuhr er zur See, weit hinaus, unter anderem bis hin nach Südamerika. Bei der Reederei hinterließ er einen Zettel, auf dem stand, dass Lotte seine Heuer bekommen sollte, doch als sie das Geld abholen wollte, bekam sie es nicht, »weil sie nicht Burmester hieß, sondern Clausen«. Ein weiterer Grund für die Eheschließung im August 1925.

Gut anderthalb Jahre nach Greta, im Mai 1926, wurde ihr Bruder Jens-Peter (gerufen: Peter) geboren. Zu diesem Zeitpunkt wohnte die Familie noch in dem Dachgeschoss. Das barg ein großes Problem für die Mutter, denn sie hatte nun ein sehr quirliges, neugieriges kleines Mädchen und einen neugeborenen Jungen, und die konnte sie nicht beide gleichzeitig die Treppe heruntertragen. Aber sie konnte die Tochter auch nicht allein oben lassen, weil sie sonst herabgestürzt wäre. Also musste sie immer Greta zuerst hinunterbringen und dann Peter mit dem Kinderwagen nachholen.

Das führte aber dazu, dass das kleine Mädchen seine kurzzeitige Freiheit öfters einmal nutzte und dann »verschwunden« war. Einmal wurde Greta irgendwo an der Alster stadteinwärts gefunden, was ziemlich weit weg war. Ein anderes Mal wurde sie auf dem Flugplatz zwischen den Schafen entdeckt. »Schafe sind offenbar interessant«, meint Greta dazu. Jedenfalls wurde sie einige Male bei der Polizei abgeliefert. Einmal saß sie, von den Polizisten dort abgesetzt, in der Wache auf einer Bank; neben ihr hockte ein großer Schäferhund, der jedes Mal knurrend drohte, wenn das Kind sich auch nur ein bisschen bewegte. Von da an hatte Greta Angst vor großen Hunden.

Nach Peters Geburt im Frühjahr 1926, die Eltern waren ja schon verheiratet, zeigte der Vatersvater auf einmal Interesse an der jungen Familie. Opa Burmester meinte jedenfalls, da sei nun ein »Stammhalter«, und um den müsse er sich kümmern. Er machte also ein Haus ausfindig, ein altes Bauernhaus an der Hummelsbütteler Landstraße. Es hatte zu dem alten Dorf Fuhlsbüttel gehört. Die eine Hälfte des Hauses, mit großem Giebeltor, wo früher Vieh und Heu hereingebracht wurden, beherbergte eine Kohlenhandlung, die andere Hälfte das eigentliche Wohngebäude mit Fenstern. Diese Seite bekam die junge Familie, und sie erfreute sich nun einer recht geräumigen Wohnung: »So viel Platz hatten wir frühestens, als wir dann auf dem Heiderhof wohnten«, in den Sechzigerjahren also.

Aber es war ein alter Hof ohne jegliche sanitären Einrichtungen, es gab keinen Abfluss, kein fließendes Wasser in der Küche, keine Toilette mit Wasserspülung, sondern nur irgendwo draußen ein stinkendes Plumpsklo. Hinter der Küche lag das Wohnzimmer, und dann kam eine alte Diele, rechts davon gingen kleine Schlafzimmer ab. Peter und Greta schliefen auf der Diele, in von ihrem Vater gezimmerten Betten, und so hatten sie ein recht großes Kinderzimmer. »Wir haben gut gelebt, aber meine Mutter hatte schwere Arbeit«, vor allem mit der vielen Wäsche und dem ständigen Gang zur Pumpe, erinnert sich Greta.

Das Leben war nicht leicht für Arbeiterinnen und Arbeiter. Für deren Kinder gab es kaum Kindergartenplätze. Vater Carl Burmester war in jener Zeit immer wieder arbeitslos, da musste er sich regelmäßig auf dem Arbeitsamt melden, zum »Stempeln«. Zu diesen Fahrten nahm er Greta vorne auf dem Fahrrad mit. Eine reguläre, feste Stellung erlangte er nie. Mutter Lotte verdiente ein bescheidenes Zubrot als Zeitungsausträgerin. »Wir haben sehr knapp gelebt«, erinnert sich Greta. Zu dem Gehöft an der Hummelsbütteler Landstraße gehörte, hinter der Kohlenscheune auf dem Weg hinunter zur Alster, eine größere Fläche Gartengelände. Dort baute die Familie Kartoffeln an, Gemüse und Beerenobst; erst damit hatten sie genug zu essen.

In dieser Zeit wurde die Mutter schwer krank, Greta vermutet dahinter eine »unwillentlich abgebrochene Schwangerschaft«; Lotte soll Zwillinge erwartet haben. Dabei verlor sie so viel Blut, dass sie ins Krankenhaus in Barmbek eingeliefert wurde. Peter und Greta kamen mit dorthin und blieben auch eine Nacht, dann wurden sie provisorisch in einem Kinderheim in der Nähe der Klinik untergebracht. Dies war für Greta ein schockierendes Erlebnis. Im Treppenhaus nämlich hing ein Kruzifix, »ein lebensgroßer Heiland mit blutiger Wunde«, und Greta »sah also dieses große leidende zerschnittene Menschenbild, das hat furchtbar auf mich gewirkt«. Das kleine Mädchen und sein Bruder kamen zum ersten Mal mit katholischen Symbolen in Berührung. Vor lauter Angst sträubten die Kinder sich, und so wurde der Schock noch größer, als sie in Betten mit hohen Gittern gesteckt und darin festgebunden wurden. Denn, so Greta, das war ganz anders als bei ihrer Mutter, die immer alles erklärte: »Keiner hat uns irgendwas erklärt.«

Die schwarze Pädagogik hatte jedoch bald ein Ende; der Vater holte die Kinder ab und brachte sie nach Müden an der Örtze in der Lüneburger Heide, dort war ein kleines Heim, welches vom ISK, dem Internationalen Sozialistischen Kampfbund, unterhalten wurde. Der ISK war eine von der Sozialdemokratie abgesplitterte Sekte nichtmarxistischer Sozialisten, Anhängerinnen und Anhänger des Philosophen Leonard Nelson und seiner Lebensgefährtin und Mitarbeiterin Minna Specht. Die Organisation war antiklerikal, undemokratisch, lebensreformerisch und vegetarisch ausgerichtet.

Müden gehört zu den schönen Kindheitserinnerungen von Greta. Dort war es ganz anders als in dem katholischen Heim. Ein ländliches Idyll, in der Heide, nah bei einem kleinen Fluss. Ein zweigeschossiges Haus mit Reetdach, das fast bis zur Erde hinunterreichte. Fenster gab es nur an den Giebelseiten. »Walmdachartig, aber nicht gebrochen, sondern es ging oben spitz zu und dann mit einer Rundung nach unten.« Im Erdgeschoss lagen nur wenige Räume, darunter die Küche, und im Obergeschoss, »in der spitzgewölbten Rundung«, standen an beiden Seiten Doppelbetten. Wahrscheinlich, meinte Greta, waren es nur dreimal zwei Betten auf jeder Seite; ein Foto der

Gruppe zeigt die Leiterin Etty Gräffe mit etwa 15 Kindern und Jugendlichen.[18]

In Müden fühlten sich die Kinder sehr wohl, sie genossen dort viele Freiheiten; sie kamen auch noch ein zweites Mal dorthin, aber dann, es muss 1930 gewesen sein, mussten sie den Ort wechseln. Dies hing damit zusammen, dass der ISK meinte, Kinder sollten nicht von ihren Eltern aufgezogen werden. Nun war aber Etty erkrankt, und ausgerechnet Lotte Burmester übernahm die Vertretung, und nun mussten Greta und Peter weichen, dorthin, wo auch schon Ettys Kinder untergebracht waren: in die Walkemühle im nordhessischen Adelshausen bei Melsungen, ein anderes Heim des ISK unter Leitung von Minna Specht persönlich. Die Walkemühle war jedoch nicht in erster Linie für Kinder. Dort war auch die Erwachsenenabteilung untergebracht, außerdem eine politische Kaderschule für Jugendliche sowie eine Schule und eben ein Kindergarten.

So fortschrittlich, weltoffen und reformpädagogisch sich der ISK auch gab, für Greta ist die Walkemühle keine gute Erinnerung. Als Kind mit knapp sechs Jahren, so meint sie, hat man schon viel eigene Meinung, auch eigene Erinnerung, und so erinnert sie sich daran, dass dort plötzlich ein Geschrei losging: »Die Zigeuner kommen, macht die Tore zu!« Greta fragte, warum denn da die Tore zugemacht werden müssten – die Antwort fiel so aus, dass sie widersprach: »Wieso, Zigeuner sind doch auch Menschen?« Diese Erinnerung sorgte dafür, dass Greta nach dem Krieg in Bezug auf Menschen, die aus dem ISK zur Sozialdemokratie kamen, immer etwas skeptisch blieb. Hohe ethische Prinzipien haben, selbst aber elitär sein und Menschen verachten, die nicht die Chance zu entsprechender Bildung bekommen, so sah es Greta.

Im Frühjahr 1931 kam Greta in Hamburg zur Schule; um diese Zeit zog die Familie an den Wiesendamm in Barmbek, das blieb ihre Adresse bis 1933. Ab dem Sommer ging sie auf die Meerweinschule, das war, neben der Stadtteilschule Winterhude, der Telemannschule und der Lichtwarkschule, auf die Helmut und Loki Schmidt gingen, eine der demokratisch und reformpädagogisch ausgerichteten Hamburger Bildungseinrichtungen. So durfte Greta schon im ersten Schuljahr 14 Tage auf Schullandheimfahrt verbringen.[19]

Ihr Klassenlehrer im ersten Jahr war eben jener Hans Löhr, der die Landkommune in Harxbüttel begründet hatte, in welcher sie geboren worden war. An ihm war aber in Gretas Augen weniger der Unterricht bemerkenswert als die Tatsache, dass er eine Zeit lang ebenfalls am Wiesendamm im Nachbartreppenhaus wohnte – und dass er dort einen Affen als Haustier hielt.[20]

Eines Tages traf der Lehrer Gretas Mutter und fragte sie, wie es ihrer Tochter denn gehe. Lotte war irritiert: »Wieso?« – »Na, die ist doch krank.« – »Nee warum, die geht doch jeden Morgen in die Schule?« – »Nein«, sagte der Lehrer, »die ist schon länger nicht gekommen.« Die beiden verabredeten sich. Die Mutter sollte nichts sagen, aber versuchen herauszubekommen, was Greta da heimlich mache. Sie schlich ihrer Tochter also hinterher und sah sie im Stadtpark spielen, mit einem anderen schwänzenden Schüler. Als sie ihm das berichtete, meinte Hans Löhr: »Lass sie man, die kommt von selbst wieder«, und, so sagt Greta, so war das auch. Eines Tages aber, nach dem Ende der Sommerferien, war der Lehrer nicht mehr da, weil er seinen Traum wahr machen wollte und nach Südamerika gegangen war. Und so übernahm eine Kollegin, Margarethe Martens, die Klasse – und Greta.[21]

Eine besonders gute Schülerin war Greta nicht, anders als ihr Bruder Peter, »dem das alles zufiel«, und der schon vor ihr lesen lernte. In ihrem ersten Zeugnis schrieb die Lehrerin, Greta könne zwar noch nicht schreiben, aber »sie malt alles, was sie mitteilen will, genau auf und schickt das als Brief«. Die Lehrerin schätzte Greta als fürsorglich und sozial verantwortlich in jeder Hinsicht ein. Greta selbst erinnert sich: »Ich bin immer gerne zur Schule gegangen, aber ich war keine Leuchte.« Zu Margarethe Martens entwickelte Greta ein besonders herzliches Verhältnis. Nach dem Krieg, 1953, machte sie ihre alte Lehrerin in Rantum auf Sylt ausfindig. Dort bewohnte sie ein winziges Haus. Die beiden verabredeten sich; am Bahnhof wurde Greta gleich erkannt, und die beiden Frauen freundeten sich schnell an. Margarethe Martens nahm Greta einmal in ihren Schulunterricht mit und stellte sie den Dorfschulkindern als leuchtendes Beispiel vor: »Das ist die Greta, von der ich euch erzählt habe. Und da seht ihr mal, da kann auch was aus Menschen werden, wenn sie es schwer in der Schule haben.«[22]

Das lag mit Sicherheit nicht zuletzt an der liebevollen und fürsorglichen Erziehung durch die jungen Eltern, wenngleich Gretas Mutter sich selbst später wesentlich kritischer sah. »Wenn man 21 Jahre alt ist, und das war ich ja erst bei Deiner Geburt«, schrieb Lotte ihrer Tochter zu deren 21. Geburtstag 1945, »dann ist man sich noch nicht ganz klar über den ganzen Umfang der Verantwortung und der Bedeutung dessen, dass man Mutter ist.« Sie sei in Gretas Kindheit viel zu schematisch vorgegangen, entsprechend der Predigt der damaligen Kinderpflege: »Ein Kind muss so viel schlafen, so viel essen; und so viel Bewegung haben.« Inzwischen würde sie es »ganz anders halten, vor allem viel mehr auf die persönliche Eigenart achten«. Bei allen Gedanken und Plänen für die Zukunft ihrer Kinder habe Lotte den entscheidenden Fehler zu wenig bedacht: das Leben selbst mit seinen »Problemen, Ideen und Schlägen« und wie es »besonders Euer und unser persönliches Leben hin und her warf«. Das Ergebnis fand Lotte aber dennoch gelungen. Greta habe sich ihre Ursprünglichkeit erhalten: »Trotz allen Problemen und Ideen unserer Zeit bist Du Dir in Deinem Wesen treu geblieben, versuchst Dir und den anderen gerecht zu werden, begnügst Dich nicht mit Oberflächlichkeit, und wagst es, allein zu stehen in Deiner Sache und Deinen Anschauungen.«[23]

Greta selbst beschreibt sich als Kind so: »Ich war eigenwillig und eigensinnig und nicht zu beherrschen, wenn mir Befehle erteilt wurden, aber ›fügsam‹, wenn ich verstanden hatte. Ich war ehrlich mir selbst und anderen gegenüber und schwer gekränkt, wenn mir nicht geglaubt wurde.« Eine eigenständige, starke Persönlichkeit zu werden, das hatte Greta bitter nötig, gerade angesichts der heftigen Schläge, denen das Leben der jungen Familie Burmester in den Jahren ab 1933 ausgesetzt war.[24]

WIDERSTAND

Politik gemacht hatten Gretas Eltern schon immer, schließlich wurden sie ja in die Arbeiterbewegung hineingeboren. Ihre Mutter wurde mit 16 Jahren Mitglied der Sozialistischen Arbeiterjugend, und dann 1923 auch in der SPD. Lotte und Carl lernten sich in Hamburg-Blankenese bei der sozialdemokratischen Jugend kennen, also wahrscheinlich über politische Gespräche. Die führten sie, sicher auch aus Enttäuschung über missglückte und steckengebliebene soziale Reformen in der Weimarer Zeit, weiter nach links, schließlich zu den moskautreuen Kommunisten. Mutter Lotte trat 1927 der KPD bei und übernahm dort verschiedene Aufgaben, unter anderem wurde sie 1932 Frauenleiterin in Barmbek-Zentrum. Vater Carl, ebenfalls in der KPD, war nicht nur in der kommunistischen Gewerkschaftsbewegung aktiv, sondern auch im Arbeiter-Samariterbund und im Vorstand des KPD-Bezirks Wasserkante. 1932 kandidierte er für die Hamburger Bürgerschaft.[25]

Da scheint es ein Widerspruch, dass Gretas Eltern außerdem noch enge Verbindungen zu lebensreformerischen, sonst ganz und gar nicht marxistischen Gruppen wie dem ISK unterhielten, sonst hätte die Mutter ja nicht in Müden eine Vertretung als Kindergruppenleiterin angetreten und der Vater dort handwerklich ausgeholfen. Aber schließlich waren sie in der KPD keine Spitzenfunktionäre, und zu jener Zeit, vor den Exzessen des Stalinismus, passten Linientreue und Lebensreform wohl noch zusammen. Zum Freundes- und Bekanntenkreis zählten auch Sozialdemokraten und Angehörige der kleinen »Zwischenparteien« KPO und SAP. Die kleine Greta jedenfalls empfand nie einen großen Gegensatz zwischen den verschiedenen Organisationen. »Das spielte keine Rolle in meiner frühen Kindheit. Das war vermutlich noch sehr viel mehr vermengt und fließend.«[26]

Gretas Eltern waren Leute, die keinen Widerspruch leben wollten zwischen ihren politischen Überzeugungen und ihrem aktiven Tun. So kam für das Ehepaar Burmester nur aktiver Widerstand gegen die Nazis in Frage. Konsequent – und mit bösen Folgen für die Familie.

Am 30. Januar 1933 übergab der alte Reichspräsident Paul von Hindenburg die Macht an Adolf Hitler. Als erstes setzten die Nazis die Presse- und Versammlungsfreiheit weitgehend außer Kraft; nach dem Reichstagsbrand Ende Februar wurden die Grundrechte aufgehoben, und mit dem Ermächtigungsgesetz vom 24. März 1933 übertrug die Reichstagsmehrheit, mit Ausnahme der Sozialdemokraten, das Gesetzgebungsrecht vom Parlament auf die Regierung. Damit war die Demokratie in Deutschland abgeschafft.

Besonders früh und besonders hart traf der Terror des Regimes die Kommunisten. Ein KPD-Aufruf zum Generalstreik gegen die Machtergreifung war wirkungslos geblieben. SA-Schläger beherrschten die Straßen. Die »Verordnung des Reichspräsidenten zum Schutz von Volk und Staat« vom 28. Februar 1933 führte zum Verbot der KPD- und SPD-Presse sowie zur Verhaftung zahlreicher Abgeordneter und

Funktionäre. »Schutzhaft« nannten die Nationalsozialisten dieses Instrument. Es diente keineswegs dem Schutz der Betroffenen, sondern der Zerschlagung des Rechtsstaates, der Rechtsbeugung und dem Foltern und Ausschalten politischer Gegner. Überall im Reich schossen die Folterkeller, »wilde« Konzentrationslager, »Schutzhaftlager« wie Pilze aus dem Boden. Die KPD bekam bei der letzten Reichstagswahl am 5. März unter diesen Bedingungen noch gut 12 Prozent der Stimmen, doch ihr Mandat durften die Gewählten gar nicht erst antreten. Das Vermögen der Partei wurde beschlagnahmt und die Organisation verboten.

Auf die illegale Arbeit war die KPD insgesamt sehr schlecht bis gar nicht vorbereitet. Konspiratives Verhalten, Vorsicht und Umsicht waren kaum eingeübt. Das betraf nicht nur die Basis, das betraf auch die Parteispitze bis hinauf zum Vorsitzenden Ernst Thälmann, der bereits am 3. März 1933 in seiner Wohnung verhaftet wurde. Die Zahl der Verschleppten und Gefangenen wird für Ende 1933 auf 60 000 bis 100 000 geschätzt.[27]

In Hamburg wurde die Strafanstalt Fuhlsbüttel zum Konzentrationslager umfunktioniert, zunächst vor allem für Kommunisten und Sozialdemokraten; Frauen kamen ins »Schutzhaftlager«, also das Konzentrationslager Moringen im südlichen Niedersachsen. An der Stadthausbrücke richtete sich nach SA und SS Anfang 1934 die Geheime Staatspolizei (Gestapo) ein – das »Stadthaus« wurde »zu einem Haus des Schreckens, der Brutalität und der Folter«.[28]

Jegliche Art von Opposition, jeglicher Widerstand bedeutete in dieser Zeit und fortan bis zum Ende des Regimes Gefahr für Leib und Leben. Zahlreiche Widerstandskämpferinnen und -kämpfer bezahlten ihren Einsatz gegen die unmenschliche Terrorherrschaft mit Unfreiheit, Tortur und Tod.

Während die Nazis für Ruhe und Ordnung in ihrem Sinne sorgten, geriet das Leben der Familie Burmester in totale Unordnung. Der gesamte Alltag, die Atmosphäre veränderte sich.

Familie Burmester (um 1930): Carl, Greta, Peter, Lotte (v.l.n.r.)

Das war schon ganz zu Beginn des Jahres 1933 zu spüren. Im Vorjahr waren die Kinder noch durch die Straße gelaufen und hatten gebrüllt: »Nazi verrecke, scheiß in die Ecke, Hitler, das Schwein, macht's wieder rein!« Greta ist keineswegs stolz auf diesen Spruch, erinnert sich aber genau, dass sie sich so etwas im Januar 1933 nicht mehr trauten. Es ging nicht mehr um lautes Aufmucken, es ging jetzt darum zu lernen, Dinge zu verheimlichen. Etwa als die Eltern den Kindern eine Adresse gaben, zu der sie laufen sollten, dort bekämen sie den Schulranzen vollgesteckt mit Papier, und dann gehe es zu einer anderen Adresse, dort würden sie wieder leergeräumt. Dabei schärfte die Mutter ihnen ein: »Dann müsst ihr aber nicht wissen lassen, dass die Ranzen schwer sind.«[29]

Die Mutter war jetzt viel unterwegs. Greta und Peter mussten lernen, selbst zurechtzukommen. Einmal hatten sie Hunger und wollten sich Eier machen, Spiegeleier, so wie sie es bei der Mutter beobachtet hatten. Greta nahm also ein Ei, zerschlug es, doch es landete nicht in der Pfanne, sondern auf dem Fußboden. Vergeblich versuchte sie, es mit dem Pfannenheber aufzuheben; die »Sauerei« wurde noch größer. Es blieb nur sauber machen, das Ei aber war weg. »Und wir waren knapp.«

Die Eltern schärften Greta und Peter ein, nie einen Namen zu nennen, »denn dann gefährdet ihr Genossen.« Der Freundeskreis der Kinder schrumpfte zusammen. Außerhalb der Schule hatten sie kaum noch Kontakt zu Gleichaltrigen. Es kam zu Hausdurchsuchungen, dabei beschlagnahmen die Nazis unter anderem die Kinderbücher, etwa die Romane von Lisa Tetzner, einer aus Sachsen stammenden Autorin.[30]

Schon im Frühjahr 1933 vertrieb die Wohnungsbaugesellschaft die Familie aus ihrer Wohnung am Wiesendamm. Die Vermieterin begründete die Aufforderung zur Räumung damit, dass die Burmesters von den Nazis verfolgt wurden und sich verbergen mussten. Greta erinnert sich: »Wir sind aus dieser Wohnung in großer Hast bei Nacht und Nebel ausgezogen; in der Küche blieben die Gardinen hängen, die wir beim Vorbeifahren mit der Hochbahn sehen konnten.«[31]

Jetzt waren sie wohnungslos. Einmal, am 12. März, traf die Familie sich noch bei Opa Burmester. Da schrieben sie gemeinsam eine Postkarte, an Tante Hanne: »Wir sind ausgeflogen, sind fahrende Gesellen geworden«, hieß es da. Dann wurden sie getrennt. Die Kinder kamen zunächst bei KPD-Genossen unter, wo genau, weiß Greta nicht mehr, jedenfalls war sie auf der einen Seite einer großen Sandkuhle in der Gegend des heutigen Volksparkstadions, in der die Nazis Schießübungen veranstalteten, Peter auf der anderen Seite. Die Eltern tauchten unter. Mutter Lotte, laut Gerichtsurteil »zweifellos eine eifrige Funktionärin«, organisierte den Versand und die Verteilung illegaler Flugschriften. Sie wurde im Juli 1933 das erste Mal verhaftet und blieb – ohne förmliche Anklage – bis zum 23. September in »Schutzhaft«. Vater Carl wurde bereits im April verhaftet und erst im November wieder freigelassen.[32]

In dieser Zeit kam »Stammhalter« Peter dann zu Opa Burmester und Tante Marie, während Greta im gutbürgerlichen Hamburg-Eppendorf unterkam, in der Mansteinstraße, wo das Ehepaar Rosa und Hans Görtz wohnte. Der Ehemann war aktiver KPD-Funktionär, er wurde schon im März 1933 verhaftet und gleich zu zehn Monaten verurteilt. Er saß in der Strafanstalt Lübeck-Lauerhof ein; die Jahre bis zu seinem tragischen Tod im Mai 1945 verbrachte er in den Konzentrationslagern Fuhlsbüttel und Neuengamme. Seine Ehefrau, die nur 1,48 Meter große Rosel, war Jüdin. Sie geriet im Laufe der NS-Zeit zunehmend in das Netz aus persönlichem Terror und Ausgrenzung, kam nach ihrer Verhaftung 1944 erst nach Fuhlsbüttel, dann nach Auschwitz, wo sie am 27. Januar 1945, völlig entkräftet, befreit wurde.[33]

Bei Rosel Görtz ging es Greta gut. Sie bekam viele Eier zu essen, was sie sich im Nachhinein mit jüdischen Essgewohnheiten erklärt. Jedenfalls wurde sie umsorgt; nur Fahrgeld für den nun weiteren Schulweg war keines für sie übrig. Da fiel Gretas Lehrerin Margarethe Martens auf, dass das Mädchen immer so blass und abgekämpft zum Unterricht kam. Sie fragte, warum sie immer so müde sei, und Greta erzählte ihr, dass sie ja schon anderthalb Stunden aus Eppendorf gelaufen war. Von da an kaufte sie Greta jede Woche von ihrem Geld eine Wochenkarte für die Hochbahn. Als Lotte aus der »Schutzhaft« entlassen wurde, gab die Lehrerin dem Kind erneut Geld: »Jetzt gehst du und kaufst Brot und Eier für deine Mutter, damit sie sich wieder erholt.«[34]

Die Familie bemühte sich auch während der Verfolgungszeiten um Zusammenhalt. Das war nicht einfach, denn die Nazis kündigten Verhaftungen nicht an. Greta erinnert sich: »Die Eltern waren dann einfach weg.« Einmal nahm Lotte die Kinder mit in die Nähe des Untersuchungsgefängnisses; an dessen Seite lag ein Friedhof, und an der anderen Seite waren die Reste eines alten Wallgrabens. Die Mutter ging mit den Kindern dorthin und erklärte ihnen: »Wir spielen da miteinander, und ihr lauft immer weit weg und ich rufe dann ›Wer kommt in meine Arme?!‹, und ihr schreit dann so laut ihr könnt euren Namen.« Tatsächlich winkte jemand aus dem Fenster des Gefängnisses, vielleicht, so meinte Lotte, war das der Vater, aber Greta ist sich da nicht sicher.

Nachdem die Eltern aus der Schutzhaft entlassen wurden, im Herbst 1933, zog die Familie wieder in eine gemeinsame Wohnung, nach Dulsberg, einen an Barmbek angrenzenden Stadtteil, ebenfalls im Hamburger Norden. Die Verhältnisse in der über einen Laubengang zu erreichenden Wohnung waren sehr bescheiden; es gab dort nur ein Zimmer mit Wohnküche und WC. Der Keller des Hauses verfügte immerhin über eine Gemeinschaftswaschküche und ein Gemeinschaftsbad.[35]

Die illegale Arbeit der Eltern ging in dieser Zeit weiter. Greta erinnert sich an ein Treffen zu Silvester 1933. Nach dem üblichen Weihnachtsbesuch bei Opa Burmester fuhr die Familie »irgendwo in die Heide«, dort verbrachten sie mehrere Nächte und trafen sich mit Freunden. Sie feierten fröhlich den Jahreswechsel, auch auf der Straße, im Dunkeln singend – »unsere Eltern waren ja auch keine alten Leute«, und dort wurden »eben auch Sachen besprochen, mit Sicherheit besprochen«.[36]

VERFOLGUNG

Zu Beginn der Sommerferien 1934 sahen Greta und Peter ihren Vater zum letzten Mal. Wie üblich sollten sie die Ferien bei Tante Hanne in Flensburg verbringen. Carl Burmester brachte die beiden zur Bahn. Zur Abfahrt winkten sie – das war es. Als sie einige Wochen später aus den Ferien zurückkehrten, waren die Eltern verhaftet, und es war Tante Marie, die die Neunjährige und den Achtjährigen in Hamburg erwartete.[37]

Nach der Verhaftung, am 10. Juli 1934, war die Ehe der Eltern vor dem Hamburger Landgericht geschieden worden, und zwar, wie es im späteren Gerichtsurteil gegen Lotte heißt, »aus Verschulden des Mannes«. Auf der Internetseite zu den Hamburger Stolpersteinen heißt es sogar, die Ehe sei »gescheitert«. Greta sieht das anders. Sie geht davon aus, dass die Scheidung nur formal erfolgte, und zwar ausgehend von Mutter Lotte, um die Gefährdung ihres Mannes zu verringern. Denn die Gestapo hatte, so Greta, der Mutter immer wieder vorgeworfen, sie »würde meinen Vater zum politischen Widerstand verführen«. Greta jedenfalls spürte nichts von einem Zwist. »Meine Mutter hat sich nicht als geschieden, sondern als verwitwet betrachtet.«[38]

Die NS-Behörden bemühten sich, die Ereignisse des Sommers 1934 zu vertuschen. Sie behaupteten, Gretas Vater sei nicht ermordet worden, sondern habe bereits am 7. August 1934 Selbstmord verübt. Dagegen sprechen eine Reihe von Zeugen, so der Großvater, Franz Burmester, der am 18. September im Hafenkrankenhaus die Leiche seines Sohnes identifizieren musste, sowie der Anwalt der Familie Burmester, der spätere Hamburger SPD-Bürgermeister Paul Nevermann. Er bescheinigte Greta im August 1949 schriftlich, dass ihr Vater von der Gestapo in ihrem Hauptquartier an der Stadtbrücke ums Leben gebracht wurde: »Ich war 1934 als Anwalt tätig und verteidigte mehrere Personen, die zur gleichen Zeit mit Ihrem Vater in Haft waren. Ich kann mich genau entsinnen, dass Carl Burmester sich nach schweren Misshandlungen aus dem Fenster stürzte und sofort seinen Verletzungen erlag.« Laut Sterbeurkunde ist das Todesdatum der 17. September 1934.[39]

Lebensmüde war Carl Burmester keineswegs. Ob er nun die Misshandlungen durch die Folterknechte nicht mehr ertrug oder auf keinen Fall die eigenen Genossen unter der Folter ans Messer liefern wollte – für Lotte, Greta und Peter ist immer klar gewesen: Das war kein Selbstmord, das war Mord.

Der Leichnam von Carl Burmester wurde eingeäschert. Zur Beisetzung erhielt Lotte Hafturlaub. Ihr Schwiegervater holte sie zusammen mit den Kindern an der Hochbahn ab; von dort ging es zum Friedhof. Greta erinnert sich: »Es war eine Urnenbeisetzung, wobei die Urne kein verziertes Gefäß war, wie man es sonst kennt, sondern sie sah aus wie eine Konservendose. Normalerweise kommt so etwas dann in eine äußere Schmuckurne, aber bei uns gab es das Geld dafür nicht. Und, da sagte meine Mutter: ›So, jetzt legt ihr noch mal die Hand auf die Urne.‹ Ich kann mich erinnern, dass ich gesagt habe: ›Das ist ja gar nicht warm‹, denn ich hatte erzählt bekommen, der Mensch ist verbrannt, und dachte also an Wärme. Ich kann mich nicht erinnern, dass ich bei der Beisetzung bitterlich geweint habe. Es war wohl einfach so, dass man am Anfang erst begreifen musste, was geschehen war.«[40]

Gretas Bruder erinnerte sich an eine kleine Ansprache ihrer Mutter: »Wir wollen nicht traurig sein, dass wir nur zu dritt hinter Carls Urne hergehen. In Gedanken folgen uns Tausende Genossinnen und Genossen mit Fahnen, und die Kapellen spielen dazu den Trauermarsch. Und alle ehren sie unseren Vater.«[41]

Dann musste die Mutter wieder ins Gefängnis. Die Kinder sollten zu Verwandten kommen, die Wohnung in Dulsberg war schon ausgeräumt. Nur ein Kochtopf und einige wenige Gegenstände waren übrig. Lotte sagte zu ihren Kindern: »So, und jetzt essen wir nochmal zusammen und feiern Abschied.« Jedes durfte sich ein Essen wünschen, Peter und seine Mutter eine Karbonade, also ein Kotelett, Greta wählte eine Bratwurst. So saßen sie gemeinsam auf dem Fußboden, aßen aus der Pfanne und sangen »Lustig ist das Zigeunerleben«. Dieses gemeinsame Abschiedsessen hat sich Greta besonders eingeprägt. Für sie ist es ein Beispiel, wie Lotte sich bemühte, bewusst gemeinsam mit ihren Kindern durchs Leben zu gehen.[42]

Lotte Burmester wurde am 11. Dezember 1934 vom Strafsenat des Hanseatischen Oberlandesgerichts Hamburg wegen »Vorbereitung zum Hochverrat« verurteilt. In der Urteilsbegründung gegen Lotte und ihre dreizehn männlichen Mitangeklagten hieß es, die Angeklagten hätten 1933 in verschiedenen Stadtteilen für die KPD gearbeitet, dort Funktionen in der Partei und »im kommunistischen Versandapparat« versehen. Sie hätten dabei das »hochverräterische Unternehmen« vorbereitet, »mit Gewalt die Verfassung des Reiches zu ändern«, indem sie einen organisatorischen Zusammenhalt gepflegt und die Massen durch »Verbreitung von Schriften« beeinflusst hätten. Lotte Burmester, so das Gericht, sei »zweifellos eine eifrige Funktionärin« gewesen. Für sie aber spreche der persönliche Eindruck und dass sie nach dem Tode ihres Mannes für ihre Kinder sorgen müsse. Das biete »hinreichend Gewähr dagegen, dass sie Versuchungen zu kommunistischer Tätigkeit nicht erliegen wird« (die doppelte Verneinung war sicher ein Versehen – aber so trifft der Satz wenigstens zu). Sie wurde zu einer Gefängnisstrafe von einem Jahr verurteilt. Zwei Monate und drei Wochen Untersuchungshaft wurden auf die Strafe angerechnet. Die Zeit sollte sie im Gefängnis Lübeck-Lauerhof absitzen.[43]

Erneut trennten sich die Wege der Kinder. Peter kam nach Kassel, zur älteren Schwester seiner Mutter, Tante Anna und ihrem Mann Paul Peters. Greta kehrte nach Barmbek, an den Wiesendamm zurück; sie zog zum Bruder ihres Vaters, zu Onkel Heinrich und Tante Clara. Das waren in ihrer Erinnerung »alte Sozialdemokraten, so richtig bodenständige Leute«, nicht arm und nicht reich; sie wohnten gegenüber vom Barmbeker Bahnhof in einem Haus aus der Zeit der Jahrhundertwende, mit Wohnküche, Balkon, Schlafzimmer, Wohnzimmer und einer guten Stube«. Nach Gretas Eindruck lebten sie dort »sehr solide«.[44]

In dieser Zeit, der Haftzeit ihrer Mutter, wurde Greta schwer krank. Zu Pfingsten 1935 war sie bei Opa Burmester zu Besuch, und die Familie machte einen Ausflug an die Elbe. Dort wurde Greta schlecht, sie bekam Fieber, wurde krank und immer kränker, bis die Verwandten dann einen Arzt holten. Greta hatte keine Stimme mehr, bekam Atemnot. Der Arzt erkannte gleich, dass sie in Lebensgefahr war. Sie kam ins Krankenhaus Lohmühle, in einen »Riesensaal, nur durch Vorhänge abgeteilt«, und dann kam die Diagnose: Kehlkopfdiphtherie. Greta wurde in die Infektionsabteilung verlegt. Ihre Erkrankung stand am Anfang einer Reihe von Infektionen in Hamburg. Ein Mädchen aus ihrer Klasse hatte sich auch angesteckt. Dabei handelte es sich um Maria, »ein sehr zartes Kind mit langen, dunklen etwas krausen Zöpfen«, die einzige Schulfreundin, an welche Greta sich erinnert. Maria starb an der Krankheit. Greta blieb mehrere Monate im Krankenhaus, bis in den Hochsommer in der Infektionsabteilung; danach kam sie in eine andere Abteilung, weil sowohl ihr Herz als auch ihre Nieren angegriffen waren. Zwei Jahre durfte sie in der Schule nicht mitturnen. Die Diphtherie hatte Folgen: Gretas Herz blieb bis an ihr Lebensende geschwächt.

Die Mutter durfte in der Haft keine Besuche empfangen und nur einmal pro Monat einen Brief schreiben. Als Greta krank wurde, gingen sämtliche Briefe an die Familie zu ihr in die Klinik. Lotte erkrankte im Spätsommer 1935 ebenfalls schwer, an Asthma. Ein Arzt sorgte dafür, dass sie aus der Strafanstalt ins Krankenhaus gebracht wurde und tat alles, um ihre Rückkehr in die Haftanstalt hinauszuzögern. Im Oktober schließlich wurde sie aus der Haft entlassen und konnte nach Hamburg zu ihren Kindern zurückkehren.

Greta, Lotte und Peter in Flensburg (um 1932)

Sie bezogen gemeinsam eine neue Wohnung an der Dehnhaide in Barmbek-Süd, es war wieder eine kleine Einzimmerwohnung mit Küche. Gesundheitlich ging es ihnen weiter nicht gut. Greta bekam sofort Windpocken, und weil sie von der Diphtherie noch geschwächt war, wurde daraus ebenfalls eine schwere, langwierige Erkrankung. Lotte versuchte es mit Alternativmedizin. Sie gab Greta homöopathische Tabletten, und als das Kind einmal allein war, stellte es fest, dass diese Pillen »so ein bisschen süßlich schmeckten«, und Greta aß sie alle auf einmal auf. »Die Folge ist, dass ich von solchen sogenannten alternativen Medikamenten gar nichts halte, weil das ja überhaupt nichts bewirkt hat, ich wurde davon weder krank noch gesund.« Gretas Mutter aber war nach der Haft arbeitsunfähig. Sie hatte weiter schwere asthmatische Anfälle, und Greta musste nachts mit ihr am Arm durch die Wohnung gehen. Außerdem hatte Lotte sich bei der Zwangsarbeit ein Ekzem an den Händen zugezogen, das hinaufreichte bis zu den Ellenbogen.

Das machte ihr die Arbeit in ihrem erlernten Beruf als Gärtnerin unmöglich. So musste die kleine Familie von der Unterstützung durch die Wohlfahrt leben, Greta erinnert sich, dass sie 24 oder 27 Mark pro Monat bekamen. Davon sollten sie die Miete zahlen, das Essen und die Kleidung – sie kamen kaum über die Runden.[45]

Sehr bald nahm Lotte wieder Verbindung zu anderen Genossen auf, aus Gründen der Vorsicht allerdings in Gegenden, zu denen sie vor der Haft keine Beziehungen gehabt hatte. Greta ging zu dieser Zeit öfter zu Besuch in eine Familie, deren Vater »weg war«, also verhaftet oder untergetaucht, und kümmerte sich um deren Kleinkind. »Das war mir bewusst, dass das auch etwas mit dem politischen Bereich zu tun hatte.«

Im Frühsommer 1936 fuhr Lotte mit ihren Kindern mit dem Fahrrad bis an die mecklenburgische Ostseeküste. Dort trafen sie sich mit anderen Menschen, die im Widerstand tätig waren. Greta berichtet von einem Zelt, sie hatten »Decken, Kochpott und alles Mögliche, was man braucht zum Leben auf Rädern. Und wenn wir schieben mussten, den Berg hinauf, konnte Peter das Rad nicht mehr halten. Da ging hinten das Rad hoch, so dass Mutti die Berge alle zweimal machen musste.« Worum es bei den Treffen ging, weiß Greta nicht: »Die Gespräche wurden vertraulich geführt, nicht vor den Kindern, wir haben viel geschlafen und sind früh aufgestanden.«[46]

Dann verkündete die KPD die »Taktik des Trojanischen Pferdes«, die besagte, der Nationalsozialismus solle künftig von innen heraus bekämpft werden. Daher sollten die Genossen in die Naziorganisationen hineingehen, und ihre Mutter schlug Greta vor: »Wie wäre das, wenn Du in den BDM gehst?« Der »Bund Deutscher Mädel»? Die Nazi-Mädchenorganisation? Greta widersprach: »Mit denen will ich nichts zu tun haben, da geh ich nicht hin.« Dabei blieb es. Greta, so meint sie, hatte schon damals ihren eigenen Kopf.[47]

In den Herbstferien 1936 und in den Frühjahrsferien 1937 schickte Lotte Greta und Peter nach Dänemark, zu politischen Freunden, die sie vorher nicht persönlich gekannt hatten. Im Sommer 1937 fuhren sie, wie jedes Jahr, zu Tante Hanne; diesmal kam ihre Mutter mit. Greta überlegte noch, ob sie ihr geliebtes »Pummelchen« einpacken sollte. Im Koffer war aber nicht genug Platz, und so blieb die Puppe in Hamburg. Greta dachte, es sollte wie üblich nur nach Flensburg gehen – doch diese Reise ging weiter.[48]

»Ich hoffe immer noch, unser Volk könne mündig werden, das vergebliche Mühen aller Richtungen des Kampfes gegen die Hitler-Diktatur anzuerkennen und es gleichzeitig als einen Funken des Anstands in der tiefsten Nacht unseres Volkes zu sehen.«

Greta Wehner

GESCHICHTS-BILDER

Greta schätzt Kinder- und Jugendbücher mit politischem Hintergrund. Dazu gehört »Als Hitler das rosa Kaninchen stahl« von Judith Kerr. In der Geschichte der gleichaltrigen »Anna« gibt es reihenweise Übereinstimmungen mit Gretas eigener Flucht. Das »rosa Kaninchen« ist Gretas geliebtes »Pummelchen«, die Puppe, die bei der ebenfalls als Ferienreise getarnten Flucht zurückbleibt. Der dramatische Grenzübertritt. Die Weiterflucht aus wirtschaftlichen Gründen. Greta und ihr Bruder müssen ebenfalls lernen, im Exil, mit fremder Sprache und fremden Lebensgewohnheiten umzugehen – was ihnen, den Kindern, leichter fällt als ihrer Mutter, so scheint es zumindest.

Doch es gibt auch Unterschiede. Gretas Familie flieht nicht 1933, zum Zeitpunkt der Machtergreifung, sondern über vier Jahre später. Dazwischen liegt die Arbeit im Widerstand, die Verfolgung und Verhaftung der Eltern, die Ermordung des Vaters. Sozial ist der Abstieg nicht so tief wie bei der bürgerlichen, jüdischen Schriftstellerfamilie, die Burmesters gehören ohnehin zur Arbeiterschicht. Dafür wird bei Greta das Familienglück schon in Nazideutschland umso radikaler zerstört. Die Flucht der Familie Burmester geht in eine andere Richtung, nicht über die Schweiz und Frankreich nach England, sondern nach Norden, über Dänemark nach Schweden.

Politisch Geflüchtete sind beide Familien, die einen noch dazu jüdisch, die anderen noch dazu kommunistisch.

Egal warum Menschen verfolgt werden, ob aus rassistischen oder aus politischen Gründen: Greta und ihre Familie sind allen gegenüber solidarisch eingestellt, und sie bemühen sich nach Kräften zu helfen. Greta hat zeitlebens den Widerstand bildungsbürgerlicher Eliten und den militärischen Widerstand, etwa den der Weißen Rose oder der Attentäter des 20. Juli, bewundert und geschätzt. Und doch: Ihr Gerechtigkeitsempfinden ist oft verletzt.

Den Widerstand der »einfachen« Leute, der Arbeiterschichten, der Sozialdemokraten und Kommunisten findet sie in der Bundesrepublik zu wenig gewürdigt, unterbelichtet in Berichterstattung, Gedenkfeiern, Erinnerungszeichen im öffentlichen Raum. Sie kauft, gerade im Alter, zahlreiche Bücher mit zeitgeschichtlichem Inhalt.

Zeitungsartikel versieht Greta immer wieder mit Notizen. So schreibt sie an den Rand einer Besprechung zu einem preisgekrönten Jugendbuch über »Mutige Menschen« im Dritten Reich, dass es »wie fast alle Schilderungen eine Gruppe Menschen offenbar ausschließt, die einen hohen Blutzoll zahlen mussten, die sich schon tapfer vor 1933 gegen die Nazis einsetzten und in großer Zahl sehr bald ums Leben gebracht wurden.« Greta fragt: »Was ist mit den Widerständlern aus der Arbeiterbewegung, gelten sie nicht, weil sie meist Volksschüler waren, auch (z. B. meine Eltern) in der KPD waren, in ihrem Suchen nach Wegen?«[49]

Dass es so viele unerzählte oder nur kurz erwähnte Geschichten von Opfern, Widerstandskämpferinnen und -kämpfern aus dem Bereich der Arbeiterbewegung gibt, kritisiert Greta immer wieder. Es schmerzt sie, wenn bei den Diskussionen etwa zum 50. Jahrestag des 20. Juli 1944 der Widerstand »vielfach auf dieses eine Ereignis begrenzt wird«. Greta erinnert in einem Leserbrief in der *Zeit* an den Einsatz ihrer Eltern und meint: »Ich hoffe immer noch, unser Volk könne mündig werden, das *vergebliche* Mühen *aller* Richtungen des Kampfes gegen die Hitler-Diktatur anzuerkennen und es gleichzeitig als einen Funken des Anstands in der tiefsten Nacht unseres Volkes zu sehen.«[50]

Gretas Familiengeschichte ist allerdings hervorragend dokumentiert, dank stundenlanger Interviews mit ihr, die ich in den Jahren 2002 und 2003 geführt habe, vor allem aber dank einer ausgeprägten Kultur des Briefeschreibens in der Familie, mit Verwandten, mit Freundinnen und politischen Weggefährten. Greta hat alles aufbewahrt, spätestens von den schwedischen Jahren an kann ich hier aus dem Vollen schöpfen.

In den letzten Jahren der Exilzeit kommt Herbert Wehner in die Familie. Ob sein »Charakterbild in der Geschichte« durch das hier gezeigte Porträt von Greta ein anderes wird, mag dahingestellt bleiben – mir geht es um Greta. Aber die menschliche Seite an Herbert Wehner wird wohl deutlicher gesehen werden können, als viele es bisher getan haben. Mit menschlich meine ich nicht nur das mitmenschliche Helfen der Wehners, sondern auch Herbert Wehner als selbst menschlicher Hilfe bedürftiger Person, ob als Politiker, der ohne Lotte und dann vor allem Greta gar nicht mehr »kampffähig« war, oder dann später als Demenzkranker. Die Vermenschlichung Herbert Wehners sollte ebenso gegen die Bilder der Dämonisierer wirken wie gegen Neigungen, ihn zum politischen Übermenschen zu verklären.

Der Blick auf die DDR und das Leben in der DDR gehört ebenso hierhin. Gretas Auftritt fällt in die Zeit der frühen Neunzigerjahre, als konservative Medien und Politiker zum Teil rigoros Kampagne gegen vermeintliche oder tatsächliche »Helfershelfer« der SED-Diktatur machen. Da ist das von der Westberliner Justiz verfolgte Ehepaar Vogel zu nennen, aber auch Herbert Wehner selbst. Nach seinem Tod, 1993/94, wurde er zum Gegenstand einer Art zeitgeschichtlicher »Rote-Socken-Kampagne«.

Ostdeutsche haben im vereinten Deutschland oft Herabsetzung empfunden und auch erfahren. Die Ostmark ist zwar zum großen Teil 1:1 in D-Mark getauscht worden, aber die Wirtschaft der DDR ist zusammengebrochen; viele Biografien, Qualifikationen wurden abgewertet, Lebenserfahrungen gelten oft weniger oder gar als verwerflich. Greta sieht das, zieht selbst in den Osten, dabei will sie »Leben und Denken der Menschen, die alle Jahre hier lebten, verstehen lernen«.[51]

Sie lehnt es ab, Menschen aus ihrer politischen Vergangenheit einen Strick zu drehen. »Ihr müsst Euch dazu durchringen zu verstehen«, schreibt sie 1993 und meint damit die sächsische Sozialdemokratie, dass, wer in der DDR gelebt hat, gerade wenn er oder sie ein aktiver Mensch gewesen ist, »in der einen oder anderen Organisation mitgewirkt« haben wird. Wer dabei anderen nicht geschadet habe, »den brauchen wir.« Greta schließt: »Nicht verbohrt und eingeengt, offen müssen wir sein.«[52]

Geschichtspolitisches Eifern ist ihr fremd. »Ich bin gegen Tribunale«, schreibt sie, als westdeutsche Juristen darüber diskutieren, ob Strafverfahren ein taugliches Mittel sind, um SED-Unrecht auszugleichen. »Rache bringt keinen Frieden«, meint Greta.[53]

Im Hausflur, hinter einem Bild, klemmt eine Notiz mit Bezug auf Joachim Gauck, den ersten Chef der Stasi-Unterlagenbehörde, der in den Neunzigerjahren eine Auseinandersetzung mit dem brandenburgischen Ministerpräsidenten Manfred Stolpe über dessen angebliche Stasi-Verwicklungen geführt hat. Greta zitiert zunächst die Bibel. Dort heißt es, im »Buch der Sprüche«, Kapitel 28, Vers 13: »Wer seine Sünden verheimlicht, hat kein Glück, wer sie bekennt und meidet, findet Erbarmen.«

Dazu schreibt sie: »Gesagt sind doch wohl die Worte, damit wir Menschen untereinander Erbarmen haben. Ist das Bekennen so schwer, zum Beispiel auch im Hinblick auf Stasi-Verwicklungen, weil die, die zu bekennen haben, kaum je eine Spur von Erbarmen erkennen? Das macht meine innere Haltung Gauck gegenüber so hoffnungslos. Kennt der Pfarrer dieses Wort nicht? Ist seine Menschlichkeit nicht groß genug, um Aufklärung mit diesem Wort zu paaren? Wie können wir bloß Menschen, die immer unterschiedlich sein werden in ihren Ansichten, Verhalten und in ihren Fähigkeiten, auch da wo sie uns nicht gefallen, respektieren?«[54]

Sehr bewusst lebt Greta die Solidarität mit Israel und mit Jüdinnen und Juden. Am 9. November 1998, dem 60. Jahrestag der Pogromnacht, nimmt sie mich mit zur Gedenkfeier auf dem Hasenberg. Da steht die neue Synagoge noch nicht, aber der Bau ist beschlossene Sache. Den Wiederaufbau der Frauenkirche findet Greta richtig und wichtig, aber ihre Spenden – und soweit sie es vermag, ihr Engagement – gehen in den Neubau des jüdischen Gotteshauses.

II. JUGEND IN SCHWEDEN

FLÜCHTLINGSLEBEN

Lotte fürchtete, erneut verhaftet zu werden. Dem wollte sie zuvorkommen. Sie bereitete die Flucht nach Dänemark sorgfältig vor. Dazu gehörte es, den Kindern kein Sterbenswort davon zu verraten. Sie hätten sich ja verplappern können. Im Übrigen nutzte sie ihre Herkunft aus Flensburg. Dort kannte sie sich aus, und in Richtung Norden konnte sie unauffällig reisen, schließlich hatte sie Familie da.[55]

Im Frühjahr 1937 erhielt Lotte einen neuen Reisepass. Doch darin war ein Fehler. Ihr Name war falsch wiedergegeben, ein »i« zu viel, »Burmeister« stand da. Als sie den Beamten der Meldebehörde darauf hinwies, schnauzte der sie an: »Wollen Sie den Pass jetzt haben oder nicht?« Sie zog es vor, den Reisepass schnell an sich zu nehmen und das Amtsgebäude zu verlassen.[56]

Nun lauteten Gretas und Peters Kinderausweise aber auf »Burmester«, das war ein Widerspruch. Damit dieser nicht zu Schwierigkeiten führe, dachte die Mutter sich etwas Besonderes aus. Sie sagte zu Peter: »Wenn wir an der Grenze sind, dann machst du ein großes Gebrüll. Ich haue dir dann eine runter, und dann brüllst du noch mehr.« So geschah es, Greta machte auch mit, beide Kinder brüllten, es gab eine Ohrfeige und das Gebrüll ging weiter. Die genervten Grenzer warfen nur einen oberflächlichen Blick in die Papiere und winkten die Familie schnell durch.

Greta (links, mit »Pummelchen«) und Peter

Erst auf der dänischen Seite klärte Lotte ihre Kinder auf: Sie waren nicht für einen Urlaub gekommen, sie würden bleiben. Da schluchzte Greta los: »Hätte ich doch nur mein Pummelchen mitgenommen!«

Viel Gepäck hatten sie nicht mit, gerade einmal so viel, dass es für einen Urlaub reichte. Es sollte kein Verdacht aufkommen. Dass das Briefgeheimnis im Nazireich im Zweifel nicht galt, war Lotte klar. Nach einigen Wochen in Dänemark schrieb sie an ihre Mutter nach Flensburg. In dem Brief tat sie so, als sei sie schwer krank, der Arzt habe gesagt, es sei wieder Asthma, und sie sei keinesfalls reisefähig. Ein Klimawechsel würde alles nur verschlimmern, sie müssten noch eine Weile in Dänemark bleiben. Oma Clausen sollte ihr deswegen Wintersachen schicken. Daraufhin packte sie eine Zinkwanne und einen großen Schlosskorb voll, tat auch noch das »Pummelchen« hinein und schickte alles mit einer Spedition hinterher. Der

Korb reiste fortan mit; er stand bis zu ihrem Tod bei Greta in Dresden im Gästezimmer.

In Dänemark kamen die drei Burmesters zunächst nach Varde, einer kleinen Stadt nahe Esbjerg im südlichen Jütland, nahe der Westküste. Das war etwa 130 Kilometer von Flensburg und damit weit genug von der deutschen Grenze entfernt. Bei wem genau sie da untergebracht waren, weiß Greta nicht mehr. Sie meint aber, dass es Kommunisten gewesen sein müssen. Ihre einzige Erinnerung an Varde ist, dass sie dort jeden Tag auf eine Waldlichtung gingen und Preiselbeeren pflückten. Damit wollten sie einen Beitrag zu Essen und Unterkunft leisten. »Ich habe lange keine Preiselbeeren mehr sehen mögen, die Sonne brannte uns auf den Kopf, und unten war alles rot.«

Nun gab es in Dänemark ein Problem: Flüchtlinge bekamen grundsätzlich keine Arbeitserlaubnis. Von Unterstützung leben, das kam für Lotte Burmester aber nicht in Frage. Ihr war, so erklärte sie es Greta später, klar: Die Emigrationszeit würde länger dauern als die Schulzeit der Kinder. Da wollte sie nicht, dass Greta und Peter sich daran gewöhnten, von Unterstützung zu leben, sondern »ihr lag daran, dass wir von unserer eigenen Hände Arbeit leben konnten«. Das ist der Grund, weswegen die Familie noch 1937 ihre Flucht fortsetzte, übers Kattegat, nach Schweden.

Das Geld für die Zugfahrkarten zum Reisen reichte aber nur für zwei, und so entschied Lotte, zunächst allein mit ihrer noch zwölfjährigen Tochter loszufahren. Der jüngere Sohn erschien robuster, »ein relativ unbeschwertes Kind«, wie Greta meint, anders als sie selbst, deren Gesundheit nach der Diphtherie angegriffen war.

Peter musste zunächst in Varde bleiben. Das Geld aber, das die Mutter und Greta ihm einige Wochen später schickten, nachdem dafür in Göteborg gesammelt worden war, reichte nur für eine Kinderfahrkarte bis zehn Jahre. Peter war aber schon elf, und so entschied er sich, den weiten Weg von der dänischen Westküste quer übers Festland nach Fredericia hinüber mit dem Fahrrad zu machen. Dort kannten Burmesters eine Familie, bei der Greta im Jahr zuvor die Osterferien verbracht hatte. Der Mann, ein Eisenbahner, sagte zu Peter: »Nach Norden weiter fährst du mit der Kinderfahrkarte und sagst, du bist erst zehn.«

Das klappte, auch wenn Peter erst einen Tag später als geplant mit der Fähre von Frederikshavn in Göteborg ankam. Greta erinnert sich zwar nicht an die Unruhe ihrer Mutter, aber sie kann die Sorge nachfühlen, welche sie sich gemacht haben muss, als der Junge nicht zur vereinbarten Zeit angekommen war. Tags darauf, bei der Ankunft im Fährhafen, schien der elfjährige Junge sehr stolz auf seine Leistung zu sein. Von dem Reisegeld hatte er etwas übrigbehalten. Einen Teil davon hatte er in Zigaretten umgesetzt und schon geraucht.[57]

Schweden war im Jahr 1937 ein sozialdemokratisch regiertes Land auf dem Weg zum Wohlfahrtsstaat. Auf die Weltwirtschaftskrise Anfang der Dreißigerjahre hatten die Schweden anders reagiert als die Deutschen. Auch hier führte eine konservative Politik der Angst vor Inflation zunächst zur Verschärfung der Krise. Doch dann behielten bei den Wahlen von 1932 und 1936 die Sozialdemokraten die Oberhand, und im Bündnis mit dem Bauernbund und dann auch mit den Liberalen setzten sie auf eine Politik des Ausbaus der Demokratie, der sozialen Reformen und der Stärkung staatlicher Ausgaben. Der Staat investierte in Infrastruktur und Arbeitsbeschaffungsmaßnahmen, die gut bezahlt waren. Als die Burmesters 1937 nach Schweden kamen, begann gerade, so drückte es Ministerpräsident Per Albin Hansson aus, die »Erntezeit für eine ganze Reihe sozialer Reformen«. Die Renten wurden dynamisiert, also an die Entwicklung der Lebenshaltungskosten geknüpft, Kindergeld, Müttergeld und Mutterschutz wurden eingeführt. Der Staat legte ein Programm für Wohnkredite auf, ließ Wohnungen für Rentner bauen, schuf eine bessere medizinische Versorgung mit Krankenversicherung und beschränkte die Arbeitszeiten. Bildungseinrichtungen und Vereinswesen, Arbeiterorganisationen und Landjugendbewegung, Literatur und Kunst blühten auf. Demokratie wurde zur Leitidee der Gesellschaft; der Ministerpräsident ging auf Reisen durch das Land und warb »für die Demokratie als Lebensform, für den demokratischen Alltag, für eine demokratische Moral, eine demokratische Gefühls- und Gedankenwelt«. Für die liberale und soziale Demokratie Schwedens prägte er den Begriff »Volksheim«.[58]

Ein einfaches Leben, sagt Greta, haben sie in Schweden gelebt, aber keineswegs ein leichtes. Denn schließlich waren sie Flüchtlinge, und Flüchtlinge hatten es auch im schwedischen Volksheim, das selbst erst im Entstehen war, nicht leicht. Am Anfang fühlten sie sich sehr fremd. Bei der Überfahrt auf der Fähre, in der zweiten Augusthälfte 1937, kurz nach Lottes Geburtstag, war die Mutter in Tränen ausgebrochen. Dänemark, das war noch vertraut, das war Festland, nahe Flensburg, mit Verbindungen in die Familiengeschichte. Schweden jedoch, das war weit weg, jenseits der Ostsee. Und sie sprachen kein Schwedisch.[59]

In den ersten Wochen übernachteten sie in Göteborg bei verschiedenen Leuten, meist deutschen Emigranten. Greta erinnert sich an ein kleines Einfamilienhaus mit Garten bei Deutschen, die aus der Kölner Gegend kamen. Schon im September fanden sie eine Wohnung, direkt an einem Sumpf, unterhalb des Hamnberges in der Herkulesgatan. Genauer gesagt war es nur ein Zimmer mit Küche, ohne Möbel. Irgendwoher organisierten sie ein altes Eisenbett ohne Matratze und eine Holzbank, auf der die Kinder schliefen.

Einmal kam eine Frau aus dem Nachbarhaus und fragte freundlich, ob sie nicht ein Sofa haben wollten. Das nahmen sie gerne an. Lotte war froh, auf einer weichen Unterlage ruhen zu können. Nach der ersten Nacht jedoch wachte sie auf und entdeckte am ganzen Leib juckende Stiche. Eine andere Nachbarin, die im gleichen Treppenhaus gegenüber wohnte, sah sich das an und rief *»åh, pankor, pankor!«* – oh, Wanzen, Wanzen! Gleich in der nächsten Nacht trugen die Nachbarn das Sofa hinaus und versenkten es im Sumpf.[60]

Es war kein leichter Anfang, aber immerhin, gerade in Göteborg, wo sie wohnten, gab es eine gut organisierte Flüchtlingshilfe. Das lag vor allem an einer jungen Frau, der liberalen Politikerin Ingrid Segerstedt Wiberg. Sie war die Tochter von Torgny Segerstedt, dem Chefredakteur der *Göteborger Seefahrts- und Handelszeitung*. Als solcher hatte er – anders als das offizielle Schweden und anders als fast alle anderen Zeitungen – frühzeitig klar Stellung gegen das Naziregime in Deutschland bezogen. Öffentlich und nachdrücklich warnte er vor Hitler, forderte Schweden zum Boykott der Olympischen Spiele 1936 auf und kritisierte das naive Appeasement der Westmächte gegenüber Nazideutschland scharf. Über das Schicksal, das aus politischen, rassistischen oder anderen Gründen Verfolgten in Deutschland drohte, machte sich seine Tochter keinerlei Illusionen. Ihre Konsequenz: Den aus Deutschland Geflüchteten Gelegenheit geben, sich zu erholen und ihnen helfen, in dem fremden Land Fuß zu fassen.

Mit dieser Auffassung standen Segerstedt Wiberg und ihre meist weiblichen Mitstreiterinnen im Göteborger Hilfskomitee für eine kleine Minderheit in der schwedischen Gesellschaft. Außenpolitisch verhielt das Land sich zwar neutral, es war aber sonst durchaus an Deutschland orientiert. Deutsch war in der Schule die erste Fremdsprache. Die meisten Schweden hielten zwar nichts von Hitler und dem Naziregime, was

Greta, Peter und Lotte in Göteborg (vor 1940)

aber noch lange nicht bedeutete, dass sie Sympathien für die Verfolgten hegten, für Juden oder gar Kommunisten. Flüchtlingen wurde untersagt, sich in Schweden politisch zu betätigen. Flucht aus politischen Gründen – dafür hatte Schweden wenig Verständnis.[61]

Lotte Burmester hatte Gefangenschaft und Flucht am eigenen Leibe erlebt, und sie kam aus einer Arbeiterfamilie, in der persönliche Hilfe und Solidarität mit Schwächeren fest verwurzelt war. Es ist kein Wunder, dass sie mit ihren Kindern nicht nur Hilfsempfängerin sein wollte, sondern sich selbst, so gut sie konnte, für die vom NS-Regime Verfolgten einsetzte. Das begann schon vor der Emigration, in Hamburg, als Lotte Briefkontakt zu einer Insassin des Frauenkonzentrationslagers Moringen hielt, der sie Pakete schickte, etwa mit Stoff zum Nähen. In Göteborg war einer ihrer ersten Kontakte die liberale Politikerin und – ebenso wie Ingrid Segerstedt Wiberg – spätere Reichstagsabgeordnete Karin Kihlmann. Gemeinsam mit ihr und Segerstedt Wiberg beteiligte Lotte sich an der – vergeblichen – internationalen Protestkampagne gegen die Hinrichtung der kommunistischen Widerstandskämpferin Liselotte Herrmann. Die Beziehung zu Karin Kihlmann muss zeitweise recht freundschaftlich gewesen sein, so verbrachte Lotte im Sommer 1938 mehrere Wochen bei ihr auf dem Lande in der Nähe von Göteborg.[62]

Etwa 25 000 bis 30 000 Menschen verließen Deutschland ab 1933 als politisch Verfolgte. Davon kamen in den Dreißigerjahren höchstens 3000 nach Schweden. Die Einreise erfolgte entweder illegal oder, mit echten oder gefälschten Pässen, als »Touristen«. Vor Ort nahmen sich dann Hilfsorganisationen der politischen Flüchtlinge an, wie zum Beispiel das Göteborger Hilfskomitee für deutsche Landesflüchtige. Die meisten politischen Flüchtlinge gingen nach Stockholm und Umgebung; die deutschsprachige Emigration in Göteborg umfasste bis Kriegsende etwa 300 bis 400 Personen. Die Landesgruppe der KPD zählte 1945 in ganz Schweden etwa 100 bis 120 Personen. Unter den deutschen Flüchtlingen in Göteborg hatte Lotte eine führende Stellung inne. Sie betätigte sich in der örtlichen Leitung der KPD und in der überparteilichen Landesgruppe Schweden der Auslandsvertretung deutscher Gewerkschaften. Im Januar 1944 gehörte »Lotte Burmester, Gärtnerin« zu den 61 Erstunterzeichnerinnen und -unterzeichnern des überparteilichen Aufrufs zur Gründung des »Freien Deutschen Kulturbundes«, der bedeutendsten deutschen Exilorganisation in Schweden. Ihr Name in der alphabetisch sortierten Liste steht unter demjenigen von Fritz Bauer, dem späteren hessischen Generalstaatsanwalt.[63]

Lotte wurde »von einem Teil bewundert und war bei einigen umstritten«. Greta meint dazu, ihre Mutter sei immer schon eine sehr eigensinnige, eigenwillige Persönlichkeit gewesen, vor allem aber führt sie ihre Sonderrolle darauf zurück, dass die Burmesters keine »typische« Emigrantenfamilie waren. Denn die anderen Familien der recht überschaubaren Göteborger KP-Emigration hatten Väter als Familienoberhäupter, die zur Arbeit gingen und in den meisten Fällen auch der politische

Kopf ihrer Familie waren. Gretas Mutter jedoch war im Gegensatz zu den meisten anderen Emigrantinnen alleinstehend. Sie ging zur Arbeit, sie konnte, musste und wollte auch für sich selbst sprechen und politisch denken wie handeln.[64]

Dabei musste sie gleichzeitig die Rolle als Hausfrau und Mutter ausfüllen, was ihr auch gelang. Lotte Burmester, so bescheinigt ihr Ingrid Segerstedt Wiberg, verfügte zwar über äußerst geringe Mittel, gestaltete ihren Kindern aber ein sehr schönes Zuhause. Nur in den ersten Wochen lebte die kleine Flüchtlingsfamilie von staatlichen Wohlfahrtsgeldern, dann suchte Lotte sich Arbeit; sie putzte bei verschiedenen Familien, arbeitete auch eine kurze Zeit als Dreherin in einer Fabrik. Dann wurde sie, während des Krieges, eine Zeitlang bei einem Arztehepaar als Köchin und Haushälterin angestellt. Aus dieser Zeit erinnert sich Greta an zwei Anekdoten. Einmal meldete sich kurzfristig der Bischof zum Abendessen an – und es gab zu wenig Erbsensuppe. Da wies die Mutter der Familie Lotte an, die Suppe mit Wasser zu strecken. Das tat sie, allerdings nur unter Protest. Der bestand darin, dass sie sich weigerte, diese Suppe wie sonst üblich mit am Essenstisch der Familie zu verzehren. Heimlich verdünnte Suppe – das ging ihr gegen die Ehre. Die zweite Geschichte handelt von einem Sonntagsessen, als es einmal Koteletts geben sollte, die von Lotte sorgfältig vorbereitet und gewürzt wurden. Da entdeckte die Köchin, nachdem sie einmal kurz die Küche verlassen hatte, dass von dem Fleisch etwas fehlte. Lotte konnte sich das gar nicht erklären, aber als sie ihrer Arbeitgeberin davon berichtete, meinte diese nur: »Um Gottes willen, fängt das wieder an!« Es waren die Kinder, welche die Koteletts heimlich gegessen hatten. Denn die Familie war einige Jahre auf einer Missionsstation in Afrika gewesen, und die dortigen Einheimischen hatten sie auf den Geschmack rohen Fleisches gebracht. Danach führte sie einer Schauspielerin den Haushalt, außerdem zwei älteren Lehrerinnen, zu denen sich auch eine freundschaftliche Beziehung entwickelte, und schließlich arbeitete Lotte in einer Göteborger Matratzenfabrik.

Schwedische Sprachkurse gab es für die Burmesters nicht. Am Anfang kam es zu großen Verständigungsschwierigkeiten. Einmal schickte die Mutter Greta in ein Geschäft, sie sollte Grieß kaufen. Doch was hieß das auf Schwedisch? Sie wusste es nicht und verlangte nur immer wieder »Grieß«. Sie erntete verständnislose Blicke, dann Kopfschütteln und musste schließlich unverrichteter Dinge nach Hause zurückkehren. Da nahm ihre Mutter sie noch einmal in den Laden mit, es gab auf »Grieß« wieder nur Kopfschütteln, aber Lotte wusste einen Rat, sie fragte ob sie in den Schubladen nachsehen könnte, und da entdeckte sie auch das Gesuchte. *»Åh, mannagryn!«*, rief die Verkäuferin – so heißt Grieß auf Schwedisch, *»gris«* dagegen heißt Schwein. So klärte sich die Verwirrung auf, und zwei neue Wörter waren gelernt.

So richtig Schwedisch lernte Greta dann im Krankenhaus. Dorthin kam sie, weil sie in Schweden immer noch sehr geschwächt angekommen war und anfangs Mühe hatte, größere Strecken zu Fuß zu gehen. Sie erkrankte an einer Mittelohrentzündung. So verbrachte Greta Anfang 1938 sechs Wochen in der Klinik, und dort blieb ihr nichts anderes übrig, wenn sie sich mit den anderen Kindern verständigen wollte, als dies auf Schwedisch zu versuchen.

Die noch nicht 13-jährige Greta wurde in der Göteborger Rambergsskola ins siebte Schuljahr übernommen, ihr Bruder Peter kam in die fünfte Klasse. In der Schule besuchte Greta die »praktische Linie« mit nur sehr wenig Theorie, dafür aber Schulküchenunterricht und Handarbeiten. Die Schulküchenlehrerin fand sie sehr nett; bei ihr lernte sie nicht nur Kochen, sondern auch Grundzüge der Hauswirtschaft. Außerdem hatte diese Lehrerin Verständnis für die soziale Lage der Flüchtlingsfamilie: Wenn andere, schwedische Kinder im Unterricht

Greta (sitzend, 4.v.r.) im Schulküchenunterricht – mit Lehrer Sten Jansson und Lehrerin Margareta Aaröe

Kuchen zubereiteten, durfte Greta stattdessen Brot backen, denn das wurde zuhause dringender gebraucht.

Weniger leicht tat Greta sich mit ihrer Klassenlehrerin, die sie im Nachhinein für »ein bisschen beschränkt« hält. So fragte die Lehrerin einmal in Geographie: »*Vad heter fågelsjön?*« – Wie heißt der Vogelsee? – und Greta, die schon im Vorjahr die »Wunderbare Reise des kleinen Nils Holgersson mit den Wildgänsen« von Selma Lagerlöf gelesen hatte, meldete sich gleich und sagte »Täkern«. Da meinte die Lehrerin, sie wäre blöd, dabei hatte Greta nur die Schreibweise des langen »o« – »å« – im Schwedischen nicht gekannt und den unbekannten Buchstaben in »*Tåkern*« daher wie das deutsche »ä« ausgesprochen. Später einmal geriet sie mit der Lehrerin im Deutschunterricht aneinander. Da ging es um die Aussprache von Wörtern wie »Spiel« und »Stein«, was Greta und Peter aus Hamburg und Flensburg natürlich spitz aussprachen, wogegen es im Hochdeutschen ja wie »sch« gesprochen wird.

Greta wollte in Göteborg gerne noch weiter zur Schule gehen, aber in Schweden betrug die Mindestschulzeit nur sieben

Jahre, und ihre Mutter sagte zu den Kindern: »Wir sind nicht hier, um es besser zu haben als in Deutschland, sondern wir sind hier, damit wir überleben und zurückgehen können nach Deutschland.« So wie sie selbst müssten auch ihre Kinder lernen auf eigenen Beinen zu stehen – und so früh wie möglich arbeiten, um davon zu leben. Für Peter, den seine Lehrer eigentlich gerne auf der Oberschule gesehen hätten, bedeutete das, dass er nach der siebten Klasse abgehen musste. Greta hatte immerhin das Glück, im zweiten Jahr noch die achte Klasse besuchen zu dürfen, diesmal in der »theoretischen Linie«. Lottes Erziehung zur Selbständigkeit forderte aber, dass es auch für Greta dann mit der Schule vorbei war. Im Abschlusszeugnis der 14-Jährigen von Juni 1939 steht in allen Fächern »Genügend« oder »Befriedigend«, nur für Ordnung und Betragen hat Greta ein »Sehr gut« bekommen.[65]

Nach den Sommerferien, am 1. September 1939, überfiel Nazideutschland Polen. Gretas Kindheit war zu Ende.

KRIEGSJAHRE

Nördlich von Göteborg, an der schwedischen Westküste, liegt die Provinz Bohuslän, und dort, an der Küste, lag im Sommer 1939 »Barnens by«, das Kinderdorf. Das war ein Ferienlager des Mietervereins, und Lotte wollte ihre Tochter dafür anmelden. Doch Greta war schon fast fünfzehn, das Lager war eigentlich nur für Kinder bis zwölf Jahre, und so erhielt die Mutter zunächst eine Absage. Dann jedoch kam doch noch eine gute Nachricht: Wir nehmen Greta mit, die kann uns ein bisschen helfen.

Es war ein großes Gelände in der Nähe des Ufers. Von den Wellen blank geschliffene Felsblöcke, rundgewaschene Klippen aus Granit ragten empor. Dazwischen gab es »blaue Ochsenaugenblumen, Lehm zum Kneten, Beeren zum Pflücken und viel Sonne und Wasser«. Auf einer Anhöhe standen zwei große Häuser, eines beherbergte die Küche und einen Speisesaal. Die Kinder wohnten in kleineren Häuschen, darin teilte ein Vorhang einen kleinen Raum mit Waschschüsseln und Eimern ab; dahinter standen drei Betten, und hinter einem weiteren Vorhang waren noch zwei weitere Betten.[66]

Greta schlief in diesem hinteren Teil von einer der Hütten und hatte dort acht Kinder zu hüten. Sie sorgte dafür, dass sie sich wuschen, die Zähne putzten und ins Bett gingen. Ein Durchgang dauerte jeweils vier Wochen, und Greta durfte zwei Durchgänge bleiben, also fast die gesamten langen schwedischen Sommerferien. Am Ende wurde sie sogar bezahlt, was sie sehr wunderte, weil sie den wunderschönen Aufenthalt am Meer gar nicht als Arbeit empfunden hatte. Greta weiß nicht mehr, wieviel Geld es war, 50, 60 oder gar 100 Kronen, jedenfalls empfand sie das für sich als eine »Riesensumme«.[67]

Das war also Gretas erste – sozusagen auch – berufliche Tätigkeit im sozialen Bereich. Und noch etwas blieb vom Sommer in »Barnens by«: Zu einer anderen jungen Betreuerin, einem schwedischen Mädchen, das in Gretas Nähe in Göteborg wohnte, hielt Greta nach der Abreise Kontakt. Daraus entwickelte sich eine Freundschaft, die bis ans Ende von Gretas schwedischer Zeit halten sollte.[68]

Nach den Ferien durfte Greta noch einmal in die Schule zurückkehren, ins 9. Schuljahr, das lag aber nur daran, dass sie noch nicht arbeiten durfte. Da sollte und wollte sie die Zeit sinnvoll überbrücken. Doch im Herbst kam die Arbeitserlaubnis, und damit war die Schulzeit vorbei. Eine Ausbildung kam für sie anfangs nicht in Frage – sie musste Geld verdienen, um zum Lebensunterhalt der Familie beizutragen. Am liebsten wäre Greta Gärtnerin geworden wie ihre Mutter, doch diese Flausen trieb Lotte ihr früh aus. Dazu sei ihre Gesundheit nicht robust genug. Dann wenigstens Kindergärtnerin, meinte Greta. Aber ohne Ausbildung? Arbeitsmöglichkeiten gab es für

Greta zuerst nur als Haushaltshilfe. Sie bewarb sich auf Stellen, bei denen sie mit Kindern wenigstens in Berührung kam. Greta sagte sich: »Wenn ich das schon nicht lernen kann, will ich das wenigstens ausüben.«

Bei ihrer ersten Stellung war das noch nicht der Fall. Sie kam zu einem älteren Lehrerehepaar. Das einzige, woran sich Greta da noch erinnert, ist die Frage der Hausherrin: »*Kan du bädda säck?*«, was auf Deutsch wörtlich so viel heißt wie »Kannst du einen Sack betten?« Greta verstand nicht, was damit gemeint war, hielt die Frage gar für etwas »Hinterhältiges« – und verneinte empört. Später meinte sie, gemeint war wohl eine besondere schwedische Art, das Bett zu machen, mit einer über eine Wolldecke geschlagenen Bettdecke.

Mit der nächsten Stelle schien Greta mehr Glück zu haben – ein Kindergarten. Aber dann war sie enttäuscht: Die Arbeit war in der Küche, da bekam sie mit den Kindern gar nichts zu tun. Bald darauf, im Februar 1940, klappte es in dem privaten Kindergarten »Smått Folk« (Kleine Leute). Da hatte sie auch mit den Kindern zu tun, aber, wie sie sich erinnert: »Ich hatte nur die Neigung, all die Kinderbücher zu lesen, das war nicht gut, weil dann die Zeit mit den Kindern fehlte.«[69]

Nach der Besetzung Dänemarks und Norwegens durch die Deutschen im Frühjahr 1940 wurde Greta arbeitslos, weil dem Kindergarten die Kinder ausgingen. Das lag daran, dass viele Familien, die sich das leisten konnten, aus Furcht vor dem Krieg aufs Land zogen. Vom Arbeitsamt wurde ihr zwar eine geeignete Stelle angeboten, doch der Arbeitgeber nahm sie nicht, weil sie Ausländerin war.

Eine Zeitlang konnte Greta dann bei Ingrid Segerstedt Wiberg arbeiten, im Kinderheim der Flüchtlingshilfe. Dieses war nach der Reichspogromnacht 1938 vom Göteborger Hilfskomitee eingerichtet worden und wurde aus privaten Spenden finanziert. Hier fanden Kinder jüdischer Eltern, aber auch von politisch Verfolgten aus dem Herrschaftsgebiet der Nazis eine Bleibe, die nur noch ohne ihre Eltern eine Chance hatten, der Vernichtungsmaschinerie zu entgehen. Doch Greta fand die Stelle schwierig: »Zu der Zeit waren da Mädchen, die waren älter als ich, und die durften noch zur Schule gehen, und ich musste die Wäsche bügeln.« Sie verstand, wie wichtig es war, dass geflüchtete Jugendliche zur Schule gehen konnten, aber Freude machte ihr die Arbeit nicht.[70]

Im Juli 1940 bekam Greta dann eine Stelle als Kindermädchen bei der Frisörin Elsa Hansson. In diese Zeit fiel ihr 16. Geburtstag, und die Arbeitgeberin kam auf eine besondere Idee: Sie schenkte Greta eine Dauerwelle zum Geburtstag. Weinend kam sie abends mit lockigen Haaren zuhause an; sie war völlig verzweifelt. Lotte tröstete sie, sie solle doch froh sein, alle ließen sich eine Dauerwelle machen. Doch Greta fand die neue Frisur fürchterlich. Sonst gefiel es ihr bei den Hanssons sehr. Sie war den ganzen Tag mit dem Kind der Familie, einem kleinen Jungen, allein und sorgte für ihn, bekochte ihn und ging mit ihm spazieren. Doch dann erzählte die Frau glücklich von einer Gehaltserhöhung ihres Mannes: »Jetzt kann ich endlich aufhören zu arbeiten, dann brauche ich dich nicht mehr.« Greta träumte von anderen Dingen als diese Frau, aber es half nichts.[71]

Ihre nächste Station war die Göteborger Familie Collvik, bei der sie sich acht Monate lang um die einjährige Tochter kümmerte. Im Herbst 1941 bekam sie dann Arbeit bei der Apothekerin Carin Sveno-Arheim. Dort musste sie auch wohnen, was für sie ein Vorteil war: Zum ersten Mal im Leben hatte Greta ein eigenes Zimmer, das war zwar winzig wie eine Abstellkammer und nur durch einen Vorhang vom Flur abgetrennt, aber es war für sie allein. Das Wohnen vor Ort hatte zur Folge, dass sie recht lange arbeiten musste, auch an den Feiertagen, wobei es ihr Freude machte, sich ganz selbstständig um das Kind, den kleinen Bertil, zu kümmern.[72]

Ihre nächste Stelle trat Greta dann bei einer Familie von Platen an. Der Vater war Ingenieur bei »Gamlestadens Väveri«, der größten Weberei Schwedens. Ihr systematisch denkender Arbeitgeber führte zuhause, ähnlich wie in seiner Fabrik, Schichtarbeit ein. Gretas Frühschicht dauerte also von morgens um sechs bis mittags um zwei, die Spätschicht ging dann von nachmittags bis abends um zehn. Die Arbeit machte Greta gerne, sie hatte sich um das Kind der Familie zu kümmern, ein Baby, das gerade zwei Monate alt war, als sie anfing. Die Familie fasste großes Vertrauen zu Greta – die Eltern fuhren in Urlaub, und Greta hatte dann das Kind ein oder zwei Wochen lang allein für sich. Weniger erfolgreich waren Gretas Bemühungen in der Küche. Einmal fielen ihr Backofenpilze auf den Fußboden – welche die Ehefrau, ganz pragmatisch, ihren Gästen dann trotzdem servierte: »Aber das haben die ja nicht gemerkt.« Ein anderes Mal sollte Greta einen Kuchen backen, nach Rezept, doch statt eines *hekto* (also 100 Gramm) nahm sie ein Kilo Mehl, weswegen der Kuchen nicht gelang: »Ich tat das in den Backofen, nach der angegebenen Zeit, aber das blieb Schliff, auch nach zwei Stunden.« Zwar gefiel es Greta bei der Familie sehr, aber dann kündigte sie auch dort, und zwar wegen des Schichtsystems.[73]

Greta wechselte ihre Arbeitsstelle oft, meist nach etwa einem halben Jahr. Teils, so meint sie, hörten die Arbeitsverhältnisse auf, weil ihre Arbeitgeber andere Bedürfnisse entwickelten, teils, weil Greta selbst meinte, eine andere Arbeit entspreche ihren Träumen besser. Die knapp gehaltenen Zeugnisse, welche Greta für ihre verschiedenen Tätigkeiten bekam, sind jedenfalls voll des Lobes. »*Fröken Greta Burmester*« wird durchgängig als fleißig, zuverlässig und umsichtig beschrieben. Typisch ist der Satz von Lena Collvik: »Fräulein Burmester ist lieb und freundlich zu Kindern und hat sich im Übrigen ausgezeichnet aufgeführt.«[74]

Greta in Göteborg

In dieser Zeit machte Greta wieder ihre Gesundheit zu schaffen. Sie bekam einen Halsinfekt und musste ins Krankenhaus, wo ihr im Herbst 1942 die Mandeln entfernt wurden. Daran anschließend wechselte sie von der Haushaltstätigkeit in die Fabrik, und zwar in dieselbe Weberei, in welcher Herr von Platen Ingenieur war. Dem begegnete Greta da jedoch nicht wieder, dafür aber vielen sudetendeutschen Webern und Weberinnen. Sie hat dort wahrscheinlich ein Dreivierteljahr gearbeitet, auch wieder in Schichten; ihre Aufgabe war es, wenn ein Faden riss, einen Knoten hineinzumachen und die Maschine wieder in Gang zu setzen. Aber viel zu arbeiten hatte sie da wohl nicht: »Ich habe andauernd mit dem Werkmeister über Politik diskutiert, statt immer zu rennen und alles in Gang zu setzen. Das interessierte den. Auch wenn ich wahrscheinlich eine andere Überzeugung hatte als der.«[75]

Viel Geld verdient hat Greta in der Weberei jedenfalls nicht. Hinzu kam das Schichtsystem, das ihr nicht nur vom Takt her zu schaffen machte, sondern auch zu einer Doppelbelastung mit dem Haushalt führte. Sie wohnte mit Peter und ihrer Mutter zusammen, die jedoch »normale« Arbeitszeiten von sechs Uhr früh bis vier Uhr nachmittags hatten. Greta kam also, wenn sie Frühschicht hatte, vor ihnen nach Hause – und kümmerte sich um den Haushalt, einkaufen, Wäsche waschen, saubermachen. Hatte sie Spätschicht, dann hatte sie vormittags Zeit und machte ebenfalls den Haushalt. Da sagte ihre Mutter ihr eines Tages, das habe doch keinen Sinn, Greta solle lieber zuhause bleiben. So konnte sie sich eine Weile erholen.

Während Greta also einen sehr wechselhaften Einstieg ins Berufsleben hatte, spielten sich rund um sie herum, rund um Schweden herum die Schrecken des von den Deutschen entfesselten Zweiten Weltkrieges ab. Das skandinavische Land blieb zwar – als einziges in Europas Norden – von Angriff und Besetzung verschont, aber natürlich hatten die Ereignisse sowie die Verbrechen der Nazis tiefgreifenden Einfluss auf die Verhältnisse in Schweden – und gerade auf das Leben einer aus Deutschland geflüchteten Familie wie den Burmesters.

Noch in den Jahren 1943 und 1944 strengten Gestapo und Auswärtiges Amt gegen Greta und ihre Familie ein Ausbürgerungsverfahren an. Die Nazibürokraten berichteten darüber, dass sie Mutter Lotte vergeblich aufgefordert hatten, nach Deutschland zurückzukehren, um noch die letzten nach der Krankheit verbliebenen 58 Tage ihrer Haftstrafe abzusitzen, dass Greta es versäumt habe, ihr Pflichtjahr im Reichsarbeitsdienst anzutreten, und dass Peter es verweigerte, sich zum Wehrdienst erfassen zu lassen.[76]

Das Verfahren blieb bis zum Ende des Krieges in der Schwebe. Einen unmittelbaren Zugriff auf die Flüchtlinge hatte das deutsche Konsulat in Göteborg nicht. Aber beunruhigend war es doch.

In den ersten Jahren des Zweiten Weltkriegs stand keineswegs fest, dass Schweden – anders als seine Nachbarn – vom deutschen »Blitzkrieg« verschont bleiben würde. Noch vor der Besetzung von Dänemark und Norwegen war im Herbst 1939 Finnland von der Sowjetunion angegriffen worden, die im Spätsommer einen Nichtangriffspakt mit Nazideutschland geschlossen hatte. Ebenso besetzten die Sowjets Lettland und Estland. Nach dem deutschen Überfall auf die Sowjetunion 1941 marschierten die Deutschen dort ein, und die finnische Regierung schloss einen Pakt mit ihrem neuen Nachbarn. Schweden war rundherum vom deutschen Machtbereich umzingelt. Die Neutralität war stets gefährdet, und für den Verzicht der Deutschen auf eine Besetzung zahlte Schweden einen hohen Preis: umfassende Rüstungslieferungen und die Erlaubnis, Truppentransporte durch das Land zu führen. Besonders, als es noch siegreich war, hatte das Dritte Reich durchaus Sympathisanten in der schwedischen Gesellschaft und in den Sicherheitsapparaten. Stark war zudem die Sympathie zu Finnland und die unter anderem damit verbundene Angst vor den Russen. Schweden fürchtete gleichermaßen die Entfesselung innerer Unruhen und eine Invasion.

Deutsche Flüchtlinge, auch und gerade kommunistische Gegner des Hitlerregimes wie die Burmesters, bekamen dies am eigenen Leibe zu spüren. Zuerst wurde ihre Bewegungsfreiheit eingeschränkt: Zu Kriegsbeginn im Spätsommer 1939 sperrten die schwedischen Behörden Ausländern den Zugang zur Meeresküste. »Barnens by« sollte sich für Greta nicht wiederholen. An das Meer hat sie ausschließlich Vor- und Nachkriegserinnerungen. Als der Krieg auf Skandinavien übergriff, führte die schwedische Polizei bei Emigranten Hausdurchsuchungen durch, so auch in der kleinen Wohnung der Burmesters in der Göteborger Landalagatan 21. Sie durchwühlten alle Schränke und Schubladen, die gesamte Wäsche, auch die schmutzige, und fragten immer wieder nach Waffen. Die Polizisten fanden nichts.[77]

Eine Folge der rassistischen und politischen Verfolgung durch Nazideutschland war es, dass die Zahl der Geflüchteten in Schweden zwar nicht explodierte, jedoch anstieg. Zu den »Politischen«, Kommunisten und Sozialdemokraten, kamen immer mehr aus rassistischen Gründen verfolgte, jüdische Geflüchtete hinzu. Je mehr Länder die Nazis eroberten, desto vielfältiger wurde die Herkunft. Ab 1938 kamen die Österreicher, im Laufe des Jahres 1939 Sudetendeutsche aus den von den Deutschen besetzten Gebieten der Tschechoslowakei. Von 1940 an kamen politische und jüdische Flüchtlinge aus Dänemark und Norwegen hinzu, darunter auch Emigranten aus Mitteleuropa, die ihre Flucht nach Schweden fortsetzen mussten. Dass keine Massen einwanderten, dafür sorgte schon seit den Dreißigerjahren eine ablehnende Haltung der schwedischen Regierung und Politik zur Einreise von Juden und politischen Flüchtlingen. Als der Krieg begann, wurde die Einreise noch erschwert. Die Flüchtlingsorganisationen waren auf private Spenden angewiesen. Erst als im Laufe der Jahre durchsickerte, welches Schicksal Juden in Deutschland und den von Deutschland besetzten Ländern drohte, kam es allmählich zu einer Öffnung der schwedischen Politik gegenüber den Verfolgten.[78]

So wuchs die kleine kommunistische Emigration in Göteborg schrittweise an. In Gretas Jugendgruppe sammelten sich in den späten Dreißigerjahren deutsche, österreichische und sudetendeutsche beziehungsweise tschechische Geflüchtete. Da politische Betätigung illegal war, wurden die Zusammenkünfte als Sprachunterricht getarnt. Die Rolle des »Lehrers« übernahm der Österreicher Franz Loistl; geleitet wurde die Gruppe zuerst von einem Sudetendeutschen namens Wenzel Beran. Dieser erkrankte dann schwer und verstarb. Greta fiel es zu, bei der

Beerdigung im Februar 1945 eine Ansprache zu halten. Es war Greta Burmesters erste Rede vor Publikum.[79]

Was genau sie da sagte, daran erinnert sich Greta nicht mehr. Es dürfte aber in etwa dem entsprochen haben, was auf der Trauerkarte als Nachruf für den Verstorbenen stand. Da wurde, auf Deutsch und auf Schwedisch, im Namen der »Anverwandten, Tschechoslowakische[n] Landsleute und Freunde« an »seinen aktiven Einsatz für Freiheit und Recht« erinnert, an »seinen unentwegten Kampf an der Seite des tschechischen Volkes für Demokratie und staatliche Selbstständigkeit«.[80]

An die Inhalte der Schulungsabende in der Wohnung der Familie Loistl erinnert Greta sich nicht näher. Aus anderer Quelle ist zu entnehmen, dass die Gruppe sich »Klub mitteleuropäischer antifaschistischer Jugend in Schweden« nannte und Werke von Stalin (»Fragen des Leninismus«) sowie die sudetendeutsche Exilzeitschrift *Einheit* studierte. Woran Greta sich noch erinnert, ist, dass bei einem Treffen der Jugendlichen in ihrer eigenen Wohnung ein Malheur passierte. Mit Schwung setzten sich die jungen Leute auf Gretas Bett, unter dem jedoch ihre alte Puppe lag, und so ging das »Pummelchen« zu Bruch.[81]

In der Jugendgruppe entstanden auch Freundschaften, so zwischen Peter, Greta und der ein paar Jahre jüngeren Luise Loistl. Dann kamen nach 1940 sudetendeutsche und tschechische Jugendliche dazu, die aus Norwegen weitergeflüchtet waren, darunter war einer mit dem Spitznamen »Marabou« und, vor allem, Arnošt. Das war Gretas erste und große Liebe.

Arnošt Bass wurde 1920 in Prag geboren. Seine Familie war jüdisch, die Mutter leistete in der NS-Zeit Hilfe für Flüchtlinge aus Deutschland. Arnošt war schon mit 17 Jahren in der Tschechoslowakei Mitglied der Kommunistischen Partei geworden und hatte sich 1939 in Prag noch zum Studium der Chemie eingeschrieben. Für den 1. September 1939 plante seine Mutter, ebenfalls aktive Kommunistin, die Abreise nach

Skandinavien mit einem Transport jüdischer Kinder. Doch genau an diesem Tag, dem Beginn des Zweiten Weltkriegs, wurde die Mutter durch die Gestapo verhaftet und kam nicht mehr frei. Da blieb auch der Vater im Land; er wollte sich um seine Frau kümmern. Ein paar Monate später reiste der 18-jährige Sohn mit seiner Schwester allein. Arnošt und Anita sahen ihre Eltern nie wieder. Beide kamen in der Vernichtungsmaschinerie der Nazis ums Leben.[82]

Mit dem Zug ging es durch Deutschland, über Dresden und Berlin nach Saßnitz und von dort mit der Fähre nach Trelleborg und wieder mit der Eisenbahn weiter nach Oslo, wo sie am Neujahrstag 1940 ankamen. In Norwegen konnte Arnošt sein Studium zunächst fortsetzen. Als die Deutschen im Frühjahr 1940 das Land besetzten, hielt er sich noch über zwei Jahre, zunächst legal, am Ende illegal, in Norwegen auf. Neben dem Studium war er im kommunistischen Widerstand aktiv. Dann, im Herbst 1942, musste er weiterfliehen. Am 7. November ging er mit Anita illegal über die Grenze nach Schweden; dort wurden sie aufgegriffen und landeten zunächst im westschwedischen Alingsås. Von da schrieb er gleich als erstes einen Brief an die tschechoslowakische Exilregierung in London und erklärte, er melde sich freiwillig zum Militärdienst. Weiter ging es nach Stockholm, wo Arnošt seine Schwester zurückließ, um nach Göteborg zu fahren. Dort fand er Beschäftigung in der medizinischen Forschung, und zwar im Zentrallabor des Sahlgrenska-Universitätskrankenhauses.[83]

Arnošt war eher klein gewachsen, jedenfalls deutlich kleiner als Greta, die als erwachsene junge Frau 1,75 Meter maß. Er hatte volles, lockiges, dunkles Haar und trug eine Brille. Ein Intellektueller, der in seiner Autobiografie mehrmals betonte, er sei kein guter Tänzer gewesen. Arnošt war über vier Jahre älter als Greta und hatte schon so manche Erfahrung gemacht. Ihn lernte sie im Herbst 1942 also kennen – und im Laufe der Zeit auch lieben: »Ich habe ihn gern gemocht, allmählich sehr

Greta und Arnošt (Göteborg 1944)

gemocht, muss man ja wahrscheinlich sagen, denn ich habe ihn ja deutlich länger gekannt, als dass wir dann zusammen waren.«[84]

Greta übernachtete zunächst häufig bei Arnošt in seinem Zimmer in der Nähe des Universitätsklinikums. Dort trafen sie sich gerne im Labor und tranken Tee miteinander. Im Frühjahr 1944 zogen Lotte und Peter von Landala in die Göteborger Altstadt, weil das näher an ihren Arbeitsplätzen lag. Arnošt zog dann in die freigewordene Wohnung zu Greta. Sie machten Pläne für ihre Zukunft zu zweit. »Wir wollten heiraten und nach dem Krieg in der Tschechoslowakei leben«, erinnert sich Arnošt.[85]

Wahrscheinlich um diese Zeit überraschte Greta ihre Mutter mit der Mitteilung: »Arnošt und ich wollen heiraten.« Greta hatte große Freude erwartet. Aber Lottes erste Reaktion war ein Schock: Sie brach in Tränen aus, heftig. Im Nachhinein führt Greta das darauf zurück, dass ihre Mutter sich damals sehr einsam gefühlt hat, auch in den kommunistischen Exilkreisen. Denn sie dachte und handelte eigenständig. Die anderen aber, so Greta, »waren Familien, die waren alle Familien, Männer und Frauen oder auch Männer und Frauen mit Kindern.« Für Lotte, so meinte Greta, bedeuteten Peter und sie ungeheuer viel. Auch wenn sie eine »äußerst großzügige Mutter war und uns zur Selbständigkeit erzogen hat«, kam sie doch schwer damit zurecht, dass ihre Kinder eigene Wege gehen wollten. »Ihr braucht doch nicht heiraten«, sagte Lotte schließlich, »ihr könnt doch auch so zusammenleben.«

Offensichtlich aber war Lotte selbst über ihre Reaktion auf Gretas Wunsch erschrocken. Denn am nächsten Tag, da war sie »plötzlich Feuer und Flamme, da fand sie das wunderbar«, dass ihre Tochter heiraten wollte. Während Arnošt auf seine Einberufung wartete, begann Greta Tschechisch zu lernen.[86]

Doch es kam anders.

FAMILIENUMBAU

Dass ein Mann wie Herbert Wehner in die Familie Burmester kam, war kein Zufall, im Gegenteil.

Es hing mit der Hilfe für vom Nationalsozialismus Verfolgte zusammen, einer Arbeit, die Lotte mit ihren Kindern schon seit den Dreißigerjahren leistete. Den Rahmen dafür bildete zunächst die kommunistische Parteiarbeit. In einem »Bericht über die Solidaritätsarbeit« textete Lotte, ganz im Parteijargon: »Entsprechend Dimitroffs Wort ›Solidarität ist das erste Gebot der Arbeiterklasse‹ hat sich die Gruppe den jeweiligen Bedingungen entsprechend helfend der brennendsten Nöte und Fragen angenommen.« Begonnen habe es mit der Hilfe für in Frankreich internierte Spanienkämpfer; mittlerweile seien auch in Schweden selbst »Freunde« interniert. Sie sammelten Geld für die »Rote Hilfe«, für Flüchtlinge oder für die Kinder im von den Deutschen belagerten Leningrad. Ehe sie dann –

auf Krone und Öre genau – die Einnahmen abrechnete, meinte Lotte: »Auch einzelne Freunde bedürfen einer Hilfe …«[87]

Bei der Hilfsarbeit ging es nicht nur um Spenden und Pakete. Menschliche Zuwendung gehörte dazu. So hatte Lotte von Herbst 1939 bis mindestens zum Frühjahr 1941 Briefkontakt mit dem in den französischen Lagern Gurs und später in Septfonds festgehaltenen Spanienkämpfer Kurt Gebhardt. Diesem schickte sie 115 Francs. Der Beschenkte bedankte sich und wünschte, »dass es Dir und Deinen Kindern noch gut geht.«[88]

Ob ihr dieser Briefpartner von früher bekannt war, ist nicht zu klären, eher wahrscheinlich ist dies bei einem zweiten Kontakt, dem ehemaligen Hamburger KPD-Bürgerschaftsabgeordneten Walter Hochmuth, der ebenfalls im Konzentrationslager Gurs einsaß. Ihm sandten Lotte, Greta und Peter im Herbst 1942 eine »schöne Summe«, wie er sich freute, nämlich 518 Francs. »Der Tag wird wiederkommen, wo wir uns alle einmal wiedersehen werden, was Lotte?«, schrieb er an die Mutter. Greta und Peter, die selbst von ihrem Ersparten zu der Spende beigetragen hatten, erhielten einen eigenen Brief. Darin schilderte Hochmuth, wie er sie als kleine Kinder gesehen habe. Greta habe damals auf den wilden Peter aufgepasst, »wie eine kleine Mutter«.[89]

In solchen Briefen persönliche und private Dinge zu erzählen, hatte zweierlei Sinn. Zum einen bekamen die Gefangenen so menschliche Zuwendung, zum anderen half es gegenüber der Zensur. Denn es war klar: Die Briefe wurden geöffnet, die Lagerleitung las mit. Da verbot es sich, politische Themen zu behandeln, und um den Briefkontakt zu rechtfertigen, empfahl es sich, Persönliches zu betonen. Das Politische wurde sozusagen privatisiert.

Eine solche Zensur war auch für schwedische Internierungslager zu befürchten, welche nach Kriegsbeginn eingerichtet wurden. In ihnen wurden vor allem ausländische Illegale, Kommunisten und andere Oppositionelle festgehalten, die im

Lande als unerwünscht oder als »Bedrohung« galten. Ab 1943 wendete sich das Kriegsglück zugunsten der Alliierten. Jetzt kamen die meisten kommunistischen Häftlinge frei, nicht jedoch ein Illegaler, der als angeblicher Spion zuvor schon anderthalb Jahre hinter »schwedischen Gardinen« verbracht hatte.[90]

Das war Herbert Wehner, aus Dresden stammend, 1906 geboren und damit fast drei Jahre jünger als Lotte und mit achtzehn Jahren Abstand nicht ganz eine Generation älter als Greta. Über die Sozialdemokratie und den Anarchismus war er, ebenso wie Lotte im Jahr 1927, zur KPD gekommen und hatte dort schnell wichtige Posten übernommen. Er war in Dresden hauptamtlich bei der »Roten Hilfe« und in der Gewerkschaftsarbeit tätig, stellvertretender Vorsitzender der sächsischen KPD und 1930 schon Landtagsabgeordneter. 1931 abberufen nach Berlin, wurde er Technischer Sekretär des KPD-Politbüros an der Seite Ernst Thälmanns. Im Untergrund erlebte er die Machtergreifung der Nazis mit. Er organisierte die illegale Parteiarbeit im ganzen Reich, ging dann 1934 ins Saarland, 1935 nach Prag, wurde dort verhaftet und in die Sowjetunion abgeschoben. Dort wählte die KPD-Führung ihn zum Mitglied des Zentralkomitees und Kandidaten für das Politbüro. In den Westen zurückgekehrt, half er 1936 bei der Organisation der Volksfront in Paris und bei der Aufstellung von Freiwilligenverbänden für den Spanischen Bürgerkrieg. Dann geriet er in das Räderwerk der stalinistischen »Säuberungen«. Eine Untersuchung gegen ihn wurde angestrengt, und Herbert Wehner musste 1937 nach Moskau gehen. Dort verbrachte er mit seiner Lebensgefährtin Lotte Treuber vier Jahre im Emigrantenhotel Lux. In dem Klima der Denunziation und Gegendenunziation überlebte er, trotz mehrfacher Verhöre und am Ende wohl nur durch Zufall.[91]

Ende 1940 wurde Herbert Wehner erlaubt zu gehen, nach Schweden, mit einem Auftrag. Er sollte in dem skandinavischen Land die Basis legen, um mit anderen KPD-Funktionären nach Deutschland zu gehen und eine illegale Parteiorganisation »im Lande« wiederaufzubauen. Seine Lebensgefährtin durfte er nicht mitnehmen, sie musste, durchaus wie eine Geisel, in der Sowjetunion bleiben. Anfang 1941 gelangte Herbert Wehner nach Stockholm und lebte dort in der Illegalität. Mit seinem Auftrag scheiterte er, nicht zuletzt an der unzulänglichen Arbeit des intriganten Leiters der KPD in Schweden, Karl Mewis. Im Februar 1942 verhaftete ihn die schwedische Polizei. Die Justiz verurteilte ihn wegen angeblicher »Nachrichtentätigkeit für eine fremde Macht«, die Sowjetunion also, zu anderthalb Jahren Zuchthaus. Seine Gegner im KPD-Apparat nutzten dies und schlossen ihn unter dem – falschen – Vorwurf des »Verrats an der Partei« aus. Dies geschah bereits im Juni 1942, blieb aber dem Betroffenen ebenso wie der schwedischen Emigration bis zum Kriegsende unbekannt. Für Herbert Wehner kam eine Abschiebung nach Deutschland aufgrund der damit verbundenen Lebensgefahr nicht in Frage. Aber da über ihn im Zusammenhang mit dem Spionageurteil ein Aufenthaltsverbot für Schweden verhängt worden war, wurde er nach seiner Haftzeit nicht freigelassen, sondern im September 1943 im Lager Smedsbo in der Nähe von Falun interniert. Dort spielte er bald eine führende Rolle unter den politischen Gefangenen, organisierte Bildungsarbeit und Geselligkeiten; nachdem Anfang 1944 die anderen Deutschen und Österreicher entlassen wurden, vereinsamte er jedoch zusehends.[92]

Auf den Rat zweier Mitgefangener hin entschloss Herbert Wehner sich im Februar 1944, Ingrid Segerstedt Wiberg um Hilfe zu bitten. Diese bat Lotte Burmester, sich seiner anzunehmen, und so begann im April 1944 ein intensiver Briefwechsel zwischen Göteborg und Smedsbo. Gleich in ihrem ersten Brief versprach Lotte: »Sei überzeugt lieber Herbert, dass ich alle Wege gehen werde, um Dich in Freiheit zu bringen.« Sie ermutigte den Gefangenen, ihr seine Sorgen mitzuteilen, um sich Erleichterung zu schaffen, denn das habe ihr selbst im

Gefängnis geholfen. Sie fragte ihn auch um politischen Rat, dabei stellte sie heraus, dass »das andere Deutschland einen Ton anschlagen muss, der keinen Platz mehr lässt für Kommandieren und Großprahlerei«. Lotte erfand, zur Rechtfertigung des Briefkontakts, eine persönliche Bekanntschaft mit Herbert Wehner: »Wie ich mich freue Dich wieder treffen zu können, und erzählen werden wir! Glaub's mir, wie oft, wenn meine Kinder mich etwas fragen, denk ich, ja das könnt ihnen der Herbert ja wirklich besser erzählen, wo der nur steckt?!«[93]

Herbert Wehner ließ sich auf das Spiel ein. Nicht nur zum Schein, sondern im Ernst. Er selbst hatte innerlich im Gefängnis schon längst mit der kommunistischen Ideologie gebrochen – und Lottes nicht gerade linientreue Bemerkungen, zumindest offenen Fragen, ermunterten ihn, den Faden aufzunehmen und gemeinsam mit ihr weiterzuspinnen. Schon im Mai begannen sie an Plänen für eine gemeinsame Zukunft zu schmieden, bis hin zu seinem Bekenntnis: »Ich brauch' Dich und wie es umgekehrt ist, das wirst du sehen.«[94]

Von Anfang an wurden Greta und Peter mit in den Kontakt eingebunden. Schon dem ersten Brief fügte Lotte Fotos von sich und ihren Kindern bei. Greta selbst schrieb auch an Herbert und schickte einen Kuchen, der folgendes Lob fand: »Wenn Greta gesehen hätte, wie der von ihr gebackene Kuchen aufgenommen worden ist, würde sie sich sicher extra gefreut haben. Aber um keine unfaire Beeinflussung auszuüben, habe ich den Ursprung des Kuchens erst bekannt gegeben, nachdem die Norweger ihn unter großen Beifallsbekundungen verzehrt hatten.«[95]

Als Herbert Wehner zu seinem 38. Geburtstag am 11. Juli 1944 Urlaub bekam, reiste Lotte zu einer anderen Emigrantin, Mizzi Deubler in Köping. Zum ersten Mal sollten sie einander treffen. Der Ort war mit Bedacht gewählt: nicht so weit weg von Smedsbo. Platz war bei Deublers nicht viel – die beiden würden zelten. Lotte kaufte eigens zwei Schlafsäcke. Herbert fuhr in die kleine mittelschwedische Stadt, traf am Bahnhof auf Lotte Burmester, die beiden verbrachten den Tag miteinander. Es funkte sofort, zwei einsame Herzen fanden zusammen, die beiden wurden ein Paar. Greta meint, für ihre Mutter sei es wichtig gewesen, dass sie selbst damals in einer festen Beziehung mit Arnošt war, dadurch habe Lotte sich »einfach freier« gefühlt, selbst eine neue Bindung einzugehen.[96]

Danach ging es schnell. Herbert wurde zehn Tage später, am 21. Juli, aus der Haft entlassen. Er bekam eine Arbeitsstelle in einer Textilfabrik in Borås, einer etwas östlich von Göteborg gelegenen Industriestadt. Ohne zu zögern packte Lotte ihre Sachen und zog binnen fünf Tagen zu Herbert. Für viele Freunde und Bekannte kam das völlig unerwartet: »Im Milchgeschäft sind sie böse auf dich, Mutti, weil du nicht *adjö* gesagt hast, sie haben mir gesagt, dass ich dir's sagen soll«, schrieb Greta ihrer Mutter hinterher. Die Tochter gab sich empört, keine Post aus Borås erhalten zu haben: »Schickt doch wenigstens eine Karte, dass man weiß, ob ihr lebt, krank oder gesund seid oder etwas braucht, ihr tut ja als wenn ihr auf dem Mond wäret, der keine Postverbindung mit Göteborg hat.«[97]

Jetzt begann ein intensiver Briefwechsel zwischen Göteborg und Borås. Im Schnitt zweimal die Woche, manchmal öfter, gingen die Briefe zwischen Greta (»und Arnošt«) und Peter auf der einen, Herbert und Lotte auf der anderen Seite hin und her. Wurden sie voneinander getrennt, waren die Wehner-Burmesters fleißige Briefeschreiberinnen und -schreiber. Das ging bis in die Siebzigerjahre so.

Am schwersten mit der Trennung von seiner Mutter tat sich der 18-jährige Peter. Schon als Greta mit Arnošt zusammengezogen war, hatte er sich von seiner Schwester verlassen gefühlt. Und jetzt auch die Mutter? Er fuhr gleich Anfang August 1944 nach Borås und besuchte die beiden. Peter kam, so Greta, »ganz begeistert von Herbert wieder«. So war ihr Eindruck; in Peters Innerem sah es aber anders aus. Seine Gefühle waren ge-

v.l.n.r.: Peter, Greta, Lotte, Herbert (um 1946)

mischt. Ein Vater, ein väterlicher Freund, jemand, der ihm die Mutter wegnehmen wollte? Für den Bruder, das geht unter anderem aus späteren Briefen hervor, war vieles nicht klar.[98]

Damals, 1944, war Peter schon länger berufstätig; angefangen hatte er als Laufbursche, dann war er als Fabrikarbeiter in der Metallindustrie untergekommen. Im Spätsommer 1944 erkrankte er an den Bronchien, und der Arzt meinte, Arbeit auf dem Lande sei für die Erholung gut. Außerdem war gerade ein großer Metallarbeiterstreik, der sich über ein halbes Jahr hinzog, und so gab es auch finanzielle Gründe für den Umzug nach Borås. Im Herbst 1944 zog Peter jedenfalls zu Herbert und Lotte, und er bekam Arbeit bei dem Bauern auf dem Gutshof, den die beiden bewohnten. Greta blieb in Göteborg zurück.[99]

Später im August war Greta zusammen mit Arnošt nach Borås gefahren, um Lotte und Herbert zu besuchen. Ramnaslätts gård war ein alter Gutshof, der ein ganzes Stück außerhalb der

Stadt lag. Im Erdgeschoss wohnte der Bauer mit seiner Familie, aber das Hauptgeschoss, der 1. Stock, war vermietet an eine Ingenieursfamilie, die Brydewalds mit ihren vier oder fünf Kindern. Herbert und Lotte wohnten im Dachgeschoss, da hatten sie zunächst nur ein einziges Zimmer, das nicht isoliert und im Winter ganz kalt war; an der Abseite gab es einen Wasserhahn mit Ausguss; dort richtete Lotte sich eine Küche ein. Als Greta und Arnošt zu Besuch kamen, war es immerhin warm, aber für die beiden gab es lediglich ein »kaputtes«, nur 70 Zentimeter breites Bett. So recht zum Schlafen kam das junge Paar darin nicht.[100]

Auch Greta war von dem neuen Familienmitglied angetan: »Wir haben alle Herbert sehr gerne gemocht, sofort, ohne irgendeine Übergangsphase.« Sie empfand ihn als eine Bereicherung, »einfach als Mensch und nicht irgendwie ein Fremder, sondern das war sofort, dass wir ihm alle sozusagen nahe waren, ihn als zu uns gehörig, und zwar ist das sicher der richtige Ausdruck, als zu uns gehörig und nicht umgekehrt, betrachtet haben.«[101]

Dass Herbert Wehner ein hoher kommunistischer Funktionär war, der zu diesem Zeitpunkt innerlich mit dem Kommunismus gebrochen hatte, wird Greta damals erfahren haben, aber richtig zur Kenntnis genommen hat sie es nicht. Diese Fragen interessierten sie nur wenig, sie waren für sie von untergeordneter Bedeutung. Für Greta war stets das Menschliche, die konkrete Person entscheidend, nicht abstrakte politische Diskussionen: »Für mich war vermutlich im Großen und Ganzen das damalige Verhältnis zu Arnošt mein Leben vorwiegend ausfüllend.« So blieb vom Parteileben nur wenig in ihrem Gedächtnis hängen, und von den politischen Ereignissen im Jahr 1944 auch nicht viel: das gescheiterte Attentat auf Adolf Hitler am 20. Juli und der damit verbundene Umsturzversuch. Daran erinnerte sie sich später, aber eben vor allem wegen Arnošt: »Da habe ich gedacht, jetzt gibt es vielleicht doch eine Chance, dass wir als Deutsche nicht völlig abgeschrieben sind und auch unsere Heirat nicht völlig zunichte gemacht würde.«

Und sie wurde es doch. Arnošt hatte, so erinnert sich Greta, nach London an die Exilregierung geschrieben und um eine Genehmigung der Heirat gebeten. Aber diese wurde abgelehnt, weil Greta Deutsche war. Ende Juli 1944 nahm Arnošt in Stockholm an einem Kongress teil, während Greta nervös in Göteborg blieb, Tschechisch lernte, die Fenster putzte, dabei Radio hörte und dann auf der Landkarte die Stecknadeln, welche den aktuellen Frontverlauf markierten, »weiter vorwärts« rückte, in Richtung der deutschen Grenzen also.[102]

Noch einmal kehrte Arnošt zurück. Anfang Oktober 1944 sah das Paar in einem Göteborger Kino einen Film über die Gräueltaten der Nazis. Greta schilderte Lotte und Herbert, wie gefangene Rotarmisten, aber auch Frauen und Kinder, von den Deutschen auf der Flucht erschossen, in »Gaswagen« gesperrt oder bei lebendigem Leibe verbrannt wurden. Breiten Raum im Film und in ihrer Darstellung nahm das Massaker von Katyn ein. Tausende polnische Offiziere waren dort im Frühjahr 1940 von den Sowjets ermordet worden. Die Nazis hatten das Verbrechen nach dem Überfall auf die Sowjetunion propagandistisch ausgeschlachtet, aber nachdem die Rote Armee in Polen vorgerückt war, produzierte die Sowjetunion die Geschichtsfälschung eines deutschen Massakers. In dem Film, den Arnošt und Greta sahen, hieß es, die Deutschen hätten gefangene Rotarmisten zu falschen Geständnissen erpresst. Greta gab diese Version wieder, schien sie zu glauben. Ob ihre Geschichte mit Arnošt einen anderen Ausgang genommen hätte, wenn sie damals schon die Wahrheit erkannt hätten?[103]

Nur wenige Tage später jedenfalls fasste Arnošt einen einsamen Entschluss. Der Einberufungsbefehl der tschechoslowakischen Exilarmee traf ein, und er fuhr sofort nach Stockholm – ohne Greta. Der Transport von Schweden nach England wäre lebensgefährlich für sie, meinte er, außerdem wäre ihr die Ablehnung als Deutsche in der Tschechoslowakei nicht zuzumuten. Gemeinsam gingen sie noch zum Bahnhof und kauften die Fahrkarte. Arnošt schrieb an Lotte und Herbert, um sich zu verabschieden – er wünschte »auf Wiedersehen in Europa« und äußerte die Hoffnung, dass »Euer Volk noch in den letzten Augenblicken mit in den Kampf gegen den Faschismus eintritt und sich dadurch eine Stellung unter den freien Völkern Europas erwirbt«.[104]

Greta reagierte auf die Trennung verzweifelt; ihr Bruder meinte, sie sei »ganz fransig«. Sie wollte ihrem Geliebten nach Stockholm hinterherreisen – jedenfalls verstand dieser ein Telegramm von ihr so. Er schrieb ihr Mitte Oktober, dass er froh sei, vergeblich am Bahnsteig auf sie gewartet zu haben, weil ihm so ein weiterer Abschied erspart geblieben sei. Der erste sei schon schwer genug gewesen. »Die Nacht auf dem Weg nach Stockholm ist eine der unschönsten Erinnerungen, die ich habe.« Die Reise von Stockholm nach London wäre ungleich gefährlicher als diese »normale« Bahnfahrt, und auch deshalb war er froh, dass Greta nicht gekommen war: »Das liegt daran, dass ich Dich so sehr liebe.« Greta reagierte verständnisvoll. »Mir geht es sehr gut«, schrieb sie an Lotte und Herbert. Manchmal sei sie einen Augenblick traurig, doch das gehe bald vorüber, und sie fühle sich dann froh und auch etwas stolz. Sie glaube, »wenn man sich gegenseitig wirklich ganz doll lieb hat« und dem einen etwas geschehe, was er so sehr ersehnt hat, dann freut der andere sich mit, auch wenn die Trennung schwerfällt.[105]

So war es bei Greta, und genauso reagierte sie auch, als sie im Februar 1945 erfuhr, dass Arnošt sich in London mit einer anderen, einer jungen Exiltschechin verlobt hatte, die er in der Silvesternacht kennengelernt hatte. Er habe ihr eine große Freude damit gemacht, dass er ihr das alles mitgeteilt habe. Greta meinte, vielleicht stimme es ja, was Peter immer zu ihr sagte: »Ach nach deinen Ansichten und Gefühlen kann man sich nicht richten, du denkst immer ganz anders als alle anderen.« So fügte sie sich in ihr Schicksal. Das ging so weit, dass ihr schließlich, im März 1945, sogar die neue Verlobte, die 22-jährige Mimka Justitzová, auf Deutsch, aus London schrieb, sie freue sich über Gretas Briefe und über die Freundschaft und Kameradschaft. »Ich hoffe auch, dass es schon nicht so lange dauern wird, bis wir uns wirklich irgendwo in dem neuen freien Europa treffen werden.«[106]

Dieses Treffen kam nie zustande; denn Mimka Bassova starb bereits 1981, und Greta sollte Arnošt erst nach dem Wegfall des Eisernen Vorhangs zwischen West- und Osteuropa wiedersehen. Gretas Liebe jedenfalls erlosch mit der Trennung nicht. Arnošt selbst äußerte bis ins Alter hinein Zweifel, ob seine Entscheidung von 1944 richtig war. Andere Exiltschechen hätten – beispielsweise in England – deutsche Frauen kennengelernt und mit in die deutschfeindliche Tschechoslowakei gebracht, indem sie sie als Engländerinnen ausgaben. Aber damals überwog für ihn die Überlegung, dass für Greta das Leben in seiner Heimat als Deutsche, »auch als Antifaschistin«, schwer zu ertragen wäre. In Skandinavien zu bleiben, kam für ihn nicht in Frage, schon, weil er meinte, vor Ort seinen Verwandten helfen zu müssen, »wenn wenigstens jemand von ihnen überlebt hätte.« Jahrzehntelang verspürte er einen Hauch von schlechtem Gewissen.[107]

HORIZONTERWEITERUNG

Dass Greta den Boden unter den Füßen nicht verlor, lag nicht zuletzt an Ingrid Segerstedt Wiberg. Bei ihr bekam sie, als ihre Mutter weggezogen war und sie in Göteborg zurückblieb, eine Tätigkeit im Rahmen der Flüchtlingshilfe, und es war wieder Kinderbetreuung. Segerstedt Wiberg hatte zwei Flüchtlingskinder bei sich aufgenommen, aber in der Hilfsorganisation viel zu tun. Dann gab es noch weitere Frauen, oft alleinstehende ältere Damen, die jüdische Kleinkinder bei sich betreuten, aber eben auch Entlastung brauchten. So beschäftigte Segerstedt Wiberg Greta als »Parktante«, das heißt, Greta kümmerte sich halbtags, ähnlich wie heute eine Tagesmutter, um eines oder mehrere, insgesamt bis zu fünf oder sechs Kleinkinder im Alter von zwei bis fünf Jahren. Sie holte sie morgens ab und ging mit ihnen spazieren, egal bei welchem Wetter. Einmal, so erinnert sich Greta, fiel ihr eines der Kinder in den Teich, weil es hinter einer Ente hergerannt war. Diese letzte Göteborger Tätigkeit von Greta währte von August 1944 bis Juni 1945.[108]

Die Arbeit als Parktante war nicht auskömmlich. Greta versuchte, auch nachmittags Kinderbetreuung anzubieten, um mehr Geld zu verdienen. Ingrid Segerstedt Wiberg half ihr; sie gab eine Annonce in der Zeitung auf, damit Greta mehr Kinder bekomme, sodass sie von ihrer Arbeit leben könnte. Sie glaubte, bis zu zehn Kinder nehmen zu können, aber die Nachfrage reichte nicht aus, es blieb bei höchstens sechs Kindern.[109]

Am 8. Mai 1945, dem Tag, als der Krieg in Europa endete, hatte Greta Grund zum Feiern. Sie mochte nicht allein bleiben und ging zu Ingrid Segerstedt Wiberg, um freizunehmen: »Ich kann heute nicht arbeiten, ich muss, egal was ist, ich muss nach Borås fahren zu meiner Mutter und zu Herbert.« Das kann ich verstehen, erwiderte die Flüchtlingskuratorin, aber ich habe von meinem Vater – Torgny Segerstedt war wenige Wochen zuvor gestorben – noch eine Flasche guten Sekt, und die trinken wir jetzt erst einmal zusammen. So genoss Greta zum ersten Mal in ihrem Leben Sekt. Anschließend fuhr sie mit dem Zug nach Borås, besuchte ihre Angehörigen, kehrte aber noch am selben Abend nach Göteborg zurück.[110]

Allein in Göteborg, verdiente Greta jedoch weiterhin zu wenig Geld. Sie bemühte sich nun um einen Ausbildungsplatz, um anschließend eine Vollzeitbeschäftigung zu finden. Jetzt halfen Herbert und Lotte ihr. Sie hatten schnell engen Kontakt mit der Ingenieursfamilie Brydewald in ihrem Haus bekommen, die wiederum mit einer Sozialarbeiterin in Borås befreundet war. Diese vermittelte Greta an ein öffentliches Kinderheim in Borås: »Solhems upptagningshem«. Das war zugleich eine Säuglingspflegeschule, und dort begann Greta im Juni 1945 eine halbjährige Ausbildung mit einer Kombination aus theoretischem und praktischem Unterricht.[111]

Auch in Borås lebte Greta allein. Gerade als sie dort angekommen war, zum 15. Juni, hatte Herbert Wehner eine Arbeitserlaubnis in der Nähe der Hauptstadt bekommen, beim Rassebiologischen Institut des schwedischen Staates in Uppsala. Die Fabrikarbeit in Borås war nur gering entlohnt worden, außerdem war sie körperlich sehr schwer. Im Institut konnte Herbert Archivarbeiten für dessen Direktor, den Sozialdemokraten Gunnar Dahlberg, übernehmen.[112]

Während Herbert, Lotte und im Herbst auch Peter nach Uppsala umzogen, in eine geräumige und gemütliche Wohnung, übernahm Greta allerdings nicht das Zimmer auf Ramnslätts gård. Denn dieses lag fünf Kilometer stadtauswärts im Wald, und der halb verfallene Gutshof war im Winter nur mit Hilfe eines Schneepflugs erreichbar.[113]

Greta zog in ein Zimmer im Kinderheim, zunächst allein, dann mit anderen Schülerinnen zusammen. Sie waren insgesamt zu acht, wobei Greta es witzig fand, dass vier von den sieben Mitschülerinnen ebenfalls Greta oder Margarete hießen. Ihre gemeinsamen Kochabende, zu denen sie sich gelegentlich trafen, nannten sie daher auch *Margaretenkalas*, Margaretenfeier.[114]

Im Parterre des Heims waren die Säuglinge untergebracht und im Obergeschoss Kleinkinder ab einem Jahr, darunter zum Teil auch Kinder mit Behinderungen. Hinzu kamen »Zahlkinder«, die nur tagsüber in den Kindergarten kamen und dort regelmäßige Mahlzeiten erhielten. Greta hatte die Aufgabe, das Essen zuzubereiten, die Säuglinge zu pflegen, und sie machte ein Praktikum auf der Entbindungsstation des örtlichen Krankenhauses. Greta fand die Ausbildung »sehr intensiv«. In der Klinik gehörte Greta zu den Schwestern und nicht zum Hilfspersonal. Sie meinte im Nachhinein, die Ausbildung zur Säuglingsschwester habe zwar nur ein halbes Jahr gedauert, aber »für damals war das eine ziemlich gute Ausbildung«. Doch für eine Tätigkeit als Krankenschwester in Deutschland reichte sie später nicht, denn nach deutschen Begriffen war sie nicht lang und umfassend genug.[115]

Wenn sie nicht Nachtschicht hatte, stand Greta um fünf Uhr auf, um ihre Arbeit morgens um sechs zu beginnen. Viel Freizeit hatte sie nicht. »Ich hab' diese Woche nichts anderes gemacht als gearbeitet, gegessen und geschlafen respektive im Bett gelegen«, schrieb sie im Sommer 1945 nach Uppsala. Eine Ausbildungsvergütung oder Lohn bekam Greta nicht, es war wieder Ingrid Segerstedt Wiberg, die ihr – diesmal finanziell – aushalf.[116]

Greta Burmester (um 1945)

Eine Erholung war es, wenn sie zwischendurch auf Ramnaslätts gård zu Besuch sein konnte. Dann brachte sie gerne auch einmal die Kinder der Brydewalds zu Bett und stellte dabei einen großen Unterschied zu den Verhältnissen im Kinderheim fest: »Es ist so schön, auch frei mit Kindern zu tun zu haben, die unter normalen und freien Verhältnissen aufwachsen, wo man Zeit hat, täglich und immer jedes Kind als ein kleines selbständiges Wesen zu behandeln und nicht als eine Masse, wo jeder Teil dasselbe Bedürfnis hat, auf jeden Fall kaum Anspruch auf Individuelles legen darf.«[117]

In die Zeit ihrer Ausbildung in Borås fielen die Atombombenabwürfe auf Hiroshima und Nagasaki und das eigentliche Ende des Zweiten Weltkriegs. Diese Ereignisse brachten sie doch »ein bissel aus dem Gleichgewicht«. Sie schrieb an Lotte und Herbert: »Ist es nicht grausig, dass in einem Schlag nicht nur sein eigenes Leben und das Leben anderer zerstört werden kann, sondern alles ganz und gar, was Menschen Jahrhunderte lang aufgebaut haben und nicht nur das, sondern faktisch auch die ganze Natur in der Umgegend.« Befremdet berichtete sie von rassistischen Reaktionen ihrer Mitschülerinnen: »Die Mädels sagen, das ist bloß gut für diese gelben Affen.« Greta wollte verstehen, dass man alles tue, um den Krieg schnell zu beenden – »aber um dieses grausige Gefühl komme ich nicht umhin.«[118]

Am 22. November 1945 unterzeichneten der Leitende Arzt Walter Risinger und die Heimleiterin Anita Jeurling das Abschlusszeugnis für Greta. In Betragen bekam sie »sehr gut«, ihre theoretischen Kenntnisse wurden »mit ausgezeichnetem Lob anerkannt«, die praktische Arbeit und Eignung »mit Lob anerkannt«.[119]

Schon im August hatte Greta das Ende der Ausbildung herbeigesehnt: »Ich bin ja nur noch ungefähr vier Monate und eine Woche hier, dann will ich am liebsten zu euch kommen und arbeiten.« Auf die gemeinsame Zeit freute sie sich: »Herbert, du bist faktisch wie ein richtiger Papsche, es ist so gut, dass wir dich haben, ich freue mich so auf die Zeit, wo wir zusammen sein können, Mutti und du, Peter und ich.«[120]

Im Dezember 1945 war es dann so weit. Greta fand eine Stelle am Universitätskrankenhaus in Uppsala und zog zu ihrer Familie in deren Wohnung in der Idunagatan 5. Diese hatte ihnen Gunnar Dahlberg besorgt. Herbert Wehners Chef, zu dem bald eine enge Freundschaft entstand, legte auch noch etwas für die Miete drauf. Er meinte, wenn sie nach Deutschland zurückkehrten, würden die Wehners in eine Trümmerlandschaft kommen, und daher sollten sie »noch einmal ordentlich wohnen«.

Und so bekamen sie eine – vergleichsweise – große, schöne Bleibe. Greta erinnert sich: »Da haben wir im Verhältnis zu unseren schwedischen Verhältnissen eine Luxuswohnung gehabt.« Sie lag im Obergeschoss des Hauses, hinter einem Laden, der den Hausbesitzern gehörte. In Göteborg hatten sie immer nur ein »Plumpsklo auf dem Hof«, die neue Wohnung in Uppsala dagegen verfügte über eine Toilette mit Wasserspülung. Es gab eine große Diele, einen kleinen Zwischenflur, eine große Küche mit einer Nische und Platz für den Esstisch mit einer Bank und Stühlen. Zwischen der Küche und dem Schlafzimmer von Herbert und Lotte befand sich ein schmaler Raum mit einem Waschbecken, eingebautem Kleiderschrank und Geschirrschrank. Vom Schlafzimmer ging eine Tür in das Wohnzimmer, in das man ebenfalls von der großen Eingangsdiele kommen konnte. Vom Wohnzimmer aus durch eine dritte Tür gelangte man in das Zimmer, in dem Greta und Peter schliefen; diesem Raum schloss sich ein weiterer kleiner Waschraum an. Ein Bad mit Wanne oder Dusche gab es zwar nicht, aber eben zwei Räume, in denen sie sich ungestört waschen konnten. »Die vorausgegangenen acht Jahre war unsere Küche die einzige Gelegenheit, sich zu waschen.«[121]

Wahrscheinlich war es ebenfalls Gunnar Dahlberg, der dafür sorgte, dass Greta eine Stelle am »Kungliga Akademiska Sjukhuset«, also am Königlichen Akademischen Krankenhaus Uppsala, dem Universitätsklinikum, bekam. Zunächst versah sie eine Art Springerdienst, arbeitete immer, wenn dort eine Fachkraft fehlte, auf der Entbindungsstation, der Säuglingsstation, der Kinderstation oder der chirurgischen Kinderstation. Für Greta war der Anfang nicht leicht. Die leitende Oberschwester mochte sie nicht leiden, sie vermutete, weil sie bei der Vorstellung keinen tiefen Knicks gemacht hatte. Außerdem gefiel ihr die Frisur nicht. Sie fragte Greta, die damals, wie die meiste Zeit in ihrem Leben, einen Kurzhaarschnitt trug: »Wie wollen Sie überhaupt die Haube auf Ihrem Haar festmachen?«[122]

Auf einer der Stationen, einer Kleinkinderstation, hinterließ Greta einen besonders guten Eindruck, weil auffiel, dass sie sehr sorgfältig arbeitete. So kam sie dauerhaft auf diese Station, auf der sie sich mit einzelnen Kindern intensiv beschäftigen konnte. Da war zum Beispiel Maria, ein Mädchen aus Finnland. Dieses Kind war schwer krank und völlig apathisch. Greta hatte sich allein darum zu kümmern, auch weil niemand anderes sich um sie sorgte. Da war, so erinnert sie sich, noch ein zweites Kind, ein kleiner schwedischer Junge. Dieser Junge war niedlich, hatte blonde Locken, und alle auf der Station umsorgten ihn. Maria aber, so Greta, hatte »strähnige, dunkle Haare, die war absolut nicht süß«. Greta jedoch bemühte sich um die Einjährige, und sie wurde bei ihr »allmählich zu einem Kind, das lachte, das sitzen konnte«. Greta wusste, das Kind brauchte sie als Bezugsperson. Aber, als Maria in gutem Zustand war, kam sie in eine andere Abteilung, »da war sie weg von mir und ist wieder völlig abgesackt.« Ein Leben lang ging ihr Maria nicht aus dem Sinn.

Greta hatte in dieser Zeit – die über anderthalb Jahre dauerte, bis Juli 1947 – ein ausgefülltes Berufsleben mit einem geregelten Arbeitstag. Es war aber anstrengende Krankenhausarbeit. »Ich ging als erste aus dem Haus und kam auch als letzte nach Hause. Ich hatte dazwischen zwar Freistunden, aber die waren so, dass ich nicht nach Hause gehen konnte.« Oft

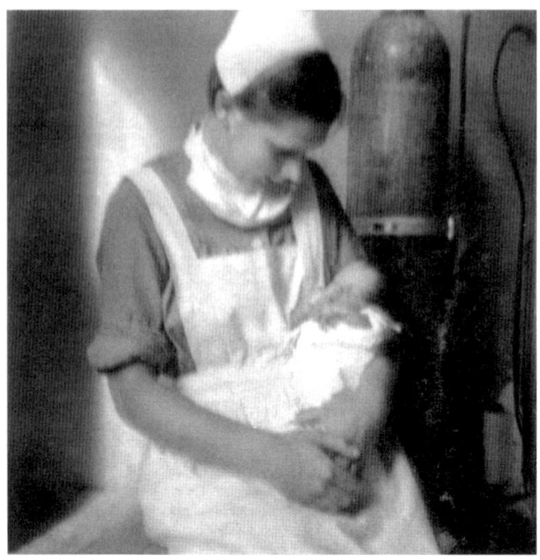

Greta auf der Frühgeborenenstation (Uppsala 1946, Notiz auf der Rückseite: »Das bin ich mit lill-Pettersson – sie war so süß, auf dem Bild hatte sie grad zu essen bekommen und war schläfrig – da wiegt sie zwei Kilo, bei der Geburt nur 1 ½ Kilo«)

musste sie an den Wochenenden arbeiten, je nach Dienstplan konnte sich das von Woche zu Woche verschieben. So war sie recht unregelmäßig Zuhause und nur wenig an den Gesprächen in der Familie beteiligt. Einmal nahm Herbert sie mit in die Hauptstadt, als er zu einer Behörde musste. Anschließend gingen die beiden den ganzen Tag in der Stadt spazieren, und er zeigte ihr Stockholm, die Orte, wo er während seines illegalen Aufenthalts 1941 und 1942 gewohnt hatte. Greta fiel auf, dass er »wie zu einer Erwachsenen« mit ihr sprach, sie auf ganz andere Weise ernst nahm als ihre Mutter. Dieses Erlebnis, »dass er mich für voll nahm«, beeindruckte sie; Greta spürte von Anfang an eine große Zuneigung zu Herbert Wehner, in dem sie, anders als ihr jüngerer Bruder, nie den verlorenen Vater suchte.

In diese Zeit, in Uppsala 1945 und 1946, fiel Herbert Wehners endgültiger, nun auch organisatorischer Bruch mit dem Kommunismus. Er wandte sich der Sozialdemokratie zu. Greta meint, er müsse auch ihr gegenüber davon gesprochen haben, kann sich aber an keine Einzelheiten erinnern. Mit Peter dagegen habe Herbert sich intensiv ausgetauscht. Außerdem entging ihr nicht, dass monatelang dauernd die Schreibmaschine klapperte, weil Herbert Wehner zwischen März und Mai 1946 seine Abrechnung mit den Parteikommunisten tippte, die 200-seitigen »Notizen«.[123]

Im Nachhinein wirkt es wie ein Idyll, das Familienleben der Wehner-Burmesters in Uppsala. Gretas jüngerer Bruder Peter bezeichnete diese beiden Jahre später als die glücklichste Zeit in seinem Leben. Greta machte im August 1946 im Urlaub eine Rundreise quer durch Schweden, nach Dalarna und Halmstad im Westen, zur Insel Gotland in der Ostsee – und erstmals auch nach Öland.[124]

Im Sommer 1946 bekam Lotte für sich und Herbert eine Aufenthaltserlaubnis für Hamburg, wo sie vor dem Exil gelebt hatte. Eine Wohnung hatten sie dort nicht in Aussicht; es würde ein sehr schwieriger Neuanfang in Trümmern werden, und so entschieden die beiden sich, im September zu zweit zu reisen, ohne Greta und Peter. Lottes Schwestern hatten dazu geraten, die beiden zunächst in Schweden zu lassen, bis sie Aussicht auf Wohnung und Arbeit hätten.[125]

Es dauerte noch fast ein Jahr, bis Lotte und Herbert in Hamburg soweit Fuß gefasst hatten, dass die jungen Leute ebenfalls nach Deutschland zurückkehren konnten. Herbert Wehner trat gleich im Oktober 1946 in die SPD ein, und die Sozialdemokraten konnten ihn gut gebrauchen. Er betätigte sich als Versammlungsredner gegen die Kommunisten, und er schrieb für sozialdemokratische Verlage Besprechungen und Übersetzungen aus dem Schwedischen. Doch es blieb schwierig. Im Januar 1947 herrschte schwerer Dauerfrost, es gab meist nur nachts für wenige Stunden Strom. Lotte erkrankte in dieser Zeit so schwer, dass sie ins Krankenhaus musste. Eine gute kleine Wohnung fanden Lotte und Herbert Anfang 1947 im Stadtteil Eimsbüttel. »Beim Schlump 36« sollte bis zu Herberts Ausscheiden aus dem Bundestag 1983 die Hamburger Adresse der Wehners bleiben. Im April wurde er außenpolitischer Redakteur bei der SPD-Tageszeitung *Hamburger Echo*.

In der Zwischenzeit entstand wieder ein reger Briefwechsel innerhalb der Familie, und Greta und Peter – wie auch schwedische Freunde – schickten Pakete mit Lebensmitteln an das unter den Entbehrungen des Nachkriegschaos leidende Paar in Hamburg. Die Geschwister in Uppsala zogen mit Katze Muschi in eine kleinere Wohnung im gleichen Haus um. Peter ging auf die Ingenieursschule, wurde in der Jugendorganisation der schwedischen Sozialdemokraten aktiv, im Februar wurde er stellvertretender Vorsitzender für Uppsala. Greta trat zwar der Krankenschwesternvereinigung bei, aber sie sah sich nicht als Politikerin. An Herbert schrieb sie: »Mir liegt es nicht, irgendwelche große politische Taten oder andere große Taten zu vollbringen.« Mehr als Reden zu halten, würde es nutzen, wenn sie versuche, gut zu sein, »demokratisch und sozialistisch in meinem Handeln, Fühlen und Umgang mit meinen Mitmenschen und in meiner Arbeit.«[126]

Greta war mit ihrer Arbeit nicht zufrieden, denn im Krankenhaus müsse sie »des Öfteren Sachen machen, die ich innerlich als unrecht fühl«. Sie brauche »eine verantwortlichere Arbeit«, die sie so ausführen könne, wie sie selbst es für richtig halte. Sie brauche die Möglichkeit, »auch selbst von mir aus was zu tun, dazu muss ich in einem anderen Arbeitsverhältnis stehen und wohl auch noch viel dazu wissen.«[127]

Bildungshungrig war sie, und im Frühjahr 1947 verliebte sie sich in den 16 Jahre älteren Marek, dem Vornamen nach zu urteilen wieder ein tschechischer Flüchtling. Doch aus dieser Geschichte wurde nichts, nicht nur wegen des Altersunterschieds, sondern vor allem, weil beide unmittelbar vor der Rückkehr in ihre Heimatländer standen. Auf einem abendlichen Spaziergang klärten sie das freundschaftlich miteinander; Greta zeigte sich hinterher erleichtert, »alle Bedeppertheit ist dahin, […] und ich bin vollständig ins Gleichgewicht zurück.«[128]

Die 22-jährige Greta Burmester war in Schweden eine erwachsene junge Frau geworden, die wusste, was sie wollte. Dazu gehörte die Rückkehr nach Deutschland. Freunde und Bekannte rieten ihr zwar, nicht in eine ungewisse Zukunft in Trümmern zu fahren, sich wenigstens ein Rückreisevisum zu besorgen, aber sie blieb dabei: Sie hätten von Anfang an immer gesagt, dass sie nach Deutschland zurückkehren wollten. Und: »Warum sollte es nicht möglich sein dort, wo die Menschen dieselbe Muttersprache wie ich haben und dieselben Bücher wie ich lesen können, viele Lieder, die ich kann, können, warum sollte es in dem Land nicht doch möglich sein, dass ich noch ein paar Freunde dazu finden kann?«[129]

»Dresden, im November – Es ist kein Durchkommen. Greta Wehner dreht vergeblich am Regler ihres Hörgeräts und horcht in sich hinein. Ihre Augen spiegeln wider, wie sie in ihren Ohren nach einer Stimme sucht. Aber sie hört fast nichts, kein Satz kommt bei ihr an. Eben noch war ein scheues Lächeln auf ihren kräftigen Wangen. Nun wirken ihre Züge angestrengt, sogar ein wenig verärgert.«

Jens Schneider, *Süddeutsche Zeitung*

HÖRBILDER

Gretas Schwerhörigkeit. Wohl schon Ende der Siebzigerjahre beginnt sie. Der Arzt sagt ihr, dass am Ende, graduell, die Taubheit stehen würde. Ganz ist es nie dahin gekommen. Aber ohne Hörgeräte geht nichts mehr. Mit Schwerhörigen musst du nicht laut reden, sagt Greta, sondern langsam, deutlich und ihnen zugewandt, damit sie etwas von den Lippen ablesen können. Am besten nicht in großen, halligen Räumen mit vielen anderen Geräuschen.

Parteitage und Versammlungen sind daher schwierig für sie. Und nicht immer sind alle Anwesenden verständnisvoll. Manche, weil sie es nicht besser wissen. Da sagt Greta: »Ich kann dich nicht verstehen«, und ihr Gegenüber wiederholt seine Worte, dann aber – er braucht sie ja nicht mehr ausdenken – einfach nur schneller und lauter. Dadurch ist er noch schwerer zu verstehen als zuvor. Eine Art Teufelskreis. Wenig hilfreich für die Verständigung mit Greta ist auch der sächsische Dialekt mit den vielen vernuschelten Endungen und wenig differenzierten Vokalen.

Manche Menschen sind aber zu wichtig, um für Greta verständlich zu sein. So Wolfgang Tiefensee, zu Gast auf einem lokalen Parteitag in Dresden: Da hat Greta einen kleinen Sender dabei, der per Funk mit ihrem Hörgerät verbunden werden kann. Diese technische Neuerung ist eine Zeitlang eine gute Hilfe. Einen Parteitagsredner nach dem anderen bitte ich, sich den Sender, der an einem Band befestigt ist, umzuhängen, »damit Greta dich versteht.« Der Kommunal- und Bundespolitiker Tiefensee allerdings weigert sich, als einziger, mit der Begründung, das sehe auf Fotos nicht so gut aus. Oder der Gewerkschaftsvorsitzende Michael Sommer auf dem Dresdner Parteitag von 2009, dem letzten Bundesparteitag, an dem sie teilnimmt. Der dreht sich von Greta weg, während er zu ihr spricht, das Gesicht hält er lächelnd neben das ihre, in die Kameras der fotografierenden Journalisten. Böse Absicht ist das wohl nicht, eher gedankenlos aus Gewohnheit.

Anders verhält sich Sigmar Gabriel, der auf diesem Parteitag zum Vorsitzenden gewählt wird. Nach seiner Rede, die der Partei nach einer krachend verlorenen Bundestagswahl Mut machen soll, geht er zu den Ehrengästen in der ersten Reihe, an deren Ende Greta sitzt. Er kommt an ihren Platz und unterhält sich mit ihr. Dabei sieht er Greta an und dreht den Journalisten den Rücken zu. Das Fernsehen verzichtet auf diese Bilder. Was bespricht Greta da mit Gabriel? Margarete erinnert sich an einen Kommentar zur Rede, freundlich-ehrlich, sinngemäß: »Du bist ja schon ein Schlumihl – aber das hast du gut gemacht.«

Für Greta ist es wichtig, zu verstehen, was gesagt wird, denn sie nimmt Parteitage und das, was ihre SPD auf diesem ihrem wichtigsten Forum diskutiert, sehr ernst. Auf Bundesparteitagen ist sie eine aufmerksame Zuhörerin, nicht nur, vielleicht nicht einmal in erster Linie, der besonders »wichtigen« Leute.

Ihre Schwerhörigkeit weiß Greta auf erstaunliche Weise auszugleichen. Oft erfasst sie das Wesen einer Person oder einer Situation intuitiv. Da kommen von ihr nachher Charakterisierungen und knappe Erläuterungen, Zusammenfassungen. Was sie von Menschen und politischen Diskussionen hält, das kann sie ihrer Umgebung, manchmal eben auch mir, mitteilen. Und in den meisten Fällen, so meine ich mich jedenfalls zu erinnern, trifft Greta den Nagel auf den Kopf. Das ist wohl eine angelernte Aufmerksamkeit, erlernt aufgrund der Schwerhörigkeit, und weil es für sie schon zu Herberts aktiven Zeiten darauf angekommen ist, Menschen und Situationen rasch zu erfassen.

»Doof« ist so ein Wort aus dem Niederdeutschen. Es meint beides: dumm oder beschränkt sein, aber eben auch taub, wie bei einer »doofen«, »tauben« Nuss. Beim Nachdenken über Greta wird mir der Wortzusammenhang klarer. Denn wer angestrengt versucht, zum Beispiel bei Schwerhörigkeit, etwas zu verstehen, schaut nicht sehr klug aus dabei; er oder sie wirkt eben etwas »doof«, im wahrsten Wortsinn. So wirkt auf oberflächliche Geister auch Greta – ach wie sie sich geirrt haben, die ***!

III. SOZIALARBEITERIN

HEIMKEHR

Anfang Juni 1947 teilte die schwedische Ausländerbehörde Greta und Peter mit, dass sie für Ende des Monats zum Transport nach Deutschland vorgesehen seien. Greta schrieb: »Herbert, haben wir Glück, sind wir zu deinem Geburtstag bei euch.«[130]

Die letzten Wochen in Schweden verbrachten die Geschwister damit, ihren Haushalt aufzulösen. Mit einer Spedition schickten sie die bewegliche Habe nach Hamburg: Bücher, Kleidung, Hausrat und einige kleinere Möbel. Was aber sollten sie mit ihrer Katze machen? Herbert Wehner, der Katzen immer schon gemocht hatte, war eines Tages mit dem kleinen Tier angekommen, und liebevoll hatte die Familie es aufgezogen. Von den Nachbarn und Freunden wollte es aber niemand haben. »Wir konnten nicht eine so verwöhnte Katze, die ich mit geputzten *strömmingen** ernährte, ins hungernde Deutschland bringen«, wovon hätte sie leben sollen? Schweren Herzens ließen sie das Tier einschläfern. »Das war für uns schrecklich«, erinnert sich Greta.[131]

Der Rückkehrertransport ging von Uppsala nach Halmstad in ein Sammellager, von dort nach zwei Tagen weiter mit dem Bus nach Helsingborg zur Fähre nach Helsingör in Dänemark. Durch Jütland hindurch fuhren Greta und Peter dann an die

* Das ist eine Heringsart.

schleswig-holsteinische Grenze; Anfang Juli 1947 kamen sie in Flensburg an. Der Bus rollte durch die Stadt, Greta stellte sich auf das Trittbrett und bat den Fahrer, langsam zu fahren, »vielleicht würde ich Tante Hanne sehen.« Die Straße von der Grenze ging zwar von ihrer Wohnstraße ab, aber ihre Großtante erspähte sie nicht.

Endstation war der Bahnhof Hamburg-Dammtor. »Und dann standen wir da«, mit reichlich Gepäck. Einer von beiden wartete mit den Koffern, und der andere ging bis zum Schlump und kam mit Transporthilfe zurück. In der Wohnung war es recht eng. Gerade wohnten dort nicht nur Herbert und Lotte, sondern auch Herberts Bruder Rudi und dessen Frau Lene aus Dresden. Herbert hatte befürchtet, die beiden könnten wegen ihrer Verwandtschaft zu dem »Renegaten« Herbert Wehner im sowjetisch-kommunistischen Machtbereich drangsaliert werden. Daher hatten Lotte und er mit Hilfe von Lottes Schwester Anna in Kassel schon im Winter deren Reise über Nordhessen nach Hamburg organisiert, illegal. Eine Aufenthaltsbewilligung für die Britische Zone hatten die beiden noch nicht, und so mussten sie zumindest eine Zeitlang bei Lotte und Herbert bleiben. Mit dem späteren Bundestagsabgeordneten Peter Blachstein, der ebenfalls aus Dresden stammte, zog noch ein junger sozialistischer Emigrant ein, den Herbert aus Schweden kannte. In der dafür dann doch beengten Wohnung »Beim Schlump« hausten sie nun also zu sechst, im Sommer 1947 dann sogar zu siebt. Greta musste »bei Mutti und Herbert auf dem Fußboden schlafen«.

Nach zehn Jahren Schweden und Schwedisch war Deutschland für die jungen Menschen ein Schock. Mit der Wohnung hatten sie – abgesehen von der Enge und davon, dass am Anfang die Heizung fehlte – noch Glück. Ein paar Scheiben waren zersprungen, sonst war das Haus von Bombenangriffen verschont geblieben. Aber ringsherum lag alles in Trümmern. »Da konntest du von irgendeiner Stelle in Eimsbüttel bis nach

»Duelsberg, links in den Häusern wohnten wir 1934« (Foto von 1947, Bildunterschrift von Greta)

Barmbek zum Stadtparkturm kucken, über eine Riesenentfernung, weil alles platt gelegen hat.« Peter, so erinnert sich Greta, hatte immer Angst, dass der Giebel von gegenüber auf ihr Haus stürzen könnte. Dort stand der Rest einer alten Schule, die hatte oben einen hohen, rundlichen Giebel, »wie so ein Schmuckgiebel«, der stand jetzt frei, »da fehlte das ganze Dach dahinter.«

Mehr noch als die Häuser erschreckten Greta am Anfang die Menschen. Als sie im Spätsommer Tante Hanne in Flensburg besuchte, fuhr sie mit dem Zug dorthin. »Die Züge waren total überfüllt, keiner half dem anderen«, das fand Greta entsetzlich. Wahrscheinlich, so meint sie, war die Erziehung in Deutschland in der Nazizeit eben nicht auf Rücksichtnahme ausgerichtet, sondern auf Durchsetzen. Dazu kam: »Wenn dann alles überfüllt ist, dann wirst du doppelt rücksichtslos.« Zusätzlich quälte sie die Sprache. In Schweden hatte sie deutsche Literatur gelesen, und im Familienbereich wurde deutsch gesprochen. »Aber so wie die Sprache draußen auf der Straße gebrüllt wurde, so hart, ich glaube das vergesse ich nie, wie mich das abgestoßen hat.«

Nach Herbert und Lotte, aber noch vor ihrem Bruder, trat am 1. August 1947 auch Greta der SPD bei. Auf deren Versammlungen traf sie Gleichgesinnte und fühlte sich wohler: »Wenn man da in so einem Raum miteinander saß, da wurde nicht so gebrüllt.«

Noch in Schweden hatte Greta die Ausbildung zur Fürsorgerin, den Gang auf die »sociale Frauenschule«, in den Blick genommen. Ihre ersten Monate in der Hansestadt bestanden allerdings aus viel Hausarbeit, Einkäufen, Schlangestehen. Dann fand sie Arbeit in einem Kindertagesheim, einer Art Kindergarten also, aber das fand sie »furchtbar«. Die Gruppen waren riesengroß, und die Erziehung erschien ihr »so unfrei und so dirigiert«. Sie erinnert sich, dass alle Kinder immer gleichzeitig auf Toilette mussten, einmal rannte Greta hinter einem Jungen her, dem das nicht passte. Nach langem Mühen erwischte sie den Kleinen und fragte ihn, warum er denn nicht wolle. Er antwortete: »Ich will aufs Klo gehen, wenn ich muss.« Greta verstand das.[132]

Mutter Lotte berichtete ihrer Schwester, Greta habe es auf der Arbeit »sehr schwer, da sie im Gegensatz zu den anderen dort Beschäftigten nicht durch Kommandieren die Kinder zu erziehen wünscht«, und trug dazu noch eine Anekdote bei: »Einmal hat sie ein paar Kinder gefragt, warum sie denn nicht, wenn sie sie darum bittet, ebenso gut ruhig sein könnten als wie bei der anderen Tante, die mit ihnen schimpft. Da sagte ein Drei Käse – ach du hast ja so komische Haare, wie ein Papa, und bei meinem Papa darf ich auch Krach machen!!!«[133]

Noch im Sommer 1947 bewarb Greta sich am »Sozialpädagogischen Institut«, abgekürzt »Sozipä«, der städtischen Hamburger Schule für Fürsorgerinnen. Von Anfang an wurden ihr jedoch Steine in den Weg gelegt. Nach einigen Wochen hatte sie zwar schon den Bescheid, dass sie dort anfangen könne, Herbert meinte aber, »wann und wo, weiß sie noch nicht. Die sind bummelig.« Auch Gretas Gesundheit ließ zu wünschen übrig. Anfang 1948 wurde sie »wegen totaler Erschöpfung« für ein Vierteljahr krankgeschrieben. Zur Erholung fuhr sie ins Nordseesanatorium in Westerland auf der Insel Sylt.[134]

Das Hamburger Institut wies darauf hin, dass Gretas Ausbildung in Schweden unzulänglich sei. Sie müsse noch ein Praktikum machen. Dieses leistete sie ab dem Frühjahr 1948 im Kinderheim Steinbeck, das lag in der Nordheide im Landkreis Harburg, südlich an Hamburg angrenzend. Diese Einrichtung war nach Kriegsende vom Hamburger Komitee ehemaliger politischer Gefangener (dieses ging später in die »Vereinigung der Verfolgten des Naziregimes« über) gegründet worden. Das Heim beherbergte zunächst Kinder und Jugendliche, die aus Konzentrationslagern kamen. Die *Zeit* berichtete 1946 darüber: »In einer schattigen Ecke lagern die Kleinen unter Aufsicht und halten Mittagsruhe. Einige sehen schon ganz wohl und vergnügt aus, andere haben seltsame Narben auf den nackten mageren Armen. Es sind die Kennzeichen, die ihnen im KZ eingebrannt wurden. Alle diese Kinder waren entweder selbst dort oder aber ihre Eltern; sie sollen sich nun hier von den Schrecken und Schäden, die sie an Leib und Seele erlitten haben, erholen.« Auch zu Gretas Zeit beherbergte das Heim jeweils für ein halbes Jahr Gruppen mit Kindern von ehemals Verfolgten, die aus dem ganzen späteren Bundesgebiet kamen. Im Heim gab es auch Schulunterricht, was für Greta eine gute Gelegenheit war, sich selbst weiterzubilden. Einer der Lehrer, ein »sehr ordentlicher Mann«, wie sie meint, war bereit, außer der Reihe mit ihr zu arbeiten. Wenn die Kinder also Mittagsruhe hielten, gab er Greta täglich ein bis zwei Stunden Nachhilfeunterricht, insbesondere in Deutsch und Rechtschreibung, was – es ist aus ihren Briefen aus der Zeit ersichtlich – sinnvoll war.[135]

In dem Kinder-Erholungsheim arbeitete Greta von Mai bis November 1948. In dieser Zeit kam sie nur alle drei bis vier Wochen zu Besuch nach Hamburg. Greta betreute eine sechs- bis achtköpfige Gruppe von Kindern zwischen vier und sieben Jahren. Die Jugendleiterin Charlotte Maaß war in ihrem Zeugnis voll des Lobes. »Fräulein Burmester« habe außerordentlich gewissenhaft gearbeitet. Sie sei »liebevoll zu den Kindern gewesen« und »ganz besonders fein auf jedes einzelne Kind« eingegangen. Sie habe für alle erzieherischen Fragen großes Interesse gezeigt und sich über die Arbeit viele Gedanken gemacht. Nun verlasse sie Steinbeck, »um auf das Sozial-Pädagogische Institut in Hamburg zu gehen»; die besten Wünsche des Heimes begleiteten sie.[136]

Die guten Wünsche halfen jedoch erst einmal nicht. Die Bewerbung am »Sozipä« scheiterte, und zwar aus gesundheitlichen Gründen. Bei der vorgeschriebenen Untersuchung hatte Greta, so meinte sie selbst später, den Fehler begangen, »ehrlich zu sein«. Sie hatte also angegeben, dass ihr einst in Schweden bei einer sorgfältigen Eingangsuntersuchung eine chronische Herzschwäche attestiert worden war. Sie solle nicht schwimmen, nicht Rad fahren, nicht Treppe steigen und so weiter. Das war eine Folge der Diphtherie, an der sie als Kind in den Dreißigerjahren gelitten hatte. Jedenfalls meinte nun das Institut, für jemanden mit so großer gesundheitlicher Einschränkung könne es nicht die Ausbildung bezahlen. Im Nachhinein, im Wissen darum, was Greta in ihrem weiteren Leben geleistet hat, wirkt diese Entscheidung absurd. Greta selbst fand sie später übertrieben: »Heute hat man ja eine andere Ansicht. Natürlich muss man Überlastungen lassen, aber alles ausschließen was trainiert, ist natürlich auch Unsinn.«[137]

Lotte jedenfalls hielt die Ablehnung ihrer Tochter für eine »geschobene Sache«. Die Mutter vermutete politische Motive, und auch Greta meint, das Hamburger Institut sei wahrscheinlich »verseuchter von der Nazizeit her« gewesen als die Einrichtung, auf die sie dann ab April 1949 gehen sollte, nämlich die Wohlfahrtsschule Schleswig-Holstein in Kiel. Offensichtlich konnte Greta dort ohne strenge Gesundheitsprüfung eine Ausbildung anfangen; es liegt nahe, dass es Freunde der Familie waren, die hier ihren politischen Einfluss geltend machten. So waren Lotte und Herbert dem sozialdemokratischen Bürgermeister von Kiel, Andreas Gayk, und seiner Frau freundschaftlich verbunden.[138]

Bevor es so weit war, im Spätsommer oder Frühherbst 1948, kam noch eine Gruppe aus Norwegen, Dänemark und Schweden zu Besuch. Es handelte sich um junge Leute, die Greta auf ihren Erkundungsreisen durch das zertrümmerte Hamburg begleitete, auf eine Hafenrundfahrt, an den Badestrand, auf einen Abstecher nach Hildesheim. Schon nach wenigen Tagen hieß es Abschied nehmen, was Greta nicht leichtfiel, insbesondere weil unter den Reisenden ein kleiner rundlicher junger Mann namens Calle Andersen aus der schwedischen Stadt Skara war.[139]

Diese Begegnung – und noch ein weiterer Umstand – führte dazu, dass Greta bis ins Frühjahr 1949 hinein schwankte, ob sie wirklich Fürsorgerin werden sollte. Ihrer Mutter schilderte sie ihren inneren Konflikt: »Weißt du, als ich herkam glaubte ich, es sei mein gutes Recht, hier eine Ausbildung zu bekommen, wenn auch nur ein leiser Wunsch hierzu entsteht. Ich glaubte ohne Hilfe und ›Gunst‹ dieses zu erlangen, und finanziell unabhängig dabei zu sein.« Jetzt aber habe sie so vielen Menschen für den Ausbildungsplatz zu danken; nun graue es ihr davor, weil sie sich verpflichtet fühle, »unter allen Umständen die Ausbildung zu Ende zu führen und etliche Jahre den Beruf auszuführen.«

Denn eines erschien Greta damals unumstößlich: Eine Frau konnte nicht zugleich heiraten, Kinder bekommen und als Fürsorgerin arbeiten. Familie und Beruf war für Frauen im Nachkriegsdeutschland unvereinbar. Sie sehe zwar die

Ehe nicht »als Lebensversicherung« an, doch »wenn ich einen Menschen treffe, den ich liebe, so werde ich glücklich mit einer eigenen Familie sein«, aber wenn sie dann Arbeit oder Ausbildung aufgeben würde, hätte sie ein schlechtes Gewissen.

Um das zu klären, wollte Greta nach Schweden reisen, um zu prüfen, ob es dort eine Zukunft für sie gebe, im Kinderkrankenhaus, als Fürsorgerin oder vielleicht doch auch als Ehefrau und Mutter, denn sie empfinde »eine entschiedene Neigung zu Calle«. Vielleicht komme sie aber während des Besuchs auch zu einem Gefühl des »Fremdseins«, dann würde sie doch die Ausbildung in Deutschland machen wollen. Das gelte es aber herauszufinden, und so meinte Greta: »Ich glaube, ich muss zuerst nach Schweden.«[140]

Die Reisegedanken machte sich Greta im April, doch schon sechs Wochen später, an Himmelfahrt, konnte ihre Mutter beruhigt an Herbert schreiben, Greta sei »ein ganz neuer Mensch geworden, bewusster und innerlich überzeugt, dass sie nun auf dem richtigen Platz ist«. Zu Gretas Beruhigung trug ein Brief von Calle aus Skara bei, der ihr riet, erst die Ausbildung zu machen, »es könne einen sicher einmal gereuen, wenn man eine Möglichkeit dazu versäumt habe.« Daher sei es gut, zuerst Kenntnisse und Fähigkeiten zu sammeln, und so verzichtete Greta – wohl doch erleichtert – auf die Fahrt nach Schweden und auf Calle.[141]

BERUFSLEBEN

Zwei Jahre, von April 1949 bis zum Frühjahr 1951, dauerte Gretas Ausbildung zur Sozialarbeiterin – damals hieß der Beruf noch Fürsorgerin – an der Landeswohlfahrtsschule Schleswig-Holstein in Kiel. Auf diese Zeit blickt Greta gern zurück: »Ich muss sagen, ich habe diese zwei Jahre, die ich in Kiel noch einmal als Erwachsene lernen durfte, sehr genossen.« Noch einmal zur Schule gehen: »Für mich war das ein Geschenk.«[142]

Nun zog Greta also nach Kiel, in ein winziges Zimmer. Mehr konnte sie sich nicht leisten; sie bekam nur eine Halbwaisenrente von vielleicht 75 Mark und etwa 25 Mark Unterstützung von ihrer Mutter. 100 D-Mark »für alles, was man braucht, Schulgeld, Schuhsohlen, Unterkunft und so weiter«, das war bescheiden. Nicht einmal für Besuche bei der Familie in Hamburg reichte es. Sie sei nur ein- oder zweimal im Jahr von Kiel zu Besuch dort gewesen, meint Greta. So bekam sie nur wenig davon mit, dass Herbert in dieser Zeit für das Parlament kandidierte und bei der Wahl vom 14. August 1949 als Abgeordneter in den ersten Deutschen Bundestag gewählt wurde. Bei einem ihrer Besuche in Hamburg jedoch, während des Wahlkampfs, begann es hinter der Eingangstür zu qualmen. Unbekannte hatten einen Brandsatz durch den Briefkastenschlitz geworfen, aber sie konnten das Feuer schnell löschen. Das war einer der Anschläge, welche vermutlich die SED-gesteuerten Kommunisten zu dieser Zeit auf Herbert Wehner verübten.[143]

In Kiel kam Greta zunächst in einem Zehnbettzimmer in der Wohlfahrtsschule unter, aber bald fand sie etwas Neues. Gemeinsam mit ihrer Mitschülerin Lieselotte Ruppe zog sie in die Stadt. Ihre Kameradinnen waren der Meinung, »Greta muss was Lebendiges haben«, und schenkten ihr einen Goldhamster. Greta taufte ihn »*Nalle*«, nach dem schwedischen Wort für Teddybär. Das Tier wohnte in einer kleinen Holzkiste mit Drahtgitter darauf. Allerdings war das Haus durch Weltkriegsbomben beschädigt, und wenn Greta ihn laufen ließ, verschwand der Hamster manchmal durch die Löcher in den Wänden. Sie nahm den Hamster auch auf Reisen, nach Flensburg und Bonn mit.

Greta begann ihre Ausbildung im 25. Lebensjahr; ihre Freundin Lieselotte war sogar vier Jahre älter. Das unterschied

Greta mit ihrer Mitschülerin Lieselotte Ruppe (um 1950)

sie von ihren deutlich jüngeren Mitschülerinnen ebenso wie ihre »sonst unüblichen Erfahrungen aus der Nazizeit«. Lieselotte Ruppe, die aus dem Bereich der Arbeiterwohlfahrt kam, erhielt ein Victor-Gollancz-Stipendium. Gollancz war ein antinazistischer Emigrant und Verleger; seine Stiftung förderte geeignete Fachkräfte für die Jugendarbeit. Im Beirat dieser Stiftung saß Gretas Lehrerin, Christa Hasenclever.[144]

Hasenclever, wie Herbert Wehner Jahrgang 1906, war staatlich geprüfte Jugendwohlfahrtspflegerin und promovierte Volkswirtin. In der NS-Zeit hatte sie sich angepasst, war einige Jahre als Bibliothekarin tätig, ab 1939 dann Lehrerin an der Wohlfahrtsschule im ostpreußischen Königsberg. 1943 wechselte sie nach Kiel. Dort machte sie, wie auch die Leiterin der Schule, Dr. Gertrud Beushausen, nach 1945 einfach weiter, ehe Hasenclever 1953 als Expertin für Jugendwohlfahrt und »Soziale Ausbildung, Schule und Fortbildung« nach Bonn ging, zum Hauptvorstand der sozialdemokratischen Arbeiterwohlfahrt.

Christa Hasenclever verfasste Lehrbücher und Broschüren, lieferte Gesetzessammlungen und fachliche Beiträge zur Sozialarbeiterausbildung. Lotte Lemke, nach 1945 erst Geschäftsführerin, dann Vorsitzende der Arbeiterwohlfahrt, schrieb über Hasenclever: »Ihr umfangreiches Wissen in Verbindung mit großer beruflicher Erfahrung, reifer menschlicher Haltung und klarer Diktion sichern ihr, wo immer sie auftritt, die uneingeschränkte Aufmerksamkeit ihrer Hörer. Wer ihr begegnet, ist beeindruckt von ihrer Persönlichkeit, deren hervorstechende Eigenschaften Vorurteilslosigkeit, Großzügigkeit und Toleranz sind. Sinn für Humor und Freude an entspannender Tätigkeit ergänzen in glücklicher Weise ihren sachlichen Ernst.«[145]

Greta jedenfalls schätzte ihre Lehrerin, die eine von nur zwei hauptamtlichen Dozentinnen war, deren Unterricht sie an der Kieler Schule genoss. Für Greta war es ein modernerer Unterricht als in Hamburg. In Kiel lernte sie »Fortschrittliches, auch Sozialpolitik«. Christa Hasenclever bekam Anfang der Fünfzigerjahre die Gelegenheit, England, die USA und Frankreich zu besuchen, um die dortige Sozialarbeiterausbildung kennenzulernen. Aus ihren Beobachtungen zog sie Schlussfolgerungen für eine bessere Verbindung von Theorie und Praxis in der deutschen Ausbildung. Ihre Empfehlungen gab sie als Broschüre heraus. Darin schlug sie vor, mehr erfahrene Praktikerinnen und Praktiker in die Ausbildung einzubeziehen und die Schülerinnen und Schüler in Praktikumszeiten selbst enger durch »Praxislehrer und -anleiter« (»supervisors«) zu begleiten.[146] Diese Anregungen sind heute Standard des Studiums der Sozialen Arbeit an deutschen Fachhochschulen.

Leider gibt es zu den Inhalten von Gretas Ausbildung in Kiel keine Informationen aus erster Hand. Die Wohlfahrtsschule Schleswig-Holstein ist 1969 in die Fachhochschule Kiel übergegangen. Im dortigen Archiv sind nicht einmal Lehrpläne überliefert. Ein Briefwechsel zwischen Greta und ihrer Familie, sonst immer sehr ausgedehnt, ist für die Zeit ihrer Ausbildung so gut wie gar nicht aufzufinden.[147] Rückschlüsse lassen lediglich einzelne Briefe zu – sowie die Schriften von Christa Hasenclever, welche sich allerdings meist nicht auf Kiel, sondern auf die sozialarbeiterische Ausbildung in Deutschland insgesamt beziehen.

Maßgebend für die Ausbildung waren Anfang der Fünfzigerjahre noch die 1930 erlassenen »Richtlinien für die Lehrpläne der Wohlfahrtsschulen« des preußischen Ministeriums für Volkswohlfahrt. Danach dauerte die gesamte Ausbildung mindestens vier Jahre, dazu gehörten ein Jahr Vorpraktikum, anderthalb Jahre theoretische Schulbildung in Verbindung mit sechs Monaten Praktika sowie noch ein weiteres praktisches »Bewährungsjahr« zum Erwerb der staatlichen Anerkennung. Wer die schulische Ausbildung beginnen wollte, musste mindestens 20 oder 21 Jahre alt sein und die Mittlere Reife erworben haben. Fehlte diese, war zu Beginn der Ausbildung eine »schulwissenschaftliche Prüfung« abzulegen. Greta bestand diese am 6. Mai 1949. Dabei wurde vor allem Allgemeinwissen abgefragt. Einen Mitschüler fragte der Prüfer, welche Bücher er denn gelesen habe. Seine Antwort lautete: »Keine – nur Fachliteratur Elektrizität.« Greta fragte ihn später, ob das stimme. »Nein, aber es sei ja nur nationalsozialistische Literatur gewesen, und das wäre wohl nicht angebracht, darüber zu reden.«[148]

Das Jahr 1945 war auch im Sozialwesen keine »Stunde null»; die Nazizeit wirkte über den Untergang der Diktatur hinaus fort, in den Köpfen der Menschen, in den Einrichtungen und Strukturen, bis hinein in die Gesetze. Die Personen, die einen Neuanfang anstrebten, wie zum Beispiel Christa Hasenclever, ihre Kolleginnen und Kollegen an den Wohlfahrtsschulen, schleppten doch ihre NS-Erfahrungen mit, und es gab ganz unterschiedliche Mischungsverhältnisse aus Fortsetzen, Verarbeiten, Verdrängen, bewussten Veränderungen und Streben nach Reformen. Die »Polizeiverordnung zum Schutz der Jugend« etwa stammte vom 10. Juni 1943. Sie galt nach 1945 weiter, da hieß es, »Minderjährige unter 18 Jahren dürfen sich auf öffentlichen Straßen und Plätzen oder an sonstigen öffentlichen Orten während der Dunkelheit nicht herumtreiben.« Bei Zuwiderhandeln drohte Arrest. Zur Sammlung der fürsorgerechtlichen Gesetze gehörte das Reichsgesetz für Jugendwohlfahrt vom 9. Juli 1922, allerdings in der während der NS-Zeit veränderten Fassung. In Hasenclevers Lehrbuch war der § 9 zwar abgedruckt, der Text aber durchgestrichen und mit dem Zusatz »überholt!« versehen. Darin stand etwas von »Beiräten« der Jugendämter, in welchen neben dem Bürgermeister, Lehrerinnen und Lehrern sowie Richtern auch jeweils ein Vertreter der Hitlerjugend sowie eine Vertreterin des Bundes Deutscher Mädel vorgesehen war. Im Zweifelsfall gab es eben keine Beiräte.[149]

Die schulische Ausbildung endete mit der staatlichen Abschlussprüfung in einem der drei Hauptfächer: entweder Gesundheitsfürsorge, Jugendwohlfahrtspflege oder Wirtschafts- und Berufsfürsorge. Greta legte am 14. März 1951 die Prüfung als Jugendfürsorgerin ab. Ihre Gesamtnote war »gut«. Unter 25 Prüflingen war sie die Drittbeste. Als früher nicht so gute Schülerin war sie darauf stolz.[150]

Wenn sie den Beruf ausüben wollte, brauchte sie dafür die staatliche Anerkennung, welche an ein weiteres Praxisjahr gebunden war. Dieses leistete sie 1951/52 bei der Arbeiterwohlfahrt in Moers. Immerhin 150 D-Mark monatlich sollte sie für die Arbeit bekommen, und so zog sie mit Nalle in die Stadt am westlichen Niederrhein, am Rande des Ruhrgebiets. Sie bezog ein Zimmer in der Homberger Straße 401, Richtung Duisburg und Rheinhausen, in einer Bergarbeiterwohnung. Das Zimmer war klein, es enthielt nur Bett, Tisch und Stuhl, »aber für mich war das groß genug«. Greta wohnte zur Untermiete, der

Ehemann ihrer Vermieterin war nicht – oder noch nicht – aus dem Krieg heimgekehrt. So lebte nur die Frau mit ihrem Kind dort – und Greta, deren Zimmer im Durchgang zum Schlafzimmer durch einen Kleiderschrank abgetrennt war. Probleme machte die Katze der Vermieterin, denn die konnte unter dem Kleiderschrank durchkriechen, so dass der Hamster in akute Gefahr kam. Nalle wurde »giftig«, begann zu zischen, und so brachte Greta das Tier zu einem Klassenkameraden der Tochter, wo es im Hühnerstall unterkam. »Da war ich ihn los.«

Eigentlich sollten Fürsorgerinnen ihr praktisches Jahr unter Anleitung einer erfahrenen Jugendpflegerin ableisten, aber als Greta kam, ging die Pflegerin der Arbeiterwohlfahrt in Moers gerade in Rente. So wurde es nichts mit der von Christa Hasenclever geforderten Praxisanleitung. Greta war auf sich gestellt. »Ich habe den ganzen Kreis Moers unentwegt allein bereist, ich habe mich also halb krank gearbeitet.«

Ihre wichtigste Aufgabe war es, Familien aufzusuchen und zu beraten. Von Haus zu Haus fuhr Greta mit dem Fahrrad. War die Tour absolviert, ging es ins Büro, Berichte schreiben für das Jugendamt und für das Gesundheitsamt. Greta hielt dort auch Sprechstunden ab. Sie organisierte »Kinderverschickungen«, Erholungskuren, zu denen die Kinder in großen Gruppen fuhren. Diese Fahrten begleitete Greta; mit dem Zug ging es einmal ins Allgäu, ein anderes Mal auf die Insel Sylt. Bei dieser Reise ergab sich auf der Rückfahrt eine besondere Gelegenheit. In Hamburg stieg Greta mit den Kindern »wahrscheinlich nicht sehr vorschriftsmäßig« am Bahnhof Altona aus und ging mit ihnen hinunter zum Hafen, auf den Fischmarkt, denn sie wollte, »dass sie mal die Elbe und große Schiffe sehen sollten.«

Immer wieder beschwerte sich Greta bei der Arbeiterwohlfahrt, es müsse eine ausgebildete, anerkannte Fürsorgerin her, doch das war zunächst vergeblich. Greta meint, die hätten sich wohl gesagt, »die Greta macht eh die Arbeit, da sparen wir uns das Geld.« Dann ging sie bei einem ihrer Besuche in Bonn bei Herbert und Lotte zum AWO-Bundesverband. Dieser hatte seinen Sitz damals in der Nähe der SPD-Parteizentrale, der sogenannten »Baracke«. Sie sprach direkt mit Lotte Lemke, die sie noch während ihrer Ausbildung kennengelernt hatte, weil Greta zweimal zu bundesweiten AWO-Sozialarbeitertreffen gefahren war. Ihr klagte sie ihr Leid: »Lotte, so geht das bei mir, und ich kann nicht riskieren, dass ich hinterher die Anerkennung nicht kriege, weil die Anleitung fehlt.« Wahrscheinlich half das Gespräch; jedenfalls kam für die letzten zwei Monate von Gretas Praxiszeit eine ausgebildete Anleiterin auf die lange unbesetzte Stelle in Moers.

Voll des Lobes war das Zeugnis, welches Greta für ihr Anerkennungspraktikum erhielt. Die AWO bescheinigte ihr Freude an der Arbeit, schnelle Auffassungsgabe und ein »besonders warmes soziales Verständnis«. Greta habe sich weit über das Verlangte hinaus eingesetzt, und sie verspreche »zweifellos, eine recht gute und vielseitige Fürsorgerin zu werden«. Gerne

Zechenbesichtigung mit der AWO Moers, Kamp-Lintfort 1951 (Greta 4.v.l.)

hätten die Moerser Greta nach dem Praktikum übernommen, aber aus finanziellen Gründen sei das leider nicht möglich.[151]

Nun war Greta staatlich anerkannte Jugendfürsorgerin. Noch während ihrer Tätigkeit in Moers hatte sie sich nach einer ersten ordentlichen Berufsstation umgeschaut. Da meldete sich ihre Kieler Mitschülerin. Lieselotte Ruppe, die inzwischen beim Kreis Offenbach am Main im Jugendamt arbeitete, meinte, im dortigen Gesundheitsamt würde jemand gesucht. Greta bewarb sich, mit Erfolg; so kam sie im Frühjahr 1952 nach Hessen. Zu ihren Aufgaben gehörte sowohl Gesundheitsfürsorge, etwa Tuberkuloseimpfungen organisieren, als auch die Familienfürsorge, für die damals in Offenbach das Gesundheitsamt zuständig war. Wieder war Greta viel im Außendienst tätig und besuchte Familien. Sie hielt Mütterberatungsstunden, organisierte Erholungskuren für Kinder im Harz oder im Schwarzwald, prüfte Pflegestellen für Berliner Kinder, führte Gespräche und musste zahlreiche Berichte schreiben. Das fiel ihr nicht leicht, denn sie nahm ihre Aufgabe ernst. So hatte sie Mühe, genauso viel zu schaffen wie ihre Kolleginnen; sie vermutet, »das hat was mit Missbrauch von Statistik zu tun. Die hatten so viele Beratungen oder was weiß ich. Die hatten, wenn sie auf der Straße jemandem begegneten, und wenn die sagten ›Guten Tag, wie geht es Ihnen?‹, das auf der Straße als Arbeitsleistung aufgeschrieben.«[152]

Gleichwohl machte Greta ihre Arbeit gern. Nur der Amtsarzt bemängelte nach einer Weile, dass Greta »nur« ein Examen in Jugendfürsorge hatte, und so holte sie im März 1953 in Kiel die Prüfung als Gesundheitsfürsorgerin nach.[153]

Nach einiger Zeit fand Greta östlich von Offenbach, in Mühlheim, in einem typischen hessischen Kleinstadthaus im Dachgeschoss ein »relativ geräumiges Zimmer«. Dort hatte sie einen eigenen Gasanschluss, aber weder Wasser noch Toilette oder Abfluss. So musste sie immer zu ihren Vermietern in die erste Etage hinunter. Ihr Zimmer unterteilte sie mit einem

Bücherbord. Auf dessen Wohnseite brachte sie einen kleinen Vorhang an, mit Geschirr, Besteck und Kochutensilien dahinter. Zuerst kochte sie sich dort jeden Tag etwas zum Essen, aber bald ging sie dazu über, abends zu Lieselotte Ruppe und deren Mutter zu fahren, um – gegen Kostenbeteiligung – bei den beiden zu essen.

Wenn es um ihre Mitarbeit in der SPD geht, werden Gretas Erinnerungen meist ungenau. Aber sie meint, sie sei in ihrer Mühlheimer Zeit dort »offensichtlich ziemlich aktiv« geworden. Wahrscheinlich, so erinnert sie sich, »muss ich Delegierte gewesen sein zum Bezirksparteitag in Frankfurt«, sie habe da wohl eine Rede gehalten. Später, zum Abschied, bekam sie ein Heft mit Widmungen vom Ortsverein, darin wurde sie gelobt, als »die vorbildliche Genossin Greta«.[154]

Im November 1952 berichtete Greta ihrer Mutter von einem kurzen Wochenende: »Gestern Vormittag Bereitschaftsdienst, am Nachmittag einen Hausbesuch bei einer Frau, die ich sonst nicht antreffe und heute einen langen Bericht über ihre Sachen, da es morgen schon erledigt sein muss, da sonst die Möglichkeit, ihr zu helfen, fürs erste verpasst sein könnte. So hab' ich mal meinem Vorsatz, sonntags keine Berufsarbeit zu machen, untreu sein müssen. Augenblicklich ist es überhaupt schlimm mit meiner Arbeit durch die Impferei, hoffentlich kommt nicht anschließend wieder neue Extraarbeit.« Aber immerhin habe sich ihr Einkommen erhöht, sie verdiene jetzt 368 DM brutto im Monat.

Beim Abgeordneten Wehner in Bonn bemühte Greta sich um den Besuch einer Gruppe von Lehrern aus Mühlheim – diese würden sich gerne die Wehrdebatte im Bundestag ansehen. Und sie brachte auch schon humanitäre Fälle zur Sprache. Ein Kollege vom Jugendamt habe wegen eines »Jungen in der Ostzone« angefragt. Der Vater, ein SPD-Genosse, sei »ganz außer sich«. Bei einem Transport von Jugendlichen habe der Name des Jungen auf der Liste der Volkspolizisten gefehlt, und so sei der im Osten zurückgehalten worden. »Wenn es geht, schreibt mal ganz kurz an den Vater«, bat Greta.

Regelmäßig, mindestens einmal pro Woche, schrieb Greta an Herbert und Lotte, und ebenso regelmäßig kamen Schreiben aus Bonn, Greta nannte sie »Sonntagsbriefe«. Sie genoss die einfachen Dinge des Lebens. Greta erfreute sich an ihrer molligen und behaglichen kleinen Wohnung mit Aussicht: »Vor meinem Fenster futtern die Meisen und schaukeln herum.« Die Arbeit fand Greta zwar anstrengend, aber sinnvoll – und wenn eine Dienstfahrt ihr einmal beschwerlich vorkam, waren doch Anlässe zur Freude dabei. Als sie einmal Kinder von einer Freizeit im Schwarzwald abholen sollte, ärgerte sie der zusätzliche Termin im Advent, aber sie werde »das Schöne der Reise mitnehmen und ein paar Stunden Hochschwarzwald-Winterluft atmen«.[155]

Ganz zufrieden mit ihrem Los als alleinstehende berufstätige Frau war Greta, mittlerweile 28 Jahre alt, nicht. »Weißt Du«, schrieb sie ihrer Mutter, »mein Beruf ist ganz schön und gut, er ist für mich besser als viele andere Berufe, er birgt aber nicht den mir möglichen Höhepunkt meines Lebens in sich.« Der würde für sie darin bestehen, Kinder zu bekommen, eine Familie zu gründen. Dafür würde sie ihre Arbeit aufgeben. Sie schrieb: »Als ich Anfang voriger Woche die Adventskerze das erste Mal bei mir anmachte, saß ich in meinem Stuhl und da war mir ganz so, als ob ich nächstes Jahr um diese Zeit ein Baby erwarten würde und ich dachte, wer weiß, vielleicht wird es sich ja auch erfüllen«.

Was Greta allerdings fehlte, war der richtige Mann. Dabei hatte es auch nach Calle eine Reihe von Begegnungen gegeben, die ihr Interesse geweckt hatten. »Vor einem Jahr«, im Herbst 1951 also, meinte Greta, habe von ihrer Seite »nicht viel dazu gefehlt«, und sie hätte sich ernsthaft um Sigi Neumann bemüht. Das war ein ehemaliger Spanienkämpfer, der wie Herbert Wehner mit der KPD gebrochen hatte. Neumann leitete beim Parteivorstand in Bonn die Betriebsgruppenarbeit der SPD. Doch Greta spürte, da wäre »noch jemand«. Sie zog sich zurück – und tatsächlich: Neumann heiratete 1952 eine andere und war zu Weihnachten schon Familienvater, was die großherzige Greta wiederum freute: »Die drei können wirklich froh miteinander sein, und Gisela ist ja auch ein netter Kerl, dem es wirklich zu wünschen ist.« Ein paar Monate später lief Greta ein anderer Mann über den Weg, und sie schrieb an Lotte: »Seit dem Sommer kehren meine Gedanken doch immer wieder mal zu der einen Begegnung mit Wolfgang zurück. Wir kennen uns ja eigentlich gar nicht und dennoch, irgendwann haben alle sich das erste Mal getroffen und oft haben sich diese Gefühle der ersten Begegnung als echt erwiesen, vielleicht auch bei mir.«*

Doch die Möglichkeiten wurden nicht zur Wirklichkeit, und das hing gewiss nicht nur damit zusammen, dass Greta zögerte, sondern auch mit ihren Ansprüchen. Sie treffe »ja auch nur ab und zu Menschen, die vom Zusammenleben von Mann und Frau ähnliche Vorstellungen haben wie ich«. »Nur am Kochtopf und Windeln waschen, das könnte ich nicht. Wenn ich da täglich in der Arbeit die vielen Frauen sehe, die in Wirklichkeit nur Haushälterin und Vergnügungsobjekt sind, da will ich erstmal lieber Fürsorgerin sein und wenn es gar nicht anders geht, es auch mein Leben lang bleiben, denn danach gesehen ist dieses für mich eine hundertmal bessere Lösung.«

Gretas Interessen, meinte sie, »liegen nun mal überwiegend im sozialen und politischen Leben«. Sie wolle »als Frau nicht

---

* Wer dieser »Wolfgang« war, ist unbekannt. Im Jahr 1952 hatte Herbert Wehner mindestens eine Begegnung mit dem Schriftsteller Wolfgang Leonhard (»Die Revolution entläßt ihre Kinder«). Greta hat mir später erzählt, sie sei in jungen Jahren einmal gemeinsam mit Leonhard Zug gefahren, und der Kommunismusforscher habe sie vom Aussehen her stark an Arnošt erinnert.

Tagung des AWO-Hauptausschusses mit dem Unitarian Service Committee 1952 in Bonn (Greta 1.v.l.)

unbedingt weiterarbeiten«, die größte Freude aber wäre es für sie, »einen Mann zu haben, dessen Interessen-Arbeitsgebiet sich mit meinem deckt, sodass ich als Frau, gar nicht unbedingt offiziell beruflich, mitarbeiten kann.«

Damit beschrieb Greta recht genau die Tätigkeit, die sie vom folgenden Jahr 1953 an 30 Jahre lang ausüben sollte: »nicht unbedingt offiziell beruflich«, aber mitarbeiten, zusammen arbeiten mit einem Mann, der aktiv im sozialen und politischen Leben stand. Nur: Heiraten würde sie ihn nicht, auch Kinder würde sie keine bekommen. Gretas Familiengründung würde in einer Umgründung bestehen, in der Gründung einer kleinen Familie mit ihrer Mutter und deren Mann.

»Wer hat nun Recht? Diejenigen, die sagen, Greta Wehner war eine politisch profilierte Persönlichkeit? Oder war sie die Haushaltsgehilfin, die für die Butterbrote sorgte? Meine Antwort ist vielleicht überraschend, aber einfach. Sie war beides. Sie war die Politikerin, die politisch profilierte Frau, von der die Zeitungen schrieben, sie ist nach dem Tode Herbert Wehners aus seinem Schatten getreten.«

Jürgen Schmude, Bundesminister für Bildung und Wissenschaft von 1978 bis 1981

FRAUENBILDER

Zu Beginn der Arbeit an diesem Buch ergibt sich die Gelegenheit, es ist im Jahr vor der Corona-Pandemie, das Projekt »Greta« im kleinen Kreis einer Tagung vorzustellen. Die etwa zwölfköpfige Runde besteht mehrheitlich aus engagierten Frauen, die alle recht angetan scheinen. Nur ein junger Mann, Typ fortschrittlicher Intellektueller, äußert sich deutlich ablehnend: Diese Biografie sei doch völlig uninteressant, die Geschichte einer nachgeordneten Bedienung, das habe doch keine Bedeutung.

Das erinnert mich an das Gedicht Brechts mit den »Fragen eines lesenden Arbeiters«, der in den Geschichtsbüchern zwar die Namen der Könige gerühmt fand, aber diejenigen der Arbeiter, welche das siebentorige Theben tatsächlich gebaut hatten, vermisste. Bei Brecht ist jedoch von den Frauen, Müttern, Schwestern der Arbeiter, von Arbeiterinnen gar, nicht die Rede. Ebenso fehlt die alltägliche Reproduktions- oder Sorgearbeit, ohne die weder die hervorbringende Tätigkeit am Bau, in der Wirtschaft noch eben in der Politik möglich wäre.

Von Greta gibt es wenige schmeichelhafte Fotos. Schon Herbert Wehner ist nach eigenem Bekunden einer, der immer »mehr sein als scheinen« wollte. Aber im Vergleich zu ihm ist Greta Burmester scheu. Es gibt eine Fernsehaufnahme davon, wie Herbert am Tag seiner Verabschiedung als Fraktionsvorsitzender das Bonner Parlamentsgebäude verlässt; er geht die

Treppe hinunter. Greta läuft hinterher, mit einem großen Strauß Rosen in der Hand und – so scheint es – sie passt auf, dass die Blumen nach Möglichkeit zwischen ihrem Gesicht und der Kamera sind. Das soll sagen: Hier geht es nicht um mich – es wirkt aber linkisch.

In ihrer Arbeit für Herbert will Greta möglichst unsichtbar sein, doch das gelingt ihr nicht immer. Denn Greta ist stets gegenwärtig, läuft also durchs Bild der Kamera, fällt den Menschen auf, denn solcher Art ständige Begleiterin haben Politiker sonst nicht.

Greta ist, unterwegs mit Herbert, Entscheidungsträgerin. Das kommt einer jungen Journalistin in die Quere, die 1969 Herbert auf einer Wahlkampfreise begleiten will und versucht, näher an ihn heranzukommen, »mit Bleistift und halbwegs weiblichem Blick«. Greta fällt ihr auf: »Seit langem schon reist Stieftochter Greta mit ihm herum. Sorgt für Diätnahrung, Termineinhaltung und dafür,« wie Greta ihr sagt, »dass er eben nie allein ist.« Gretas Regime bekommt die Reporterin dann zu spüren: »Wäre nicht ein Telefongespräch in diese Debatte geplatzt, wäre nicht der nächste Termin von Tochter Greta sorgfältig beachtet worden – man hätte gern mit ihm über Privates geredet. So aber bleibt er ein Mann, der reist und spricht und isst und schweigt um der Politik willen.«[156]

Eine häufig erzählte Geschichte ist die von den »Katz-und-Maus-Spielen«, die Hauptamtliche öfters mit Greta spielen, wenn Herbert an Veranstaltungen teilnimmt. Da gibt es schon einmal fingierte Telefonate, zu denen Greta gerufen wird, um Herbert in der Zeit schnell unbeobachtet ein Gläschen zu reichen. Helga Ziemann, lange Mitarbeiterin im SPD-Parteivorstand, berichtet von Seminaren, wo Herbert abends im Keller in gemütlicher Runde sitzt: »Irgendwann kam Greta, im Nachthemd: ›Herbert, es wird Zeit.‹« Oder auf Parteitagen: »Wenn die Antragskommission zu Ende war, gab's Schnaps, derjenige wusste schon Bescheid, kam mit einem Tablett an, zuerst zu Herbert, der schnappte sich ein Glas, und dann kam Greta schon angeschossen.«[157]

Zeitlebens hat Greta mit sexistischen Frauenbildern oder eben Männerbildern zu tun. Zum Teil hat sie sie gewiss selbst verinnerlicht, das lässt sich ja kaum vermeiden. Dabei sind aber die Männer eher die Nutznießer, die Frauen die Betroffenen.

Greta selbst sieht sich jedenfalls nicht als Opfer, sondern sie betont stets, wie selbstbestimmt sie in ihrer Hilfsfunktion an alle Arbeiten herangeht. Sie tut es aus eigenem Antrieb und Interesse, um der Sache willen, und nicht, weil sie als Frau unterdrückt würde. Die Hilfstätigkeit ist notwendig, denn Herbert muss ja weiter Politik machen können. Dass dies wiederum eine geschlechtsspezifische Arbeitsteilung ist, interessiert Greta nicht.

Dabei muss sie es gesehen haben. Zu ihrer Zeit kommen Frauen in Parteien und Parlamenten nahezu ausschließlich in untergeordneten Funktionen vor: als Bürokräfte, Sekretärinnen. Der Frauenanteil im Bundestag liegt bis weit in die Achtzigerjahre hinein unter zehn Prozent. Die erste Bundesministerin schafft es erst 1961 ins Kabinett; von da an ist es meist nur eine Frau, ab Mitte der Siebzigerjahre dann zwei, aber mit »passenden« Ressorts, also als Ministerinnen für Gesundheit oder Familie. Politische Führung ist eindeutig eine Aufgabe für Männer, das gilt auch für die »Volkspartei« SPD. »Wir haben die richtigen Männer«, behauptet sie auf ihren Plakaten im Bundestagswahlkampf 1969.

Das Godesberger Programm von 1959 fordert zwar die berufliche »Gleichberechtigung«, aber dann werden Frauen doch gleich wieder in den Zusammenhang mit Hausfrauen, Familie und Mutterschutz gestellt. Gleichberechtigung solle »die Beachtung der psychologischen und biologischen Eigenarten der Frau nicht aufheben«. Für Führungspositionen in der Partei sind Frauen nicht vorgesehen. So treffen sich im November 1965 im rheinland-pfälzischen Ockenfels die wichtigsten Funktionäre der Partei, um die Bundestagswahl auszuwerten: die Vorsitzenden, Wahlkampfleitung, Berater, die Geschäftsführer der Landes- und Bezirksverbände. Die getippte Liste mit genauen Funktionsangaben enthält ausschließlich männliche Namen. Unten darunter, an 65. Stelle, ist noch der Name eines Fahrers handschriftlich nachgetragen worden, und dann, ebenfalls handschriftlich, als letzter Name die einzige Frau: »Greta Burmester«. Kommt Greta sich in dieser Gesellschaft gelegentlich auch fehl am Platze vor? Steht sie deshalb auf so vielen Bildern – wenn sie überhaupt zu sehen ist – im Hintergrund oder am Rande?[158]

Auf der anderen Seite stehen Zuschreibungen oder sexistische Bilder. Ein krasses Beispiel ist ein »Hintergrundbericht« der rechtsextremen *Deutschen National-Zeitung* zur Heirat Herberts mit Greta 1983. Der Autor behauptet, es gebe in der SPD nicht nur Sympathie für Greta. Da heiße es: »Ihr fehlt jedes Gefühl für Stil. Sie wollte die Hochzeit wegen der Erbschaft, und Wehner hat schließlich zugestimmt.« Greta sei eine »Erbschleicherin«, »ein unscheinbares Geschöpf, das von der Natur nicht gerade mit weiblichen Attributen gesegnet wurde und deshalb nie Gefahr lief, einem anderen als ihrem Stiefvater zu gefallen.« Rechtsextremismus, Sexismus und Menschenverachtung gehören hier untrennbar zusammen.

Verächtlich, herabsetzend, ist auch der Blick der Brigitte Seebacher-Brandt auf Greta. Es ist das Jahr 2014. In einem ihrer Talkshow-Auftritte, zur besten Sendezeit, behauptet sie, wahrheitswidrig: »Auf dem Nachlass von Herbert Wehner sitzt bis heute Greta Wehner oder der, der sie steuert.« Greta Wehner fremdgesteuert? Die kennt sie nicht.

Doch neben dieser Art herabsetzender Ablehnung gibt es gegenüber Greta auch eine andere Art des Sexismus, scheinbar milder, nämlich sie ganz ausblenden, sie nicht sehen wollen, die Frau als denkendes, handelndes Subjekt unsichtbar machen. Ein Beispiel sind die Memoiren des Egon Bahr. Er behauptet, dass, bevor Wolfgang Mischnick am 31. Mai 1973 in der Schorfheide mit Honecker und Wehner gemeinsam am Tisch saß, Herbert »lange genug unter vier Augen« mit Honecker gesprochen habe, was er dann, so liegt es für Bahr nahe zu folgern, zu »abträglichen Äußerungen über Brandt« hätte nutzen können. In Wahrheit ist Greta die ganze Zeit dabei. Wird sie hier versehentlich übersehen, soll sie nicht dabei gewesen sein, oder zählt Greta nicht?[159]

Dieses Vergessen, dieser Nicht-Blick, diese Unsichtbarkeit ist an sich schon ein sexistischer Blick auf Greta. Dazu passen heutige Diskussionen um Frauen in der Öffentlichkeit, wo beispielsweise Schauspielerinnen beklagen, dass es für Frauen ab 45 meist nur noch zwei mögliche Rollen im deutschen Film und Fernsehspiel gibt, nämlich entweder die betrogene Ehefrau oder die Oma. Jüngere Frauen bis 30 stehen demzufolge noch etwa zu gleichen Teilen wie jüngere Männer vor der Kamera, später verschiebt sich dieses Verhältnis dann auf eins zu zwei. Rollen, die nicht ins Schema passen, eben auch solche »Rollen«, wie Greta sie als Frau ausfüllt, sind nicht gängig, interessieren nicht.

Das ist aber auch ein Blick auf die Gesellschaft, denn es muss ja ein Publikum geben, das es genau so sehen will.

Wenn sie einmal nicht unsichtbar sind, dann werden Frauen oft über den Mann gesehen, also in funktionaler Abhängigkeit: Die Tochter von, die Stieftochter (was Greta übrigens nicht war, das interessiert aber nur wenige, wichtiger ist es, Eindeutigkeit und Abhängigkeit immer wieder herzustellen) von, die Frau von, die Witwe von … – Herbert Wehners Witwe, klar. Ein Sprachbild, das auch vom Patriarchat geprägt ist. Zur Verdeutlichung ein Beispiel: Ich denke mir einmal eine Familie Müller. »Müllers Witwe«, das geht immer, aber »Müllers

Witwer«, nein, das klingt seltsam; der Witwer ist alleinstehend und frei, die Witwe wird weiter über den Verstorbenen definiert, von wegen »bis dass der Tod uns scheidet«.

Geschichte als Geschichte von Haupt- und Staatsaktionen bedeutender Männer ist ebenso unvollständig wie unpersönliche Strukturgeschichte. Gretas Geschichte, die den Vorzug hat, von ihr selbst auch immer einmal wieder aufgeschrieben und erzählt worden zu sein, ist nicht nur ein Beispiel, sondern steht auch für sich. Es geht darum, Greta sichtbar zu machen: als Frau in einer Männerwelt, als Sorgearbeiterin, politisch und persönlich.

Dabei entspricht Greta keinem der gängigen Bilder, die von Frauen gemacht werden, weder dem Bild der traditionellen Frau noch dem der feministischen. Auf letzteres deutet hin, dass sie zeitlebens nicht viel von eigenen, frauenspezifischen Organisationen wie der »Arbeitsgemeinschaft sozialdemokratischer Frauen« gehalten hat. Sie begründet das einmal so: »Für mich haben Frauen und Männer immer zusammengehört, und ich wollte mich nicht in Gruppen-Arbeitsgemeinschaften verlieren.« Beim Thema Quote ist Greta ebenfalls skeptisch. Gerne zitiert sie die ehemalige Bundestagsabgeordnete Marta Schanzenbach, die einmal zu ihr gesagt hat: »Greta, wir brauchten damals nicht eine Quote. Der Herbert hat dafür gesorgt, dass wir Frauen nicht zu kurz kommen.« Dieses Argument hat allerdings mindestens einen Schwachpunkt. Denn was für Herbert gegolten haben mag, muss nicht auf andere Männer in der Politik zutreffen.[160]

Was geschlechtsbezogene Diskriminierung betrifft, ist Greta dagegen durchaus sensibel. So kritisiert sie, im Frühjahr 1990, den ersten Entwurf einer Vereinbarung über das Herbert-Wehner-Archiv, welchen ihr Bruder zusammen mit der Spitze der Friedrich-Ebert-Stiftung erstellt hat. Da heißt es im Kopf »Frau Greta Wehner« – das will Greta aber nicht; ihrer Meinung nach reicht es, wenn da nur ihr Name steht und die »Herrschaftssymbole« wegfallen.[161]

Greta hat keinen Sinn für Mode, aber ihren eigenen, feinen Sinn für Schönheit. Im Alter trägt sie weiter die noch in Bonn geschneiderten Röcke. Sie sind von guter Stoffqualität, oft mit frohen Blumenmustern. An denen sich zu erfreuen, hört sie nicht auf.

IV. ZU DRITT

NOTHELFERIN

Im Rückblick, so wie Greta es erzählt, wirkt es immer, als habe sie 1953 in Offenbach schnell die Koffer gepackt und sei Hals über Kopf nach Bonn gezogen. Doch die entscheidende Wende in Gretas Leben kam weder über Nacht noch besonders plötzlich. Sie hatte vielmehr eine längere Vorgeschichte. Greta brauchte mehrere Monate, ehe sie ihre Zelte als Fürsorgerin in Hessen abbrechen und endgültig bei Herbert und Lotte in der Bundeshauptstadt ankommen konnte.

Lotte Burmester-Wehner wurde nach ihrer Haft in der Nazizeit nie wieder ganz gesund. Bei der Zwangsarbeit in Lübeck-Lauerhof hatte sie sich ihre Hände so schwer verätzt, dass sie nicht mehr als Gärtnerin arbeiten konnte. Vor allem aber blieb ihr Herz angegriffen. Gleichwohl ging sie in Göteborg arbeiten, etwa als Haushaltshilfe oder als Näherin in einer Textilfabrik. Oft war sie jedoch krankgeschrieben, und auch deswegen mussten ihre Kinder zum Lebensunterhalt beitragen und sich um den Haushalt kümmern. Greta erinnert sich daran, dass sie schon früh die Hauptlast der häuslichen Arbeit getragen hat. In der Flüchtlingsfamilie Burmester waren nicht nur die Kinder auf ihre Mutter angewiesen; zunehmend war es umgekehrt, ob sie sich dessen nun bewusst waren oder nicht.[162]

Mir ist aufgefallen, dass Lotte häufig krank wurde, wenn sie von Greta getrennt war. Schon im Herbst 1944, kurz nachdem die Mutter Hals über Kopf zu Herbert Wehner nach Borås gezogen war, bekam sie schweres Bauchweh und musste ins Krankenhaus; dort wurden ihr Gallenblase und Blinddarm entfernt. Sie erholte sich wieder, aber arbeiten gehen konnte sie von da an nicht mehr. Das geht aus Lottes Mitgliedsbuch der Arbeitslosenkasse für Textilarbeiter hervor. In den Kästchen für die Quittung über den Mitgliedsbeitrag von 55 Öre wöchentlich finden sich im Zeitraum zwischen August 1944 und September 1946 nur noch Stempel: »*Sjukdom*«, Krankheit. Ganz ähnlich sieht es in ihrem Gewerkschaftsbuch aus.[163]

Auch bei der nächsten längeren Trennung von ihrer Tochter erkrankte Lotte, nämlich als sie mit Herbert nach Hamburg kam, im Hunger- und Kältewinter 1947. Schon im November hatte sie über eine Stirn- und Nebenhöhlenentzündung sowie über Magenschmerzen geklagt. Dann, im Januar, draußen herrschten 19 Grad unter Null, Strom und Heizung funktionierten nicht, bekam sie hohes Fieber, und ihre rechte Hand schwoll an. Nach einer missglückten Behandlung durch den Arzt wurde Lotte ins Krankenhaus eingeliefert und dort wieder einigermaßen gesund gepflegt. Aber mindestens bis in den Sommer 1947 litt sie an einer schweren Herzschwächung; sie kam für einige Wochen nach Hessen in ein Erholungsheim.[164]

Erst um diese Zeit hatte der künftige Bundestagsabgeordnete Peter Blachstein eine eigene Wohnung gefunden und war bei Wehners ausgezogen, allerdings nicht ohne ein »gräuliches Durcheinander zu hinterlassen« und weiterhin zu den Mahlzeiten zu erscheinen, denn seine neue Wohnung war im gleichen Haus. Greta hatte nach seinem Auszug Mühe, wieder Ordnung in den Haushalt zu bringen. Herbert berichtete an Lotte, dass ihre Tochter dabei bis an die Grenze der Erschöpfung ging: »Gestern und vorgestern hat Greta kaum gegessen. Sie litt an Übelkeit. Offenbar war sie überanstrengt. Heute hat sich's etwas gebessert. Mit mir hat sie sich auch viel Arbeit gemacht. Es ist richtig rührend, wie sie alles tut. Manchmal denke ich, wie sie wohl so genau aufgepasst hat, wie Du alles machst. Und doch macht sie es auch auf eigene Weise.«[165]

Bei Herbert Wehner hatte Greta jedenfalls einen Stein im Brett. Sie fuhr, auch als sie in Moers war, häufig nach Bonn und half dort im Haushalt. »Alle haben immer geglaubt, ich könnte alles«, erinnert sie sich, und so kam es, dass sie einmal, im Herbst 1951, Nachtwache beim schwer kranken SPD-Parteivorsitzenden Kurt Schumacher halten musste. Wie Greta meint, war dessen Lebensgefährtin Annemarie Renger dazu nicht in der Lage; man experimentierte mit einer Schwester, die auch schon an Konrad Adenauers Bett gesessen hatte, aber dann wurde jemand gesucht, der politisch verlässlich war. Und so kam Herbert auf Greta, die also aushilfsweise eine Schicht übernahm. Einmal des Nachts sprach Schumacher sie an. Jedenfalls erinnert sie sich, der Parteivorsitzende müsse »später sehr verwundert und freundlich über diese merkwürdige Nachtwache gesprochen haben. Der kannte mich damals noch gar nicht, und außerdem hat er sonst immer strenge Fachkräfte gehabt und nicht jemanden, der ihn auch sozusagen als Genossen wahrnahm.«[166]

Familiär vertraut war Greta die Sozialdemokratie im Bonner Parlament von Anfang an. Das hing sowohl mit Herberts Stellung zusammen als auch mit ihrer eigenen Familie. Als Ausschussvorsitzender und Mitglied des Fraktionsvorstands hatte Herbert Wehner von Anfang an engste Beziehungen zur Spitze, erst zu Kurt Schumacher, dann auch zu Erich Ollenhauer. Als Schumacher im Herbst 1951 schwer erkrankte, war es Herbert Wehner, der die Leitung seines Bundestagsbüros übernahm. Ab 1952 war er auch Mitglied im Parteivorstand. Wenn Greta zwischen Offenbach und Bonn hin- und herreiste, um am Wochenende ihre Mutter zu unterstützen, nutzte sie einige Male den Dienstwagen des Partei- und Fraktionsvorsitzenden als Mitfahrgelegenheit. Zum Fahrer Walter Glogowski und dessen Familie entwickelte sich ein vertrautes Verhältnis. Auch

Lotte und Greta (um 1954)

bei Familienbesuchen war die Partei immer in der Nähe, und manche Wege waren kurz. Gretas Tante Anna Peters in Kassel, Witwe eines sozialdemokratischen Redakteurs, deren Haus im Krieg ausgebombt worden war, wohnte zeitweise über den Garagen des SPD-Bezirks Hessen-Nord. Und ihre andere Tante Frieda sowie deren Mann Herbert Schütt in Hannover gehörten ohnehin zum Kreis um Schumacher.

Von Offenbach jedoch war der Weg nach Bonn weiter als von Moers – und ihr Beruf nahm Greta voll in Anspruch, da konnte sie nicht mehr so oft kommen. Ebenfalls voll in Anspruch genommen wurde der Abgeordnete, Ausschussvorsitzende und Fraktionsvorstand Herbert Wehner. Die SPD-Bundestagsfraktion insgesamt hatte in der ersten Wahlperiode nur zwei angestellte Referenten; wissenschaftliche oder andere Mitarbeiter für einzelne Abgeordnete gab es nicht. Auch die Arbeit im Wahlkreisbüro mussten die Parlamentarier aus ihren damals noch nicht so hohen Diäten bestreiten. Die sieben Hamburger SPD-Bundestagsabgeordneten teilten sich einen einzigen Büromitarbeiter in der Hansestadt. Herbert Wehner leistete sich eine Zeitlang einen eigenen Sekretär im Bundestag, den er aus seiner Diät bezahlte. Doch der junge Mann mit Namen Erich Bock bekam eine Stelle im Justizministerium. Ausgerechnet im Wahljahr 1953 war Herbert wieder auf sich allein gestellt.

Schon im Januar hatten Mutter und Tochter Überlegungen angestellt, wie Greta nach Bonn kommen könnte. Eine Tätigkeit beim Hauptvorstand der Arbeiterwohlfahrt kam in Frage, aber Greta fürchtete, das wäre für sie unbefriedigende Büroarbeit. Die liege ihr nicht. Und wo sollte sie wohnen? Bei Herbert und Lotte in der engen Wohnung in der Renoisstraße? Dort war kaum Platz. Und so recht wohl war beiden, Mutter wie Tochter, beim Gedanken an ein gemeinsames Wohnen zu dritt nicht. So blieb Greta die Idee zunächst »sehr fremd, denn ich musste immer an meine Berufsarbeit denken und an die Unselbständigkeit, wenn ich immer zu Hause bin.«[167]

Dann, in der ersten Junihälfte 1953, überschlugen sich die Ereignisse. Lotte erlitt einen schweren Herzinfarkt. Sie musste ins Krankenhaus, die Ärzte fürchteten um ihr Leben. Herbert bat Greta, sofort Urlaub zu nehmen und nach Bonn zu kommen. Sie machte sich sogleich auf den Weg, so überstürzt, dass sie ihren Vorgesetzten nicht mehr erreichen konnte. Der Chef, Kreisverwaltungsrat Ludwig Pfeifer, reagierte sehr ungehalten. Greta hatte um unbezahlten Urlaub angesucht, aber den wollte er nicht genehmigen. Sie erinnert sich: »Da haben sie gesagt, da kann ja jede Frau kommen, die will unbezahlten Urlaub, wenn irgendwelche Probleme in der Familie sind.«[168]

Von Bonn aus schrieb Greta an Pfeifer und erklärte ihre verzweifelte Lage. Sie appellierte an sein Mitgefühl: »Würden Sie Ihre schwerkranke Mutter in einer fremden Stadt allein, ohne Angehörige liegen lassen? Sie hat uns unter so großen Entbehrungen so viel geschenkt, uns Mensch werden lassen, und da soll ich sie alleine lassen, nein!!« Doch auch den solidarischen Sozialdemokraten im »Genossen Pfeifer« suchte sie zu erreichen: »Ich habe mich in den letzten Tagen wiederholt gefragt, im Hinblick auf Ihre Reaktion bei Bitten um Urlaub, wenn die Mutter desjenigen erkrankt ist, ob wir in einem demokratischen Land leben und freie Arbeiter sind, die freiwillig und in eigener Verantwortung arbeiten, oder ob wir Sklaven des Betriebes sind, die bitten und betteln dürfen, aber kein Recht haben. Mein Vater hatte als Wahlspruch: ›Nicht betteln, nicht bitten, nur mutig gestritten, nie kämpft es sich schlecht für Freiheit und Recht.‹* Nun, Freiheit und Recht besteht nur dann wirklich, wenn es in den täglichen Kleinigkeiten des Lebens anerkannt wird.«

Schließlich wies sie noch darauf hin, wie wichtig ihre Hilfe für die SPD als Ganzes war: »Meine Mutter bedeutet unserem Genossen Herbert Wehner unsäglich viel, sie ist seine Frau. Sein unermüdliches Arbeiten und Schaffen für unsere gemeinsame Partei ist in diesem Umfange durch die Mithilfe und durch die ständige Sorge meiner Mutter möglich gewesen. Es würde für diesen Menschen einen furchtbaren Schlag bedeuten, wenn Mutti sterben würde. Da die kleinste Aufregung zur Zeit eine Lebensbedrohung für Mutti darstellt, ist es nötig, dass wir bei ihr sind.« In dieser »ungeheuer unruhigen Zeit« könne Herbert nicht sagen, »ich bleib bei meiner Frau, seht zu, wie ihr ohne meine Stimme im Parlament, ohne meinen Rat und meine Mitarbeit bei der Berliner Sache, in Straßburg usw. auskommt. Er ist in unserer Partei kaum zu ersetzen.« An ihre eigene Stelle im Amt aber könne ein anderer, gewissenhafter und fachlich ausgebildeter Mensch treten. Am Schluss ihres Briefes angekommen, hoffte Greta, am

---

* Hierbei handelt es sich um die erste Strophe des Liedes »Nunquam retrorsum« des Dichters der Nationalhymne, Hoffmann von Fallersleben (1841).

Montag wieder in Offenbach bei der Arbeit sein zu können, aber »heute, am Freitagabend«, könne sie Sicheres noch nicht sagen.[169]

Greta fand das Verhalten ihrer Vorgesetzten »komisch, gerade im sozialarbeiterischen Bereich, wo gesagt wurde, in der Familie soll man sich helfen«. Herbert aber reagierte auf ihren Bericht nur knapp: »Dann hältst du eben ganz auf und kriegst von mir neue Arbeit.«[170]*

Mit der »Berliner Sache« spielt Greta auf das dramatische Geschehen um den 17. Juni 1953 an. Ihr Brief an Pfeifer datiert vom 19. Juni. Zwei Tage zuvor streikten in Ost-Berlin die Bauarbeiter, und deren Demonstrationszügen gegen unmenschliche Arbeitsbedingungen schlossen sich immer größere Teile der Bevölkerung an. Am Ende gab es im Gebiet der DDR nahezu flächendeckend Arbeitsniederlegungen und Protestkundgebungen. Die Führer der kommunistischen SED zogen den Schwanz ein; sowjetische Truppen schlugen den Aufstand am 18. Juni mit Waffengewalt nieder.

Als Vorsitzender des Bundestagsausschusses für gesamtdeutsche Fragen war Herbert Wehner in dieser Situation gefragt und gefordert. Die Nachricht von den ersten Protesten am 16. Juni in Berlin überraschte ihn, als er gerade in Straßburg war, in einer Sitzung der Parlamentarischen Versammlung der Europäischen Gemeinschaft, das war der Vorläufer des Europaparlaments. Lotte in der Klinik erhielt nun täglich ein Telegramm. Den Straßburger Aufenthalt unterbrach er, und über Bonn reiste er gleich nach Berlin, von wo er am 18. Juni meldete: »Berlin anstrengend aber nützlich«. Tags darauf war er schon wieder in Straßburg: »Gut angekommen und schon ist Sitzung – grüße Dich von Herzen und wünsche Dir Genesung Stop Dein Herbert«.[171]

---

* Das ist Originalton Greta. Bis zuletzt sagte Greta stets »aufhalten« für »aufhören«, das ist eine norddeutsche Spracheigenheit.

In der folgenden Woche kehrte Greta, wie sie ihrem Chef angekündigt hatte, nach Offenbach zurück, doch die Bonner Ereignisse bedrückten auch sie. Greta schrieb: »Für Euch ist es ja wieder eine dolle Woche, heute Adenauer, morgen Wahlgesetze und Freitag die außenpolitische Debatte!« Tags darauf erhielt sie einen Brief von ihrer Mutter. Lotte tat sich offensichtlich schwer mit der Idee, dass ihre Tochter ihretwegen ihre Arbeit aufgeben sollte. Auch Greta fragte sich, wie sie dabei ihr »höchstpersönlich eigenes Leben« bewahren könne: »Wie mache ich es, um im Trubel der Arbeit und im Zusammennehmen mein Leben zu leben und mich Eurem Leben fern zu halten?« Gerade der letzte Teil dieser Frage schien für Lotte wichtig zu sein. Greta bemühte sich, ihr Gespräch mit Herbert herunterzuspielen: »Weißt Du, eigentlich haben wir gar keine Pläne entworfen; ganz nebenbei fiel von Herbert die Äußerung, du [also Greta] könntest vielleicht nach den Wahlen die Arbeit übernehmen. Herbert wusste wohl nicht recht, wie er zurechtkommen sollte und meinte, es wäre für Dich gut, wenn ich dichter bei wäre.« Nun stand bei Herbert übers Wochenende wieder eine Reise an, da plante Greta, nach Bonn zu kommen: »Am Sonnabend und Sonntag haben wir ja den ganzen Tag Zeit, uns klar zu werden.«[172]

Was Mutter und Tochter da besprachen, ist nicht überliefert. In den folgenden zwei Monaten kehrte Greta immer wieder zur Arbeit nach Offenbach zurück, aber es zog sie nach Bonn, zu Herbert und ihrer Mutter. Wenn Herbert und Lotte politisch wie privat handlungsfähig bleiben sollten, dann gab es zu Gretas dauernder Hilfe keine Alternative.

Spätestens Anfang Juli sah Greta hier klar. Sie schrieb ihrer immer noch hin- und hergerissenen Mutter, sie habe ihre Arbeit zwar gern, aber: »Weißt Du, Deine Gesundheit und Dein Wohlergehen ist mir doch viel mehr wert als meine Arbeit hier.« Vielleicht könne sie neben der kleinen Wohnung der Wehners in der Renoisstraße »noch ein extra Zimmer bekommen« und damit in der Nähe sein, »ohne dass wir zu sehr gegenseitig in unser eigenes Leben hineinkommen.« Vielleicht ließe sich in Bonn für Greta auch noch eine Arbeit finden. Für immer sollte es außerdem nicht sein: »Wenn Du dann später noch besser zu Wege bist, so dass Du mit Dir selbst alleine zurechtkommst, nimmst Du ein Mädel für den Haushalt, und ich suche mir neue Arbeit.« Jetzt aber gelte: »Die Kinder sind da, um den Eltern zu helfen und die Eltern, um den Kindern zu helfen, diesmal bin ich an der Reihe, helfen zu können.«[173]

Gleich am Anfang, im Juli, stand ein echter Höhepunkt für Greta an: Die erste »Dienstreise« führte sie zum Kongress der Sozialistischen Internationale nach Stockholm. Für Herbert und Greta war es das erste Wiedersehen mit Schweden – nach knapp sieben beziehungsweise sechs Jahren. Das Einreiseverbot, mit dem die Schweden Herbert Wehner im Zuge seiner Straf- und Lagerhaft belegt hatten, war inzwischen aufgehoben worden. Greta freute sich auf die Wiederbegegnung mit dem Land ihrer Jugend; sie malte sich einen Traum aus: »Ich habe mich auf den Klippen geaalt und in dem klaren, reinen phosphoreszierenden Wasser habe ich nackedei gebadet. Ich habe die Ruhe und Stille der Weite und die Sehnsucht der Ferne beim Blick über das Meer gekostet. [...] an Stellen des Kinder- und Jugendglücks habe ich verweilt und mit alten Freunden habe ich still um die Lampe herumgesessen.«

Es war allerdings nur eine knappe Woche, und das Tagungsprogramm hatte es in sich. Ganz so, wie sie es sich ausmalte, würde es also nicht werden, das war Greta schon klar, aber immerhin: In Uppsala besuchten sie Gunnar Dahlberg, Herberts alten Freund und Chef, und dessen Familie. Auch die deutsche sozialdemokratische Delegation war Greta schon vertraut. Wie familiär es zuging, das zeigt die Episode mit den Schnapsgläsern, welche Greta auf der Fähre über die Reling kippte, um den Vollrausch der SPD-Spitze zu verhindern. Herbert

Wehner wird die Reisebegleitung durch die Tochter seiner Frau genossen haben, doch weder dies noch ihre Hilfe dienten als Grund für die Begleitung. Es ging vielmehr um Lottes Gesundheit. In Bonn zurückbleibend, würde sie sich, wenn er allein führe, um Herbert ängstigen, hatten die Ärzte gesagt, und das wäre vielleicht lebensbedrohlich. In erster Linie fuhr Greta also mit, damit ihre kranke Mutter ruhig schlafen konnte. Dahinter stand alles andere zurück.

Wohl weil er sie eigentlich halten wollte und sich dabei verrechnete, verlor Gretas Offenbacher Arbeitgeber sie in den kommenden Wochen endgültig. Unbezahlten Urlaub wollte er nicht geben, bezahlten Urlaub, ihren Jahresurlaub also, wollte Greta nicht nehmen – schließlich dienten ihre Fahrten nach Bonn keineswegs der Erholung. Also kündigte sie zum 31. August 1953 die Tätigkeit als Fürsorgerin beim Kreis Offenbach. »Jetzt kapieren die Leut' erst, dass es damals wirklich ernst war und sind sehr zuvorkommend«, schrieb sie Ende Juli. Sie pendelte noch einige Wochen weiter hin und her. Eine Nachfolgerin wurde gesucht und gefunden; in der zweiten Augusthälfte konnte Greta sie noch ein wenig einarbeiten: »Ich freue mich, da kann ich ihr alles zeigen und ganz ruhig weggehen.«[174]

FAMILIENBETRIEB

Mit knapp 29 Prozent verlor die SPD die Bundestagswahl vom 6. September 1953. Beflügelt durch das einsetzende Wirtschaftswunder erzielten Kanzler Konrad Adenauer und die CDU/CSU einen eindrucksvollen Wahlsieg. Der Gründungskanzler versprach Wohlstand und Sicherheit – die Wähler verwiesen die Sozialdemokraten erneut auf die Bänke der Opposition. Gerade in ihren Hochburgen musste die SPD Federn lassen. In Hamburg war Herbert Wehner diesmal der einzige Sozialdemokrat, der seinen Wahlkreis direkt gewinnen konnte.

Seine Wiederwahl, die allerdings durch einen vorderen Listenplatz abgesichert war, bedeutete: vier weitere Jahre im Parlament in Bonn.[175]

Im Oktober war schließlich Umzug. Die Familie hatte eine neue Wohnung gefunden. Während Lotte sich in Schleswig-Holstein und Hamburg erholte, Herbert wichtige Termine wahrnahm und den deutschland- und außenpolitischen Teil der Antrittsrede des wiedergewählten Oppositionsführers Ollenhauer schrieb, richtete Greta das neue Zuhause ein. Die Anschrift lautete: Kiefernweg 35. Dort wohnten von nun an Herbert, Lotte, Greta und Katze Muschi. In der Wohnung war es ebenfalls eng, aber sie lag am Venusberg, dort war das Klima angenehmer, luftiger als im Bonner Talkessel. Lottes Ärztin hatte empfohlen, auf die Höhe zu ziehen.[176]

Für den Weg ins Tal, zur Arbeit, in den Bundestag, war Herbert Wehner nun auf das Auto angewiesen. Er hatte zwar einen Führerschein, aber er fuhr nicht gut. Seit dem Sommer 1952 fuhr er auch nicht mehr gern: Mit Lotte im Urlaub hatte er ihr Fahrzeug in den Graben gelenkt.

Greta hatte auf Herberts Bitten schon angefangen, einen Kurs in Stenografie zu besuchen, aber den musste sie jetzt abbrechen. Autofahren war fürs Erste wichtiger. Herbert bat also Greta, den Führerschein zu machen, und im Frühjahr 1954 war sie so weit. Sie versuchte noch, Herbert für eine Teilung der Aufgabe zu gewinnen, doch es war vergebens: »Da war ich ja gebunden, nicht nur an das Büro, sondern ich musste immer – auch abends, wenn der [Stenografie-]Kursus war – startbereit sein. Da habe ich gesagt: ›Wenn wir viel Zeit haben, fährst du immer mal ein Stückchen auf großen Strecken‹. – ›Nein, kommt nicht in Frage!‹ Ich sage: ›Und wenn ich mal krank bin?‹ – ›Nein!‹ – Da war nichts zu machen.«[177]

Ihr erstes Auto war ein Borgward. Greta meint, das »war ein sehr gutes Auto. Er hatte eine fantastische Straßenlage, das war wahrscheinlich ein riesiges Glück.« Denn: »Wenn man neu

Greta 1957 mit dem ersten Opel Rekord

den Führerschein hat, kann man ja eigentlich noch nicht fahren.« Über einen Opel Rekord stiegen die Wehners dann in den Sechzigerjahren auf Volvo um – und bei dieser Entscheidung für das solide schwedische Automobil blieb es bis in die Neunzigerjahre hinein.

Zu den alltäglichen Fahrten durchs Bonner Stadtgebiet kamen bald weitere hinzu. Zahlreiche Reisen, auch abenteuerliche. Ein Beispiel: Im Herbst 1954 fuhr Greta mit Herbert zu Veranstaltungen im hessischen und bayerischen Landtagswahlkampf. Sie erinnert sich: »Ich weiß nicht mehr genau wo, aber es muss so im mittleren Hessen gewesen sein, an der Nord-Süd-Autobahn von Hamburg nach Frankfurt. Wir sollten um zwölf Uhr mittags in München sein, und das ist ja ein ganzes Stück Weg. Wir sind zeitig bei strahlendem Sonnenschein losgefahren und kamen dann an die Albauffahrt, die damals nur einspurig war. Ich jubelte: ›Kuck mal Herbert, wie wunderschön, alles weiß!‹ Da hatte es geschneit. Wir kamen pünktlich in München an, wo mit Ollenhauer und anderen eine Besprechung sein sollte. Wir sollten am Abend in einem Ort südlich von Nürnberg, in Schwabach, sein, und wir fuhren nach der Besprechung bei Regen in München glücklicherweise zeitig los. Am Autobahnende fragte ich mich, was hier los sei. Ich fahre langsam und bremse zu meinem Glück nicht. Schlängele mich so durch und stelle fest, dass alles spiegelglatt ist, Eiszapfen vom Seitenspiegel herunterhängen. In München war es noch nicht gefroren. Ich fuhr langsam, aber kein anderes Auto fuhr. Ich sagte: ›Herbert, wir können nicht weiterfahren, kein Mensch fährt.‹ Ich hatte überhaupt keine Erfahrung mit Winterfahrten. Da sagte Herbert: ›Greta, wir müssen, die warten auf uns.‹ Also bin ich langsam und vorsichtig gefahren, und irgendwo an einer Tankstelle habe ich gefragt, welche der beiden Abfahrten des Orts die günstigste bei diesem Wetter sei. Dort haben sie mich nur angeschaut und mir gesagt, bei diesem Wetter sei es völlig egal, welche man nimmt, die seien alle ungünstig. Ich bin also weiter, und wir sind mit einer Stunde Verspätung angekommen. Die Anwesenden schimpften. Wir kamen eigentlich nie zu spät. Sie schimpften: ›Wir sitzen hier auf Kohlen, und Ihr kommt nicht!‹ Da hat Herbert geantwortet: ›Und wir auf Eis!‹ Das war's.«

Frauen mit Führerschein waren zu jener Zeit eine kleine Minderheit. Bis 1958 brauchten Frauen, die eine Fahrschule besuchen wollten, vorher die schriftliche Erlaubnis ihres Vaters oder Ehemannes. Erst recht unter den fahrenden Berufen – Chauffeure, Taxifahrer – waren kaum Frauen vertreten. Mit dem Autofahren stieß Greta also auf eine ausgesprochene Männerdomäne. Im Laufe der Jahre kannte sie sich auf den Straßen der Bundesrepublik aus wie kaum eine Zweite. Nur in ihrer Heimatstadt Hamburg kam sie nicht zurecht. Denn immer, wenn Wehners nach Hamburg kamen, hielten sie an der Autobahn, kurz vor der Stadtgrenze – und stiegen um.[178] Das hatte einen besonderen Grund: Im Bundestagswahlkampf 1949 gab es mehrere Entführungsversuche und Anschläge auf Herbert

Wehner – aus dem kommunistischen Bereich, wie Greta sagt, also von Agenten, Beauftragten der DDR-Staatssicherheit. Die Hamburger Kripo stellte ihn unter Polizeischutz. Für zweieinhalb Jahre hatte Herbert von da an einen bewaffneten Fahrer, der fuhr ihn überallhin, auch nach Bonn. Das half ihm, und es war nötig. Einmal, auf der Autobahn, wurden sie aus einem fahrenden Auto beschossen. Dann, Anfang 1952, wurde die Hamburger Polizei umorganisiert; die Leitung entschied, den Schutz für den sozialdemokratischen Politiker Wehner einzustellen. Der Fahrer wurde abgezogen.[179]

Ein Polizist sorgte jedoch dafür, dass Herbert Wehner seinen Polizeischutz im Stadtgebiet behielt. Der Kripobeamte Hermann Peters war schon vor 1933 Sozialdemokrat gewesen. Nach dem Krieg hatte die englische Besatzungsmacht den politisch unbelasteten Mann in den Polizeidienst geholt. In den folgenden drei Jahrzehnten holte Peters, zunächst gemeinsam mit dem Fahrer Hans Lohse, die Wehners immer auf einem Autobahnparkplatz kurz vor Hamburg ab und übernahm alle Touren. Diese führten sie oft auch zum Mittagessen zu Peters nach Hause, wo dessen Frau frischen Fisch kochte. Zu Hermann und Irma Peters entwickelte sich eine tiefe Freundschaft, bis hin zu gemeinsamen Urlauben auf der schwedischen Insel Öland. Ab den Sechzigerjahren hatten nicht nur Wehners, sondern auch Peters' dort ein Haus. Später bat Herbert Hermann Peters, ihn auch auf SPD-Parteitagen zu begleiten und für seine Sicherheit zu sorgen. Hermann und Irma Peters, es war eine der seltenen Freundschaften, wie Greta sagt, »im Grunde genommen die einzige über das eigentliche Arbeitsverhältnis hinausgehende Beziehung, die wir im Hamburger Umfeld entwickeln konnten.«[180] So kam es also, dass Greta sich ausgerechnet auf den Straßen ihrer alten Heimatstadt Hamburg nicht auskannte.

Abgesehen davon übernahm Greta von nun an die Verantwortung für die Vorbereitung aller Reisen. Und zwar gründlich. Ihre Routenplanungen ab den Fünfzigerjahren bis ins hohe Alter hinein können mit jedem Online-Navigationsprogramm von heute mithalten. Im Dresdner Archiv sind einige der teils seitenlangen Listen mit Straßennummern, Straßennamen, Kilometerzahlen, Uhrzeiten und Angaben zur Fahrtdauer erhalten.[181]

Vor 1969 gab es für die Abgeordneten noch keine Mittel, mit denen sie eigene Mitarbeiterinnen und Mitarbeiter einstellen konnten. Mitte der Sechzigerjahre verfügte die SPD-Bundestagsfraktion erst über etwa 50 Angestellte, darunter 16 wissenschaftliche Assistenten. Erst als Herbert Wehner im März 1964 wieder stellvertretender Fraktionsvorsitzender wurde, stand ihm ein hauptamtlich besetztes Büro zu. In den ersten elf Jahren, ab 1953, leitete Greta das Bonner Bundestagsbüro von Herbert Wehner allein.[182]

Greta war sich der Bedeutung der Arbeit ebenso bewusst wie ihrer besonderen Stellung: »Es war mit Sicherheit so: Ich war die Einzige im ganzen Bundestagsbereich, die sozusagen als Familienbetrieb die Hauptarbeit mit leistete.« Sie spürte dabei die Anerkennung von Mitarbeitern und Abgeordneten, egal aus welcher Fraktion: »Viele sagten auch Frau Greta zu mir.«

Mit dem allmählichen Aufbau des hauptamtlichen Apparats in der Fraktion wurde Greta von der Arbeit im Bundestag etwas entlastet. Doch je mehr Ämter Herbert übernahm, desto höher wurde der Aufwand für sie, all die Aufgabenfelder zu koordinieren.

Morgens standen Herbert und Greta früh auf. In der Regel wurde um halb sechs gefrühstückt, dazu wartete die Lektüre von dreizehn Tageszeitungen auf Herbert Wehner. Hinzu kam noch die Wochenpresse. Dann ging es ins Büro zum weiteren Arbeiten – und zu weiteren Terminen. Zum Frühstück, zum Mittag, zum Abendessen und danach kamen oft Gäste aus dem politischen Bereich zu Besuch. Wehners führten lange, oft vertraute Gespräche, auch bei einem Glas Wein. Herbert bemühte sich zwar nach Kräften, in der Küche zu helfen, aber die meiste Arbeit blieb an Greta hängen. Sie servierte das Essen und räumte auf. Abends wurden oft noch Artikel und Briefe geschrieben, wenn noch Zeit dafür war, auch eine Schallplatte aufgelegt – Herbert hörte am liebsten klassische Musik, Tschaikowski, Mozart, den Dresdner Kreuzchor. Über 400 Langspielplatten umfasste die Sammlung am Ende; es waren viele Geschenke darunter.[183]

Regelmäßig schalteten sie die Nachrichten im Radio ein. Fürs Fernsehen, die neue Hauptfreizeitbeschäftigung der Deutschen, hatten die Wehners keine Zeit, und es war ihnen nicht wichtig. »Nur, wenn Herbert selbst im Fernsehen war, haben wir geschaut, auch als Kontrolle: Wie wird das gezeigt, was ich gesagt habe?« Zu Herberts Lebzeiten hatten sie auch nur einen einfachen Schwarz-Weiß-Apparat. Die Fernseh-Rundfunkgenehmigung der Deutschen Bundespost für Herbert Wehner datiert vom 5. September 1965; das deutet auf eine Anschaffung im Bundestagswahlkampf hin. Greta ist sich aber sicher, dass der Fernseher erst längere Zeit nach dem Umzug auf den Godesberger Heiderhof im Herbst 1966 in die Wohnung kam.[184]

Um Arbeitszeit zu sparen, kauften Wehners 1967 – das war auch für westdeutsche Verhältnisse früh – eine Spülmaschine. Denn ein »normales Arbeitsleben« war ihr Pensum nicht. »Völlig überlastet« seien sie oft gewesen, erinnert sich Greta. Gesundheitliche Krisen, Erkrankungen blieben dabei nicht aus. Sowohl Herbert als auch Greta waren oft erkältet.[185]

Sonntags konnten Herbert und Greta, wenn sie zu Hause waren, etwas länger schlafen; dann gab es nur eine Zeitung zum Frühstück, die *Welt am Sonntag*. Dann war auch einmal Zeit zum Spazierengehen, so auch im September 1955. Herbert berichtete an Lotte: »Dann gingen wir in den Wald und kamen dicht hinter kleinen Häusern in Friesdorf an eine

Straße. Von dort aus suchten wir die Treppe, und nach zwei Stunden waren wir wieder im Hause. Das war ein tüchtiges Stück und hat den Waden spürbar gutgetan. Inzwischen schälte ich Kartoffeln, während Greta – tränenden Auges – den Porree zurichtete. Nun muss man den Hunger bis zum Garwerden beschwichtigen.« Also nutzte er die Zeit und schrieb den Brief an seine Frau.[186]

Die Terminkalender sprechen Bände über die Rastlosigkeit und Dichte des Lebens dieses Politikers und seiner Familie. Greta führte sie ab Mitte der Fünfzigerjahre, jeweils zwei parallel, einen für Herbert und einen, noch detaillierteren, für sie beide.[187]

Prall gefüllt waren die Kalender nicht nur in Wahlkampfzeiten, sondern auch, wenn das Parlament in Bonn tagte. Hier nur eine ganz »normale« Woche, nach dem Zufallsprinzip ausgewählt: Am Montag, dem 11. März 1957, gab es zunächst ein Telefonat mit einem Doktor Berthold in München. Dann tagte der Sicherheitsausschuss des Parteivorstands der SPD. Es ging um Fragen der Musterung, um Argumente und Initiativen zur Wehrpolitik. Nachmittags saß Herbert Wehner dann im Atomausschuss. Dienstags trafen sich vormittags die Obleute der Fraktion, ehe der Vorstand der Bundestagsfraktion seine Sitzung hatte. Am Nachmittag tagte die Fraktion, und danach musste Herbert noch in den Arbeitskreis Sicherheitsfragen. In der gesamten restlichen Woche standen die Unterausschüsse des Verteidigungsausschusses im Kalender; am Mittwoch tagte ganztägig der Atomausschuss, zwischendurch gab es ein Gespräch mit Erich Ollenhauer zum Thema »Flüchtlingskongress«. Am Donnerstag war Bundestagsplenum, für Herbert Wehner auch noch unterbrochen durch eine Sitzung des Verteidigungsausschusses; am Abend traf sich Herbert mit einem (namentlich nicht genannten) »Jugoslawen«. Auch freitags tagte das Plenum, zum Arbeitsessen traf Herbert Wehner im Bonner Hotel »Königshof« den schwedischen Botschafter Ole Jödal, und nachmittags stand neben dem Verteidigungsausschuss ein Gespräch im Parteivorstand mit dem nordrhein-westfälischen Technologiestaatssekretär Leo Brandt zum Thema »Atom« auf der Tagesordnung. Für abends gab es (so steht es im Kalender) »bei Pope« eine Verabredung mit dem britischen Botschafter Christopher Steel, außerdem stehen dort untereinander die Namen des Pioniers der Europäischen Einigung, Jean Monnet, und von dessen Assistent Max Kohnstamm sowie der Gewerkschafter Ludwig Rosenberg und Otto Brenner im »Büro Ollenhauer«. Möglicherweise hatte Herbert (und damit Greta) am Samstag dann frei, am Abend allerdings stand der Abgeordnetenkollege Karl Wienand auf dem Plan, denn es tagte im Siegburger Hotel »Zum Stern« eine SPD-Unterbezirkskonferenz unter dem Motto »Unser Weg zur Sicherheit für alle«.[188]

An den Ausschuss- und Plenarsitzungen nahm Greta natürlich nicht teil. Sie fuhr dann entweder zu ihrer Mutter auf den Venusberg, oder sie arbeitete währenddessen im Abgeordnetenbüro, manchmal auch während eines Treffens im Bonner Stadtgebiet wartend im Auto. Oftmals, gerade abends, war sie aber selbst dabei. So erlebte Greta den politischen Betrieb der Nachkriegsrepublik hautnah mit, nicht als politisch Handelnde, aber doch als Mit-Erlebende, Organisierende und gewiss auch Mit-Beratende. Atmosphärisch bekam sie alles mit. Anschließend, spätestens im Auto, war sie Herberts erste Gesprächspartnerin.

Neben den zahlreichen Autofahrten gab es Zugreisen oder Flüge, letztere vor allem von und nach West-Berlin. Schon aus Sicherheitsgründen war dies notwendig. Bodenkontakt im SED-Machtbereich hätte in den Fünfziger- und Sechzigerjahren Lebensgefahr für Herbert Wehner bedeutet. Ansonsten waren Flüge eher selten, und wenn sie doch einmal sein mussten, waren sie für Greta noch etwas Besonderes. Von einem Flug mit einem kleinen Düsenjet zum Wahlkampf nach Passau im Jahr 1970 schrieb sie ihrer Mutter und sinnierte dabei: »Wenn

Auf Reisen, diesmal zu dritt: Lotte, Herbert und Greta im Mai 1956 zu Besuch in Jugoslawien bei Tito

man, wegen des Geldes, es wagen könnte, mehr mit solcher Maschine zu fliegen, würde man viel Zeit und Kraft sparen. Nur leider würde es allmählich wie mit dem Auto, die gewonnene Zeit wird dann mit neuer Arbeit und nicht mit Ruhe ausgefüllt, und in der Luft wird es immer enger.« Das war prophetisch.[189]

Reiseplanung, Quartiermachen sozusagen, war Gretas Aufgabe. Sie organisierte und buchte die Hotelzimmer, wobei der Abgeordnete Wehner für sich und seine Begleitung jeweils zwei Zimmer brauchte, allerdings – das Budget ließ zumindest bis Mitte der Sechzigerjahre mehr nicht zu – Zimmer ohne Dusche und Bad. Da Herbert während seiner Redebeiträge mit großem Engagement sprach und anschließend nassgeschwitzt war, hatte Greta immer mindestens ein oder zwei Hemden zum Wechseln parat.

Regelrechte Tourneen unternahmen Greta und Herbert in Wahlkampfzeiten. Da blieben auch die Wochenenden nicht frei. Im Bundestagswahlkampf 1957 etwa reisten sie am Freitag, dem 16. August, nach Groß-Gerau im südlichen Hessen, zur Veranstaltung »Sicherheit und Freiheit im Zeichen der Atombombe«. Samstags ging es weiter in den eigenen Wahlkreis nach Hamburg-Harburg, wo auch Erich Ollenhauer sprach, der Parteivorsitzende und Kandidat für das Amt des Bundeskanzlers. Am Sonntag standen Ritterhude und Bremerhaven auf dem Plan. Anschließend konnten Herbert und Greta in der eigenen Wohnung in Hamburg übernachten. Montags gab es eine Veranstaltung in Schleswig, da übernachteten sie in Holnis, an der deutsch-dänischen Grenze, wo Wehners in den Fünfzigerjahren regelmäßig in den Ferien zu wohnen pflegten. Dort trafen sie auch auf Lotte, welche aus gesundheitlichen Gründen schon damals längere Zeiten im Sommer an der frischen heimatlichen Luft verbrachte. So hatten sie am Dienstag, dem 20. August, tatsächlich einen Tag frei, um Lottes Geburtstag zu feiern. Mittwochs ging es dann nach Oldesloe, wo sie auch übernachteten, da Greta die Fahrtzeit dorthin mit fast drei Stunden kalkulierte. Donnerstag stand dann – Übernachtung wieder in Holnis – Eckernförde auf dem Programm, Freitag Hamburg-Nordwest und Bremervörde, samstags und sonntags mehrere weitere Veranstaltungen in Hamburg. In der darauffolgenden Woche ging es weiter, in fast alphabetischer Reihenfolge: montags nach Braunschweig, dienstags nach Minden, mittwochs nach Marl, donnerstags nach Solingen, freitags nach Speyer und samstags nach Zweibrücken.[190] Und so weiter. Wahlkampf war strapaziös. Gegen Ende August schrieb Lotte sorgenvoll an Herbert, dass sie den beiden einen erträglichen Tag wünsche, »etwas mehr Freude als Kummer«. Sie mahnte die beiden: »Versucht bitte, so viel als möglich zu ruhen.«[191]

Für die deutsche Sozialdemokratie endete der Bundestagswahlkampf 1957 noch enttäuschender als der vorherige. Der dank

Greta scheinbar unermüdliche Herbert Wehner gewann seinen Hamburger Wahlkreis wieder direkt und erzielte mit über 54 Prozent das beste Wahlergebnis aller SPD-Direktkandidaten bundesweit. Doch der große Sieger der Wahl war Kanzler Adenauer. Die Union aus CDU und CSU holte erstmals und zum einzigen Mal bei einer Bundestagswahl die absolute Mehrheit; der bieder wirkende Erich Ollenhauer und die SPD hatten keine Chance gegen den Gründungskanzler, der wirtschaftlichen Wohlstand und außenpolitische Sicherheit versprach, kurz: »Keine Experimente«.

Nun ging in der SPD die Diskussion los, was aus dieser Niederlage zu lernen sei, wie eine Neuaufstellung der stolzen alten Arbeiterpartei aussehen könne. Mittendrin und ganz vorne dabei in den Debatten war Herbert Wehner, mit knapp über fünfzig Jahren damals im besten Politikeralter. Er war und blieb Ausschussvorsitzender, wurde für einige Monate stellvertretender Fraktionsvorsitzender und – das war allerdings nicht geplant gewesen – auf dem Stuttgarter Parteitag von 1958 auch stellvertretender Parteivorsitzender der SPD. Herbert war nun endgültig an die Spitze der deutschen Sozialdemokratie getreten. Aufgrund seiner Fähigkeiten und seiner Stellung – aber auch aufgrund der Schwäche der alten Führungsmannschaft, vielleicht auch der übrigen Beteiligten – fiel ihm die eigentliche Führung der Partei zu.[192]

Für Greta bedeutete das keine grundsätzliche Veränderung. Die Arbeit wurde lediglich noch mehr: Die Terminkalender füllten sich immer enger, und zu den bisherigen Anlaufstellen und Arbeitsplätzen (zu Hause, das Büro in der Fraktion, das Büro im Wahlkreis) gesellte sich das Büro des stellvertretenden Parteivorsitzenden in der Zentrale der Partei. Diese lag südwestlich des Bonner Regierungsviertels und bestand damals aus mehreren Gebäuden in Fertigbauweise. Sie war nur als Provisorium geplant. Die sogenannte »Baracke« wurde erst 1975 durch den Neubau des Erich-Ollenhauer-Hauses ersetzt.

Im Herbst 1953 in Hannover und auch noch im Herbst 1955 in Frankfurt am Main hatte Greta jeweils mit großem Interesse am Deutschen Fürsorgetag teilgenommen. Doch spätestens nach der 1957er-Wahl war der Rückweg in ihr früheres Berufsfeld endgültig verbaut. Am gesundheitlichen Zustand ihrer Mutter änderte sich nichts Grundsätzliches, und die Arbeit nahm zu – in demselben Maße, in welchem Herberts Bedeutung in der bundesdeutschen Politik zunahm. Gretas unselbstständig-selbstständige Hilfe war und blieb für die Wehners alternativlos. Greta Burmester fügte sich nicht nur hinein, sondern sie füllte die Vertrauensstellung, die sie im Familienbetrieb wie auch in Partei und Fraktion nun einnahm, vollkommen aus.[193]

Für Herbert war Gretas Hilfe wesentlich. Er schaffte es ohne sie nicht; darüber wusste er früh Bescheid. Einmal bekam Greta mit, dass Herbert es unterlassen hatte, ihr briefliche Grüße der Kolleginnen ihrer alten Arbeitsstelle in Moers weiterzuleiten. Er hatte befürchtet, sie wolle in ihren Beruf als Sozialarbeiterin zurückkehren. Da ergab sich, es war 1954, die Gelegenheit zum Gespräch. Aufgrund eines Fehlers im Terminplan, sie waren gerade im Weserbergland unterwegs, hatten beide ein paar Stunden Zeit; die nutzten sie. Sie setzten sich zusammen in ein Lokal. »Und da habe ich seine Sorge erfahren. Und da habe ich gesagt: Herbert, ich verspreche dir, ich bleibe. Und auf diesen 17. Juni 1954 führe ich eigentlich unsere Dauerbindung zurück. Das war ein Schritt von mir, der ihm Sicherheit gab.«[194]

FAMILIENLEBEN

An sich war Greta ein geradliniger, unkomplizierter Typ. Natürlich auch für ihre Mutter. Doch unkompliziert war es nicht, das Zusammenwirken und vor allem das Zusammenleben der beiden Frauen.

Lotte hätte gerne mehr beigetragen. Sowohl in der Hamburger Politik vor ihrer Verhaftung als auch in der schwedischen Emigration hatte sie verantwortliche, ja Führungsrollen eingenommen. Das gemeinsame Tragen der politischen Arbeit mit dem geliebten Mann, mit Herbert Wehner, wenigstens das wäre ihr gemäß gewesen. Das hätte gewiss auch seinen Wünschen entsprochen. Aber es ging nicht. Lotte Wehners Gesundheit ließ die Strapazen des politischen Alltags nicht zu.

Politisch kürzertreten, Journalist bleiben oder auch einen anderen Beruf ergreifen, das wäre theoretisch möglich gewesen, auch wenn sein Temperament und sein unbändiger Wille zum politischen Gestalten dem zuwiderliefen. Grundsätzlich konnte Herbert Wehner sich eine Laufbahn außerhalb der Politik vorstellen, ernsthafte Versuche hatte es gegeben, darunter eine Bewerbung als Leiter einer Heimvolkshochschule und eine bei der *Zeit*. Und so meinte er 1964 im Rückblick, er habe ja arbeiten wollen für die Sozialdemokratie, aber in den Bundestag habe er nicht gewollt, »weil ich dachte, das braucht Zeit, und warum soll ich?« Bei dem entscheidenden Gespräch im Jahr 1949 habe ihn Kurt Schumacher »sozusagen mit der Faust« genötigt. Er habe eingewendet: »Sie werden mir doch dort von allen Seiten, manchmal täglich, bei lebendigem Leibe die Haut vom Leibe reißen. Ja, sagte er, das werden sie, aber das wirst du auch aushalten. So ging das. So ging das, und die Haut, das habe ich manchmal so gefühlt, als ob mir die Haut vom Leibe gezogen wird.« Beide Parteivorsitzende, Kurt Schumacher und sein Nachfolger Erich Ollenhauer brauchten Herbert Wehner, das zeigte sich auch, als Lottes Gesundheit 1953 endgültig zusammenbrach. Er war für die deutsche Sozialdemokratie unverzichtbar geworden – und blieb es, über drei Jahrzehnte.[195]

Eine nahezu vollständig zur Untätigkeit verurteilte Politikerfrau – für Lotte war dies kein leichtes Schicksal. Sie haderte damit, sie wurde eifersüchtig. Zuerst auf Herberts politische

Tätigkeit. Das ging schon in der Hamburger Zeit los. Einmal, 1947, beklagte sie sich, sie habe nur »das Stückel Herbert, das nicht der Zeitung gehört«, und als Herbert Wehner im Mai 1949 in Paris als Korrespondent des *Echo* bei der Außenministerkonferenz war, schrieb sie: »Nun bist Du schon so viele Tage fort, und das Sehnen macht mich ganz krank und matt.« Sie habe »die Konzertkarten abbestellt, denn wie soll ich mit so viel Weh im Herzen Musik hören können – sie würde mich gänzlich auflösen«. Auch mit dem Älterwerden haderte sie, sie wünschte sich noch ein Kind: »Loni,« – das war ihr Kosename für Herbert – »wie gern möchte ich so ein kleines Menschlein um mich haben. Solltest Du nach Bonn gehen, und ich immer allein sein, da weiß ich, dass es schlimm wird für mich. So viel hab' ich dieser Tage über diese Möglichkeit nachgedacht, aber was ich mir auch vorstellte, das Bewusstsein, dass Du mir immer sehr sehr fehlen wirst, übertönt den Wunsch nach Freundschaft, einem Kind oder einem Wohnen auf dem Land – Alles.«[196]

Als 1953 Greta an Herberts Seite kam, als klar wurde, dass ihre Tochter fortan an ihrer Stelle Herbert in seiner politischen Arbeit begleiten musste, war das für Lotte schwer zu ertragen. Einmal, so erinnert sich Greta, als ihre Mutter gerade zur Kur war, schrieb Herbert an seine Frau: »Du kannst ganz beruhigt sein, Greta macht das genauso gut wie du.« Die Tochter fand diese Formulierung nicht geschickt, und die eifersüchtige Reaktion ließ nicht lange auf sich warten. Gretas Zurückhaltung, ihre Neigung, bei repräsentativen Anlässen eher beiseitezutreten, im Hintergrund zu bleiben, hat hier eine ihrer Ursachen.[197]

Wie schwer der Verzicht auf eine aktivere Rolle für Lotte war, wussten Herbert und Greta, sie ahnten es zumindest. Es gab Kompensationen, teils solche, die Greta noch im Alter unverständlich fand. So spielten die drei zu Hause von Zeit zu Zeit Scrabble. Beim Buchstabenlegen war der sprachgewaltige Herbert Wehner der Begabteste, aber Lotte belegte meist den ersten Platz. Das lag daran, dass Herbert als Schiedsrichter amtierte – und Lotte »alle möglichen und unmöglichen Wörter legen durfte«. Für ihn selbst und für Greta galt indes die strengste Regelauslegung. Für Greta blieb nur Platz drei.[198]

Weit mehr als eine Kompensation für Lotte war das Haus der Familie auf der schwedischen Insel Öland. Jahrelang hatten Wehners gemeinsam Urlaub an der Flensburger Förde gemacht, zunächst noch auf der deutschen Seite in Holnis, dann, als sie dort nicht mehr genügend Ruhe hatten, zogen sie weiter nach Norden, nach Tandselle auf der dänischen Insel Als. Lotte blieb aus gesundheitlichen Gründen immer wesentlich länger am Urlaubsort als Herbert und Greta. Als Lotte 1961 wieder einen schweren Herzinfarkt erlitt, schlug ein Bauer in der Nachbarschaft vor, die Wehners sollten bei ihm im Garten ein kleines Häuschen bauen. Doch dieses Projekt zerschlug sich.[199]

Davon hörten schwedische Freunde. Einer von ihnen, der Geschäftsführer der schwedischen Sozialdemokraten Åke Fors, dessen Frau von der Insel stammte, lud die Wehners ein, sich einmal Öland vor der schwedischen Südküste anzusehen. Über Dänemark fuhren sie nach Schweden, die Küste entlang, auf Nils Holgerssons Spuren über Karlskrona und Kalmar, sie setzten über, und dort, zwischen den Dörfern Glömminge und Runsten, entdeckte Herbert Wehner ein Schild »Zu verkaufen«. Greta meinte zwar, »Das ist doch viel zu groß«, aber Herbert schickte sie trotzdem zum Nachbarhof, um sich zu erkundigen. Das Haus sollte 16 000 Kronen kosten. 12 000 Kronen betrug die Anzahlung, das entsprach damals gut 9000 DM. So viel hatten sie gerade angespart, um ein neues Auto zu kaufen. Also nahmen sie zusätzlich noch eine Hypothek auf. So hatten sie von 1962 an ein Haus auf Öland.[200]

»Schweden überhaupt ist für uns ein Stück Heimat«, meinte Greta später, »wenn auch nicht eine alleinige Heimat, ich hab' mehrere Heimaten«. Dabei sei nicht Öland als Insel ent-

Herbst 1962: Erster Aufenthalt im Haus auf Öland – auf der Treppe Lotte und Greta, auf der Leiter ein Handwerker

scheidend gewesen, »sondern unser Zuhause dort, was uns Geborgenheit und was uns auch Ruhestunden und Stille miteinander ermöglichen konnte.« Darauf hatte sich auch Herbert gefreut, er hätte dort gerne viel Zeit verbracht und vor allem geschrieben. Doch daraus wurde nichts: »Nur hat Herbert eben so viel gearbeitet, dass er nebenbei nicht auch noch schreiben konnte.« Immer in den Parlamentsferien, im Sommer und wenn es irgend ging auch zu Ostern und zu Weihnachten fuhren Herbert, Lotte und Greta nach Öland. Lotte verbrachte außerdem mindestens die Zeit zwischen Pfingsten und dem Herbstanfang auf der schwedischen Insel.[201]

Den umfassenden Versuch, Lotte an allen Bereichen ihres politischen und sonstigen Lebens zu beteiligen, unternahmen Herbert und Greta auf dem Schriftweg. Wenn Lotte auf Öland zurückblieb oder die beiden auf Reisen waren, das summierte sich durchaus auf vier bis fünf Monate im Jahr, schrieben sie an Lotte, riefen sie auch an oder sandten, wenn die Zeit knapp war, wenigstens Postkarten oder Telegramme. Fast täglich, manchmal sogar mehrmals am Tag schrieben Herbert und Greta, gemeinsam oder getrennt, einen längeren, mindestens eine ganze Seite umfassenden Brief an Lotte. Diese antwortete mit ebenso langen Briefen. Herbert fügte, damit Lotte alles mitbekam, den Schreiben seine Reden, Pressemitteilungen und Ausarbeitungen bei; häufig versah er sie mit einem kleinen handschriftlichen Vermerk. Der innerfamiliäre Briefverkehr nahm in der abendlichen Freizeitgestaltung der Familie großen Raum ein.

Briefe zwischen Herbert und Greta gibt es kaum. Schließlich waren die beiden so gut wie immer zusammen. Umso intensiver ist der Briefwechsel zwischen den beiden und Lotte. Allein aus dem Monat Mai 1973 sind 53 Briefe an Lotte überliefert, davon 27 von Herbert und 26 von Greta. 29 Briefe schrieb Lotte an die beiden in Bonn. Da die Post zwischen Schweden und Deutschland mindestens drei Tage brauchte, überschnitt sie sich in der Regel. Wenn sie immer auf dem Laufenden sein wollten, waren beide Seiten auf Telefonate angewiesen. Lotte wiederum hörte abends auf Mittelwelle den Deutschlandfunk. Doch der Empfang war nicht gleichbleibend gut; sie klagte immer wieder über »schreckliche Gewitterstörungen«, die es ihr fast unmöglich machten, die Nachrichten zu verstehen.[202]

Zwischen Bonn und Öland wechselten innige Briefe. Herbert schrieb an »Meine Lotte«, berichtete ausführlich von seinen Erlebnissen im Betrieb, schilderte Situationen und Personen aus Sitzungen, Gesprächen und Debatten. Dabei nahm er kaum ein Blatt vor den Mund. Er kam aber auch auf ihr Lieblingsthema zu sprechen, das Gärtnern: »Ist Dir schon geglückt, in der Baumschule etwas von Sträuchern zu finden?«[203]

Lotte schilderte den Alltag auf Öland, beschrieb die Pflanzen- und Tierwelt auf dem Grundstück in Spjuterum, berichtete von Freundinnen und Nachbarn, die zu Besuch kamen, erzählte von Ausflügen auf der Insel und davon, was im Dorf geschah. Sie kommentierte, was Herbert und Greta ihr aus ihrem Erleben mitteilten, oft mitfühlend, immer unterstützend und häufig darum bittend, dass die beiden sich doch zwischendurch auch einmal schonen möchten. Lotte schrieb an beide, »Mein Herzel, meine liebe Greta»: »Die Baumrosen, die roten, blühen, und blau-gelbe Lupinen. Die Tulpen und die reifen Anemonen sind in dieser Woche verblüht. Aber der blaue Veilchenrand um das Kellerfenster blüht unablässig. In den anderen Gärten leuchtet der Klatschmohn, und beim Nachbarn beginnt der Jasmin. Unser Busch, den ich aus der Plantage holte, will noch keine Blüten ansetzen.« Auch Greta schrieb, an »Meine liebe Mutti«, berichtete von plötzlichen Sitzungen, die Herbert zu spät zum Mittagessen kommen ließen, von geplanten Besuchen im Schwimmbad, die aufgrund der zu späten Öffnungszeiten entfallen mussten, »weil Herbert um 9 Uhr in Bergneustadt sein muss«, und natürlich ebenfalls von den Blumen: »Im Garten bei uns blühen jetzt die Veilchen und Leberblümchen, von den letzten aber nur wenige, vielleicht hat der Gärtner sie als Unkraut ausgerissen.«[204]

So ersetzten beide Seiten einander das Familiengespräch am Abendbrottisch. Über ausführliche, dichte Beschreibungen ihres Alltags brachten sie trotz Trennung ein gemeinsames Leben zustande.

Dabei räumte Lotte mehr und mehr ein, welche entscheidende Rolle Greta einnahm. Sie schrieb im Juni 1973 an Herbert: »Ich helfe der tüchtigen Greta, Dir ein wenig Nestwärme zu geben, ohne Geborgenheit kann kein Mensch leben als Mensch. Dank Dir dafür, dass wir es sein dürfen, Dir das zu schaffen.« Zum Ende des gleichen Monats, als sie die Ankunft von Herbert und Greta auf der Insel sehnsüchtig erwartete, stieg Lotte einmal die Treppe hinauf: »Ich bin nach oben gegangen, um bei Euch zu lüften, aber das bekam mir nicht, mein Kreislauf ist dabei durcheinandergekommen.« Es ging ihr gesundheitlich nach wie vor schlecht – und zunehmend schlechter.[205]

Garten und Pflanzen kamen im Jahr 1968 ausführlich in der »Homestory« der damals weitverbreiteten Illustrierten *Jasmin* zur Sprache, laut Untertitel das »Magazin für das Leben zu zweit«. Unter dem Titel »Verheiratet mit Herbert Wehner« erschienen sieben Seiten in Farbe über Lotte. Da hieß es: »Ihrem Herzen bekommt die Bonner Treibhausluft nicht. Aber ob in Bonn oder Schweden – jeden Samstag beweist ihr Herbert Wehner seine Liebe mit einem Blumenstrauß.« Sowohl ihre Lebensgeschichte als auch die liebevolle Partnerschaft mit Herbert erzählte das Magazin mit großer Sympathie. »Wehners Tochter Grete, seit Jahren die rechte Hand des wortgewaltigen Feuerkopfes der deutschen Politik«, Greta also, kommt darin nicht nur mit falsch geschriebenem Namen, sondern auch sonst nur am Rande als Stichwortgeberin vor. Immerhin erhielt sie die Gelegenheit, das öffentliche Bild von Herbert etwas zurechtzurücken. Er werde zwar leicht ungeduldig und grantig, wird sie da zitiert, »aber nicht zu Untergebenen«. Als er 1966 Minister wurde, »da hatten sie im Gesamtdeutschen Ministerium alle eine Heidenangst vor ihm. Und jetzt schwören sie Stein und Bein, er sei der angenehmste Chef, den man sich denken könne.«[206]

Dass Greta so sehr in den Hintergrund gerückt wurde, dürfte ihr nichts ausgemacht haben. Es war gut für den Haussegen, und in den Vordergrund zu treten, entsprach ohnehin ihrer Neigung nicht. Als »Wehners Tochter« hätte sie sich jedoch gewiss nicht bezeichnet. Auch nicht als seine Stieftochter, wie sie in der späteren Berichterstattung häufig betitelt wurde. Herbert Wehner sprach vor Dritten über Greta als »die Tochter«, was offenkundig vieles offen lässt.[207]

Offen blieb auch, wie sich das Verhältnis zu Gretas Bruder Peter gestalten würde. Er blieb in Hamburg, heiratete dort 1950 und gründete eine eigene Familie mit drei Kindern, Ragna, Hillevi und Bengt Ole, geboren zwischen 1951 und 1961. Peter Burmester fand erst auf Umwegen zu seinem Beruf. In Schweden und Hamburg hatte er sich als Industriearbeiter und in der Landwirtschaft versucht, dann einen Ingenieurskurs begonnen, ehe er meinte, er wolle nicht »Antreiber meiner Klassengenossen« werden. Im Frühjahr 1953 entschloss er sich, ein anderes Berufsziel anzustreben: Er wollte – wie seine Schwester – Sozialarbeiter werden. »Als Fürsorger kann ich dem Menschen konkret helfen, ihm zu seinem Recht verhelfen.« So beschrieb er es, ganz getreu dem, was Lotte den Kindern »immer als höchstes Ziel hingestellt« habe. Anders als seine Schwester bekam Peter einen Platz auf dem Hamburger »Sozipä«. Mit Vorpraktikum, Arbeit als Erzieher und Schulbesuch dauerte die Ausbildung fünfeinhalb Jahre, und Ende der Fünfzigerjahre war auch Peter Sozialarbeiter.[208]

Zufrieden mit seinem Verhältnis zu den Wehner-Burmesters in Bonn war Peter nicht. Er schrieb ihnen im März 1958 einen Brief, der sich stellenweise wie eine Grundsatzerklärung liest. Auf neunzehn eng beschriebenen kleinen Seiten machte Peter seinem Herzen Luft. Dabei sparte er nicht mit Vorwürfen, insbesondere an Herbert. Das ging zurück bis ins Jahr 1944: »Arnošt hatte mir meine Schwester genommen und einige Monate später kamst Du, Herbert, und nahmst mir das letzte, Mutti, was ich hatte.« Auf die erste Begegnung mit Herbert blickte er zurück: »Da war ein Mensch in mein Leben eingetreten, der mit mir zusammengehen wollte, der mir helfen wollte, gleichzeitig nahm er mir aber meine Mutter weg.« Dabei wollte und sollte, so schrieb Peter weiter, Herbert nicht an seines Vaters Stelle treten, sondern ein Freund sein, er habe in ihm auch keinen Vater gesucht, »sondern einen Mann, mit dem ich mich auseinandersetzen konnte.«

Seine Rückkehr nach Hamburg betrachtete Peter im Rückblick als herbe Enttäuschung. Ihm hätten die deutschen Sprachkenntnisse gefehlt, damit er – gleich Herbert Wehner – in der Sozialdemokratie und bei der Jugend politische Überzeugungsarbeit leisten konnte. In der Familie habe er sich deplatziert, überflüssig und an den Rand gedrängt gefühlt. Auf seinen Berufswunsch, Fürsorger zu werden, habe Herbert mit Geringschätzung reagiert. So habe er frühzeitig seinen eigenen Weg gesucht, mit Ehefrau Karen einen Hausstand aufgebaut und eine eigene Familie gegründet. Darauf war er stolz, doch gleichzeitig blieb er enttäuscht. Mangelnde Anerkennung und Ausgrenzung, das war es im Kern, was er dem Bonner Trio vorwarf. Insbesondere zu Herbert wünschte er ein engeres Verhältnis, doch »die Umstände und Muttis Art, Dich abzuschirmen«, hätten dies verhindert.

Wenn es doch einmal ein Zeichen der Anerkennung und Zugehörigkeit für ihn gegeben hatte, erschien es Jens-Peter Burmester als zu wenig. Es blieb eine Leerstelle bei ihm, und das Verhältnis zu Lotte, Herbert und infolgedessen zu Greta blieb, wie dieser Brief war: widersprüchlich. Da war die Rede vom Wunsch nach gegenseitigem Verständnis, »dass wir uns wieder näherkommen«, von »Schranken« und dem Gefühl, ein »lästiges Anhängsel« zu sein. Peter Burmester, ohne Vater mit Mutter und Schwester im Exil groß geworden, konnte weder loslassen noch seinen Frieden machen. Er räumte ein, vieles liege an seinem eigenen Verhalten, seiner Ungeduld, auch »Bräsigkeit«, blieb jedoch bei seinen Vorwürfen. Und er zog eine Trennlinie: »Ihr seid eine Familie, wir sind eine Familie.« Den Brief an »Liebe Mutti, lieber Herbert und liebe Greta« schrieb er zwar in der Ich-Form, aber er unterzeichnete ihn mit »Karen, Ragna und Peter«. An dieser Auseinandersetzung sollte seine ganze Familie beteiligt sein.

Greta war davon mitbetroffen. In seinem Osterbrief meinte Peter mit Blick auf die schwedische Zeit, Greta sei ihm gegenüber »manchmal vorgezogen« worden und hatte es daher »vielleicht etwas besser«, aber das habe ihn nicht gestört. Schließlich war sie ein Mädchen, »und dazu noch ein Mädchen mit einer minderen Robustheit als ich«. Ihr immer engeres Zusammenleben mit Lotte und Herbert wurde von den Burmesters in Hamburg mit Skepsis, auch Eifersucht beäugt, wobei dieser Blick in verschiedene Richtungen gehen konnte. Ein paar Jahre später bedauerte Peter seine Schwester, er habe wenig Hoffnung, dass sie »zu einer eigenen Familie kommen« werde. Er wünsche ihr daher, dass sie als Tante ihrer »Bruderkinder« eine Rolle einnehmen könne wie Tante Hanne für Greta, und er meinte, dass sie hin und wieder zu Besuch kommen solle. Greta ihrerseits könnte immer einmal wieder Besuch von einem der Kinder bekommen. Damit sollte Greta »die Möglichkeit geboten werden, ihre Empfindungen loszuwerden«.[209]

Das konnte so nicht funktionieren. Greta hatte mit allem, was sie für Herbert und ihre Mutter zu tun hatte, genug Arbeit, ausgelastet war sie in jedem Fall. Auch emotional, was ihr Bruder ja in Abrede stellte. Im Rückblick jedenfalls meint Greta, ihr Leben sei erfüllt gewesen, »in jeder Hinsicht, im Persönlichen, im Wirken und im Angenommen-Sein«.[210]

Es ist möglich, dass Herbert und Greta die brieflichen Vorstellungen des Peter Burmester von März 1958 gar nicht zum Lesen bekommen haben. Es kann sein, dass Lotte die beiden in ihrem aufreibenden Alltag mit weiteren Belastungen verschonen wollte und ihnen diesen Brief daher nicht gezeigt hat. Greta jedenfalls hat nie von ihm gesprochen, und im weiteren Briefwechsel zwischen Lotte, Herbert und Greta kommt das Thema nicht vor. Dafür spricht auch der Fundort: Ich habe das Schreiben erst nach Gretas Tod entdeckt, in kleinen Holzkisten im Keller, zwischen Fotos, die seit Lottes Tod 1979 anscheinend unberührt geblieben sind. Sie hat die beiden wohl tatsächlich gegenüber der Burmester-Familie in gewisser Weise

»abgeschirmt«, aber die Belastung, die für Lotte damit verbunden war, war in Bonn doch spürbar. Greta hat später erzählt, dass ihre Mutter des Öfteren weinte, wenn sie von Besuchen aus Hamburg zurückkehrte.

Die drei bildeten eine Einheit, aber eine herkömmliche »Vater-Mutter-Kind-Familie« waren die Wehner-Burmesters in Bonn nicht. Es war eine liebevolle und enge, tiefe Lebens- und Arbeitsgemeinschaft über zwei Generationen hinweg, wobei der »Vater«, Herbert, knapp drei Jahre jünger war als seine Frau Lotte, aber auch nur 18 Jahre älter als deren Tochter, Greta. Sie bildeten, geboten durch die Notwendigkeit, durch die Umstände mit der politischen Laufbahn des Mannes, mit der chronischen Erkrankung seiner Frau und mit dem umsichtigen Charakter »der Tochter«, ihrem Temperament und ihrer Ausbildung als Fürsorgerin, »eine eigene, besondere Form der Kernfamilie«.[211]

GRENZENLOSIGKEIT

Fotos aus den Fünfziger- und frühen Sechzigerjahren zeigen Greta als durchaus nicht korpulente, aber kräftige, hochgewachsene Frau mit dunklem Kurzhaarschnitt. Nicht modisch, eher zweckmäßig gekleidet – Greta hätte gesagt »einfach ordentlich« – entsprach sie nicht dem Bild von Schönheit oder Eleganz, welches die Gesellschaft für Frauen vorsah. »Burschikos«, so wäre wohl ein der Zeit entsprechender Begriff für Gretas Erscheinung gewesen. Als Frau über dreißig wirkte Greta noch jung, schon gar an der Seite von Herbert, der mit um die fünfzig sichtlich zunahm. Ihr Blick wirkt offen, wach, mit dunklen Rändern unter den Augen, was auf ein anstrengendes Leben hindeutet – und darauf, dass Greta ein schwaches Herz hatte.

Ende 1965 wurde Greta in einer Spezialklinik für Herzkrankheiten in Bergzabern behandelt. Herbert und Lotte kamen sie besuchen. Bei der Gelegenheit fiel Herbert dem Chefarzt der Klinik in die Augen, und er empfahl ihm, sich ebenfalls untersuchen zu lassen. Dabei kam heraus, dass bei Herbert Wehner ein leichter Diabetes vorlag – und es bestehe ein Infarktrisiko, weswegen auch er im Frühjahr 1966 mehrere Wochen in der Klinik verbrachte.[212]

Greta (um 1963)

Zur Mitte der Sechzigerjahre hin veränderte sich Gretas Äußeres. So wie Herbert bekam auch Greta eine Brille, sie nahm zu, die Haare ergrauten etwa zehn Jahre später, da stellten sich bei ihr schon erste Anzeichen von Schwerhörigkeit ein. Während Herbert Wehner nach seinem sechzigsten Geburtstag wieder schlank wurde, blieb Greta von kräftiger Statur. Der französische Journalist Joseph Rovan, der ein freundschaftliches Verhältnis zu den Wehners pflegte, erinnerte sich an Greta als eine Frau, »die mich sowohl durch ihren Scharfsinn als auch durch die Strenge ihres ziemlich maskulinen Äußeren erstaunte«.[213]

Als die SPD im Bund erstmals in die Regierung kam, 1966, war Greta nicht mehr jung, sie war 42, eine Frau mittleren Alters. Herbert dagegen war 60, ein gereifter, inzwischen allseits anerkannter Staatsmann, ein älterer Herr schon. Recht zeitig, spätestens jedoch im Jahr 1969, pflegte er sich selbst als »alter Fuhrmann« zu stilisieren.[214]

Das war gegen Ende der Großen Koalition; zu ihrem Beginn, im Jahr 1966, war Herbert Wehner im Zentrum der deutschen Politik angekommen. Als stellvertretender Vorsitzender seit 1958 hatte er die SPD modernisiert, zur Durchsetzung ihres Godesberger Programms beigetragen, die Sozialdemokratie auch in der Außen- und Deutschlandpolitik auf die Basis der Westbindung gestellt und war von dort aus mit ihr zur Übernahme der Regierungsverantwortung aufgebrochen. Dazu gehörte die personelle Erneuerung der SPD mit einem pro-westlichen, jung wirkenden Kanzlerkandidaten an der Spitze. Wie Greta sich erinnert, war es Herbert, der Willy Brandt 1960 vorschlug, die Spitzenkandidatur zu übernehmen. Ebenso wie er ihm nach dem Tod von Erich Ollenhauer im Dezember 1963 das Amt des Parteivorsitzenden antrug. »Komisch, merkwürdig« kam es ihr vor, worum Herbert sie auf dem Wahlparteitag bat: »Greta, geh' du rauf und gratuliere dem Brandt.«[215]

Mit Willy Brandt wurden die Wahlniederlagen knapper, die SPD kam in die Nähe der Vierzig-Prozent-Marke, auch wenn es weder 1961 noch 1965 zur Regierungsübernahme reichte. Gleichzeitig mit der Erneuerung und Stärkung der eigenen Partei bereitete Wehner den Boden für eine Annäherung zwischen den beiden großen Parteien, er suchte nach Verbündeten für eine gemeinsame Politik von Union und SPD, baute Vertrauensverhältnisse zu führenden CDU- und CSU-Politikern auf. Nach den »Gesamtdeutschen«, teils auch Adenauer gegenüber kritisch eingestellten Politikern wie Jakob Kaiser, Ernst Lemmer und Johann Baptist Gradl, mit denen Herbert sich schon seit den Fünfzigerjahren im Kuratorium Unteilbares Deutschland gut verstanden hatte, waren dies in den Sechzigerjahren katholische Politiker aus dem Zentrum der Union: Karl Theodor von und zu Guttenberg, Paul Lücke und Heinrich Krone. Es kam zu gegenseitigen Besuchen, zum Teil auch mit den Frauen und Ehefrauen; daraus entstanden vertrauliche, im Ansatz freundschaftliche Beziehungen über die Parteigrenze hinweg.

Am Ende wirkte das selbst auf den greisen Gründungskanzler Konrad Adenauer. Der hatte zwar die SPD – und insbesondere Herbert Wehner – durch Spitzel des BND über Jahre intensiv ausspionieren lassen, doch im Jahr 1966, mittlerweile von der Bürde des Kanzleramts befreit, fürchtete Adenauer um dessen Gesundheit. Zu *Spiegel*-Herausgeber Rudolf Augstein sagte er am 9. Dezember, kurz nach Bildung der Großen Koalition: »Ich mache mir aber große Sorgen, sehen Sie mal, Wehner, der ist sehr herzkrank.«[216]

Ausnahmsweise groß gefeiert, mit über 500 Gästen auf einem Empfang des SPD-Parteivorstands in der Bad Godesberger Redoute, wurde am 11. Juli 1966 Herberts 60. Geburtstag. Das diplomatische Korps, Spitzenpolitiker aus allen Lagern gratulierten ihm, der Parteivorsitzende Willy Brandt hielt eine Stegreifrede, in der er sich über die Genugtuung freute, die Herbert »nach einem langen Weg, der ein schwerer war«, nun endlich zuteilwurde. Da traten dem Jubilar die Tränen in die Augen. Die Geschenke, darunter Tabak und Pfeifen, mit denen man »eine ganze Kompanie« hätte unter Dampf setzen können, wurden zunächst beim Parteivorstand eingelagert. Denn in der Woche darauf fuhren Greta und Herbert nach Öland, in den Sommerurlaub. Dort erwartete Lotte, die schon am Tag nach der Geburtstagsfeier abgereist war, die beiden sehnsüchtig.[217]

Das Jahr 1966 brachte im Leben der Familie Wehner drei einschneidende Veränderungen: eine neue Wohnung, eine schwere, folgenreiche Erkrankung und ein neues Amt.

Der Sommerurlaub auf Öland dauerte dieses Jahr fast sieben Wochen. Allerdings war diesmal der Journalist Günter

Gaus mit von der Partie, für ihn war es ein Arbeitsurlaub, in welchem ein Gesprächsbuch mit Herbert Wehner entstand. Nach ihrer Rückkehr zogen die drei Wehner-Burmesters zum letzten Mal in Bonn um. Erstmals in ein Eigenheim, ein bescheidenes Reihenhaus am Rande einer mit Bundeskrediten finanzierten Beamtensiedlung auf dem Godesberger Heiderhof; die Adresse lautete Weißdornweg 24. Der ebenerdige Bungalow verfügte über sechs Zimmer mit rund 150 Quadratmetern Fläche, ein kleiner Garten war auch dabei. Als »schlicht modern« bezeichnete die Frauenzeitschrift *Jasmin* den Bau und führte aus: »Drinnen ist's, wenn man es in einem Wort zusammenfassen soll, gemütlich. Solide Möbel, teils zeitlos, teils im Stil der Jahrhundertwende, einfarbige Vorhänge in Pastelltönen, ein herrlicher Philodendron, auf einer Fensterbank ein Schiff in einer Flasche, schönes Porzellan in einer Vitrine – man merkt, hier leben Menschen, deren Lebensinhalt ihre Arbeit ist und die sich dafür eine zweckmäßige Umgebung geschaffen haben. Modisch-luxuriöser Firlefanz hat hier keinen Platz.« So sah es auch Karl Theodor zu Guttenberg. Er notierte im Sommer 1967: »Alles in diesem Haus ist solide und ehrlich – nichts, kein Möbel, keine Vase, keine Lampe will mehr sein, als es ist. Man fühlt sich wohl in dieser Umgebung.«[218]

Von Anfang an war die Wohnung vollgestellt mit Büchern. Flure und Zimmer waren angefüllt und füllten sich weiter. Im einigermaßen geräumigen Wohnzimmer mit Sofa und Sitzecke standen Lexika, am sichtbarsten aber im großen Regal Belletristik und theologische Literatur. Das entsprach Herberts Interessen, und es wirkte nicht ungünstig auf Gäste aus dem Bereich von Kirche und CDU. Für sie gab es in der »besten Stube«, so der gängige Begriff der damaligen Zeit für solch ein großes Wohnzimmer, gemütliche Plätze und Heißgetränke aus Meißner Porzellan. Die Familie selbst und ihre Freunde zogen es dagegen vor, am Küchentisch zu essen.

Das kleine Flaschenschiff – dies geht aus der Geschenkliste hervor, die ich kürzlich in Gretas Dresdner Wohnung gefunden habe –, war ein Geburtstagsgeschenk von Helmut Schmidt und seiner Frau Loki. Es steht heute noch bei Greta im Flur, wenn auch gut 500 Kilometer weiter östlich. Ihren Charakter und ihr Erscheinungsbild hat die Wehnersche Wohnung bis heute bewahrt. Seit Gretas Tod ist sie der Sitz der Herbert-und-Greta-Wehner-Stiftung.[219]

Im Herbst 1966 kam eine schwere gesundheitliche Krise. Es war nicht das Herz, wie Adenauer mutmaßte, sondern etwas anderes. An einem Sonntagmorgen sagte Herbert Wehner beim Frühstück plötzlich zu Lotte und Greta: »Helft mir ins Bett, ich kann nicht mehr sehen.« Lottes Arzt (»ein Schlawiner!«, meint Greta) war zunächst ratlos. Einen Tag später war Herberts Sehvermögen zwar zurückgekehrt, aber der Blutzuckertest ergab: Ein schwerer Diabetes war ausgebrochen. Der Arzt rief an und meinte: »Sofort ins Krankenhaus – Lebensgefahr!« Nur wurde Herbert Wehner gerade jetzt gebraucht, um die Große Koalition zu bilden – Fritz Erler war schon todkrank und Herbert amtierender Fraktionsvorsitzender – und auch als stellvertretender Parteivorsitzender war er gefragt, denn Willy Brandt war zwischenzeitlich ebenfalls erkrankt und die meiste Zeit in Berlin. Da weigerte sich Herbert Wehner, ins Krankenhaus zu gehen, ließ sich ambulant behandeln und behauptete gegenüber Journalisten: »Ich gehe am Händchen der Ärzte, ganz fügsam.«[220]

Entscheidend wurde in dieser Zeit Gretas helfende Hand. Herbert musste von nun an strenge Diät halten und Tabletten nehmen – »genau nach Zeitplan«, über den Greta wachte. Erst Jahre später kamen regelmäßige Insulinspritzen hinzu. Normalerweise wird das Setzen der Spritzen ja den Kranken selbst beigebracht, aber es war wie zuvor schon beim Autofahren: Der Patient weigerte sich. »Das macht Greta«, beschied er dem

Arzt. Und so wurde auch das ihre Aufgabe. Sie erinnert sich: »Als die mir das zeigen wollten, haben sie gesagt: ›Sie können ja spritzen!‹« Hier kam Greta ihre Ausbildung und Berufserfahrung als Säuglingsschwester zugute.[221]

Herberts Diabetes brachte es mit sich, dass Greta nun alle Mahlzeiten organisieren musste. Broteinheiten berechnen, wiegen, teilen, zuteilen. In Sitzungswochen konnten sie mittags manchmal zu Hause essen. Meist aber fuhr Greta mit dem Auto zum Bundestag hinunter, und sie aßen im Büro. Zur Betreuung ihrer Mutter und zur organisatorischen Zuarbeit für den politischen Betrieb kam die gesundheitliche Rundumbetreuung für den von nun an chronisch kranken Herbert Wehner.[222]

Greta wusste, was ihr Beitrag bedeutete: »Dieser Teil war in Bezug auf die Arbeit genauso wichtig und noch wichtiger als die reine Verwaltungsarbeit sozusagen.« Selbst Zeit, krank zu werden, hatte sie eigentlich nicht, und wenn dies doch einmal der Fall war, ging dadurch »einiges durcheinander«, und sie musste nachher vieles nacharbeiten, das liegengeblieben war. Hinzu kam, dass wenn Greta einmal ausgefallen war, Herbert und Lotte oft ebenfalls krank wurden. Im Alter von etwa 40 Jahren wurde ihr einmal ein Myom operativ entfernt. In dieser Zeit musste auch ihre Mutter ins Krankenhaus. Als Lotte dann ihren dritten Herzinfarkt hatte, weigerte sie sich, in die Klinik zu gehen. Für Greta hieß das: »Ich versorgte sie zu Hause.«[223]

Die dritte große Veränderung schließlich: Im Herbst 1966 gab es eine leichte Rezession; darüber zerbrach die Koalition des schwachen Bundeskanzlers Ludwig Erhard aus CDU/CSU und FDP. Nicht über einen triumphalen Wahlerfolg Willy Brandts, sondern nach jahrelangen, zähen Bemühungen um einen Ausgleich zwischen den großen Parteien und nach Verhandlungen, die Herbert Wehner, gestützt auf Gretas Fürsorge, zäh und zielstrebig geführt hatte, übernahm die Sozialdemokratie im Dezember 1966 erstmals in der Geschichte der Bundesrepublik Regierungsverantwortung.

Herbert bekam nun eine neue Aufgabe; er wurde Bundesminister für gesamtdeutsche Fragen. Zwei spürbare Veränderungen ergaben sich daraus für Greta: Herbert erhielt einen Dienstwagen mit Fahrer, sodass sie weniger Auto fahren musste. Dieser Fahrer übrigens war ihm gegenüber skeptisch gewesen; er fürchtete, ganz gemäß dem in der Öffentlichkeit verbreiteten Bild vom parlamentarischen Polterer, einen autoritären, schimpfenden Chef. Doch in dieser Erwartung wurde er enttäuscht – sehr zu seiner Erleichterung. Wie Greta sich erinnert, sagte der Fahrer schließlich, »so freundlich wie Wehner sei noch nie einer seiner Chefs mit ihm umgegangen«.[224]

Des Weiteren war das Ministeramt mit einer bedeutenden Gehaltserhöhung verbunden. Herbert Wehner kam nun, alles in allem, auf etwa 13 000 DM im Monat. Das führte, so Greta, dazu, »dass wir erstmals mit der Ministerzeit mit dem Geld gut über den Monat kommen konnten.« Ein großer Teil der Einkünfte ging allerdings für den Aufwand drauf, der mit den Ämtern verbunden war. So konnten Greta und Herbert sich auf Reisen nunmehr Hotelzimmer mit Dusche oder Badewanne leisten.[225]

Durch den Diabetes war Greta erst recht persönlich unentbehrlich geworden. Von da an kam sie nicht nur als Fahrerin im Inland, sondern auch als Begleiterin zu allen Auslandsreisen mit: »Dass ich mitgefahren bin ins Ausland, das ist erst angefangen, nachdem der Diabetes festgestellt worden war. Da hat er gesagt, ich muss dich auch im Ausland mithaben.« Zu Herberts Ministerzeiten waren das allerdings keine Weltreisen; vielmehr ging es neben Skandinavien häufiger nach Brüssel zu Tagungen europäischer Gremien wie Jean Monnets Aktionskomitee für die Vereinigten Staaten von Europa oder ins benachbarte Ausland zu Sitzungen der Sozialistischen Internationale. Die Terminkalender des Jahres 1967 enthalten wesentlich mehr innerdeutsche Reiseziele, etwa einen Flug zur Eröffnung der Grünen Woche in Berlin im Januar, eine Fahrt zur Schaffermahlzeit nach Bremen im Februar. Besonders häufig ging es – wie vorher auch schon – nach West-Berlin; schließlich war nach dem Ausschussvorsitzenden auch der Minister Herbert Wehner für die gesamtdeutschen und Berliner Fragen zuständig. Und natürlich ging es nach Hamburg, in den Wahlkreis, sowie in allen Parlamentsferien nach Öland. Bonn als Wohnsitz und wichtigster Arbeitsort, dazu Berlin und Hamburg, das waren die wesentlichen Aufenthaltsorte in Deutschland – hinzu kamen zahlreiche Auftritte von Herbert Wehner in der Provinz; landauf landab fuhren sie zu Vorträgen und Reden bei Verbänden, öffentlichen Anlässen und vor allem auf Parteiveranstaltungen. Greta war immer dabei, mit sorgfältig abgewogenen Portionen in der Butterdose und – so schrieb sie das Wort – »Thee« in der Thermoskanne.[226]

Gänzlich anderes als Butterbrote und Tee wurde von Greta erwartet, als sie Herbert im Februar 1968 nach Paris begleitete. Das Gebäude der Deutschen Botschaft, das Palais Beauharnais, war gerade für viel Geld prunkvoll restauriert worden, und es sollte feierlich eröffnet werden. Das war ein Termin für den Bundespräsidenten Heinrich Lübke, aber auch für Außenminister Willy Brandt. Der war jedoch terminlich verhindert, und so musste sein protokollarischer Stellvertreter ran, das war Herbert Wehner. Der mochte solche Empfänge mit Stehtischen und Ansprachen eigentlich gar nicht, aber es half nichts. Und er brauchte natürlich Damenbegleitung, und das war Greta. Nun herrschten damals und schon gar in Frankreich in der Diplomatie strikte Kleiderordnungen. Beim Festessen am ersten Tag trug Greta ein abgeändertes Kleid ihrer Mutter; tags darauf sollte ein Essen beim französischen Staatspräsidenten Charles de Gaulle stattfinden. Helene Leopold, eine alte Freundin der Familie in Paris, bestand darauf: Greta brauchte ein ei-

Herbert und Greta auf Audienz bei Papst Paul VI. (Rom, 1969)

gens maßgeschneidertes Kleid, mit elegantem Hut und langen Handschuhen. Greta hielt dann alles bereit, doch es kam etwas dazwischen. Eine Nachrichtenagentur hatte fälschlicherweise gemeldet, Willy Brandt habe auf einer öffentlichen Veranstaltung de Gaulle beleidigt. Das konnte so schnell nicht ausgeräumt werden, zur Strafe lud der Staatspräsident die Vertreter der deutschen Regierung kurzerhand wieder aus. Nun hatte Greta extra die feine Bekleidung besorgt; doch die blieb ungenutzt, die Handschuhe gar für immer. Für die Mahlzeit beim Präsidenten gab es immerhin Ersatz. Greta: »Statt de Gaulle lud uns Jean Monnet zum Essen ein und meinte, es sei sicher viel schöner, mit ihm zu essen. Da hatte er recht.«[227]

Kurz nach dem Ende seiner Ministerzeit begleitete Greta Herbert im November 1969 auf einer wichtigen Reise nach Rom. Im Vatikan hatten sie nicht nur zahlreiche politische und diplomatische Gespräche mit katholischen Würdenträgern, sondern auch eine ausführliche Privataudienz bei Papst Paul VI.

Dabei ging es nicht nur darum, das lange Jahrzehnte angespannte Verhältnis zwischen Sozialdemokratie und katholischer Kirche zu verbessern, sondern auch darum, die Neue Ostpolitik auf der kirchlichen Flanke abzusichern. Mit von der Partie waren der katholische Sozialdemokrat Georg Leber – und ein bei der Kurie durchaus einflussreicher Freund der Wehners, nämlich der in Rom ansässige ehemalige Zentrumspolitiker Johannes Schauff.[228]

Ebenso wie Herbert hatte auch Greta zunächst nicht viel vom Ende der Großen Koalition gehalten. Dabei ging es nicht um den Ministerposten; den glaubte Herbert ohnehin nicht behalten zu können. Es war auch keine besondere Nähe zur Union, die Wehners gegenüber dem sozial-liberalen Experiment skeptisch stimmte. Schließlich hatten CDU und CSU wieder einmal einen ruppigen, polarisierenden Wahlkampf geführt. Herbert fürchtete vielmehr, dass die Mehrheit für SPD und FDP zu knapp sein könnte, dass Gegner der anstehenden Ostpolitik in den Reihen der Liberalen zur Opposition überlaufen könnten.[229]

Fünf Stimmen betrug die Mehrheit im Bundestag, und sie sollte noch dahinschmelzen. Herbert Wehner fügte sich in das Unvermeidliche, flog im Oktober 1969 mit Greta nach Stockholm zum Parteitag der dortigen Sozialdemokraten und ließ sich, fröhlich, von Olof Palme unter großem Beifall als »Sieger und Freund« begrüßen. Am 22. Oktober 1969 wählte ihn die Bonner SPD-Bundestagsfraktion mit überwältigender Mehrheit zu ihrem neuen Vorsitzenden. Darauf hatte sein Vorgänger Helmut Schmidt bestanden, das war die Bedingung dafür gewesen, dass der Hamburger als Verteidigungsminister ins Kabinett wechselte. Für die Sozialdemokratie im Bonner Parlament mit Herbert Wehner an ihrer Spitze begann eine lange, über dreizehnjährige Ära, wobei deren Dauer am Anfang nicht abzuschätzen war. Greta aber blieb, die ganze Zeit, mittendrin.[230]

Herberts drei Jahre Ministerzeit hatten Greta in der Fraktion und am Lenkrad entlastet, aber neue Belastungen kamen hinzu. Da waren die Auslandsreisen, da waren nach wie vor die Termine für die Partei und da war jetzt vor allem der Diabetes bei Herbert – die Medikamente und die Überwachung seines Speiseplans. Danach, ab 1969, als Herbert an die Spitze der Fraktion zurückkehrte, übernahm Greta wieder alle Fahrten – und sie organisierte das Büro des Vorsitzenden, nunmehr unterstützt von hauptamtlichen Sekretärinnen, Mitarbeitern und Referenten.

Greta sagte später, sie habe einfach immer getan, was sie für das Notwendige hielt und dabei ein erfülltes Leben gehabt, doch das ist nur ein Teil der Wahrheit. So gibt es, recht auffällig von ihr vorne in den Aktenordner zu ihren Erbschaftsangelegenheiten eingeheftet, ein Blatt wie ein Schlaglicht. Es trägt das Datum des 6. Dezember 1972. Da führte Herbert gerade Koalitionsverhandlungen, und es ist ein Stoßgebet Gretas:

»Oh, Gott, warum bin ich nicht geduldiger, warum bin ich nicht fröhlich im Ertragen, warum kann ich nicht die Bürde bewältigen, dass zwei Menschen mich jeder auf seine Weise ganz beanspruchen wollen und darüber hinaus so manch anderer auch noch.

Es ist zwar gut, dass der eine für den anderen da ist, aber es ist schwer, wenn es grenzenlos sein soll.

Wie soll ich den Aufschrei, der wie der Schrei des sich verloren dünkenden kleinen Kindes klingt, der den Hörenden erschrickt, weil es scheint, als sei etwas Unfassliches passiert, verbinden mit der Frage, die keine andere Antwort erwartet als die Bestätigung dessen, was der Fragende denkt.

Herr, hilf mir, nicht zu erschrecken, sondern ruhig zu antworten, hier bin ich. Hilf mir, auf Fragen, die keine Fragen sind, freundlich zustimmend zu antworten. Herr hilf mir zu schweigen, ohne dass ich stumm bin, da wo ich reden muss.

Herr, hilf mir, nicht zu widersprechen, wenn etwas von mir verlangt wird, sondern es zu erdulden, aber lass mich nicht daran zerbrechen, denn es wird gleichzeitig viel von mir erwartet wo ich selbst ohne fragen zu können handeln muss, denn sonst schaffe ich den anderen Teil meiner Aufgabe nicht.«[231]

Das war also die Kehrseite ihrer Entscheidung von 1953, als sie den Beruf der Fürsorgerin, eine Arbeit mit klar umrissenem Auftrag und festen Dienstzeiten, aufgegeben hatte. Eine Trennung zwischen Arbeit und Privatleben gab es von da an für Greta nicht mehr. Sie blieb Fürsorgerin, aber die Fürsorge für ihre Mutter und für Herbert war notwendigerweise selbstlos, grenzenlos, ausweglos. Nie wieder hat Greta ihre Verzweiflung so klar zum Ausdruck gebracht – aber ebenso ihre Entschlossenheit, die Aufgabe zu meistern, ohne dabei zugrunde zu gehen, »zu schweigen, ohne dass ich stumm bin«.

Waren die vielen Reisen für Greta eine Kompensation? Neugierig auf Menschen, auf andere Länder war sie durchaus, und genießen konnte sie schöne Landschaften ebenso wie viele Menschen mit Interesse für Welt und Umwelt. Doch ob Israel, Italien, Norwegen, Polen, die Sowjetunion, Frankreich, Jugoslawien oder England – es handelte sich um politische Reisen, um Dienstreisen an der Seite und im Hintergrund von Herbert. Stets hatte Greta mit zu organisieren, sich zu kümmern, auf der Hut zu sein. Da war kaum Zeit für eigene Ausflüge und Erkundungen, touristische Entdeckungen. So nebenbei bekam Greta aber doch einiges mit von Ländern, Menschen und Gebräuchen.

In den ersten elf Jahren hatte Greta unbezahlt für Partei und Fraktion gearbeitet. Ihre Sozialversicherungsbeiträge aus der Zeit als Fürsorgerin zahlte sie freiwillig weiter. Erst Mitte der Sechzigerjahre stellte der Parteivorstand sie ein. Zu Beginn der Siebzigerjahre betrug ihr Monatsgehalt brutto etwas über 1200 DM. Im Jahr 1975 wurde der neue Schatzmeister der SPD auf ihre Lage aufmerksam. Der Rheinland-Pfälzer Wilhelm Dröscher, bekannt als »der gute Mensch von Kirn«, sagte zu ihr: »Greta, du bist ja bei weitem unterbezahlt, das geht aber so nicht weiter, ich weiß von meiner Mutter, welche Probleme das dann im Alter gibt.« So schloss die Partei einen Versorgungsvertrag für Greta.[232]

Die Arbeit blieb, die Überlastung ebenso. Die Last trugen sie alle drei, Herbert, Lotte und Greta gemeinsam. Ein Schlaglicht aus dem Februar 1973: Greta berichtete in einem Brief an eine journalistische Verehrerin von Herbert über Lotte, diese habe sechs Tage lang fürchterliche Durchfälle gehabt und sei nun ganz hinfällig, ein Bandscheibenleiden komme hinzu, sodass ihre Mutter kaum erträgliche Schmerzen habe. Herbert habe sich am Wochenende zuvor »unwohl im Kopf« gefühlt und Termine absagen müssen. Schlaf und Spaziergänge hätten ihm gutgetan, aber nun sei er »schon wieder 13 ½ Stunden in der Mühle«. Wenn die Arbeitslast nicht »in einem vernünftigen Rahmen« bleibe, dann werde die Erholung nicht vorhalten. Sie meinte: »Ich sehe eigentlich nur eine Lösung – aufzuhören – aber er ist für ein Jahr gewählt …« Und so kam sie schließlich bei sich selbst an: »Dass auch mir bei allem die Arbeit zu viel wird, kannst Du Dir sicher denken.«[233]

Trübe sah es aus bei Wehners im Frühjahr 1973, nur wenige Monate nach dem überwältigenden Wahlsieg und nach dem Abschluss der wichtigsten Verträge mit dem Osten. Rücktrittsgedanken gab es in der Familie, und immerhin konnte Herbert in dieser Zeit das Amt des stellvertretenden Parteivorsitzenden abgeben. Mehr ging jedoch nicht. Denn zugleich kam eine eigentlich altbekannte Tätigkeit und Aufgabe mit neuem Gewicht hinzu: Konkrete Hilfe für die Opfer der deutschen Teilung – sie machte Herberts weitere politische Arbeit und damit Gretas politisches wie persönliches Hilfswerk auf Jahre hinaus alternativlos, unentbehrlich.

GRENZÜBERWINDUNG

Am 1. Juni 1973 machte das SED-Zentralorgan *Neues Deutschland* mit einer Sensation auf: »Treffen Erich Honeckers mit Herbert Wehner«. Das Titelfoto zeigt den mächtigsten Mann der DDR in der Mitte, links Herbert Wehner, rechts den FDP-Fraktionsvorsitzenden Wolfgang Mischnick. Wie häufig auf offiziellen Fotos: Greta fehlt. Schemenhaft könnte sie sich spiegeln im Fenster, im Hintergrund zwischen den Herren am Kaffeetisch. Darauf stehen vier Gedecke. Auf einem anderen bekannten Foto von dem Treffen im Forsthaus Wildfang in der Schorfheide ist immerhin ihr Rücken zu sehen.[234]

Die bundesrepublikanische Öffentlichkeit reagierte überrascht auf die Reise. »Wehner heimlich in Ost-Berlin«, hieß es in der *Bild*-Zeitung. An der Grenze zwischen Ost und West werde nach wie vor geschossen, und Verwandte würden an Be-

Forsthaus Wildfang in der Schorfheide, 31. Mai 1973 (v.l.n.r.: Herbert, Greta, Erich Honecker und Wolfgang Mischnick)

suchen gehindert. »Aber immerhin: Unsere Spitzenpolitiker drücken nun jenen, die für diese Ungeheuerlichkeiten verantwortlich sind, die Hand sozusagen von Kollege zu Kollege.« Eifersüchtig fügte *Bild* hinzu: »Und lesen tun wir's in den Zeitungen der Zone.«

Das war noch die Sprache des Kalten Krieges. Das Blatt, von dem Herbert meinte, er lese es nur deshalb, weil darinstehe, »was die Leute denken sollen«, ließ außer Acht, dass es eben um die »Ungeheuerlichkeiten« ging, welche es kritisierte. Ziel der Reise war es, die Grenze zwischen Ost und West durchlässiger zu machen.[235]

Dass die Öffentlichkeit von Herberts und Gretas Fahrt am 30. und 31. Mai 1973 überrascht wurde, ist kein Wunder. Es ging um ein Anliegen, das damals nicht ans Licht der Öffentlichkeit gehörte: Häftlingsfreikäufe aus der DDR, die Genehmigung von Ausreisen aus humanitären Gründen und die Zusammenführung von Familien, die durch Mauer und Stacheldraht getrennt waren. Es durfte nicht offenbar werden, dass der ostdeutsche Staat sich seit den Sechzigerjahren dafür bezahlen ließ, seine Bürgerinnen und Bürger in den Westen zu lassen. Daraus einen Skandal zu machen, hätte vielleicht zu einer Einstellung dieser Praxis geführt. So musste das Thema unter der Hand gespielt werden. Im September 1979 notierte Greta eine Mitteilung des DDR-Anwalts Wolfgang Vogel: »Bekanntwerden gefährdet das Vorhaben.«[236]

Dabei fuhren Greta und Herbert keineswegs heimlich und Hals über Kopf in die DDR. Der Fahrt gingen längere Erwägungen voraus. Abgesehen davon bemühte sich Herbert Wehner schon seit Jahrzehnten, die Menschen im geteilten Deutschland zusammenzubringen.[237]

Die Linien lassen sich weiter verlängern, bis tief in die Familiengeschichte. Es ist die Erfahrung der Solidarität der alten Arbeiterbewegung. Damit waren sie als Kinder groß geworden, und als junge Erwachsene hatten sie daran angeschlossen. Herbert setzte sich bereits in den Zwanzigerjahren als leitender Funktionär der Roten Hilfe in Dresden für politische Gefangene ein. Lotte und ihre Kinder kümmerten sich schon in den Dreißigerjahren um Häftlinge in Konzentrationslagern. In Schweden halfen sie Menschen, die aus dem Herrschaftsbereich der Nazis geflüchtet waren. Dass Herbert und Lotte sich 1944 überhaupt kennenlernten und zusammenkamen, war Ergebnis einer solchen Hilfe.

Im Jahr 1950 flog der Bundestagsabgeordnete Herbert Wehner auf Bitten Adenauers zweimal zu den Vereinten Nationen nach New York. Dort leistete er wichtige Vorarbeiten für die Freilassung der letzten deutschen Kriegsgefangenen in der Sowjetunion. Als Vorsitzender des Bundestagsausschusses für gesamtdeutsche und Berliner Fragen war Herbert stets nah an den menschlichen Tragödien, welche die kommunistische Diktatur in seiner Heimat verursachte. Er verlas auf dem SPD-Parteitag von 1950 den »Brief aus Bautzen« von politischen Häftlingen in der DDR; nach dem 17. Juni 1953 setzte er sich für die Gefangenen des Aufstands ein; 1956/57 forderte er eine gegenseitige Amnestie in beiden Teilen Deutschlands.

Greta und ihr Bruder Peter wurden in eine solidarische Lebensweise hineingeboren. Im Exil beteiligten sie sich aktiv am Hilfswerk ihrer Mutter, Greta zeitweise auch beruflich als »Parktante« für geflüchtete Kinder. Nicht von ungefähr kommt die Entscheidung beider für den helfenden Beruf der Sozialarbeiterin und des Sozialarbeiters. Mit ihrer Arbeit für Herbert knüpfte Greta dort an. Wer die Basisarbeit von Bundestagsabgeordneten näher kennt, weiß, dass sich vieles dabei um Hilfeersuchen aus der Bevölkerung dreht; im Bundestagsbüro und im Hamburger Wahlkreis hatte Greta von Anfang an viel damit zu tun, Menschen bei ihren Sorgen und Anliegen zu helfen.

Als es im Jahr 1963 mit den Freikäufen im geteilten Deutschland losging, war Greta von Anfang an mit dabei.

Denn als der CDU-Bundesminister für gesamtdeutsche Fragen Rainer Barzel seine ersten Gehversuche auf diesem Gebiet machte, holte er sich dafür die Rückendeckung des zuständigen Ausschussvorsitzenden von der SPD. Der Minister lud Herbert also ein; Greta fuhr ihn zum Ministerium, das damals in der Nähe des Bonner Hofgartens lag. Am Gespräch nahm sie nicht teil, sondern wartete, draußen, im Wagen. Worum es gegangen war, deutete Herbert ihr nachher an – Freikäufe, gegen Devisen.[238]

Als Herbert Wehner 1966 Bundesminister für gesamtdeutsche Fragen wurde, konnte er die Praxis seiner christdemokratischen und liberalen Amtsvorgänger übernehmen und behutsam ausbauen. Von Anfang an waren es – unterhalb der Ebene der offiziellen Politik – Anwälte, die das Freikaufgeschäft zwischen Ost und West regelten. Im Osten kristallisierte sich im Laufe der Sechzigerjahre immer mehr der DDR-Rechtsanwalt Wolfgang Vogel als zuverlässigster und wichtigster Unterhändler sowie als Vertrauensperson für alle Beteiligten heraus. Er war »der Anwalt der Menschen zwischen den Fronten«.[239]

Die erste Begegnung von Herbert und Greta mit Vogel organisierte ein schwedischer Freund. Das kam so: Frau und Tochter von Sven Backlund, damals Generalkonsul in West-Berlin, waren im Herbst 1966 auf der Strecke zwischen Saßnitz auf Rügen und Berlin mit dem Auto verunglückt. Schwer verletzt wurden sie in ein Krankenhaus der DDR eingeliefert. Bei der Gelegenheit trat Carl Gustaf Svingel auf den Plan, ein ehemaliger Opernsänger aus Schweden, der das »Haus Victoria«, ein Altenheim der schwedischen Kirche im Grunewald, für vielfältige humanitäre Aktivitäten nutzte. Unter anderem konnten Flüchtlinge und Freigekaufte aus der DDR hier vorläufig unterkommen. Svingel riet Backlund, sich der Hilfe und Beratung des Ost-Berliner Anwalts Wolfgang Vogel zu versichern, den er im Zuge seiner Hilfstätigkeit als zuverlässigen Verhandlungspartner kennengelernt hatte.[240]

Spätestens seit Anfang 1967 gab es einen Arbeitskontakt. Während Herbert andere Termine wahrnahm, fiel es Greta zu, die Telefonate mit dem DDR-Anwalt zu führen. Das Kürzel »WV GB« (Wolfgang Vogel – Greta Burmester) findet sich allein zwischen dem 12. Januar und dem 30. April 1967 28-mal in ihrem Terminkalender. Dies deutet aber wohl eher nicht auf 28 tatsächlich geführte Telefonate hin, sondern auf 28 Gesprächsmöglichkeiten.[241]

Für Greta ging es bei den Gesprächen anfangs vor allem um Familienzusammenführungen. Oft handelte es sich um Eltern, die noch vor dem Bau der Berliner Mauer in den Westen gegangen waren, während ihre Kinder in der DDR geblieben waren, zumeist bei den Großeltern. Nun, nachdem sie im freien Teil Deutschlands Fuß gefasst hatten, wollten sie ihre Kinder nachholen, was ihnen der SED-Staat mit seinem Grenzregime verwehrte.

Ihren ersten »Fall« schildert Greta so:

»Es begann mit einem untypischen menschlichen Problem: Wir waren zu einer Veranstaltung in Rheinland-Pfalz, da sprach mich eine Frau an, sie wolle mit Herbert Wehner sprechen. Da Herbert auf die Diskussion achten musste, um auf die Beiträge der Teilnehmer eingehen zu können, ließ ich mir sagen, worum es ging. Ein junges Paar, nach damaligem Recht noch nicht volljährig, benötigte, um heiraten zu können, in der damaligen Bundesrepublik die Zustimmung beider Elternpaare. Mit gerade 18 Jahren waren sie in der DDR ehemündig. Deshalb gingen sie ohne Wissen der Eltern in die DDR. Dort konnten sie zwar nach einem Jahr, das sie in einem Lager verbringen mussten, heiraten, aber eine Rückkehr in die Heimat wurde ihnen verwehrt. Es hieß, sie wären inzwischen DDR-Bürger. Ich habe Wolfgang Vogel immer wieder auf dieses Paar angesprochen. Meiner Meinung nach, so habe ich gesagt, wäre es nicht richtig, diese Leute als DDR-Bürger zu bezeichnen; denn sie sind nicht aus politischen Gründen dorthin gegangen. Es hat viele Jahre gedauert, und sie haben schon mehrere Kinder gehabt, als meine Bemühungen und die von Wolfgang Vogel endlich erfolgreich waren und die Familie ausreisen durfte.«[242]

So begann es und so blieb es: Herbert Wehner und Wolfgang Vogel trafen sich zum Austausch von Botschaften und brüteten über schwer zu regelnden Fällen, zunehmend auch über politische Stolpersteine im deutsch-deutschen Verhältnis. Greta organisierte die Termine. Wenn die Treffen in Bonn stattfanden, sorgte Greta für den gastlichen Rahmen, aber ihr Engagement ging weiter: Sie kniete sich tief in die einzelnen Fälle hinein, führte Korrespondenzen und Telefonate mit den Angehörigen sowie mit der Anwaltskanzlei Vogel. Sie wurde zur Anlaufstelle für Hilfe suchende Menschen in Ost und West. Viele solche Briefe sind adressiert an »Fräulein Greta Burmester, Bonn«.

Das Alltagsgeschäft der Freikäufe regelte das Bundesministerium für gesamtdeutsche Fragen, das 1969 in Bundesministerium für innerdeutsche Beziehungen umbenannt wurde, über die Anwälte. Politisch schwierige Fragen und heikle Fälle besprach Wolfgang Vogel weiter mit Herbert Wehner. Als die eingespielte Routine Ende 1972, Anfang 1973 jäh gestoppt wurde, waren es diese beiden, die eingriffen, um ihr Werk fortsetzen zu können.

Grund waren die »Kofferfälle«. Ende 1972 handelten die beiden deutschen Staaten im Zuge der Ostpolitik den Grundlagenvertrag aus. Dabei stellte der westdeutsche Chef-Verhandler Egon Bahr den »Menschenhandel«, also die Praxis, DDR-Bürgern gegen Bezahlung die Ausreise zu ermöglichen, in Frage. Er regte an, die bisher über Anwaltskontakte vertraulich laufenden humanitären Bemühungen zum Gegenstand offizieller Verhandlungen zwischen beiden Seiten zu machen. Dies nahm die DDR-Seite nicht nur zur Kenntnis, sondern sie nutzte es gleich dazu, die laufenden Ausreiseverfahren einfach zu stoppen.[243]

Unmittelbar nach der Unterzeichnung des Grundlagenvertrags spitzte sich die Lage zu. Ab November 1972 wurden Menschen, denen die Ausreise schon genehmigt worden war, daran gehindert. Oft hatten sie ihre Arbeitsplätze aufgegeben, die Wertsachen verkauft und die Wohnungen geräumt. Einige waren schon mit gepackten Koffern zum Bahnhof gekommen, hatten Fahrkarten nach dem Westen in der Hand und wurden noch auf dem Bahnsteig am Besteigen des Zuges gehindert. Wo sollten sie hin? Der sozialistische Staat interessierte sich nicht für dieses menschliche Problem. Wer noch Verwandte hatte, konnte dort unterschlüpfen; andere Betroffene wandten sich in der Not an Anwalt Vogel. Als das losging, schon um 9 Uhr früh, die Kanzlei öffnete gerade, warteten vor dem Eingang die ersten Mandanten – Familien mit Koffern, einige hatten Kleinkinder dabei. Der Anwalt überlegte, was zu tun sei und organisierte Hilfe bei den Kirchen. Sowohl die katholische als auch die evangelische Kirche in der DDR beherbergten »Kofferfälle« in ihren Einrichtungen. Die Liste der Betroffenen wuchs im Frühjahr 1973 auf mehrere hundert Personen.[244]

Bahr selbst bemühte sich, seinen Fehler wiedergutzumachen, doch er stieß bei seinen Verhandlungspartnern auf Granit. Er habe es doch selbst so gewollt, wurde ihm beschieden. In dieser Situation schaltete sich Herbert Wehner ein. Er fragte Wolfgang Vogel, wer etwas tun könne, um den Menschen zu helfen. »Das kann nur die Nummer Eins«, lautete die Antwort. Wehner entschied: »Dann fahre ich hin.«[245]

Dass ein Herbert Wehner zur dortigen »Nummer Eins« in den Osten fuhr, war zu Zeiten Walter Ulbrichts undenkbar gewesen. Zu feindselig war das Verhalten des aus Leipzig stammenden Funktionärs gegenüber dem Dresdner, den er in den Dreißigerjahren als ein bedrohliches Talent, als einen unliebsamen Konkurrenten um die Macht in der KPD gesehen hatte.

Herbert und Greta im Wohnzimmer auf dem Heiderhof, Juni 1973

Zu tief war die Abneigung Wehners gegen den Apparatschik Ulbricht, den er in erster Linie für einen Techniker der Macht hielt, für »arbeitsbesoffen« und »menschenverachtend«.[246]

Anders verhielt es sich mit Erich Honecker, der Ulbricht 1971 an der Parteispitze ablöste. Ihn hatte Herbert Wehner als kommunistischen Jugendfunktionär 1934 im Saargebiet kennengelernt; das persönliche Verhältnis zwischen den beiden war unbelastet. Schon 1968 hatte Herbert zu Wolfgang Vogel gemeint, dass es vielleicht möglich sei, die gemeinsamen Erlebnisse mit Honecker einmal für politische Gespräche zu nutzen.[247]

Der handfeste Grund, die Notwendigkeit musste jedoch gewiss hinzukommen, um die Reise zu ermöglichen, ja mehr noch: zu erzwingen. Und diesen Grund lieferte die Notlage, in welche die »Kofferfälle« ab dem Herbst 1972 geraten waren.

Mit Bundeskanzler Willy Brandt sprach Herbert im Vorfeld darüber, bekam jedoch allenfalls laue Unterstützung. Greta erinnert sich genau, wie er von dem Gespräch »nach Hause kam, hier in der Essdiele, und mit einer Verzweiflung sagte: ›Der Willy hat weder ja noch nein gesagt, ich muss diese Sache jetzt völlig auf meine eigene Kappe nehmen.‹«[248]

Wo er Menschen in Not sah, gab es keine Alternative; die Fahrt nach Pankow, für Herbert Wehner eine Reise ins Ungewisse, musste sein. Gerne machten sie sich nicht auf den Weg.

Am 6. Mai sprach Wolfgang Vogel persönlich bei Wehners in Bonn vor; in den Wochen danach telefonierte Greta, wie die Terminkalender zeigen, mehrmals mit Vogel. Dabei stimmte sie das Reiseprogramm eng mit dem Anwalt ab. Auch Inhaltliches wurde vorbesprochen. So steuerte Herbert einen Entwurf für eine offizielle Sprachregelung bei; er schrieb für Greta auf einen Zettel: »Am liebsten wäre mir: Gedankenaustausch und Meinungsaustausch über voraussichtliche Entwicklungen im Verhältnis beider Staaten nach Ratifikation des Vertrages.« Herberts humanitärer Hauptzweck sollte im Verborgenen bleiben, und auch Greta schien Vorsicht beim Schreiben geboten. So chiffrierte sie ein wenig, das war sonst bei ihr nicht üblich. In den Briefen an ihre Mutter bestellte sie jeweils Grüße vom »Vöglein«.[249]

Sorgsam plante Greta die Reise. Ihrer Mutter auf Öland schrieb sie: »Ich kann ja nicht ins Blaue reisen, ohne für alle Zwischen-, Früh- und Abendmahlzeiten vorgesorgt zu haben.« Für sich und den Diabetiker Herbert bereitete sie 13 Reisemahlzeiten zu. Zum 29. Mai reservierte sie ein Doppelzimmer mit Bad und Garagenplatz im Autobahnmotel an der Raststätte Kirchheim.[250]

Dort übernachteten sie, und am anderen Morgen fuhren Herbert und Greta über Herleshausen in die DDR. Im thüringischen Wartha ließen sie ihren Wagen stehen. Sie wurden »mit einem Volvo abgeholt und hatten bei schwülem Wetter, das sich unmittelbar vor Berlin in einem Gewitter entlud, eine gute Fahrt«. Greta berichtete ihrer Mutter: »Wir fuhren an den

Städten Eisenach, Gotha, Erfurt, Weimar, Jena, Eisenberg, Leipzig, Leuna, Halle, Bitterfeld, Dessau, Coswig und Wittenberg vorbei. Bei Eisenach sahen wir die Wartburg erst von West dann von Ost, wir konnten auch über die Stadt sehen. Die Thüringer Berge blieben bald in einem langgezogenen Halbkreis hinter uns, die Landschaft wurde leicht hügelig mit sanft gewellten Ebenen, zum Teil mit blühenden Rapsfeldern und Viehweiden.«[251]

Zum ersten Mal in ihrem Leben reiste Greta in den anderen Teil Deutschlands. Ihrer Mutter schilderte sie ihre Eindrücke von der Landschaft: »Ich kann mich nicht erinnern, jemals vorher so lange durch eine unendlich wirkende Ebene gefahren zu sein.« Ihr fiel auf, dass kaum Wald zu sehen war und wie groß die Felder waren. Bäume gab es nur entlang der Landstraßen und in »spärlich verstreuten Dörfern«. Sie fand die Gegend eintönig, fast bedrückend. Thüringen dagegen war »leicht hügelig, mitunter mit ausgeprägteren kleineren Bergen und Burgen drauf«, bei Jena gab es einen neuen Stadtteil mit großen Wohnblocks zu sehen, die machten auf Greta einen freundlichen Eindruck.[252]

Über ihre Fahrer allerdings ärgerte sie sich. Auf DDR-Autobahnen galt eine Höchstgeschwindigkeit von 100 Stundenkilometern. Doch das interessierte die nicht, sie rasten, weit schneller als erlaubt war. Greta beanstandete das: »Ja, sagten sie, der Staatsrat wartet, und die Zeit haben wir nicht.«[253]

Bei ihrer Ankunft in Ost-Berlin am späten Nachmittag des 30. Mai begrüßte Erich Honecker sie freudig auf der Treppe, und es waren auch Kameras des DDR-Fernsehens dabei. »Herbert war, milde gesagt, davon nicht begeistert und eher entsetzt«, erinnert sich Greta. Der SPD-Fraktionsvorsitzende und ehemalige Kommunist kam zum ersten Mal als Gast zu seinen einstigen Genossen. Vor über 30 Jahren hatten diese ihn unter dem Vorwand des Verrats aus ihren Reihen ausgeschlossen. Als Sozialdemokrat bekämpfte er sie, erbittert, und die SED-Kommunisten verfolgten ihn dafür mit Anschlägen und Kampagnen. Diese Reise musste Sensation machen, und sie lud Böswillige zu allerhand Spekulationen ein.[254]

Dabei bemühten sich die Gastgeber des nun folgenden offiziellen Essens mit Abgeordneten der DDR-Volkskammer sehr um eine angenehme Atmosphäre. »Es gab allerlei Leckereien«, berichtete Greta ihrer Mutter. Zu Beginn kam der Koch persönlich herein und trug die Speisenfolge vor. Anschließend übergab er Herbert einen Teller aus Meißener Porzellan, auf welchen die Speisekarte gemalt worden war, »einschließlich Datum«.[255]

Im Gästehaus waren zwei Zimmer für sie bereitet worden, doch Greta meint, »da war unsere Angst, meine Angst wahrscheinlich, viel zu groß«. In Herberts Zimmer gab es eine Liege, »und dann habe ich das Bettzeug geholt, und ich bin dem Herbert nicht einen Schritt von der Seite gewichen.« Überhaupt blieb sie während des ganzen Besuches, bei allen Gesprächen, stets dabei.[256]

Am anderen Morgen ging die Fahrt weiter; von Berlin wurden sie durch Greta wiederum unbekanntes Gebiet gefahren. »Wälder – meist Kiefernwälder und Felder wechselten, in den Dörfern, die häufig ›schön‹ in ihrem Namen führen, wurde an vielen Häusern renoviert, es wurde angebaut oder neue Fenster eingesetzt.« Greta fand die Landschaft zwar flach, aber nicht eintönig.[257]

Nach einer Stunde Fahrt kamen Herbert und Greta gegen 10 Uhr nördlich von Berlin am Rande eines Naturschutzgebietes in der Schorfheide im Forsthaus Wildfang an. Dort, in seiner Jagdhütte, hatte Erich Honecker sie schon erwartet. Sie setzten sich zusammen, sie gingen spazieren – über vier Stunden sprachen die beiden Männer intensiv miteinander, wie Greta ebenfalls ihrer Mutter berichtete. Vor allem aber schilderte sie die Umgebung: Es gab »Futterplätze für verschiedenes Wild, vor dem späten Mittagessen gingen wir an einen See, als wir zurückgekommen waren, waren viele Wildschweine mit Frischlingen aus dem Wald gekommen und fraßen irgendwas, die Schweine sind nicht eingehegt, werden an dieser Stelle nicht gejagt und kommen deshalb immer dort hin. An dem See, am Bootshaus nisteten zwei wunderschöne Schwalben, mit roströtlicher Brust ganz fein und zierlich gebaut. Am Nachmittag gingen wir auch ein Stück durch den Wald, wo ich das erste Mal gesehen habe, wie Kiefern zur Harzgewinnung circa 10 Jahre bevor sie gefällt werden angezapft werden. [...] Ein großes Rudel Rothirsche (?) liefen auch ein Stück von uns über den Weg.«[258]

Von den Gesprächen berichtete Greta ihrer Mutter nur sehr knapp: »E.H. und Herbert kannten sich schon von den Abstimmungskämpfen im Saargebiet, später von 1935–1945 war er im KZ.« Jahrzehnte später erinnert Greta sich: »Im Großen und Ganzen hatte ich den Eindruck, hier unterhalten sich zwei alte Männer, die sich seit jungen Jahren – obwohl Honecker jünger war als Herbert – kennen, und dies war von großem Vorteil in Bezug auf die Probleme, die wir für die Menschen zu lösen hatten.«[259]

Erich Honecker bestätigte das insofern, als er hinterher schrieb, Herbert Wehner habe den »Meinungsaustausch über aktuelle Fragen« immer wieder »durch Rückblendungen in die Vergangenheit unterbrochen, das heißt in die Zeit, als er Mitglied des Zentralkomitees der KPD war und in dieser Eigenschaft während der Jahre 1934/1935 mit Genossen Honecker zusammenarbeitete.«* Honeckers offizieller Bericht für die Spitzengremien der SED war in typischer Funktionärssprache gehalten. Den Gesprächsverlauf gab er selektiv wieder, indem er vor allem die Teile des Gespräches betonte, in denen es um politische Fragen der Beziehungen zwischen den beiden Teilen

---

* Honecker irrte hier. Herbert Wehner wurde erst 1935, nach seinem Einsatz im Saargebiet, Mitglied des Zentralkomitees.

Deutschlands gegangen war. Greta bemerkte das später, als sie in den Neunzigerjahren den Bericht zum Lesen bekam: »Da war überhaupt kein Wort von dem drin, was Herbert und mir besonders wichtig gewesen war. Ich erinnere zum Beispiel sehr gut, wie ich aufgeatmet habe, als es hieß, die ›Rechtsanwaltsbasis‹ wird wieder in Gang gesetzt – und damit die Ausreisemöglichkeit.« Darauf ging Honecker in seinem frisierten Bericht an keiner Stelle ein. Von Häftlingsfreikäufen und Familienzusammenführungen sollten noch nicht einmal die Spitzengremien der SED etwas erfahren.[260]

Am späten Nachmittag, gegen 16 Uhr, kam noch Wolfgang Mischnick hinzu. Dabei, so Greta, »stellte sich heraus, dass er und Honecker gleichzeitig und zusammen auf einem Jugendtag in Bautzen 1946 waren.« Herbert hatte den ebenfalls aus Dresden gebürtigen Mischnick gebeten, dabei zu sein, vor allem, um das Gespräch innenpolitisch abzusichern. Der FDP-Fraktionsvorsitzende kam gerade aus Dresden, wo er auf Verwandtschaftsbesuch gewesen war.[261]

Früh abends – geplant war 17 Uhr – traten Herbert und Greta die Rückreise an; erneut übernachteten sie an der Autobahn in Kirchheim, gegen Mitternacht trafen sie dort ein. Von dort ging es morgens weiter nach Bonn, zur Sitzung des Parteivorstands der SPD. Herbert Wehner berichtete den überraschten Genossen von der Reise. Auch er beschränkte sich auf die politischen Aspekte, deutete den humanitären Ertrag allerdings an. In der schriftlichen Fassung hieß es, dass »auch die für die Menschen schmerzlichen Seiten im bisherigen und gegenwärtigen Verhältnis beider Staaten zur Sprache gebracht« wurden. Über »besonders wichtige Detailfragen« werde er Willy Brandt persönlich informieren. Im Anschluss an die Sitzung, während Greta einen kurzen Reisebericht an ihre Mutter schrieb, sprach Herbert mit dem Kanzler.[262]

Dabei dürfte Folgendes zur Sprache gekommen sein: Noch am Vormittag des 31. Mai hatten Herbert Wehner und Erich

Honecker die »Kofferfälle« besprochen. Sie waren sogar schon einzelne Fälle miteinander durchgegangen. Die bisherige Regelung der Häftlingsfreikäufe und Familienzusammenführungen über die Anwälte, unterhalb der offiziellen Ebene und unter dem Radar der Öffentlichkeit, wurde, so vereinbarten sie, wieder in Kraft gesetzt.[263]

Einige Tage später wurde Wolfgang Vogel zu Honecker bestellt, und von da an konnte er sich als dessen »persönlicher Beauftragter« für die Kontakte zu Herbert Wehner betrachten. Diese Abmachung mit Honecker hatte Herbert dem Anwalt schon unmittelbar nach der Reise als erster mitgeteilt. Am Abend des 6. Juni kam Vogel mehr oder weniger spontan zu Wehners in Bonn und berichtete über sein Gespräch mit Honecker. Für den Abend hatte Herbert gleichzeitig mehrere Termine in seinem Kalender stehen, da musste sich vor allem Greta um den Gast kümmern. Aber es war wichtig, und Greta berichtete ihrer Mutter: »Herbert kam auf einen Sprung nach Hause, hörte sich alles an, schluckte sein Essen herunter und zog wieder los.«[264]

Der SED-Chef gab nun Weisung, die Ausreisesperre aufzuheben. Die auf gepackten Koffern sitzenden Menschen durften endlich ausreisen. Die DDR ließ sich das weiterhin in harten Devisen bezahlen. Die Preise schwankten; 1977 wurde ein »Pauschalpreis« von 95 847 DM für jeden freigekauften Häftling vereinbart; »einfache« Familienzusammenführungen waren erheblich billiger, der Preis dafür pendelte sich erst zu Beginn der Achtzigerjahre bei 4500 DM pro Person ein. Politisch brisante Fälle wurden von nun an über die »Kontaktebene« Wehner-Vogel-Honecker geregelt. Dieser Anwaltskontakt diente allerdings nicht nur zur Besprechung von Freikäufen; gleichzeitig nutzten Herbert Wehner und Erich Honecker ihn als Informations- und Diskussionskanal, wobei Herbert dafür Sorge trug, dass der Bundeskanzler (zunächst Willy Brandt, dann ab Mai 1974 Helmut Schmidt) an den Informationsfluss angeschlossen wurde. In den folgenden Jahren bekam diese »Kontaktebene« mitentscheidende Bedeutung für die politischen Beziehungen zwischen den beiden deutschen Staaten.[265]

Im April 1974 heiratete Wolfgang Vogel Helga Fritsch, eine Buchhalterin aus Essen, die er selbst im Rahmen eines Falles in der Familienzusammenführung kennengelernt hatte. Sie siedelte zu ihm nach Ost-Berlin über. Von da an war sie – ähnlich wie Greta auf der anderen Seite – seine »Assistentin, Buchhalterin, Chauffeurin«. Helga Vogel komplettierte das Familienteam, das sich fortan um die Ausreiseangelegenheiten kümmerte. Später pendelte sich die Arbeitsteilung so ein, dass bei Besuchen Vogels die Männer ihre Botschaften austauschten und die politisch komplizierten Fälle durchgingen, während die Frauen, Greta und Helga Vogel, in einem anderen Zimmer die »normalen«, einfacheren Fälle von Familienzusammenführungen bearbeiteten, Karteikarten ausfüllten und Listen zusammenstellten. Helga Vogel und Greta Burmester-Wehner pflegten eine freundschaftliche Beziehung, und so blieb es auch über den Tod ihrer Männer hinaus.[266]

Gretas Beitrag beschränkte sich nicht auf das Zusammenstellen von Listen und das Schreiben von Mitteilungen. Bei ihr lag die Hauptlast der Arbeit. Sie führte den gesamten Schriftwechsel mit den Verwandten der Ausreisewilligen, in vielen Fällen ausführlich und über Jahre hinweg. Das lag daran, dass viele Probleme mit einer einmaligen Besuchsreise keineswegs erledigt waren.

Häufig kam es vor, dass Greta Mitteilungen schrieb, welche Vogel dann direkt Erich Honecker vortrug. Über mehr als fünf Jahre befasste sich Greta mit dem Fall einer Pfarrersfamilie, die eigentlich aus dem Westen stammte. Der Mann hatte in den Fünfzigerjahren eine Stelle als Pfarrer in Ost-Berlin/Brandenburg angenommen. Nach dem Mauerbau hatte die Familie nicht mehr zurückkehren können. Erst 1975 durften die Ehe-

Greta in Zagreb, Sommer 1971

leute dann ausreisen, aber nur mit den zwei minderjährigen Töchtern; die drei älteren Kinder, teils schon mit eigener Familie, blieben in der DDR. Im Jahr 1976 begannen die Bemühungen um gegenseitige Besuche. Westreisen für die Kinder kamen kaum in Frage, denn eine der Töchter hatte einen Armeeangehörigen geheiratet. Aber auch Bemühungen der Eltern um Tagesaufenthalte zu Treffen in Ost-Berlin waren nicht immer von Erfolg gekrönt. Selbst wenn Wolfgang Vogel schon mitgeteilt hatte, ein Besuch werde genehmigt, konnte es so laufen, wie der Pfarrer 1977 an Greta von einer gescheiterten Einreise seiner Frau berichtete: »Am 19. August ging sie um 7 Uhr zur Grenzstelle Friedrichstraße. In ziemlich barschem Ton wurde ihr gesagt: ›Ihre Einreise in die DDR ist unerwünscht!‹ / Um 10 Uhr versuchte sie es noch einmal. Sie berief sich auf eine Sondergenehmigung. ›Ihre Einreise in die DDR ist unerwünscht! Dabei bleibt es auch!‹ Um 15:43 ist sie wieder aus Berlin abgefahren.«

So etwas geschah häufiger. Als die Eltern zu Ostern 1979 ihre Tochter im Osten besuchen wollten, wurde dies nicht genehmigt. Nun wandte sich die Mutter an Herbert Wehner. Über den Vogel-Kontakt wurde der Besuch dann doch ermöglicht. Dann stellte sich heraus, dass der Familienvater an Krebs erkrankt war. Jetzt fragte die Frau an, ob die Kinder für 14 Tage aus der DDR zu Besuch kommen könnten. Greta schrieb an Honecker, den sie mit »Lieber Freund« ansprach. Dem Vater, so teilte sie mit, gehe es immer schlechter: »Wir wären dankbar, wenn man der sowohl tapferen als auch geprüften Familie helfen könnte. / Herzlichen Gruß / Greta, Lotte u. Herbert«. Daraufhin wurde zwar nicht der Tochter die Westreise, aber der Mutter ein Tagesaufenthalt in Ost-Berlin erlaubt. Nach ihrer Rückkehr verschlechterte sich der Gesundheitszustand ihres Mannes. Der Arzt konnte der Frau keine Hoffnung auf Besserung machen. Erneut wandte sie sich an Greta: »Ich (…) möchte doch nichts unversucht lassen. Bitte, haben Sie Verständnis, dass ich Sie schon wieder belästige, aber, wer sonst als Sie und Ihr verehrter Herr Vater könnten uns helfen?« Wieder schrieb Greta an Honecker, sie wisse, die Kinder hätten den Zustand selbst »verschuldet«, weil sie 1975 nicht mit ausgereist waren. Aber sie hätten im guten Glauben gehandelt und sich positiv für ihre Heimat entschieden. Am Ende wurde wieder nur eine Einreise der Mutter nach Ost-Berlin genehmigt, »auf Tagespassierschein«.

Auch nach dem Tod des Vaters bemühte sich die Familie weiter um eine West-Reise ihrer Tochter; der Briefwechsel zwischen der Familie, Herbert und vor allem Greta, Wolfgang Vogel, teilweise auch unter Einschluss kirchlicher Stellen, umfasst über hundert Seiten.[267]

Manche Probleme fingen mit der Ankunft im Westen erst an. Auch in solchen Fällen kam es dazu, dass sich die Betroffenen an Herbert und Greta wandten. Erschütternd ist zum Beispiel das Schicksal der Familie Hentsch, die 1978 freigekauft wurde und zunächst nach Bad Godesberg gezogen war, wo der Familienvater aber keinen Arbeitsplatz fand. Die 9-jährige

Tochter kam bei einem Verkehrsunfall ums Leben. In dieser Situation hatten sie ein persönliches Gespräch mit Herbert und Greta im Bundeshaus, und so erhielt die Familie, »nicht nur durch Ihre Fürsprache und Hilfe«, eine neue Wohnung in Berlin. 1983 schrieb Ehefrau und Mutter Ingeborg im Namen der ganzen vierköpfigen Familie: »Es ist ein hoher Preis, den wir für die Freiheit zahlen mussten, und doch sind wir dankbar für jeden Tag, den wir hier sein dürfen. (…) Wir verehren Sie sehr!«[268]

Wehners waren hartnäckig. Wolfgang Vogel erinnerte sich beispielsweise, dass Herbert keine Ruhe gab, bis sämtliche der 1972 entstandenen Kofferfälle gelöst waren.

Bei den humanitären Fällen von Herbert und Greta handelte es sich oft um solche Angelegenheiten, in denen die Betroffenen oder ihre Fürsprecher unmittelbar bei ihnen angefragt hatten. Auch Abgeordnete leiteten Anliegen, die an sie herangetragen wurden, an sie weiter. Ebenfalls üblich war es, dass Anwalt Wolfgang Vogel von sich aus Menschen auf Wehner-Listen setzte, die sich an ihn gewendet hatten und nicht über Fürsprecher im Westen verfügten. Oder es waren politisch kompliziertere Fälle, die das Bundesministerium für innerdeutsche Beziehungen an Herbert Wehner übergab. Denn das Gros wurde über das Ministerium erledigt, so im Jahr 1976 etwa 5500 Familienzusammenführungen und 1300 Häftlingsfreikäufe. Kompliziertere »Konflikt- und Problemfälle« gingen auf besonderen Listen an Vogel.[269]

Ebenfalls bei Herbert und Greta landeten Listen mit »Härtefällen«, also Personen, die in schwierigen, oft lebensbedrohlichen Situationen waren. Da hatten Ausreisewillige schon mehrere Anträge gestellt und ihre Arbeit verloren, waren selbstmordgefährdet oder schwer krank. Eine junge Frau aus der DDR hatte ein gemeinsames Kind mit ihrem Verlobten aus der Bundesrepublik. Diesem wurde mittlerweile die Einreise verweigert, und ihre Familie hatte sich von ihr losgesagt. Sie bekam keine Arbeit mehr in ihrem Beruf, eine Wohnung wurde ihr verweigert. Es bestand akute Selbstmordgefahr. Schwierig war es bei einer Frau aus Weinböhla bei Dresden, die unheilbar an Leukämie erkrankt war. Sie wollte noch einmal ihre Tochter im Westen besuchen, aber diese hatte die DDR »illegal« verlassen, und aus diesem Grund waren die Besuchsreiseanträge abgelehnt worden. In solchen und ähnlichen Fällen waren Greta und Herbert zuweilen die letzte Hoffnung. Die »Fälle« der Wehners, so erinnerte sich Wolfgang Vogel, gingen im Unterschied zu denen, die später andere Politiker vortrugen – wenn auch oft mit Verzögerung – letztlich samt und sonders durch.[270]

Zehntausenden von Menschen konnte auf diese Weise geholfen werden. Darunter waren politisch Verfolgte ebenso wie Sportler, die bei Wettkämpfen im Westen geblieben waren und nun ihre Familien nachholen wollten. Fluchthelfer, auch professionelle, waren ebenso betroffen wie Menschen, die beim Fluchtversuch über die innerdeutsche Grenze erwischt und wegen »Republikflucht« verurteilt worden waren. Eltern wollten ihre Kinder bei sich haben, Kinder ihre todkranken Eltern oder Großeltern im anderen Teil Deutschlands noch einmal besuchen. Umzüge, Krankenbesuche, Reisen, Anliegen, die im wiedervereinigten Deutschland selbstverständlich, ja zwischen den meisten Ländern in Europa heute kein Problem sind, waren damals nur auf verschlungenen diplomatischen Wegen und gegen Bezahlung durch die Bundesregierung zu ermöglichen.

Konkrete Hilfe für Menschen in schwierigen Lebenslagen – das war Gretas Beruf als Sozialarbeiterin – und diesen übte sie an der Seite von und gemeinsam mit Herbert auch auf dem schwierigen Gebiet der Familienzusammenführung und der Ausreisen von Menschen aus der DDR aus.

OSTWÄRTS

Vom 24. September bis 2. Oktober 1973 reisten Herbert und Greta in die Sowjetunion. Sie waren Teil einer Parlamentsdelegation des Deutschen Bundestags. Außer dem SPD-Fraktionsvorsitzenden Herbert Wehner nahmen der FDP-Fraktionsvorsitzende Wolfgang Mischnick, der Vorsitzende der CSU-Landesgruppe im Bundestag Richard Stücklen sowie für die CDU ihr stellvertretender Fraktionsvorsitzender, der spätere Bundespräsident Richard von Weizsäcker, teil. Neben Greta wurde Herbert vom außenpolitischen Berater der SPD-Bundestagsfraktion Eugen Selbmann begleitet. Zahlreiche Journalisten bildeten den Tross der Delegation, die von der ersten sozialdemokratischen Bundestagspräsidentin Annemarie Renger angeführt wurde.

An dieser Reise, insbesondere an Herberts Teilnahme an ihr, entzündeten sich die Fantasien der mitreisenden und noch mehr der daheimgebliebenen Journalisten. Herbert Wehner, der Ex-Kommunist, ehemaliges ZK-Mitglied und Kandidat für das Politbüro, war in der Zeit zwischen 1937 und 1940 mitten in den stalinistischen Säuberungen nicht nur Bewohner des Moskauer Emigrantenhotels »Lux« gewesen, sondern vor allem Gegenstand einer Untersuchung, die sein Leben und das seiner Freunde und Weggefährten bedroht hatte. Das war bekannt, denn Herberts recht detaillierte Erinnerungen an diese Zeit, die über 200-seitigen »Notizen«, hatten Greta, Lotte und er schon im Frühjahr 1957 mehrere hundert Mal vervielfältigt. Damals hatte die Union im Wahlkampf eine heftige Verleumdungskampagne gegen Herbert entfesselt. Die »Graue Mappe«, so nannten die Wehners den Schnellhefter, verschickten sie an zahlreiche Redaktionen, Journalisten und Politiker.[271]

Nun witterten CDU/CSU-Politiker und rechte bzw. der Union nahestehende Journalisten und Medien die Gelegenheit, Zwietracht im Regierungslager zu säen. Der Westen schlitterte gerade in die Ölkrise, die Ostpolitik war ins Stocken geraten, die Opposition, im Vorjahr bei der Bundestagswahl noch haushoch geschlagen und mit ihrer Klage gegen den Grundlagenvertrag mit der DDR vor dem Karlsruher Verfassungsgericht gescheitert, sah sich im Aufwind. Bundeskanzler Brandt und Außenminister Scheel waren gleichzeitig nach Amerika geflogen, und jetzt Wehner in Moskau: Daraus musste sich doch etwas machen lassen – gleichzeitig mit der Reise begann die Kampagne.

Im Rückblick wies Greta auf den sachlichen Hintergrund hin: Es habe Herbert wehgetan, »dass zwar die Verträge geschlossen waren, aber dann in Deutschland nicht mehr wirklich damit gearbeitet wurde.« Sie erinnert sich: »Andererseits wird von dieser Reise immer wieder gesagt, der Herbert hat von dort aus Willy Brandt gestürzt. Das klingt alles immer viel gröber als es entstanden ist. Ich weiß es noch, wie wir auf einer Stufe standen vor einem Gebäude und die Journalisten auf Herbert nur so herumhackten und sich auf ihn stürzten: ›Was sagen Sie dazu, dazu, dazu, dazu …?‹« Und so fielen ein paar Worte, vor allem die eher zurückhaltende Bemerkung zur Berlinfrage: »In diesen Dingen haben wir etwas überzogen«.[272]

Diese und ähnliche Äußerungen reichten für interessierte Medien und Politiker aus, um zu behaupten, der SPD-Fraktionsvorsitzende sei mit der Politik der eigenen Regierung insgesamt unzufrieden. Mehr noch, sie warfen ihm, wie der CDU-Fraktionsgeschäftsführer Gerhard Reddemann, eine »undurchsichtige Geheimpolitik« oder, wie CDU-Außenpolitiker Werner Marx, »grobe Illoyalität« vor. Helmut Kohl, erst im Juni des Jahres zum CDU-Vorsitzenden gewählt, sprach von einem »ungeheuerlichen Vorgang«. Ohne Adjektiv kam der bayerische CSU-Minister Franz Heubl aus; er bemühte ein rechtsextremistisches Klischee aus der Weimarer Zeit, indem er Herbert Wehner einen »Dolchstoß in den Rücken der Bundesregierung« vorwarf.[273]

Am Ende des Reiseprogramms war die Stimmung in der Moskauer Delegation zwar gelockert, doch in Bonn herrschten Aufregung und »Hochspannung« vor der »Rückkehr Wehners«. Herbert selbst tat die Debatten zwar als »Gewusel« ab und meinte, »wenn man mich wieder einen Agenten schimpft, mir ist das doch egal«, doch ganz auf die leichte Schulter nehmen konnte er die Sache nicht. Nach der Heimkehr hatte er sich zu verteidigen, und das gelang ihm – in zahlreichen Gesprächen und Gremiensitzungen.[274]

In dieser Zeit fiel es vor allem Greta zu, ihrer Mutter einen Eindruck von der Reise und ihrer Atmosphäre zu vermitteln. Ihre Berichterstattung fing mit den Vorbereitungen an. Mitte September kaufte Greta eine Reihe von Gastgeschenken, denn »so brauchen wir nicht mit bundeseigenen Kugelschreibern oder Feuerzeugen als Gegengabe dastehen«. Sie erwarb also ein halbes Dutzend »Fürstenberg-Tellerchen«, davon die eine Hälfte mit Godesberger und Bonner, die andere mit Blumenmotiven; hinzu kamen eine Rosenthal-Vase mit tulpenähnlichem Relief und sechs Packungen Marzipan. Ebenfalls auf der Liste der Einkäufe standen ein Reisewecker mit Datumsangabe, zwei Nagelscheren-Etuis sowie ein Reisenähkästchen, »das ich besser gefüllt habe als im Original«. Greta war froh darüber, »dass die Verkäuferin nachdachte, was wohl meinem Bedarf entsprach«, und letztlich zeigte sie sich mit dem Erworbenen zufrieden: »Keines ist protzig und alles in schöner Form und von guter Qualität.« Schließlich leistete sie sich selbst »den Luxus einer neuen Tasche«, »für die vielen Dinge kleinerer und größerer Art«, und beschrieb diese ihrer Mutter, samt kleiner Zeichnung: »So einfach ist sie, groß aber nicht riesig, matt im Leder braun, aber auch als ob sie fast schwarz ist, ein großes, tiefes Fach drinnen und ein geräumiges Reißverschlussfach, eine Vortasche mit einem Riegel gesichert. Da hinein passen alle Papiere, Fotos und auch – einmal gefaltet – etwas Schreibpapier, *mellanmål** für Herbert für Vor- und Nachmittag, Terminkalender und Adressenbuch und vielleicht auch noch ein Stück Brot für mich und Reserve-Strumpfhosen, also eine Handtasche, die einem über den Tag helfen kann.«[275]

Drei Tage vor Reiseantritt hatte Greta das Wesentliche vorbereitet: »Waage, Brett und Messer, Kekse, Zwieback und Nachmittagsstuten, Äpfel und Apfelsinen für vormittags und abends, Folie zum Einpacken ist drinnen, nur Frühstücksbrot und Marmelade fehlen noch. Für 8 ½ Tage *mellanmål* mitnehmen ist viel, aber ich weiß ja nicht welche Möglichkeiten ich da haben würde – allein schon zeitlich – etwas zu besorgen. Waschtaschen und Medikamententasche – für alles Mögliche – ist gerichtet, es geht also jetzt hauptsächlich noch um unsere Kleidung – wobei ich Handschuhe und Schals schon rausgeholt habe […].«[276]

Am 24. September war der Himmel über dem Kölner Flughafen bewölkt. Gleich nach dem Start, an Bord des Flugzeugs, schrieb Greta ihren ersten Reisebrief. Wo es ging, schilderte sie ihrer Mutter die Landschaft. Erst ab Münster gab es kurz klare Sicht; »sehr schön konnte man die ganze Stadt mit Umgebung und altem Stadtkern entdecken»; von da an ging der Flug »durch (nicht über)« Wolken. Diese Zwischenzeit nutzte Greta, um Lotte das komplette Reiseprogramm aufzuschreiben, ehe sie über Dänemark und Südschweden flogen, leider meist ebenso von Wolken verdeckt. Aber immerhin: Sie kamen an Öland vorbei, wo Lotte sich gerade aufhielt: »Långe Jan und Ottenbylund waren deutlich zu erkennen, doch schnell verschwand der größere Teil Ölands unter den Wolken.« Verhältnismäßig klare Sicht gab es dann wieder über Russland: »Unter uns ist eine von kleinen Flüssen und mit kleinen – rundlichen Seen durchzogene Feld- und Waldlandschaft, leicht hügelig – nicht so hoch wie das Bergische Land.« Den Brief gab Greta

* Schwedisch für: Zwischenmahlzeit(en).

September 1973: Herbert und Greta in Leningrad (im Hintergrund: die »Aurora«)

noch vor der Landung beim Flugzeugpersonal ab, denn sie rechnete mit einem längeren Postweg von Moskau nach Schweden.[277]

Gretas erste Postkarte aus der Sowjetunion war mit einem Kremlmotiv versehen und wurde »wohlbehalten« am »Abendbrottisch« geschrieben. Sie hatten den Sitzungssaal des Obersten Sowjets besichtigt und ein Ballettstück gesehen. Dieses hatte »9 verschiedene Themen, beim ersten interessierte mich die Musik mehr, dann war es dramatisch und zuletzt lustig«. Abends besichtigten sie noch »die alten prachtvollen Gemäuer« des Kremls. Am folgenden Tag, dem 25. September, begleiteten Greta und Eugen Selbmann Herbert zu »einem Gespräch« außerhalb des offiziellen Programms. Nach dem Mittag gingen sie in ein großes Schallplattengeschäft und bekamen dort »ein paar sehr schöne Platten geschenkt«, danach konnten sie auf den »Leninhügeln« »Sportler von der Hochschule ohne

Schnee von der Sprungschanze« springen sehen. Am Abend war die Delegation zu Gast beim Empfang in der deutschen Botschaft. Als Herbert und Greta etwas später hinzukamen, fragten die Journalisten sie neugierig, wo sie gewesen waren und wer denn die Gesprächspartner gewesen seien. Lachend sagte Greta ihnen, dass sie da wohl Herbert selbst fragen müssten. »Hätte ich ihnen gesagt, was ich wusste, sie hätten es mir nicht geglaubt, denn ich wusste nicht, bei wem wir gewesen waren – und das amüsierte mich.« Inhaltlich hatte sie aber doch einiges mitbekommen. Sie fand die Gespräche interessant und meinte, die Gesprächspartner seien alle Kinder gewesen, »als Herbert seine schwere Zeit dort erlebte, sie waren sogar noch ein bis zwei oder drei Jahre jünger als ich.« Später am Abend übernahm Greta die Aufgabe, den auf einem gelben Sofa qualmend, zwar mit gedämpfter Stimme, aber nach Ansicht der journalistischen Beobachter »laut grübelnden« Herbert zum Aufbruch zu mahnen.[278]

Nach einem sonnigen Dienstag war der Himmel über Moskau am Mittwoch wieder bedeckt. Von einem Besuch im Außenhandelsministerium ging es zum Obersten Sowjet der Russischen Föderation.

Abends flog die Delegation weiter in die Hauptstadt der Ukrainischen Sozialistischen Sowjetrepublik. In Kiew war der Zweite Weltkrieg noch allgegenwärtig. Die Stadt war schwer umkämpft, fast vollständig zerstört und erst nach mehr als zwei Jahren brutaler deutscher Besatzung befreit worden; die Bevölkerungszahl war 1943 auf 20 Prozent der Vorkriegszeit geschrumpft. Dreißig Jahre später waren die Spuren des Krieges im Stadtbild immer noch sichtbar, ob an Baulücken oder an Neubauten. Die Delegation übernachtete in einem »zweckmäßigen, schönen neueren Hotel« und nahm an einer »Art Pressegespräch« teil. Morgens gab es eine Stadtrundfahrt. Greta schilderte die Lage der Altstadt oberhalb des Dnjepr. Kiew habe ungefähr so viele Einwohner wie Hamburg. Breite Grüngürtel und Parks beobachtete sie; noch nie habe sie Städte gesehen wie »Moskva und Kiew, die so viel Grün gepflanzt haben«. Dabei seien die steilen Hänge der Stadt zwar »dicht bewachsen mit schönen Bäumen«, neben »der schnellen Pappel« auch viele Kastanien, doch die Bäume seien »überwiegend nicht älter als 20–25 Jahre«, denn die älteren seien im Krieg abgeholzt worden. Greta war beeindruckt: »Mit einer ungeheuren Sorgfalt, mit Stolz und Liebe werden hier geschichtliche Bauten und öffentliche Einrichtungen restauriert, gepflegt und erhalten, wo wir auch hinkommen, sind die Parlamente der verschiedensten Ebenen in schönen Farbabstufungen bemalt mit unwahrscheinlich gut erhaltenen Stuckarbeiten.«[279]

Der Vorsitzende des Präsidiums des Obersten Sowjets der Ukraine, Iwan Hruschezkyj, erwähnte in seiner Rede vor der Delegation zwar, dass Russen und Ukrainer seit über 300 Jahren eine gemeinsame Geschichte verbinde und die Ukrainische Republik seinerzeit die UdSSR mit aufgebaut habe. Er betonte aber die Eigenständigkeit der Sowjetrepublik. Die Ukraine sei ein souveräner Staat mit eigener Verfassung, Fahne und Staatsorganen. Sie sei einer der Mitbegründer der UNO und Mitglied in über 70 internationalen Organisationen.[280]

In Kiew hielt Herbert eine emotionale, beeindruckende Tischrede. »Herbert Wehner wollte es so, und er setzte sich durch«, berichtete ein Korrespondent. »Nie habe er sich träumen lassen, in Kiew eine Rede zu halten«, sagte Herbert und fragte nach den Folgen des Krieges für die Ukraine. »Das deutsche Volk ist friedliebend wie das ukrainische Volk.« Sein Beitrag gipfelte in dem Satz »Ich liebe Sie.«[281]

Von Kiew ging es weiter nach Leningrad. Aus dem 10. Stock »des wunderschönen Hotels« sahen sie beim Frühstück auf die Newa und die Stadt herunter, die Greta mit ihren 4 Millionen Einwohnern großzügig und weitflächig erschien, »ganz anders als Kiew, das lieblich schön eingebettet in üppiges Grün ist«: »Leningrad liegt mit prachtvoll strengen Gebäuden entlang beider Seiten einer Vielfalt von Fluss- und Kanalufern.« Sie besichtigten ein optisch-mechanisches Werk, die Gedenkstätte für die Opfer des Krieges, »wo etwa 500 000 Tote beerdigt worden sind«, sowie das »Schlachtschiff Aurora, von wo die ersten Schüsse der Matrosen zu Beginn der Revolution« zum Sturm auf das Winterpalais fielen. Herbert fügte diesem Tagesbericht noch eine kurze handschriftliche Notiz hinzu; sie schloss mit dem Satz: »In Bonn wird kräftig auf mir herumgeklopft.« Nach einer Blitzvisite im Schloss Peterhof, der ehemaligen Sommerresidenz der russischen Zaren, flog die Delegation wieder nach Moskau.[282]

Während Herbert zur Kenntnis nahm, dass in Bonn »alles einander aufregt, angeblich meinetwegen«, nahmen sie wieder an einer Ballett-Vorführung teil. Eine Stadtrundfahrt mit dem Bus schloss sich am Sonntagvormittag an; mittags aßen sie auf dem Moskauer Fernsehturm, dem damals noch höchsten Gebäude der Welt, in einem Restaurant, das sich um dessen Achse drehte, und nachmittags besuchten sie eine Zirkusvorstellung. Greta ärgerte sich, dass sie ihre Mutter telefonisch kaum erreichen konnte, die Leitungen seien wohl wegen der »ständigen Presse-Telefon-Gespräche« völlig überlastet. Am 1. Oktober schrieb Greta ihrer Mutter aus dem Kreml, während die Vorsitzende des Nationalitäten-Ausschusses des Obersten Sowjets, Jadgar Nasriddinowa, zu den Bonner Delegierten sprach. Die Usbekin hatte die Parlamentarier während des gesamten Reiseprogramms begleitet, und Greta war froh darüber, dass Nasriddinowa bei der Gelegenheit »so deutlich« die Debatten um das Viermächteabkommen über Berlin ansprach, ganz auf der Linie von Herbert. Greta meinte, »vielleicht begreifen dann die CDU/CSU-Teilnehmer, zumindest für sich, dass man das Abkommen so nehmen muss, wie es ist, wenn man das gute Resultat zum Nutzen der Menschen für die täglichen Bedürfnisse anwenden will.« Sonst hielt sie sich in ihren Berichten mit politischen Stellungnahmen eher zurück, diesmal fügte sie aber ihre Einschätzung hinzu: »Sicher haben wir alle voneinander zu lernen und ohne, dass die verschiedenen Gesellschaftsformen von ihrer Grundform ablassen, so glaube ich, dass mit dem Lauf der Jahrzehnte mehr Verständnis und Ausgleich füreinander entstehen werden und sicher auch ein Annähern von Lebensformen.« Zu Herbert sagte sie, unter dem Eindruck der Gespräche mit den jungen russischen Reisebegleitern, sie glaube, dass sich im Ostblock politische Veränderungen anbahnten.[283]

Ihren letzten Brief von unterwegs schrieb Greta am Dienstag auf dem Rückflug von Moskau nach Bonn. Sie übermittelte Lotte darin »schriftlich die herzlichsten Grüße und Wünsche« von Nasriddinowa: »Sie nannte mich immer Tochter Greta und hat mir einen Seidenstoff (außer der Reihe) aus ihrer Heimat Taschkent geschenkt.« Als offizielle Gastgeschenke brachten sie Schallplatten, Lackkästen, eine Bernsteinkette mit Armband und einen »Spielzeug»-Samowar mit. Herbert hatte außerdem einen elektrischen »Gebrauchssamowar« erhalten.[284]

Mit diesem Schreiben vom 2. Oktober 1973 endete die »Live-Berichterstattung« Gretas aus Moskau, Kiew und Leningrad. In Bonn bei der Ankunft erschienen zahlreiche Journalisten; es war »ein ziemliches Gedrängel« um Herbert Wehner. Greta verlor dabei zwischenzeitlich ihren Gürtel; zwei der fünf Baccararosen, die ihr in Moskau zum Abflug geschenkt worden waren, überlebten das Getümmel nicht.[285]

Für Herbert ging es jetzt erst richtig los. Aus seinen Aufzeichnungen und aus seinem Gedächtnis fertigte er einen 29-seitigen »Versuch einer Übersicht über Verlauf und Gespräche während einer Reise der Delegation des Deutschen Bundestages in der UdSSR«, datiert vom 6. Oktober 1973. Das war die politische Zusammenfassung; Greta wiederum begann am gleichen 6. Oktober einen detaillierten Reisebericht an ihre Mutter, der – wäre er fertig geworden – es wohl mit jedem zeitgenössischen Reiseführer hätte aufnehmen können. Dabei machte Greta wiederum ihre Bemerkungen zur Delegation und zum Programm, so etwa, dass Annemarie Renger bei einer Rede abends in Moskau »die nötige Wärme vermissen ließ«. Doch Beschreibungen von Land und Leuten standen im Mittelpunkt.[286]

Dann unterbrachen die Aufgaben des politischen und häuslichen Betriebs die Weiterarbeit an dem Reisebericht. Am 14. Oktober etwa war eine Sitzung des SPD-Parteirats. Da saß sie draußen vor dem Sitzungssaal, gemeinsam mit einem engen Freund der Familie, dem dänisch-israelischen Politiker und Journalisten Werner David Melchior. So kam Greta nicht dazu, ihrer Mutter zu schreiben und auch nicht dazu, »die mitgenommene Arbeit« zu machen. Aber sie erfuhr dabei immerhin, warum Hebräisch und Arabisch von rechts nach links, Lateinisch und Griechisch dagegen von links nach rechts geschrieben wird – und teilte dieses Wissen Lotte mit. Schließlich, am 17. Oktober, meinte Greta im Brief an ihre Mutter, eigentlich hätte sie den Reisebericht fortsetzen wollen, »aber Herbert hat mir zugeredet am Nachmittag spazieren zu gehen und die Arbeit später zu machen»; sie machte also stattdessen eine Radtour durch den Wald und schloss: »Der Wald ist wunderschön, doch nun reicht die Zeit nicht mehr.«[287]

Die ganze Zeit über war sie knapp, die Zeit. Andererseits aber war sie prall gefüllt mit Leben und Erleben – und mit Weitergeben, mit der detaillierten Weitergabe des Erlebten an Lotte auf Öland.

Nach der Rückkehr aus der Sowjetunion am 2. Oktober begann in Bonn die »Herbert-Wehner-Woche«, wie die Presse sie nannte. Gespräche, Sitzungen, Termine jagten einander, die Stimmung in Parteiführung und Regierung war gereizt, am Ende aber gaben sie Herbert Wehner in der Sache recht, und die Regierung überstand auch die Bundestagsdebatte zur Außenpolitik unbeschadet. Der *Spiegel* versuchte noch, im Zusammenspiel mit Teilen der Umgebung des Bundeskanzlers, den Keil zwischen Willy Brandt und Herbert Wehner zu vertiefen, durch eine verkürzende und verfälschende Wiedergabe von Zitaten der beiden, doch es gelang nicht, den Kanzler dazu zu bewegen, sich von seinem Fraktionsvorsitzenden zu trennen. Das gleiche Ergebnis zeitigte der nächste Versuch aus dem Küchenkabinett des Kanzlers im März 1974. Zur Unzeit kamen Gerüchte über eine mögliche Ablösung von Herbert in die Presse, der Fraktionsvorsitzende sprach über sechs Stunden mit dem Kanzler, und wieder rauften sich die beiden zusammen.[288]

Einen Bumerang nach dem anderen hatten Brandts Spin Doctors auf Herbert Wehner geworfen. Am Ende trafen sie – wenn überhaupt – nur Willy Brandt selbst. Im Zusammenspiel zwischen den Indiskretionen des Küchenkabinetts, den Anwürfen der CDU/CSU-Opposition und der Berichterstattung darüber entstand das Bild eines zaudernden, entrückt erscheinenden, in der Krise zu Depressionen neigenden Kanzlers.

Und dann geriet Brandt ins Straucheln. Am 24. April 1974 wurde sein Referent Günter Guillaume als Agent der DDR-Staatssicherheit verhaftet. In den nun folgenden Tagen und Wochen stellte sich heraus, dass Guillaume schon über ein Jahr lang unter Verdacht gestanden hatte, die zuständigen Behörden und die Umgebung Brandts jedoch nachlässig mit dem Fall umgegangen waren. Herbert Wehner versuchte seinen Teil zum Krisenmanagement beizutragen, doch Brandt selbst reagierte mit depressiven Verstimmungen und Rücktrittsgedanken. Als Kanzler und Fraktionschef einander am 4. Mai im Tagungshaus der Friedrich-Ebert-Stiftung in Münstereifel trafen, kam es zum Gespräch unter vier Augen. Herbert versicherte Willy Brandt seiner »uneingeschränkten Treue für jede denkbare Entwicklung«; vom Rücktritt riet er ihm weder ab, noch riet er ihm dazu.[289]

Greta war bei diesem Gespräch unter vier Augen nicht dabei. Sie erinnerte sich später, dass Herbert zunächst »über die

SPD-Parteitag 1972 – Greta mit Herbert Wehner und Willy Brandt

Lage verzweifelt« war, später dann über die Behauptungen, wie es zu dem Rücktritt gekommen sei. Greta selbst war nicht für den Rücktritt, wobei sie – ähnlich wie Herbert – wahrnahm, in welch schlimmem Zustand, der »im Grunde genommen lebensbedrohlich zu sein schien«, Willy Brandt damals war. Damit spielt sie auf Brandts Selbstmordgedanken auf der Insel Helgoland an, welche den Wehners zu Ohren gekommen waren. Wenn dieser dazu bereit gewesen wäre, hätte Herbert ihm geholfen, die Affäre durchzustehen. »Ich weiß nicht, ob Willy Brandt dies damals verstanden hat.« Herbert habe eben nicht gesagt: »›Du musst weitermachen‹. Man kann keinen lahmen Hasen oder lahmen Hund zum Jagen tragen, das kann man nicht, denn dies muss aus einem selbst kommen, wenn man eine solche Verantwortung tragen will.«[290]

Den Agenten selbst, Günter Guillaume, hatte Greta zuvor kaum wahrgenommen. Sie erinnert sich nur daran, wie sie bei einer anderen Gelegenheit in Münstereifel einmal die Scheiben ihres Autos geputzt hatte, als ein Mann an sie herantrat und zu ihr sagte, dem Sinne nach: »Wir beide wissen ja, wie man das macht – das muss sich auf das Ausreisen oder so etwas bezogen haben – aber ich habe gedacht, was ist das für ein komischer Mensch!« Erst als der Spion in der Zeitung abgebildet war, fiel Greta auf, dass das Guillaume gewesen sein musste. Ihr Eindruck war der eines plumpen Anbiederungsversuchs: »Der muss doof gewesen sein, ausgesprochen doof, so redet man nicht!«[291]

Greta beurteilte den ersten sozialdemokratischen Kanzler der Bundesrepublik Deutschland eindeutig positiv: »Willy Brandt war ein großer Staatsmann, der für unser Land Unermessliches geleistet hat, insbesondere, was das Ansehen Deutschlands in der Welt anbelangt.«[292]

Der Nachfolger Brandts als Bundeskanzler, Helmut Schmidt, entsprach von seiner »Grundausstattung« und von seiner Art her, »ernsthaft zu arbeiten«, Herbert Wehner mehr, meinte Greta. »Diese innere menschliche Grundlage des Handelns und des Seins, die ist im Verhältnis zu Helmut Schmidt sehr viel näher.« Doch Greta fand, Herbert sei »menschennäher« als Schmidt: »Er war an dem Werdegang, an dem Schicksal, an den Nöten der Menschen nicht nur interessiert, sondern das bewegte ihn, und er wollte helfend zur Seite stehen. Ich glaube, diese Neigung hatte Helmut Schmidt nicht.«[293]

Nach Schmidts Wahl zum Bundeskanzler am 16. Mai 1974 standen Greta und Herbert Wehner noch fast neun Jahre Arbeit im Bundestag bevor. Das waren weitere erfolgreiche Jahre, doch sie waren anstrengend, gerade für Greta, denn Herbert alterte im Amt zusehends. Und Lottes Lebensweg sollte nun zu Ende gehen.

»Schweden überhaupt ist für uns ein Stück Heimat, wenn auch nicht eine alleinige Heimat, ich hab' mehrere Heimaten.«

Greta Wehner

ÖLANDBILDER

Sommer 2018. Greta ist vor einem halben Jahr gestorben. Es ist ein trockener Sommer auf Öland, wir sind mit der Familie hier, im Urlaub. Diesmal nicht im Norden, sondern im Süden der Insel, nahe am Alvar. In Kastlösa, bei der Kirche, steht eingemeißelt in Stein, auf Schwedisch, Gretas und Herberts Psalm, der dreiundzwanzigste:

Der Herr ist mein Hirte,
mir wird nichts mangeln.
Er weidet mich auf einer grünen Aue
und führet mich zum frischen Wasser.
Er erquicket meine Seele;
er führet mich auf rechter Straße
um seines Namens Willen.

Wir machen eine Führung durchs Alvar mit. Kalkstein mit dünner Vegetationsschicht, *alve*. Eine Steppe, Pflanzen, die sich den schwierigen Verhältnissen angepasst haben, die sich in widriger Umwelt behaupten. Die Ölandssolvända in Gelb, die gibt es nur hier auf der Insel.

Tausendjährige Kirchen. *Ölands södra udde*, die Südspitze mit dem Leuchtturm Långe Jan. Capellagården, herrliche Pflanzenwelt mit – zu Gretas Zeiten noch etwas kleinerem – Café.

Wo sind wir noch mit ihr gewesen? Runensteine. Borgholm slottsruinen, die Schlossruine von Borgholm, natürlich im Park von Solliden, dem Sommersitz der schwedischen Königsfamilie. Weniger des Königs als der Landschaft und der Pflanzen wegen. In Borgholm auch gerne im Buchladen, vor allem aber zeigt sie uns das Café an der Hauptstraße, da gibt's *kaffe på tur* und wunderbare *kanelbullar*, Zimtschnecken und vor allem *småbröd*, große runde Kekse. Im Garten des Schlosses von Kalmar steht ein *oxel*, die schwedische Mehlbeere, Gretas Lieblingsbaum, wie sie uns erzählt. Einmal schenken wir ihr gemeinsam mit den Freunden einen zum Geburtstag, den gibt's bei einer Dresdner Baumschule.

Wann sind wir erstmals mit Greta auf Öland gewesen? Im Jahr 2000. In Löt, in der Nordhälfte der Insel, wohnt Greta gerne in der *stuga* neben dem Haus von Stina-Clara und Gunnar Hjulström, das ist der damals noch kurz vor der Pensionierung stehende Propst und Pfarrer von Glömminge. Wohl fühlen Greta und wir uns dann auch nebenan, im Haus von Klaus, einem alten Freund, der auch schon Herbert gekannt hatte.

Das Haus in Spjuterum hat sie uns nur von fern, im Vorbeifahren gezeigt. Ein Sehnsuchtsort, der ihr genommen worden ist, so ihr Gefühl. Unersetzlich und schmerzhaft. Schmerzbehaftet.

Der Mittlandsskogen. An die Westküste, gegen die Sonne über felsiges Gestein an die Küste. Wir betrachten den Sonnenuntergang bei Äleklinta am Sund, mit Blick auf die Insel Blå Jungfru. Sie zeigt uns einige *fornborgar*, frühgeschichtliche Siedlungen mit einer runden Steinmauer. Nicht die am besten ausgestattete, aber die schönste ist Ismantorp. Dort gibt es ein kleines, einfaches Café. Der Mann dort, wohl noch keine vierzig, spricht Greta auf Schwedisch an und fragt, ob sie *fru* Wehner ist. Da fühlen wir uns gleich zuhause.

Drei Jahrzehnte früher hat Gretas Mutter Lotte einmal die Fornborg besucht. Im Mai 1973 schildert die Gärtnerin es Herbert und Greta: »Aber dann kam Ismantorp! (…) vorher auf allen Seiten der Straße blühte neben ›Altem‹ auch schon die Orchidee: ›*Petri Nyckel*‹. Aber dann verschloss doch Erstaunen

Herbert, Greta und der Volvo vor dem Haus in Spjuterum

unsern Mund, als wir die riesige Fläche vor der Burg sahen. 30 cm hohe Orchideen, ebenso lange Himmelsschlüssel und voll von kleinen Blumen, einem Teppich gleich die ganze Fläche. Wir konnten uns nicht sattsehen. Als wir dann noch merkten, dass das Kaffee geöffnet sei – saßen wir bald bei Kaffee und Kuchen und genossen dazu das schöne Blumenbild. Höchste Wonne, ich hörte draußen dann noch den Kuckuck!«[294]

Wenig Geschichten erzählt Greta eigentlich über Herberts Öland und über Lottes Öland. Bei Herbert ist es vor allem: Sein ausgeprägtes Ruhebedürfnis. Siehe die Geschichten diverser Besuche und Besuchsversuche, etwa der von Hans Apel. Der ist eines Tages angekommen, klopft an die Tür, und Greta öffnet. Der Hamburger Sozialdemokrat, Bundesfinanzminister unter Helmut Schmidt, meint, er sei extra auf seinem Segelboot gekommen, um Herbert zu begrüßen. Greta habe, so erzählt er, nur geantwortet: »Ich werde es ihm bestellen.« Das mag schon zu Zeiten von Herberts Krankheit gewesen sein.

In früherer Zeit spielt die Geschichte vom Besuch Horst Ehmkes und Conrad Ahlers' zu Herberts 65. Geburtstag am 11. Juli 1971. Die beiden Mitarbeiter des Bundeskanzlers wollen eine Taschenuhr überreichen, mit eingraviertem Datum und Unterschrift von Willy Brandt. Herbert, Lotte und Greta sind gerade bei Freunden, die Besucher machen sie dennoch ausfindig, wozu Herbert mürrisch meint: »Dann ist das hier wohl vorbei!« – und statt eines gemütlichen Geburtstags im Schatten schwedischer Bäume mit einem guten Buch in der Hand müssen sie die Gäste bewirten. Die Uhr hat mir Greta später geschenkt, als ich die Biografie »Herbert Wehner« fertig geschrieben habe, zu seinem 100. Geburtstag.

Trotzdem, die Wehners auf Öland sind gastfreundlich. Gern auch zu Besuchern, die eingeladen sind. Bundespräsident Gustav Heinemann ist mit dem Theologen Hellmut Gollwitzer gekommen und hat stundenlang mit ihm und Herbert in der einfachen »Sommerküche« gesessen. Und natürlich Tage und Aina Erlander. Das macht die schwedischen Nachbarn stolz, dass sie neben einem Freund ihres Ministerpräsidenten wohnen. Auch Willy Brandt ist wohl einmal dagewesen, erzählt Greta. Aber sonst, für uns, ist Öland eindeutig: Gretas Insel.

V. ZU ZWEIT

ABSCHIEDE

Dank und Anerkennung für ihr jahrzehntelanges unermüdliches Helfen sollte Greta bekommen, das meinten Herbert und Lotte. Und so machten sie ihr zum 31. Oktober 1974 ein großes Geschenk. Lotte hatte ihre Tochter Wochen zuvor gefragt, was sie sich denn zum 50. Geburtstag wünsche: »Es soll doch etwas ganz Besonderes sein!« Greta antwortete: »Ich wünsche mir, dass das kleine Haus, das immer als ›Gretas Haus‹ bezeichnet wurde, auf meinen Namen, auch rechtlich umgeschrieben wird.« Damit meinte sie ein kleines Nebengebäude auf dem Wehnerschen Grundstück auf der Insel Öland. Dieses Häuschen, ihre *stuga*, war Greta ans Herz gewachsen; liebevoll hatte sie es eingerichtet. Lotte sprach mit ihrem Mann über diesen bescheidenen Wunsch, doch Herbert ging deutlich weiter. Er entschied, dass das gesamte Anwesen auf Öland an Greta gehen sollte. Und so wurde sie Haus- und Grundbesitzerin auf der schwedischen Insel. An der Nutzung durch die drei änderte sich dadurch nichts.[295]

Im Sommer desselben Jahres hatte Lotte Greta gedankt, für die vielen schönen Stunden in Ruhe und Gemeinsamkeit. »Immer sind um uns Blumen und Früchte, schön gedeckter Tisch, und Musik und Spiel und viele kleine Freuden.« Sie ermahnte ihre Tochter: »Versuche bitte Dich ein wenig zu schonen, damit Du nicht in Deinem Alter so müde und krank bist.« Damit spielte sie auf ihre eigene schwache Gesundheit an. Diese zwang Lotte dazu, so sah sie es, Greta einen Teil der Aufgabe zuzuweisen, die sonst ihre eigene gewesen wäre: »Du musst nun versuchen, ihm so viel Kraft zu geben, dass er nicht verblutet an den Schlägen, die er ertragen muss, und viel Ruhe. Verzeih mir, dass ich es sage, ich weiß ja so gut, dass auch Du alles für ihn hergibst. Werd' mir nicht müde dabei!«[296]

Noch dramatischer war das Bild von der Situation, welches Lotte im April 1977 gab. Möglicherweise war ihr Bewusstsein zu diesem Zeitpunkt schon von Krankheit getrübt, aber Greta hat diesen Brief ebenso wie den zuvor geschilderten vom August 1974 aus der üblichen Monatsablage der Post herausgenommen und bei ihren persönlichen Unterlagen verwahrt. Was der Anlass war, ist unklar, aber Lotte muss etwas Drastisches empfunden haben. So begann sie das Schreiben an ihre »liebe kleine – große Greta«: »Nun ist der Sturmwind Deiner nicht gelebten Jugend über uns gerast! Völlig unerwartet, deshalb aber mit größter Kraft, hat er mir zum Bewusstsein gebracht, was ich lange ahnte, aber nie wagte zu Ende zu denken, dass ich alte Frau immer ins Unterbewusstsein verdrängte, dass ich Dir ja immer im Wege bin, für alle Deine Wünsche – Deine Lebenskraft und Freude immer verdränge!« Es wäre, haderte sie, möglicherweise besser gewesen, wenn sie, Lotte, beiseitegetreten wäre. Aber um das Lebenswerk Herberts nicht zu stören, habe die »reinigende Aussprache« nicht stattgefunden: »Bitte, glaube es mir, ich musste, als ich genau da stand wie Du jetzt, alle meine Kraft zusammenreißen um dieser Erkenntnis willen, ein Pfeiler zu sein in dem Lebenswerk dieses Mannes!« Sie lobte Gretas Tapferkeit und bat sie: »Lass uns zu dritt, ob es lange ist oder nur noch kurz, gemeinsam den Karren täglich über Wochen – über Jahre weiterziehen.« Ihr Schlusswort blieb im Bild: »Nun, mein tapferes Mädchen: Hü! Es geht weiter! – Deine Mutti.«[297]

Eine Antwort von Greta ist nicht überliefert. Die Tochter neigte allerdings dazu, ihre Mutter bei derlei Ausbrüchen, die bis hin zur Verzweiflung gehen konnten, zu beruhigen. So schrieb sie ihr im Januar 1978: »Du brauchst Dir keinen Kummer oder Sorge über und um mich zu machen.«[298]

Gewiss hatte Lotte recht, als sie schrieb, nie habe eine »reinigende Aussprache« zwischen ihr und ihrer Tochter oder auch zwischen allen dreien, Greta, Lotte und Herbert, stattgefunden. Dadurch blieben die Dinge in der Schwebe; ein Nachbohren in tiefere emotionale Schichten hätte möglicherweise das Funktionieren des Dreiecks gefährdet. Es war ein eingependelter Zustand, und der hielt, bis zum Schluss.[299]

Greta ist sich jedoch nicht sicher, was passiert wäre, wenn sie damals, im Jahr 1944, nicht mit Arnošt zusammen gewesen wäre und Herbert *vor* ihrer Mutter getroffen hätte. Aber: »Ich neige ja nicht zur Eifersucht, im Gegensatz zu meiner Mutter, die damit ein Problem hatte, leider.« Wie dieses Zitat und andere Äußerungen von Greta belegen, hatte sie nach deren Tod durchaus Kritisches über ihre Mutter zu sagen. Wenn es nicht Eifersucht war, dann war da doch eine gewisse Rivalität, auch ein gewisses Gefühl von Überlegenheit. Andererseits: »Greta liebt Herbert. Das wussten alle«, hat mir eine alte Mitarbeiterin des Parteivorstands einmal gesagt.[300]

Und Herbert? Herbert brauchte Greta, soviel ist klar. Wie es dabei um sein Gefühlsleben bestellt war, geht aus den Briefen nicht hervor. Zwischen Greta und ihm gingen kaum Schreiben hin und her, sie war ja ständig an seiner Seite. Lottes Eifersucht hatte er, wenn er in früheren Jahren gelegentlich einmal lobende Worte über Greta geäußert hatte, deutlich zu spüren bekommen. Da unterließ er das lieber. Dass er ohne Greta nicht mehr arbeiten, ja, dass er ebenso wie Lotte ohne sie nicht mehr leben konnte, war ihm bewusst. Ein Indiz für seine hohe Wertschätzung ihr gegenüber ist, dass Herbert es war, der 1974 die Entscheidung traf, Greta zum 50. Geburtstag mit das Wertvollste zu schenken, was sie wohl besaßen: das Haus auf Öland. Lotte allerdings trug er wie auf Händen. Liebevoll, rücksichtsvoll, zärtlich waren seine Briefe an sie über die Jahrzehnte hinweg, ebenso wie die ihren an ihn. Greta, am Ende doch die Zäheste der drei, steckte eher zurück und leistete im Hintergrund das Entscheidende. So war es – um den Schwebezustand zu erhalten – auch für Herbert das Sinnvollste, die jeweiligen Gefühle füreinander nicht zum Gegenstand einer tieferen Analyse zu dritt zu machen. So hielt der eingependelte Zustand am besten.

Ab Mitte der Siebzigerjahre veränderte sich das Gefüge entscheidend. Lottes Gesundheit besserte sich nicht, im Gegenteil, sie wurde zusehends schwächer. Herbert Wehner spürte, dass ihr Zustand sich verschlechterte. Das Thema brachte er selbst auf, in einem *Spiegel*-Gespräch 1974. Die Reporter fragten ihn, ob er noch einmal für den Bundestag kandidieren werde. Seine Antwort war weitschweifig. Er begann damit, dass er wisse, was es heiße, in die Jahre zu kommen, gerade, »wenn ich das Leiden meiner Lebensgefährtin, die knapp älter ist als ich, miterlebe«.[301]

Lotte hatte einige Klinikaufenthalte, ihre Schreiben wurden spärlicher, die Anzeichen von geistiger Verwirrung wurden mehr. Nachdem Herbert ihr zum 75. Geburtstag im August 1978 auf Öland die Grüße von Helmut und Loki Schmidt überbracht hatte, schrieb er an den Bundeskanzler: »Ich habe Eure Zeilen Lotte vorgelesen und Blumen nebst ›Teller‹ entsprechend erläutert. Für mich war's erschütternd. Ich bitte Euch sehr, meinen Dank entgegenzunehmen. Sie selbst vermag ihn nicht schriftlich zu geben.« Wegen Lottes Zustand konnten Greta und Herbert nicht rechtzeitig zu Terminen in Bonn zurück sein. Lotte hatte Wahnvorstellungen. Sie erlebte in ihren letzten zwei Lebensjahren die Verfolgung durch die Nazis noch einmal mit: »Im Haus gegenüber ist ein Gestapokeller, dort wird gefoltert«, sagte sie zu Greta.[302]

Kurz nach Lottes Geburtstag, im Herbst 1978, stiftete die dortige Arbeitspartei bei Modi'in in Israel einen »Herbert-und-

Lotte-Wehner-Wald«. Die Jubilarin konnte nicht mitreisen; Greta und Herbert waren es, die gemeinsam mit dem israelischen Parteivorsitzenden Schimon Peres zur Einweihung vor Ort waren. Als Lotte ein Jahr später im Sterben lag, spielte Herbert für sie auf der Mundharmonika das Kirchenlied »So nimm denn meine Hände und führe mich, bis an mein selig Ende und ewiglich …«. Dabei kam sie zur Ruhe. Greta hielt Nachtwache am Bett ihrer Mutter. In dieser Zeit sprach Lotte noch einmal »nein – nein«, »ja – ja« und »Herbert – Herbert«. Als er am frühen Morgen zurückkehrte, starb sie. Greta: »Es war, als hätte sie nur auf ihn gewartet.« Lotte Wehner, in Hamburg verwitwete Burmester, in Flensburg geborene Clausen, Gärtnerin, Widerstandskämpferin, Mutter und Ehefrau, starb am 26. Oktober 1979 in Bonn. Sie wurde 76 Jahre alt.[303]

Anders als Lotte manchmal gemeint hatte, war das Leben ohne sie für Herbert und Greta keineswegs leichter. Sie fehlte Herbert als Ehefrau und Gesprächspartnerin, als Briefschreiberin und -empfängerin, der er sich schriftlich anvertrauen konnte und die ihm darüber eben auch Halt gab. Greta bedauerte, dass Herbert Wehner sich nicht die Zeit nehmen konnte, zu trauern. Er stürzte sich in die Arbeit, pflichtbewusst wie er war – und selbstvergessen.

Dabei nahm er auf seine Gesundheit nicht genügend Rücksicht. »Die gesundheitlichen Probleme nahmen zu, seine Leistungsfähigkeit nahm ab, und für Erholung war wenig Zeit.« Da wäre es für Herbert besser gewesen, wenigstens auf seine Führungsämter zu verzichten. Lotte hatte ihn schon 1973 in diese Richtung bringen wollen, aber da kam ein Rückzug aus politischen Gründen für ihn nicht in Frage. Er hatte das Gefühl, er werde gebraucht, Kanzler Helmut Schmidt sah es dann ebenso, und dabei blieb es, auch nach der Bundestagswahl von 1976, die denkbar knapp zugunsten der SPD/FDP-Regierung ausgegangen war. »Keiner hat geholfen, dass er aufhören kann«, meint Greta. Wenn Herbert Wehner einmal Rücktrittsgedanken äußerte, wurden sie in der Parteispitze eher als Drohungen verstanden. Immer wieder drängten ihn die Genossen zur erneuten Kandidatur, auch 1980. So ging der gesundheitliche Verfall Herbert Wehners einher mit dem Niedergang der sozial-liberalen Koalition.[304]

Dem im Oktober 1980 gewählten Bundestag gehörte der SPD-Fraktionsvorsitzende Herbert Wehner zugleich als Alterspräsident an. Seine »Antrittsrede« zur Eröffnung des Parlaments war wenig originell. Sie bestand nahezu vollständig aus einer Aneinanderreihung von Zitaten seiner Vorgängerin und seiner Vorgänger. Herberts Gedächtnislücken nahmen zu. Greta bemühte sich um Abhilfe. Da ihm bei Sitzungen immer öfter die Namen der Abgeordneten nicht einfielen, bat sie den Parlamentarischen Geschäftsführer Jahn: »Gerhard, wenn ihr wollt, dass Herbert den Fraktionsvorsitz noch weiter macht, müsst ihr ihm helfen und müsst ihm sagen, wie der heißt, der sich meldet.« So geschah es. Gleichwohl: In der Fraktion kam es zu Klagen über »ungeordnete Sitzungen, in denen der Vorsitzende sich nur noch auf das Abhaken der Rednerliste beschränkte«. Auch der den Wehners freundschaftlich verbundene Abgeordnete und Minister Jürgen Schmude stellte fest: »Es war nicht mehr der alte Schwung, und auch nicht die Substanz.«[305]

1980 war sein Allgemeinzustand, wie Greta sich erinnert, »besonders schlecht«. Sie gingen zu einem Internisten, der sagte, »Herbert darf nicht mehr abnehmen.« Greta wusste nun nicht, was zu tun war, »denn er konnte ja nicht mehr essen, sonst stieg der Blutzucker«. Am Ende mussten sie von Tabletten auf Insulinspritzen umstellen.[306]

»Herbert war eigentlich ab 1981 dauernd krank, obwohl er noch gearbeitet hat«, erinnert sich Greta. Vorher unterbrachen Erkrankungen von Zeit zu Zeit die politische Arbeit, jetzt war es umgekehrt. Krank sein wurde zum Regelzustand, unterbrochen von kürzeren Phasen der Arbeit. So war es im Jahr 1982: Zunächst verbrachte er drei Wochen in der Klinik, zur Behandlung des Diabetes; im März erkrankte er an Lungenentzündung, weswegen sie im April erstmals nicht an einem Bundesparteitag der SPD teilnehmen konnten. Ende des Monats konnte Herbert wenigstens einmal die Fraktionssitzung leiten, Helmut Schmidt bedankte sich eigens bei Greta und ihm dafür, seine Präsenz habe die Sitzung »entscheidend beeinflusst«. Greta hatte kurz zuvor an den Bundeskanzler geschrieben. Sie berichtete, wie langwierig sich Herberts Genesung dahinzog und bat ihn um Verständnis dafür, dass sie im Mai auf dringendes Anraten des Arztes für einige Wochen nach Öland führen. Greta schilderte ihr Dilemma so: »Leider sind in dieser Zeit zwei Sitzungswochen, das bedrückt mich und beunruhigt Herbert. Ich wünsche und hoffe nur sehr, dass die politisch ausgeglichenen Stellvertreter in der Lage sind, bis dahin die Fraktionsarbeit zu leiten, damit Herbert gekräftigt für die im Juni anstehenden Haushalt-83-Vorbereitungen zur Verfügung steht.« In dieser Zeit, im Juni, wurde er an der Prostata operiert, da hatte er abends einmal Verwirrungszustände. Danach, im Sommer, erkrankte er schon zum zweiten Mal im selben Jahr an einer Lungenentzündung.[307]

Im September 1982, am Rande einer Konferenz in Saarbrücken, war Herbert verwirrt. Er wusste nicht, wo er war, konnte morgens nicht mit seinem Rasierpinsel umgehen; erst als Greta ihm die Hand dabei führte, machte er die Bewegungen mechanisch weiter. Zurück zu Hause in Bonn erschien alles wieder normal. Erst Jahre später wurde eine Durchblutungsstörung des Stammhirns diagnostiziert.[308]

Genau zu dieser Zeit rutschte die sozialliberale Regierung in ihre finale Krise. Es lief parallel: Die politische Stimmung war nicht gut, Herberts Gesundheit war nicht gut, und seine Stim-

Herbert und Greta 1980

mung war nicht besser. Im Urlaub auf Öland rief Greta den Journalisten Joseph Rovan an. Sie meinte, »Herbert hängt schwarzen Gedanken nach« und bat ihn, auf ein paar Tage zu Besuch zu kommen. Rovan kam diesem Wunsch gerne nach. In Kalmar holten Herbert und Greta den Franzosen, der für den Bayerischen Rundfunk arbeitete, vom Flughafen ab und nahmen ihn mit zu sich nach Hause, nach Spjuterum. In den Gesprächen ging es um Herberts Lebenswerk.[309]

Herbert hatte im Frühjahr 1982 entschieden, nach 30 Jahren aus dem Parteivorstand auszuscheiden. Da kündigte sich sein Abschied schon an. Im Herbst, nach seinem Sturz als Kanzler, versuchte Helmut Schmidt noch, ihn zu überzeugen, gemeinsam mit ihm einen Platz in den hinteren Reihen der neuen Fraktion einzunehmen. Doch dagegen schritt Greta ein. Sie bat einen alten Freund Herbert Wehners aus Salzgitter, Michael Weber, darum, sich an den Ex-Kanzler zu wenden. Weber wusste um Herberts Zustand und wies Schmidt auf dessen »gesundheitliche Schwierigkeiten« hin. Er habe es verdient, »noch einige Jahre ohne ›in die Pflicht‹ genommen zu sein, zu leben«. Sein Appell war schließlich erfolgreich. Zur Neuwahl des Bundestages am 6. März 1983 musste Herbert Wehner nicht noch einmal kandidieren. Über 33 parlamentarische Jahre, davon 30 eng begleitet von Greta, waren vorüber.[310]

HEIRAT

»Interessant und nett fand ich ihn von Anfang an«, meinte Greta im Jahr 2008 zu einem Journalisten, doch Liebe, die kam »erst sehr viel später, in der Zwischenzeit habe ich aber viel von ihm gelernt«. Greta und Herbert Wehner wurden nach dem Tod ihrer Mutter ein Paar. Die Zuneigung war tief, »und es hat sich sehr bald ergeben, dass wir auch ohne Heirat, als wir alleine waren, dann eben wie zwei erwachsene Menschen, die sich lieben, zusammengelebt haben.«[311]

Im Frühjahr 1982 ergriff Herbert die Initiative. Er schlug Greta vor zu heiraten. Damit hatte sie nicht gerechnet, und sie sagte darauf »weder ja noch nein«. Dabei blieb es zunächst. Greta hatte Zweifel, ob es überhaupt erlaubt war, den Mann ihrer verstorbenen Mutter zu heiraten. Sie erinnerte sich, in ihrer Ausbildungszeit etwas über ein entsprechendes Verbot aus der Nazizeit gelesen zu haben. Sie sah im aktuellen Gesetzestext nach und stellte fest, das war längst aufgehoben; einer Eheschließung stand kein rechtliches Hindernis im Wege.[312]

Die Sache ging ihr nicht aus dem Kopf, aber sie brauchte Zeit. Ein knappes Jahr später, im Weihnachtsurlaub auf Öland, fragte Greta nach: »Willst du immer noch heiraten?« Er antwortete mit Ja, und Greta meinte: »Dann sollten wir das in Jerusalem tun.« Für den Mai 1983 war eine Delegationsreise der SPD-Bundestagsfraktion nach Israel geplant, und Herbert und Greta würden mitfliegen. Bei der Gelegenheit sollte Herbert Wehner auch den Ehrendoktortitel der Hebräischen Universität Jerusalem verliehen bekommen.[313]

Was seine Gesundheit betraf, standen die Dinge ausnahmsweise gut. Das Gespräch fiel in die »erholsame, heitere Zeit«, die Herbert und Greta nach dem Sturz der Regierung Schmidt zwischen dem Herbst 1982 und dem Frühjahr 1983 hatten. Doch dann wurde Greta krank.[314]

Herbert Wehner sollte am 1. Mai 1983 noch einmal eine Rede auf einer Maikundgebung in Hamburg halten; deswegen mussten beide von einem langen Aufenthalt auf Öland zurückkehren, obwohl Greta Fieber hatte. In Bonn ging sie dann zum Arzt, und der riet ihr dringend, auf die Teilnahme an der Israelreise zu verzichten. Ohne sie konnte auch Herbert nicht reisen.

Sie fügten sich in das Unabänderliche, doch Greta tat noch etwas: »Zuerst ging ich aber zum Standesamt und regelte die Trauung für den ersten Tag nach der geplanten Rückkehr aus Israel.« Und so, ohne viel Aufhebens darum zu machen, heirateten Herbert und Greta Wehner am Montag, dem 16. Mai 1983, um 10.30 Uhr auf dem Standesamt im Rathaus am Fuße des Godesberger Burgbergs.[315]

Die Presse berichtete flächendeckend. Nach der Hochzeit kamen viele freundliche Gratulationsschreiben aus der Bevölkerung. Insbesondere ältere Bürgerinnen und Bürger zeigten sich sehr berührt. »Es war das Gescheiteste, was Sie tun konnten«, schrieb etwa Hertha Hoffmann aus Springe und wünschte den beiden noch viele weitere Jahre, »aber ein etwas besseres, ruhigeres Leben«. Schöne gemeinsame Jahre wünschte auch Hedwig Heider aus Nienburg, wohl eine Witwe, denn sie fügte ihrem Wunsch noch die Worte hinzu: »Das Leben zu zweit ist wirklich schöner, das weiß ich von mir.« Viele Gratulantinnen und Gratulanten verbanden ihre Wünsche mit dem Bedauern über den »Abschied von Onkel Herbert« aus der Politik, etwa so: »Herr Wehner, wir vermissen Sie im Deutschen Bundestag sehr! Sie gehören zu den ganz wenigen großen Politikern der letzten zig Jahre.«[316]

Sehr persönlich schrieben viele SPD-Mitglieder von der Parteibasis, die den Wehners bei ihren zahlreichen Besuchen vor Ort begegnet waren. Ein Beispiel ist der 1946 der SPD beigetretene Kurt Kabatek aus Essen. Als dessen Frau schwer erkrankt war, hatte Greta ihm brieflich Trost gespendet, und als dann im Jahr 1974 die Amputation eines Beines drohte, hatte Kabatek sich auf einer Parteiveranstaltung »im Essener Saalbau« wieder an Greta gewendet, und sie hatte ihm erneut Mut zugesprochen. Politische und menschliche Bewunderung sowie Dankbarkeit verbanden sich: »Für mich hat die deutsche Sozialdemokratie in den 120 Jahren viele große, bedeutende Männer gehabt, seit Ferdinand Lassalle aus Breslau die deutsche Arbeiterbewegung gründete. Lassalle – Bebel – Wels – Wehner.«[317]

Die Gelegenheit, ihre Dankbarkeit zum Ausdruck zu bringen, nutzte ebenso eine Reihe von aus der DDR Freigekauften, denen Greta und Herbert persönlich geholfen hatten, auszureisen oder anschließend im Westen Fuß zu fassen. Dabei wurden einige sehr persönlich und schilderten teilweise erschütternde Familienschicksale.[318]

Einige herzliche Grüße kamen aus Polen, dem Land, das Herbert und Greta im Februar 1982 in besonders schwieriger Situation, unter dem Kriegsrecht und ein Zeichen gegen die Isolation des Landes setzend, auf ihrer letzten politischen Auslandsreise besucht hatten. Das politische Leben hielt sich eher zurück. Hans-Jochen Vogel, Herberts Nachfolger, gratulierte für die Bundestagsfraktion, und der Bundestagsabgeordnete Jürgen Schmude, unter Helmut Schmidt zuletzt Justizminister, fand warme, herzliche Worte. Schmude schrieb, auch namens seiner Frau Gudrun: »Wie Ihr einander helft und stützt, bewundern und schätzen wir seit langem. Solchen engen und liebevollen Zusammenhalt trifft man selten, und dann regelmäßig in der Form der Ehe, für die auch Ihr Euch jetzt entschieden habt.«[319]

Menschen, die den Wehners persönlich nahestanden oder nähergestanden hatten, so wie der Harburger Sozialdemokrat Hans Sander und die Journalistin Elisabeth Steil-Beuerle, verstanden es ähnlich wie Schmude, fanden die Hochzeit der beiden selbstverständlich, etwa so wie Greta sich an die Reaktion eines älteren Ehepaars aus Bonn erinnert: »Unsere früheren Pfarrersleute, die haben gesagt: ›Endlich heiratet ihr.‹« Anneliese Schmidt, Mitarbeiterin der SPD-Bundestagsfraktion, sah es so: »Mein Gott, habe ich mich gefreut! Wenn mir einige persönliche Überlegungen erlaubt sind, so dachte ich schon oft – eigentlich sollte die Greta dem Herbert kurzerhand einen Antrag machen, hat ›uns das Schicksal doch sowieso unlösbar zusammengeschmiedet‹.«[320]

Viele, die Wehners nicht näher persönlich kannten, glaubten Presseberichten, in denen es hieß, Herbert habe sie geheiratet, weil er sich »über die Versorgung Gretas nach seinem Tod Gedanken machte«. Doch auch dafür fanden sie meist lobende Worte, so wie die Malerin und langjährige SPD-Kommunalpolitikerin Melitta Schnarrenberger, die Herbert schrieb: »Um Deine großartige Mitarbeiterin nicht unversorgt zurückzulassen, heiratest Du sie, das allein schon würde genügen, Dich zu lieben.« Andere fanden die Berichte despektierlich, so wie Anita Kausche-Link aus Köln, die es so zuspitzte: »Lassen Sie sich von dem geschwafelten Schwachsinn der Tintenbuben nicht beeinträchtigen. Geben Sie sich gegenseitig das, was Sie seit Jahren austauschen. Ich habe mich über Ihre Entscheidung aufrichtig gefreut.«[321]

Es war nicht nur die rechte Presse, die behauptete, Herbert heirate Greta, seine »Stieftochter«, aus Versorgungsgründen. Schon der Begriff »Stieftochter« trifft nicht zu. Auch die Schilderungen der Motivation für die Hochzeit sind falsch, sie werden aber, wie viele Wehner-Legenden, immer wieder neu aufgewärmt, selbst in sonst freundlichen Porträts.[322]

Besonders haarsträubend und voller Fehler im Großen wie in den Kleinigkeiten war der lange, sensationsheischende Bericht von Erich Lütcke in der *Bild am Sonntag*. Danach habe Herbert Wehner mit der Heirat einen Schwur aus dem Jahr 1934 an seinen »alten Freund« und Genossen Carl Burmester erfüllt: »Ich sorge für deine Familie!« In den aktuellen Heiratsplan sei auch Lotte eingeweiht gewesen. »Freunde« würden sagen, dass Greta ohne die Heirat »nach Wehners Tod ein Fall für die Sozialhilfe gewesen« wäre.[323]

Nun trifft schon die Behauptung nicht zu, Herbert sei mit Gretas Vater befreundet gewesen. Nach Lage der Quellen sind die beiden sich nie begegnet; es kann also keinen solchen Schwur gegeben haben. Ebenso wenig trifft es zu, dass Greta ohne die Ehe nicht versorgt gewesen wäre. Im Gegenteil: Sie hatte ja den Versorgungsvertrag, den der Parteivorstand für sie abgeschlossen hatte. Greta, die jede Art der Bereicherung auf Kosten der Allgemeinheit ablehnte, gab sich hier keine Blöße. Nach der Heirat verzichtete sie auf diese überdurchschnittliche Altersversorgung.[324]

Nein, die beiden heirateten nicht, um Greta zu versorgen. Wenn überhaupt, dann wäre es umgekehrt richtiger: Die Ehe mit Greta gab Herbert die Sicherheit, weiter umsorgt zu sein – und sie gab Greta die Möglichkeit und rechtliche Handhabe, ihn in seinem Alter zu pflegen. Insofern war die Heirat wohl die letzte strategische Entscheidung in Herberts Leben, gefällt gemeinsam mit Greta. Von entscheidender Bedeutung war sie auch für die Zeit über seinen Tod hinaus, für die Wahrung seines Andenkens und seines Erbes. Denn Greta bekam freie Hand.

Im Zusammenleben zwischen den beiden Eheleuten gab es, wie Greta sich erinnert, so gut wie keine Änderung. Für sie war es die Bestätigung einer langen gemeinsamen Strecke; sie fand es schön, diese Gemeinsamkeit nun auch nach außen hin sichtbar machen zu können.[325]

Im Frühjahr 1983 gab es eine eher unbeschwerte Zeit für die beiden, Herbert war geistig noch klar. Jürgen Schmude beobachtete bei einem Spaziergang mit Greta und Herbert durch den Bonner Hofgarten, wie heiter und erfreut der frischgebackene Rentner die ehrerbietigen Begrüßungen der Passantinnen und Passanten entgegennahm. Am Wahlparteitag der SPD in Dortmund nahmen sie noch einmal gemeinsam teil – nicht aktiv, sondern als Zuhörer. Helmut Schmidt sprach bewegende und bewegte Worte zum Abschied von Herbert Wehner: »Zuneigung, und – ja – Liebe ist es auch.« Greta erwähnte der Ex-Kanzler nicht. Gepasst hätte es, erwartet oder gewünscht hat sie es eher nicht.[326]

Beiden schienen nun schöne, ruhige Jahre bevorzustehen. Herbert machte Pläne. Schon beim Hauskauf 1962 auf Öland hatte er gesagt: »Greta, wenn ich 60 bin, dann höre ich auf zu arbeiten«, und dann habe er in dem Haus »Platz zum Schreiben«. Nun, zwei Jahrzehnte später, wollte er endlich mehr Zeit auf der Insel verbringen, um dort seine Erinnerungen aufzuschreiben, seine »Erfahrungen und Gedanken so zu ordnen, um damit einen Beitrag zu leisten, der anderen Mitmenschen helfen kann, sich zurecht zu finden«. Das liest sich schon recht umständlich – und zeugt damit davon, wie schwer es dem Briefschreiber inzwischen fiel, seine eigenen Gedanken klar zu ordnen, sich auch sprachlich »zurecht zu finden«. Später meinte Greta, Herbert habe hier offensichtlich »seine zunehmenden intellektuellen Defizite« schon gespürt, und gemeint, »bloß weg von hier, das heißt von Bonn«. Und so verbrachten sie große Teile der Jahre 1983 bis 1985 »in unserer ›Auch-Heimat‹ in Schweden«.[327]

Um die beiden wurde es nun wirklich ruhiger. Zum Schreiben kam Herbert nicht mehr. Unter einem schönen gemeinsamen Lebensabend hatten sie sich gewiss etwas anderes vorgestellt als das, was nun folgte.

»Ohne Greta hätte er das nicht geschafft, so alt zu werden.« Die Bemerkung von Wolfgang Vogel deckt sich mit dem, was Herbert, noch zu aktiven Zeiten, in der Öffentlichkeit über sie sagte: »Das ist die Frau, ohne die, der vor Ihnen steht, heute nicht mehr leben würde.«[328]

Zumindest gilt: Greta sicherte über lange Jahre die Voraussetzungen dafür, dass Herbert »überhaupt noch konnte«, wie der langjährige Bundestagsabgeordnete Erwin Stahl sich erinnert: »Wenn sie nicht gewesen wäre, dann wäre er schon während der Vorsitzendenzeit nicht mehr kampffähig gewesen.«[329]

Greta beschrieb ihr Verhältnis zu Herbert einmal so: »Er ist für mich auf irgendeine Weise auch immer Partner gewesen, also in der gleichen Beziehung stehend und nicht in Abhängigkeit.« Das bezog sich zunächst darauf, dass sie, Greta, sich nicht von ihm abhängig fühlte und es nie war. Abhängig von Greta wurde nun allerdings in zunehmendem Maße Herbert. »Wir wuchsen gemeinsam in die immer größer werdende Abhängigkeit und Hilfebedürftigkeit hinein«, sagt Greta. Da war es, wie sie meint, ein großer Vorteil, dass die beiden schon über 30 Jahre ununterbrochen im gleichen Haushalt gelebt und tagtäglich zusammengearbeitet hatten.[330]

Die Jahre nach seinem Ausscheiden aus dem Bundestag sind für Herbert im Wesentlichen Krankengeschichte; für Greta sind sie Pflegegeschichte.[331]

Herbert litt an einer Multi-Infarkt-Demenz aufgrund von Gefäßschädigung. Dabei wechseln sich gute Phasen mit Phasen völliger Verwirrung ab. Die Krankheit kommt plötzlich und verläuft schubweise, anfallartig. Das Ergebnis ist das gleiche wie bei Alzheimer: Der Kranke verliert sein Gedächtnis, die Sprachfähigkeit, die Orientierung. Die Persönlichkeit verändert sich; er entwickelt sich zurück bis zur völligen Hilflosigkeit, fast wie bei einem Säugling.[332]

Abgesehen von solchen Anfällen wie auf der Saarbrücker Konferenz im Herbst 1982, welche die späteren Phasen als Vorboten ankündigten, entwickelte sich die Senilität bei Herbert Wehner wie im Lehrbuch beschrieben in drei Phasen, von der Vergesslichkeit über die »verwirrte Phase« bis hin zur völligen Demenz.

Zur Phase der Vergesslichkeit gehörten Wortfindungsschwierigkeiten. Greta beobachtete es im Sommer 1983 auf Öland. Da wies Herbert draußen eines Abends einmal mit der Hand nach oben und konnte nur »da« sagen – das Wort »Mond« fiel ihm nicht mehr ein. Seine Schreibversuche fielen ebenfalls der Vergesslichkeit zum Opfer. Auch Briefeschreiben gelang ihm nicht mehr recht.[333]

Ebenso wie Greta und den behandelnden Ärzten waren Herbert Wehner die Ursachen und das Ausmaß der Erkrankung nicht bewusst. Er wirkte mürrisch, verdrängend, depressiv. Im Sommer 1983 und danach äußerte er oft Sätze wie »alles war umsonst« und später »nichts kann ich mehr«. Der Gedächtnisverlust wirkte auf Herbert »besonders quälend«, der damit einhergehende Sprachverlust »war für den, der ein *Meister* der Sprache war, sehr deprimierend«. Der Arzt schätzte die Depression zunächst als »normale Folge« seines Ausscheidens aus der aktiven politischen Arbeit ein. Auf für ihn sicherem Boden bewegte Herbert sich allein innen, zu Hause, im Verhältnis zu Greta. Sie hatte viel Mühe, ihn in solchen Situationen zu ermutigen: »Ich versuchte, auszugleichen, aufzufangen mit Vorlesen, Spazierengehen, Hausarbeit, zum Beispiel Abwaschen, Abtrocknen, Kartoffeln pellen.«[334]

Aus gesundheitlichen Gründen kam die Reise nach Israel nun nicht mehr in Frage. Am 22. Februar 1984 begleitete Greta Herbert also zur feierlichen Verleihung des Ehrendoktors der Hebräischen Universität Jerusalem in die israelische Botschaft in Bad Godesberg. Zahlreiche Politiker und Würdenträger wa-

Greta und Herbert 1983

ren anwesend. Die Frau des Botschafters erinnert sich: »Die Urkunde wurde überreicht. Man konnte an Wehners Gesichtsausdruck erkennen, wie sehr ihn alles berührte (...). Es war ein anrührendes Erlebnis.« Herbert hielt eine kurze Dankadresse, dabei handelt es sich um die letzte Rede, für die er selbst einen Entwurf schreiben konnte. Sie geriet umständlich, er wirkte unbeholfen und schloss die Rede, wie Greta sich erinnert, mit einem einzigen spontanen Satz ab, der allerdings für ihn typisch war: »Ich werde immer helfen.«[335]

Spätestens zu diesem Zeitpunkt, Anfang 1984, hatte Herbert die zweite, die »verwirrte Phase« der Senilität erreicht, in welcher die Konzentrationsfähigkeit verloren geht und die Fähigkeit abnimmt, sich in Zeit und Raum zu orientieren.[336]

Greta musste nun für ihn sprechen. So war es im September 1984, als die SPD-Geschäftsstelle von Recklinghausen in »Herbert-Wehner-Haus« benannt wurde. Er selbst sagte nur wenige, eher verworrene Sätze. Die Außenwirkung aber stimmte. Die Presse berichtete von einem heiteren, gelassenen und lockeren alten Wehner, der das Geschehen hierzulande »im kritischen Blick« habe und über die politische Situation in der Bundesrepublik so umfassend informiert sei wie eh und je. Anders als früher üblich wurde über Gretas Begleitung berichtet, einige Male sogar ausführlich. So notierten die Medien, als sie dem

Diabetiker den Genuss eines Bieres verwehren wollte, habe er trotzig sein Glas erhoben und »Prost Greta« gesagt. Sonst, schrieben die Journalisten, hielt Greta sich »ganz im Hintergrund« und nahm die Geschenke für Herbert entgegen. Nach dem zweiten Stück Ruhrgebietskohle, eines kam vom Oberbürgermeister, das andere vom Landrat, stöhnte sie »leise« (aber für den Reporter des *Express* hörbar): »Hoffentlich nicht noch'n Stück Kohle.« Bcim Eintrag ins Goldene Buch der Stadt sträubte sie sich zunächst: »Ich bin doch nun wirklich keine Goldene-Buch-Frau.«[337]

Die Fragen der *Bild*-Zeitung beantwortete Greta. Der Reporter wollte wissen, ob Herbert an seinem Buch schreibe. Sie antwortete: »Er hat es immer noch vor, aber er ist aus der Nachdenk-Phase noch nicht hinaus. Auf Öland kann er gut Abstand gewinnen.« An »Zuckerkrankheit« leide Herbert Wehner, hieß es da, Greta sprach von starken Schmerzen von der Wirbelsäule her. Es bleibe vieles an ihr hängen: »Die Kartoffeln sind schon raus, aber die Bohnen, Mohrrüben, Kohlrabi, Zucchini muss ich noch ernten – nicht zu vergessen die Äpfel.« Nach der Feier fuhren sie in ihrem Volvo, ohne den Umweg über Bonn zu nehmen, wieder nach Öland zurück.[338]

Die Rollenverschiebung zwischen Greta und Herbert fand zunächst in ihrem Innenverhältnis statt. Nach außen hin sollte es aber so bleiben, wie es war. Greta drängte sich weiterhin nicht in den Vordergrund, sondern sprang nur da ein, wo es notwendig war. Notwendig wurde es immer öfter.

Zu diesem Zeitpunkt waren die Kenntnisse über Demenzerkrankungen noch nicht so weit verbreitet. Greta verfügte über keine klare Diagnose. Diese erhielt sie erst im Jahr 1987.[339]

Viele Menschen, die nicht täglich mit ihm zu tun hatten, täuschten sich über Herberts Zustand. So schickte ihm Altbundeskanzler Helmut Schmidt im Herbst 1986 ausführliche Berichte über vertrauliche Gespräche, die er mit polnischen Politikern geführt hatte. Ein Bundestagsabgeordneter erzählte nach einem Besuch, wie angeregt er sich mit Herbert Wehner unterhalten habe. Erst auf die Nachfrage, wer ihm denn auf seine Fragen geantwortet habe, fiel ihm auf, dass dies Greta gewesen war.[340]

Reden schreiben konnte Herbert nicht mehr. Seine letzte größere Rede sollte er im Dezember 1985 halten, als ihm der Hans-Böckler-Preis der gewerkschaftsnahen gleichnamigen Stiftung verliehen wurde. Erstmals sprang ein anderer für ihn ein, und die Rede schrieb der Geschäftsführer der Stiftung, Frank von Auer. Die Kernaussagen leitete er aus älteren Reden, Aufsätzen und Interviews von Herbert ab, die Greta ihm übergeben hatte. Greta überarbeitete den Entwurf und erstellte die endgültige Fassung. Dafür las sie ihm den Text immer wieder vor, ganz langsam, »ihn immer anblickend, ob er positiv oder negativ darauf reagierte – einiges setzte ich dann noch hinzu«. Es wurde ein Erfolg; einige Teilnehmer kamen nachher auf Greta zu und sagten: »Das ist ja wieder ganz der Alte, der redet ja wie immer.«[341]

Fünf Tage später sollte Herbert mit Greta zu einer Veranstaltung mit dem frisch gekürten Kanzlerkandidaten Johannes Rau nach Ahlen kommen. Ursprünglich war keine Rede von Herbert vorgesehen, aber Greta dachte, »es muss doch für Herbert quälend sein, nachdem er immer Verantwortung getragen und immer geredet hat, jetzt nur dazusitzen.« Da setzte Greta sich hin und schrieb ein kurzes Grußwort. Als sie mit dem Entwurf fertig war, las sie ihm den Text vor. Er nahm das Blatt in die Hand, machte seine üblichen Betonungszeichen und setzte das Wort »Mein« vor die Überschrift »Grußwort an die Konferenz in Ahlen«. Greta forderte in ihrem Redetext, »dass die Schwächeren nicht durch eine Ellbogen-Gesellschaft bedrängt werden« und die Rechte der betriebstätigen Menschen ausgebaut werden. Sie warb dafür, die Voraussetzungen für ein friedliches Miteinander nach innen und nach außen zu schaffen. Das Grußwort, welches Herbert dann auch vortrug, endete mit dem Appell, Johannes Rau zur Seite zu stehen. Der stürmisch beklatschte Auftritt von Herbert wurde von der Presse als Zeichen dafür gesehen, dass die SPD bei der Bundestagswahl 1987 ernsthaft die Macht in Bonn zurückerobern wollte.[342]

Die Fähigkeit zum Schreiben von Briefen, jahrzehntelang intensiv von Herbert betrieben, ging ihm verloren. Einige Briefe konnte er zunächst noch selbst beantworten; ab Sommer 1984 sprang Greta hier ein, schrieb Absagen an Journalisten mit Interviewwünschen, Urlaubs- und Festtagsgrüße. Eigenhändig unterschreiben ging anfangs noch, doch zunehmend musste Greta dazu übergehen, Herberts Unterschrift zu stempeln. Schreiben war für ihn zur Schwerstarbeit geworden. Wenn er gebeten wurde, Widmungen in Bücher zu schreiben, schrieb Greta den Text vor und buchstabierte ihm jedes Wort. Schließlich, 1988, galt das selbst für seinen Vornamen, jeder Buchstabe einzeln.[343]

Greta fuhr mit ihm noch zu einigen wenigen öffentlichen Veranstaltungen. Dabei wählte sie Orte und Anlässe aus, die Herbert vertraut waren und mit denen er sich verbunden fühlen konnte. Über die Mitarbeiterin, Begleiterin und Ehefrau wurde Greta zur Betreuerin und Pflegerin. In immer mehr Bereichen des täglichen Lebens musste sie einspringen, immer mehr Verantwortung musste sie übernehmen, bis er schließlich in allen Belangen auf sie angewiesen war. Dabei bemühte sich Greta, unzumutbare Anforderungen von ihm abzuwenden. Er sollte sein Leben so selbstbestimmt führen können, wie es eben möglich war.

REISEN

Dresden und Sachsen waren zu Zeiten des Kalten Krieges für Herbert unerreichbar. Sehnsüchtig vermisste er seine Heimat, aber dahin zu reisen, hätte ihn wohl Freiheit und Leben gekostet; um niemanden zu gefährden, musste Herbert alle menschlichen Beziehungen in den Osten, insbesondere zu Jugendfreunden, abbrechen. Erst mit der Ostpolitik öffneten sich neue Türen.

Es kam zu Besuchen aus der DDR; den Anfang machte Erna Hoffmann. Die Rentnerin aus Radebeul war mit einem seiner Cousins verheiratet gewesen, Herbert und sie kannten sich, seit sie 13 oder 14 Jahre alt waren. Im September 1973 kam Erna für einige Tage nach Bonn zu Besuch; Greta kümmerte sich um sie. Unter anderem fuhr sie mit ihr einkaufen, zeigte ihr die Stadt und besuchte mit ihr die schwedische Botschaft. Eigentlich wollte Greta sich dort nur in die Kondolenzliste für den verstorbenen König Gustav VI. Adolf eintragen; doch Botschafter Sven Backlund stand gerade am Fenster, erspähte die beiden und bestand darauf, sie zum Kaffee einzuladen.[344]

Selbst nach Sachsen zu fahren, stand für Herbert aber nicht auf dem Plan. Noch 1977, in einem Interview, betonte er, dass er »nur noch mit dem Herzen« Beziehungen zu Dresden habe und vermutete, er werde »wohl auch nie wieder dahin kommen«. Doch da irrte er sich.[345]

Im Juni 1985 war es so weit. Im Gespräch war eine solche Reise schon öfter gewesen. Nun aber ließ Erich Honecker Ende 1984 über Wolfgang Vogel bei Wehners anfragen, ob sie nicht doch nach Dresden kommen wollten. Greta wollte Herbert eine Freude machen, und so stimmte sie der Reise zu. Mit ihrem Volvo fuhren sie nach Hamburg, wo sie von Helga und Wolfgang Vogel in deren Auto abgeholt wurden.

Unterwegs besuchten sie auch Honecker, in seinem Jagdschloss Hubertusstock. Von dem Treffen berichtete das *Neue Deutschland* auf der Titelseite mit einem Foto – diesmal ist Greta mit abgebildet. Bei dem Gespräch sei es »zu einem ausführlichen Meinungsaustausch über internationale Fragen und Probleme« gekommen, in dessen Mittelpunkt »Fragen der Friedenssicherung« gestanden hätten, behauptete das SED-Zentralorgan. Was es wegließ, war, dass das Gespräch mit dem kranken Herbert unergiebig gewesen war und es sich daher vor allem um einen Meinungsaustausch mit Greta gehandelt hatte.

Greta nahm die politischen Umstände der Reise nicht wichtig. Ihr ging es darum, Herbert eine gute Zeit und das Erlebnis des Erinnerns zu schenken, und das gelang ihr auch.

Dafür war die Gastfreundschaft Erich Honeckers in Kauf zu nehmen, auch wenn es dabei zu unangenehmen Erlebnissen kam. So rutschte Greta während des Besuchs auf Hubertusstock bei einem Spaziergang die Bemerkung heraus, ihre Mutter sei gerne mit Pferd und Wagen gefahren. Da schlug Honecker eine gemeinsame Fahrt mit der Kutsche vor. Doch dann teilte er mit, der Kutscher sei gerade woanders unterwegs, aber er wisse eine Alternative. Honecker bestand darauf, den Besuch selbst mit seinem gut gefederten Citroën durch das Jagdgebiet zu fahren. Der Generalsekretär setzte sich ans Steuer, Herbert und Greta fuhren mit. Die Vogels mussten im eigenen Auto hinterherfahren. Mit hohem Tempo bretterte Honecker über die Waldwege. Greta fürchtete, das Auto von Helga Vogel gehe kaputt, doch der SED-Chef tat ihren Protest ab: »Dann kriegt sie ein neues.« Greta schimpfte erneut, so fahre man nicht mit dem Wagen durch den Wald. Da rechtfertigte sich der mächtigste Mann der DDR: »Ich fahre doch so gerne Auto, und auf der Landstraße darf ich nicht.«[346]

In Dresden bekamen sie eine offizielle Reiseführerin als Begleitung zur Stadtführung. Sie besichtigten die Ruine, die als Mahnmal von der Frauenkirche übriggeblieben war. Eine ganze Reihe von vertrauten Bauten waren noch erhalten oder wiederaufgebaut worden: der alte Landtag, Teile des Schlosses, die katholische Hofkirche, Zwinger und Semperoper. Sie warfen auch einen Blick über das »Blaue Wunder«, die Brücke zwischen Loschwitz und Blasewitz. Davon gibt es ein Foto; Greta und Herbert wirken heiter.

Der Besuch in der Spenerstraße in Dresden-Striesen, wo Herbert 1906 geboren worden war und wo er die meisten Jah-

1985 – auf dem Weg nach Dresden vor der Anwaltskanzlei Vogel

re seiner Kindheit gelebt hatte, sollte eigentlich ein Höhepunkt sein. Doch keines der alten Häuser stand mehr. Striesen-West war beim Bombardement der Stadt im Februar 1945 nahezu vollständig zerstört worden. Neue Plattenbauten säumten die historischen Straßenzüge. Nur von einem der Wohnhäuser war noch der Rest einer Mauer mit der verrosteten Hausnummer »1b« übrig. Hier blitzte dann doch etwas auf. Jedenfalls erklärte Herbert Greta anhand der Ruinen genau, wie es dort einmal ausgesehen hatte und welche Räume hinter den noch erkennbaren Fensterhöhlen gewesen waren.

In der Nähe, an der gegenüberliegenden Seite der Spenerstraße, lag der Sportplatz einer Grundschule. »Hier habe ich Fußball gespielt«, sagte Herbert unvermittelt. Aufgrund dieses Erinnerns sollte Greta Jahre später, 1998, vorschlagen, hier das Herbert-Wehner-Denkmal der Stadt Dresden aufzustellen.

Besondere Freude machte Herbert das Wiedersehen mit Schneeberg im Erzgebirge, wo die Familie Wehner zwischen 1911 und 1916 gelebt und wo er die glücklichsten Jahre seiner Kindheit erlebt hatte.[347]

Die zweite Reise nach Dresden, anderthalb Jahre später im November 1986, kam recht spontan zustande. Zum 80. Geburtstag von Herbert im Juli hatte Konsistorialpräsident Manfred Stolpe von der Evangelischen Kirche in der DDR im Auftrag der sächsischen Landeskirche einige Dresden-Fotos und ausführliche Grüße überbracht. Dafür hatte Greta sich am 6. Oktober bedankt, worauf eine Einladung von Landesbischof Johannes Hempel gekommen war.[348]

Diesmal kamen sie mit ihrem Volvo. Greta meinte, Herbert brauche die vertrautere Umgebung im eigenen Auto, um sich besser zurechtzufinden. Für die Hinfahrt buchte Greta ein Doppelzimmer im Helmstedter Hotel »Quellenhof«. Erneut gehörte, gleich zu Beginn der Reise, ein Besuch bei Erich Honecker zum Programm. Noch am gleichen Abend fuhren sie weiter nach Dresden. Dort trafen sie unter anderem den Landesbischof und einige Musiker, wie den Trompeter Ludwig Güttler. Herbert war allerdings in wesentlich schlechterer Verfassung als im Vorjahr; er erkannte die Gesprächspartner nicht, teilweise war er nicht einmal zum Austausch von Höflichkeiten fähig. Die Reise war, wie Greta meint, »ganz schrecklich« – eine Überforderung.[349]

Eng begleitete das Ministerium für Staatssicherheit die Wehners. Minister Erich Mielke ließ sich ständig auf dem Laufenden halten; denn neben dem Ehepaar Vogel und einem Arzt begleitete auch ein Stasi-Major, getarnt als Mitarbeiter des Zentralkomitees, die Reisenden. Unterkünfte wie das Stasi-Gästehaus in Crottendorf wurden als Häuser der SED ausgegeben. In Dresden übernachteten Greta und Herbert in der Residenz des SED-Bezirkschefs Hans Modrow auf dem Weißen Hirsch.[350]

Greta und Herbert besuchten auch Kusine Erna in Radebeul. Die Stasi hatte vorgesehen, dass die alte Dame »bei Reisefähigkeit« mit Wehners zusammen in den Westen reisen würde. Erna ist damals jedoch nicht nach Bonn ausgereist. Greta kann sich an einen solchen Plan nicht erinnern. Möglicherweise trügt ihr Gedächtnis sie hier aber doch einmal. Denn im Motel Center Kirchheim hatte Greta für die Rückreise sowohl ein Doppelzimmer als auch ein Einzelzimmer gebucht – letzteres hat sie am 6. November, einen Tag vor der Reise also, abbestellt.[351]

Nach fünf Tagen, am 12. November 1986, fuhren sie über Herleshausen zurück in die Bundesrepublik. Gretas Fazit lautet: »Diese Reise hätten wir nicht mehr machen dürfen.«[352]

Die Krankheit war inzwischen weit fortgeschritten, sie erreichte die dritte Phase, die ausgeprägte Demenz. Im Sommer 1987 wollte Greta eigentlich nicht mehr wie sonst jedes Jahr mit Herbert in ihr Haus auf Öland fahren. Aber ein Besucher fragte, wann sie denn nach Schweden führen, und der Kranke sagte darauf »Ja, wann denn?« Da dachte sie doch, sie müsse es wagen. Dort angekommen, ging es zwei Monate lang gut, obwohl er einen seiner Geburtstagsgäste nicht erkannte. Im August dann »brach alles zusammen«. Herbert Wehner hatte, wie seinerzeit Lotte, Wahnvorstellungen. Der Abend wurde zu einem gewaltlosen Ringen, »ein Ringen darum, den Mann davon abzuhalten, in die Dunkelheit hinauszulaufen, weil er meinte: ›Die Leute warten auf mich. Sie brauchen Hilfe.‹« Widerspruch war sinnlos. Greta versuchte, ihn abzulenken, Zeit zu gewinnen. Es dauerte sieben Stunden, bis er ruhiger wurde und nachts um zwei bereit war, ins Bett zu gehen und erschöpft einzuschlafen. Greta rief ihren Bruder an, bat ihn, sie auf der Rückreise zu begleiten, und so fuhren sie zu dritt zurück nach Bonn.[353]

PFLEGERIN

Ab Herbst 1987 hatte Greta dauernde ärztliche Begleitung durch den Neurologen Johannes Meyer-Lindenberg. Dieser vermittelte ihr Kontakt zu einer gerontopsychiatrischen Pflegerin, Birgit Ratz, die für ein halbes Jahr einmal die Woche auf eine Stunde zu einem Beratungsgespräch zu Greta in die Wohnung kam. Die Pflegerin bestätigte ihr zwar, sie würde schon alles richtig machen, aber Greta selbst meinte später, sie sei allein durch das Beispiel, wie Birgit mit Herbert umging, »reifer« geworden.[354]

Natürlich belas sie sich auch selbst. Greta besorgte sich Literatur über die Alzheimerkrankheit, deren Bekanntheit sich gerade zu verbreiten begann. Ihre Freundin Heike Flegel, eine Buchhändlerin, empfahl ihr das Buch »Der 36-Stunden-Tag«. Dass der Titel nicht übertrieben war, konnte Greta täglich am eigenen Leibe spüren.[355]

Die Erlebnisse mit Herbert hielt Greta auch schriftlich fest. Von März 1988 an führte sie Tagebuch. Am Ende waren es 30 Schreibhefte voll »Pflegenotizen« mit täglichen Einträgen, welche den Verlauf von Herberts Erkrankung, aber auch ihre Pflege, die Broteinheiten und die Medikamentengabe haargenau dokumentieren.

Bei Herbert wiederholten sich Wahnvorstellungen wie in Schweden. Weder in der Stadt noch im Wohnumfeld, ja nicht einmal im eigenen Haus fand er sich noch zurecht. Nichts ging mehr allein: Aufstehen, Waschen, der Gang zur Toilette. Greta kämpfte nicht nur an seiner Seite, sondern auch mit ihm darum, den Alltag zu bewältigen. Sie gab ihm die Medikamente, überwachte die Einhaltung des Diätplans, bettete, wusch, kleidete ihn, ging mit ihm auf die Toilette und mehr. Sie war rund um die Uhr für ihn da. Mitten in der Nacht und frühmorgens musste sie immer wieder aufstehen, auch um ihm Insulin zu spritzen. Greta bekam nicht genug Schlaf, das war eine große Belastung für sie, es »brachte mich fast an den Rand meiner Kräfte«. Das viele Heben des Kranken belastete Gretas Schultern, schließlich konnte sie selbst vor lauter Schmerzen kaum noch schlafen. Sie schaffte einen Badewannenlift an; von da an ging es etwas besser.[356]

Dabei war sie selbst nicht ohne Hilfe. Es gab einzelne Freundinnen und Freunde, die zwischendurch im Haushalt aushalfen, unter denen Heike aber als Einzige fähig war, mit Herbert so umzugehen, dass Greta »tagsüber hin und wieder mal eine Stunde Entlastung hatte«. Zeitweise bekam sie einen Zivildienstleistenden zur Seite gestellt. Pflegerin Birgit kam erst in den letzten drei Lebensmonaten Herberts für sechs Stunden am Tag hinzu, so dass Greta sich das Leben mit Herbert mit ihr teilen konnte, werktags zwischen 8 und 14 Uhr. Wenn beide gleichzeitig anwesend waren, erschien es ihnen leicht, mit Pflege und Haushalt fertigzuwerden, aber für Greta galt: »Ich war ja den größten Teil des Tages und das Wochenende über doch alleine.«[357]

Gretas eigenes Leben war vollends zur Nebensache geworden. Kraft sammelte sie zwischendurch nur noch, damit sie ihm weiterhin helfen konnte. Manchmal gab es Augenblicke, in denen Herbert freundlich und aufgeschlossen wirkte. So im September 1988, da hatte sie ihn einmal mühevoll gewaschen und angezogen, und er saß behaglich am Tisch. Greta nutzte die Stimmung und meinte zu ihm, dass sie ihm gerne »auch bei diesen Sachen helfe, früher hätte ich ihm bei seiner Arbeit geholfen, heute helfe ich ihm, weil ich ihn lieb habe, bei diesen persönlichen Dingen«. Wenn sie, wogegen er oft protestierte, einmal allein spazieren ging, dann nur ihrer Gesundheit wegen. »Bei dieser Gelegenheit verstand er das, doch leider verschwindet das Verstehen der Zusammenhänge schnell wieder.«[358]

Herbert Wehner konnte seinen Zustand selbst nicht einordnen. Auf Greta wirkte er manchmal aufgekratzt, oft jedoch apathisch und traurig, depressiv. Zeitweise konnte das Fernsehprogramm ihn aufheitern; der Kranke mochte Kindersendungen wie »Meister Eder und sein Pumuckl«. Dann begann er aber, Fernsehprogramm und Wirklichkeit durcheinander zu bringen; aus der Zerstreuung wurde eine Belastung, und auch das ging nicht mehr. In der Zeitung konnte er nicht mehr lesen, nur noch blättern. Pfeife rauchen ging ebenso wenig wie Mundharmonika spielen. Greta ging allmählich dazu über, ihm aus der Zeitung und dann aus Büchern vorzulesen. Dabei war es unerheblich, ob die Bücher auf Deutsch oder auf Schwedisch geschrieben waren.[359]

Bis in den Sommer 1988 hinein gelang es Herbert noch von Zeit zu Zeit, Geschirr abzutrocknen. Wenn das schiefging, war er verzweifelt: »Nichts kann ich mehr, nichts kann ich mehr«, klagte er, als Greta ihn aus Versehen einmal darauf hingewiesen hatte, dass er die Teller in den Geschirrschrank zurückgestellt hatte, ohne sie vorher abzuwischen. Lange versuchte Herbert noch, den Müll herauszubringen. Doch dabei konnte es passieren, dass er sich verlief. Bei einer solchen Gelegenheit, es regnete in Strömen, dauerte es lange, bis Greta ihn wiederfand, weitab vom eigenen Haus. Den Müllbeutel hielt er noch in der Hand.[360]

Reisen kam nicht mehr in Frage, es gab nur wenige Ausnahmen. Eine war die Fahrt zu einem Treffen der ehemaligen (»teils sehr alten«) Parteisekretäre der SPD in Freudenberg Ende Mai 1988. Während der anderthalbstündigen Autofahrt war Herbert aufmerksam; als er dann am Eingang der Tagungsstätte der Friedrich-Ebert-Stiftung vom Akademieleiter und einem Mitarbeiter des Parteivorstands begrüßt wurde, erkannte er die beiden nicht und wirkte verunsichert. Während des Treffens begrüßten ihn zahlreiche Teilnehmerinnen und Teilnehmer; Herbert dankte, winkend mit freundlichem Blick. Das gemeinsame Mittagessen einzunehmen, gelang ihm, ohne Worte zwar, aber auch ohne Hilfe. Abends war Herbert dann froh, wieder zu Hause zu sein und sah sich »mit Vergnügen« zwei Kinderbücher an.[361]

Schnell konnte Herberts Stimmung umschlagen, von herzlich zu schroff und andersherum. Einmal hatte Greta ihn gerade sauber gemacht, ihn ausgezogen, gewaschen und frisch gekleidet. Da baute sich »dieser arme Mann«, wie sie sich erinnert, vor Greta auf »und holte mit geballter Faust zum Schlag aus. Unmittelbar vor meinem Gesicht öffnete sich die Faust, es wurde zu einem zärtlichen Streicheln.«[362]

Greta schirmte Herbert weitgehend von der Öffentlichkeit ab. Wenn doch einmal Gäste aus dem Bereich der politischen Arbeit zu Besuch kamen, hatte sie alle Hände voll zu tun. Herbert wirkte dann oft abweisend und desinteressiert. Mit einem nachlassenden Namensgedächtnis hatte es Anfang der Achtzigerjahre begonnen; gegen Ende des Jahrzehnts erkannte er nur noch wenige Gäste, selbst engere politische Freunde wie Hans-Jochen Vogel, Gerhard Jahn und Jürgen Schmude begrüßte er – wenn überhaupt – als Unbekannte. Die Mitglieder der Familie Burmester erkannte er von 1988 an nicht mehr, wenn sie zu Besuch kamen. Bis zum Schluss jedoch Greta. Den Namen seiner Frau Lotte konnte er nicht mehr nennen, er wies aber oft in der Wohnung auf ein Bild von ihr hin und fragte Greta »Wo ist…?« Sie erklärte dann, behutsam, dass ihre Mutter tot sei, sie lebe aber »in unseren Herzen« weiter.[363]

Am 23. Mai 1989 kamen Helmut und Loki Schmidt zu Besuch. Greta hatte den Esstisch mit Kaffee und Kuchen gedeckt. Schmidt setzte sich zu Herbert, dessen Stimmung »zuerst erträglich« war, der Gast versuchte eine freundliche Plauderei, doch Herbert Wehner wurde, wie Greta notierte, während des Gesprächs immer starrer, abweisend, in sich gekehrt. Schmidt erinnerte sich, dass Herbert ihn angebrüllt habe, während er gleichzeitig Lokis Arm streichelte. Beim Abschied wollte Schmidts Frau ihm die Hand geben, aber er sagte nur scharf »weg«. Dem ehemaligen Bundeskanzler gab Herbert formal die Hand; schließlich winkte er aber mit beiden Händen »zaghaft« hinter dem Paar her. Die Schmidts waren traurig, zugleich aber voller Bewunderung für Gretas mühevolle Pflege. Greta meint, dass es sich bei den abweisenden Gesten und Worten um ein Schutzverhalten gehandelt haben kann: »Herbert hatte jahrelang Helmut Schmidt zugearbeitet, als dieser Bundeskanzler war. Vielleicht gab es ein vages Erinnern daran und ein Spüren, dass er eine Zuarbeit nicht mehr leisten konnte.«[364]

Im September 1989 hatte Greta einmal das Gefühl, es gehe zu Ende. Herberts Puls war nur noch schwach zu ertasten; er schien ihr etwas mitteilen zu wollen, wirkte aber sonst ruhig und entspannt, »wie wegsinkend«. Sie sagte ihm einige Worte über sein Leben und seine Leistungen und sprach, für ihn hörbar, ein »Vaterunser«. Darauf erwiderte er »das hast du gut gemacht«, nahm ihre Hand an seinen Mund und streichelte ihren Kopf. Er erholte sich noch einmal. Greta nahm dieses Verhalten als wertvollen Hinweis darauf, was er in seinen letzten Lebensstunden brauchen werde.[365]

Die dramatischen politischen Umwälzungen des Herbstes 1989 rauschten am todkranken Herbert Wehner vorbei. Greta nahm die friedliche Revolution, die Grenzöffnungen und den Fall der Mauer am 9. November zwar zur Kenntnis, aber nur am Rande. Sie hatte anderes zu tun, musste sich um ihren Mann kümmern. Der wiederum, so notierte Greta im Dezember 1989, mache zwar den Eindruck, dass er wisse, dass es in der DDR große Veränderungen gebe, »aber Zeitungen und Fernsehen beachtet er nicht.«[366]

Am 22. Dezember 1989 wurde das Brandenburger Tor für Fußgänger geöffnet; das Fernsehen übertrug live. Bei der Gelegenheit fragte Greta Herbert: »Willst du die Leute durch das Brandenburger Tor laufen sehen?« »Ja«, sagte er, stand auf und setzte sich vor das Gerät. Er starrte in den Bildschirm, doch Greta konnte keine Reaktion auf die Bilder ausmachen. Für einen Moment, so vermutete sie, hatte er das Geschehen möglicherweise erfassen können, aber es setzte sich nicht in seinem Bewusstsein fest. Der Neurologe bestätigte Greta, ihre Vermutung treffe sehr wahrscheinlich zu.[367]

Im Januar 1990 ging es dann wirklich zu Ende. Herbert war häufig schläfrig und wacklig auf den Füßen. Am 17. Januar setzte Greta ihn noch in den Rollstuhl und nahm ihn zu Besorgungen mit, auf die Post, zur Apotheke und zum Blumengeschäft. Am späten Abend jedoch bekam er Fieber und Atem-

Juli 1986, Heiderhof: Bundespräsident von Weizsäcker gratuliert zum 80. Geburtstag

not, Greta rief den Arzt, der eine Lungenentzündung feststellte. Am anderen Tag konnte er nicht mehr aufstehen. So blieb er im Bett, das Fieber ging zunächst zurück. Am Nachmittag fielen seine letzten Worte, »Greta« und »Ja, Ja«. Abends schlief er ruhig ein. Nachts darauf hatte er erneut Atembeschwerden. Am Morgen des 19. Januar war er nassgeschwitzt und nicht bei Bewusstsein. Greta rieb ihn mit Franzbranntwein ab, dabei schrak Herbert noch einmal auf. Am Nachmittag setzte die Atmung öfters aus.[368]

Greta hatte in diesen letzten Stunden den Eindruck, er sei weit weg und nehme nichts mehr wahr. Sie las ihm Texte aus der Bibel vor, vor allem den 23. Psalm, sprach das »Vaterunser« und legte ihm eine seiner Lieblingsplatten auf. Leise erklang Schuberts Symphonie Nr. 9 in C-Dur, gespielt von der Staatskapelle Dresden. Unter dem 19. Januar 1990, 17.50 Uhr, notierte Greta in ihren Pflegenotizen: »Der letzte Athemzug ist gewesen.« Jetzt war Greta allein.[369]

Allein gelassen wurde Greta jedoch nicht.

»Sie war eine außergewöhnliche Persönlichkeit. Ich würde mal so sagen: Ich habe nie erlebt, dass die Smalltalk gemacht hätte.«

Franz Müntefering

POLITIKER-BILDER

Was macht Politikerinnen und Politiker aus? In der Sozialdemokratie wurde häufig unterschieden zwischen den Theoretikern und den Taktikern. Diese beiden Typen, denen war, die sind Greta fremd. Erstere sowieso. An die Debatten in der kommunistischen Emigrationsjugend erinnert sie sich nicht; sie sagt, weil sie das nicht interessiert hat. Greta ist immer bei den Menschen.

Gretas politische Haltung ist immer in erster Linie eine menschliche Haltung; und entsprechendes Handeln. Das ist »wehnerisch«. Herbert Wehner war insofern so komplett, wie ich mir einen Politiker nur vorstellen kann: theoretisch profund, taktisch und praktisch fähig und gleichzeitig mitmenschlich helfend. Sicher hat Greta diese Seite enorm verstärkt. Die dritte Seite des Politischen, bei ihr ist sie entscheidend.

»Das einfache Leben«, Herbert nahm es als Maxime aus dem Roman von Ernst Wiechert: »Nicht Kluft noch Widerspruch zwischen dem als Wahrheit Erkannten und dem eigenen Tun entstehen zu lassen.« Das gilt. Hätten Wehners Kinder gehabt, sie hätten sie vermutlich nicht auf die Privatschule geschickt.

Persönlich ist Greta bescheiden und hilfsbereit. Sie hat, bis zum Schluss, eine Netzkarte der Dresdner Verkehrsbetriebe, obwohl sie in den letzten 15 Jahren bestimmt keine einzige Fahrt mit Bus oder Straßenbahn gemacht hat. Sie will den solidarischen Gedanken des öffentlichen Nahverkehrs unterstützen. Freunde haben einmal zu ihr gesagt, sie könne doch bestimmt einen Schwerbehindertenausweis bekommen, dann würde das Ticket billiger. Das hat sie abgelehnt, grundsätzlich: Ich habe doch genug Geld, wenn die, die es können, mehr bezahlen, können die Preise für die gesenkt werden, die es wirklich brauchen.

In den letzten Jahren ist Greta einmal fast in Streit mit ihrer Steuerberaterin geraten. Da ist nämlich eine gesetzliche Regelung, wonach Opfer des Nationalsozialismus und Angehörige des Widerstands – wie Greta – weniger Steuern zahlen müssen. Die Steuerberaterin ist verpflichtet, Greta zu ihrem Vorteil zu beraten. Doch das Ergebnis gefällt Greta nicht: »Ich will doch Steuern zahlen, das Gemeinwesen unterstützen.«

Greta macht nie viel Aufhebens von sich, sie zelebriert nie ihren »Auftritt«, sie sucht nicht das Scheinwerferlicht, sie präsentiert sich nicht, und sie repräsentiert nur ungern. Sie nimmt Stellung, tritt auf, wenn sie etwas zu sagen hat, weil sie den Leuten etwas mitgeben will. Greta sagt ihre Meinung, deutlich, aber bevor sie das tut, stellt sie sich die Frage: Was hilft es, wenn ich das tue? So hält sie sich dann doch oft zurück, was wiederum den Eindruck ihrer Bescheidenheit verstärkt.

Andererseits: Greta ist selbstbewusst und frei von Ehrfurcht gegenüber Mächtigen. Dazu hat sie zu lange selbst im direkten Kontakt zu wichtigen Persönlichkeiten gestanden, vor allem aber: Dazu hat Greta zu lange an der Seite von Herbert Wehner gelebt, den sie – menschlich verständlich, aber auch auf der Grundlage langjähriger Erfahrung mit ihm – einem Großteil der sonst noch führend Tätigen für überlegen hält, geistig, taktisch, menschlich.

Selbstbewusst bleibt Gretas Haltung auch nach Herberts Tod. Eine ganze Reihe führender Sozialdemokratinnen und Sozialdemokraten hält sie, so lautet Gretas Urteil, mir gegenüber öfter geäußert, für »im Grunde genommen beschränkt«. Sie bleibt aber mit allen auf freundlichem, ja freundschaftlichem Fuße, es geht ja immer auch um Herberts Erbe in der Bildungsarbeit.

Über Willy Brandt sagt Greta, dass er »geniale Anstöße« geben konnte, dann allerdings zu früh meinte, jetzt habe er genug getan. Helmut Schmidt und Hans-Jochen Vogel schätzt Greta als fleißige, verlässliche Arbeiter und menschlich faire Partner. Nie hat Greta viel von den beiden Politikern gehalten, die 1998 eine Zeitlang mit verteilten Rollen spielen, als die SPD nach langen Jahren wieder an die Regierungsmacht gelangt. Oskar Lafontaine mag sie von vornherein nicht, insbesondere wegen seines arroganten Auftretens gegenüber den Ostdeutschen in der Vereinigungszeit. Bei Gerhard Schröder hat die Entfremdung persönliche Gründe. Denn Schröder ist einmal, als Herbert schon demenzkrank war, zu Besuch gekommen. Da muss er sich einen menschlich erbärmlichen Auftritt gegenüber dem wehrlosen Herbert Wehner geleistet haben. Genaueres erzählt Greta dazu nicht.[370]

Greta hat sich bei weitem nicht über alle prominenten SPD-Politikerinnen und -Politiker ausgelassen. Hier werden auch nicht alle genannt, das mag für manche eher ein Grund zur Erleichterung sein. Erwähnen möchte ich allerdings, dass es eine Reihe von Persönlichkeiten gibt, die Greta Wehner geschätzt hat. Ich nenne, ohne Anspruch auf Vollständigkeit erheben zu können, Jürgen Schmude, Gerhard Jahn, Klaus Bölling, Franz Müntefering, Manfred Stolpe, Regine Hildebrandt, Richard Schröder und Friedrich Schorlemmer, in der sächsischen SPD Peter Adler und auch Karl-Heinz Kunckel.

Als sächsische Sozialdemokratinnen und Sozialdemokraten 1992 das Herbert-Wehner-Bildungswerk gründen, warnt Greta vor dem Namen, und das bezieht sich nicht nur auf Sorgfalt im Umgang mit öffentlichem Geld, sondern sie setzt Herbert Wehners Leben, Denken und Schaffen als inhaltlichen Maßstab. Dem täglich gerecht zu werden, war und ist keine leichte Aufgabe.[371]

Herbert Wehner als Vorbild zu haben, hält Greta jedenfalls für gewagt, wenn nicht leichtfertig. Damit liegt die Latte der historisch-politischen Orientierung recht hoch, womöglich zu hoch für die SPD. Viele finden daraus einen einfachen Ausweg, indem sie sich auf die Verehrung eines einzelnen Helden beschränken: Willy Brandt. Dabei reduzieren sie ihr Bild um die Komplexität seiner Persönlichkeit und deuten ihn auch politisch-inhaltlich anspruchslos. Nicht umsonst ist das bei weitem meistgebrauchte Zitat von Willy Brandt im Jubiläumsjahr 2013, als die SPD nicht nur dessen 100. Geburtstag, sondern auch ihr eigenes 150-jähriges Bestehen begeht, der Spruch: »Nichts kommt von selbst und nur wenig ist von Dauer. Darum – besinnt euch auf eure Kraft und darauf, dass jede Zeit eigene Antworten will und man auf ihrer Höhe zu sein hat, wenn Gutes bewirkt werden soll.«[372]

Mit solchen Sprüchen, die zeitlos gültig sind, lässt sich nahezu jeder politische Schwenk rechtfertigen, möglicherweise ist er deswegen unter den zitierenden Amts- und Mandatsträgern so beliebt. Öffentlich und direkt hat Greta das nie gesagt: Aber was den Maßstab Herbert Wehner betrifft, so liegt die Latte, das ist jetzt mein Bild, im Grunde seit dessen Ausscheiden aus der Politik einsam und unberührt oben in der Höhe. Das führt dazu, dass manche der Nachfolgenden dann unten eine tiefergelegte Willy-Brandt-Latte angebracht haben und darüber locker aufs weiche Kissen hüpfen.

Dem Geschichtsverstehen innerhalb der traditionsreichsten deutschen Partei hat das jedenfalls nicht genützt. Das Ganze hat sich mit dem 140-seitigen *Vorwärts*-Sonderheft zum Parteijubiläum 2013 abgezeichnet. Herbert kommt darin fast nicht vor. Greta wendet sich im Januar, mit meiner Hilfe, noch einmal, letztmals, inhaltlich schriftlich an einen Parteivorsitzenden. »Ich war wie leergepumpt, als ich Seite für Seite durchgeblättert habe«, schreibt sie an Sigmar Gabriel. »Das fühlt sich an als wäre all die Arbeit und all das Tun, welches wir in der Familie begleitet und gemeinsam mitgetragen haben, nie gewesen.« Herbert, so heißt es weiter, hat maßgeblich dazu beigetragen, die Partei zu erneuern und regierungsfähig zu machen. »Diese Partei hätte in den Sechziger- und Siebzigerjahren im Keller gesessen, wenn Herbert nicht alle seine Kraft da hineingesteckt hätte.« So beginnt, schreiben wir gemeinsam, das Jubiläumsjahr »für uns traurig und auch etwas verletzend«.[373]

Von Gabriel kommt keine Antwort. Aber auf dieses Schreiben hin darf ich immerhin einen kurzen Artikel im *Vorwärts* über Herbert als »Brückenbauer« in den Osten veröffentlichen. Sonst hat es nicht viel geholfen. Im Gegenteil, es wird noch schlimmer. Gründlich verdirbt Egon Bahr das SPD-Jubiläum, als er eine Kurzfassung seiner Memoiren mit Erinnerungen an Willy Brandt veröffentlicht und in dem Buch Herbert Wehners Verhalten gegenüber dem Kanzler mit dem Urteil »Hochverrat« belegt. Eigentlich wider besseres Wissen, denn seine Vorwürfe sind ihm schon 1996 widerlegt worden, dazu später mehr. Diesmal verfasse ich, angeregt durch Hans-Jochen Vogel, eine schriftliche Widerlegung. Sie findet jedoch bei weitem kein so großes Publikum wie die unfairen Attacken des alten Bahr. Die Journalistin Wibke Bruhns darf auf einer Berliner

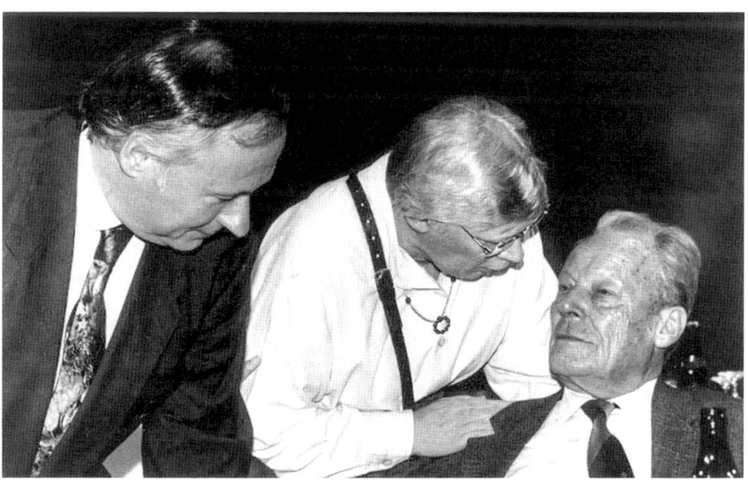

Mit Oskar Lafontaine und Willy Brandt auf dem SPD-Vereinigungsparteitag 1990

Veranstaltung über Willy Brandt mit »Weggefährten und Publizisten« behaupten, »Wehner war ein Mörder«, ohne dass sie des Saales verwiesen wird, der *Vorwärts* berichtet breit.[374]

Gretas Kommentar zu den hasserfüllten Anschuldigungen Bahrs, an uns gefaxt, fällt deutlich aus: »Er ist eben eine Art schrumpeliger Giftpilz, warum er so geworden ist, weiß ich nicht.« Bahr, so meint Greta, habe »irgendwann zu Beginn der Bundesrepublik einen so großen Giftkloß verschluckt, der aus einer anderen Welt stammen muss, als die wir kennen. Wir müssen damit leben (…).«[375]

Am 20. Mai findet in Leipzig die große Jubiläumsfeier der SPD zu ihrem 150. Geburtstag statt. Greta, die dort ja zum Ehrenmitglied der sächsischen SPD ernannt worden war, kann nicht mehr reisen. Ich darf für die Stiftung im Publikum Platz nehmen und bin erneut entgeistert: Video folgt auf Video, Rede auf Rede, Herbert Wehner kommt überhaupt nicht vor. Das wiederholt sich beim Festakt zum 100. Geburtstag von Willy Brandt in Berlin am 18. Dezember des gleichen Jahres. Wieder einmal wird Herbert Wehner verschwiegen. Diesmal allerdings nicht aus Vergesslichkeit, sondern weil es Hans-Jochen Vogel, wie er mir am Rande mitteilt, gelungen ist, vorab eine Art Nichtangriffspakt mit Egon Bahr zu schließen, der mit ihm auf einem Podium sitzen darf.[376]

Greta, 88 Jahre alt, zuhause in Dresden und zunehmend schwächer werdend, nimmt die Angriffe und die Zurücksetzung durch Nichterwähnen wahr, ist traurig darüber und wütend auf die Urheber. Im hohen Alter profitiert sie jedoch von ihrer Gabe, die Dinge, die sie nicht ändern und beeinflussen kann, hinzunehmen, sich an kleinen Aufmerksamkeiten zu erfreuen, an alltäglichen Gesprächen, an Besuchen der engen Freunde und vor allem Freundinnen.

VI. GRETA TRITT VOR

ALLEIN?

Zehn Minuten nachdem Herbert gestorben war, klingelte es, und die Ärztin Maria kam, wie verabredet, um nach dem Rechten zu sehen. Gemeinsam mit der Internistin und dem Neurologen Johannes Meyer-Lindenberg saß Greta noch lange bei ihm. Die drei schwiegen gemeinsam und sprachen über Herberts Leben. Am 23. Januar wurde er im kleinen Kreis auf dem Burgfriedhof in Bad Godesberg beerdigt. Zwei Tage später richtete das offizielle Bonn einen Staatsakt aus. In der Beethovenhalle sprachen Bundespräsident Richard von Weizsäcker, der SPD-Vorsitzende Hans-Jochen Vogel, Hamburgs Erster Bürgermeister Henning Voscherau und Bundestagspräsidentin Rita Süssmuth. Greta nahm Platz in der ersten Reihe, neben Kanzler Helmut Kohl.[377]

Um die bürokratischen Dinge kümmerte sich zunächst der ehemalige Bundesminister Gerhard Jahn, der lange Jahre Herbert Wehners vertrauter Mit- und Zuarbeiter in der Fraktion gewesen war. Er beglich Rechnungen, führte Schriftverkehr mit der Krankenkasse, sorgte für die Abrechnung der Sterbegelder, stellte einen Beihilfeantrag beim Bundestag und regelte Gretas Versorgungsbezüge.[378]

Doch inzwischen war schon Gretas Bruderfamilie auf den Plan getreten. Peter und die in Hamburg lebenden Burmesters waren immer gegenwärtig gewesen, es war zu gegenseitigen Besuchen gekommen, zu gemeinsamen Urlauben auf Öland. Fast immer für Lotte, eher weniger für Herbert und Greta, war Hamburg eine Station auf den Wegen von und nach Öland. Als der demente Herbert 1987 auf der Insel in einen völlig hilflosen Zustand geriet, war es Peter, der sich in der Notsituation auf den Weg machte und Greta und ihn nach Hause begleitete.

Auf Peters Seite war spätestens seit den Fünfzigerjahren ein Gefühl spürbar, am Leben der Gesamtfamilie und auch am politischen Leben nicht genügend beteiligt zu sein. Das Umfeld bekam das mit. So berichteten Hermann und Irma Peters Greta, dass Peter auf einem Parteitag Hermann einmal gefragt hatte: »Was hast du denn hier zu suchen?« Der Polizist verteidigte sich, er sei doch von Herbert gebeten worden, auf ihn aufzupassen. Greta bemerkte also, dass ihr Bruder gerne bei den Parteitagen dabei sein wollte, und so sorgte sie dafür, dass er dort eine Aufgabe bekam. Peter wurde als Helfer bei der Taschenausgabe für die Delegierten und Gäste eingesetzt.[379]

Zu Beerdigung und Staatsakt nach Herberts Tod reiste die Familie Burmester zum Heiderhof an. Für die erschöpfte Greta war dies eine Belastung, im Nachhinein sprach sie von einer »Invasion«. Danach hatte Greta im Februar 1990 nur einen einzigen Termin im Kalender: Sie fuhr für eine Woche zu Burmesters nach Hamburg. Um diese Zeit kam die Erschöpfung durch; sie litt unter einem heftigen Infekt.[380]

Noch zu Herberts Lebzeiten sah Gretas Bruder die Zeit gekommen, sich verstärkt um die Angelegenheiten seiner Schwester, aber auch um Herbert Wehner betreffende Dinge zu kümmern. In der für sie schwierigen Situation der Vollzeitpflege konnte Greta einerseits Unterstützung gebrauchen, andererseits war damit für sie ein erheblicher Kontrollverlust verbunden.

Nach Herberts Zusammenbruch 1987 war an einen Ferienaufenthalt auf Öland nicht mehr zu denken. Greta überlegte, was aus dem Haus werden sollte. Sie kam zunächst auf die Idee, sich mit einer Nachbarin, Christina Larsson, darein zu teilen und nur das kleine Nebengebäude für sich zu behalten. Doch als Greta davon ihrer Nichte Hillevi erzählte, meinte diese »oh, wie schade«. Greta antwortete spontan: »Gut, wenn Ihr bereit seid, Mitverantwortung zu übernehmen, so lass uns überlegen, wie wir eine andere Lösung finden.« Aus diesem Gespräch entwickelte sich im Laufe des Jahres 1989 das Projekt der Schenkung an die drei Nichten und Neffen. Peter übernahm die Regelung der Einzelheiten für seine Kinder. Greta übergab ihrem Bruder sämtliche die Immobilie betreffenden Papiere: Kaufvertrag, Schenkungsurkunde und Grundbucheintrag. Von Gretas 65. Geburtstag, dem 31. Oktober 1989, knapp drei Monate vor Herberts Tod, datiert der *gåvobrev*, der Schenkungsbrief, mit dem sie ihren »Bruderkindern« das volle Eigentumsrecht an Haus und Grundstück übertrug. Die Beschenkten ersuchten die schwedischen Behörden um Zustimmung; ihren Antrag begründeten sie mit den langjährigen Bindungen der Familie an Öland und Schweden. Ihre Tante wolle mit ihrem Geschenk die Verbindung der Familie mit Schweden aufrechterhalten und stärken.[381]

Etwa um die gleiche Zeit befasste Peter sich mit Herberts umfangreichem schriftlichem Nachlass. Ein großer Teil davon lagerte – soweit möglich von Greta geordnet – in der Wohnung und im »Kriechkeller« auf dem Heiderhof. Das waren zahlreiche Aktenordner und Stapel mit von Greta beschrifteten Mappen aus über vierzig Jahren mit unzähligen Schriftstücken, wertvollen Dokumenten, stenografischen und handschriftlichen Notizen, Briefen und Ausarbeitungen.

Herbert hatte Greta gegenüber in den Achtzigerjahren einmal gewünscht, sie solle nach seinem Tode doch alles verbrennen. Aber daran hielt sie sich nicht. Er selbst hatte das möglicherweise gar nicht so ernst gemeint; denn über einen Teilbestand, nämlich Unterlagen zu Freikaufaktionen von Menschen aus der DDR, hatte Herbert schon 1983 einen Vertrag mit dem Archiv der sozialen Demokratie in der Friedrich-Ebert-Stiftung abgeschlossen. Grundsätzlich war Greta der Auffassung, dass der ganze Bestand über kurz oder lang in die

Stiftung in der Godesberger Allee in Bonn gehörte. Dort sollte er nach allen Regeln der Archivkunst verzeichnet, verwaltet und für solide wissenschaftliche Forschung nutzbar gemacht werden.[382]

Im Laufe des Jahres 1989 schaltete sich Peter hier ein. Dabei ging es ihm zunächst um eine Beschäftigung für die Lebensgefährtin seiner Tochter Hillevi, Barbara Richter. Er schlug Greta vor, die Archivarin mit der Bearbeitung der Materialien zu betrauen. Greta wandte ein, sie könne das nicht bezahlen, worauf ihr Bruder meinte, die Friedrich-Ebert-Stiftung könne sie doch einstellen. Noch zu Lebzeiten Herbert Wehners fing Peter an, mit Stiftungschef Holger Börner und Geschäftsführer Jürgen Burckhardt zu verhandeln. Bereits Mitte Januar 1990 lag ein erster Entwurf für einen Archivvertrag vor. Am 17. Januar, zwei Tage vor Herberts Tod, kam Börner zu Besuch auf den Heiderhof. Greta fand die Erinnerung daran »schmerzhaft«. Im Nachhinein stufte sie das Vorgehen ihres Bruders und der Stiftung als »rücksichtsloses Verhalten« ein. Eine eigene Meinung konnte sie sich in ihrer Situation jedenfalls nicht recht bilden. Greta hatte sich gewünscht, dass die Unterlagen in ihrer Wohnung verbleiben und dort verzeichnet werden sollten. Börner sagte Greta zu, Bärbel Richter auf ihre und ihres Bruders Empfehlung hin als Sachbearbeiterin einzustellen, »vorerst mit einem Zeitvertrag befristet«. Er bestand aber darauf, dass das Archivgut in den Räumen der Stiftung verzeichnet werden müsse.[383]

Unmittelbar nach Herberts Tod gingen die Verhandlungen weiter. Greta bezog nun Gerhard Jahn als ihren Vertrauensmann ein, und mit seiner Hilfe wurde die Vereinbarung im Frühjahr 1990 unter Dach und Fach gebracht. Vertragspartner der Stiftung waren nun nicht mehr, wie ihr Bruder ursprünglich vorgeschlagen hatte, Herbert, Greta und Peter gemeinsam, sondern Greta als »Alleinerbin nach Herbert Wehner«. Greta verpflichtete sich zur Abgabe von Akten an die Stiftung, in deren Rahmen ein besonderes Herbert-Wehner-Archiv eingerichtet wurde. Die Stiftung sagte zu, das Archiv »unter besonderem Verschluss« zu halten. Die Nutzung, so hieß es in der Vereinbarung, werde die Stiftung nur gewähren, »wenn eine vorherige schriftliche Zustimmung von Frau Greta Wehner vorliegt«. Dazu werde die Stiftung Greta »jeweils einen schriftlich begründeten Vorschlag für ihre Entscheidung vorlegen«. Nach ihrem Tod, so sah der Vertrag es vor, sollten Gretas Entscheidungsrechte an ihren Bruder übergehen. Und so begann Greta im Jahr 1990, große Teile ihrer Unterlagen an die Friedrich-Ebert-Stiftung abzugeben.[384]

Bemerkenswert ist ein Vorgang, der sich unmittelbar nach Abschluss der Vereinbarung zutrug. Der Personalrat der Stiftung weigerte sich, dem Arbeitsvertrag mit Bärbel Richter zuzustimmen, weil er mit dessen Befristung nicht einverstanden war. Greta schrieb daraufhin an das Geschäftsführende Vorstandsmitglied der Friedrich-Ebert-Stiftung, Jürgen Burckhardt, und bat darum, die Archivarin doch unbefristet einzustellen. Auch sie sei grundsätzlich gegen Befristungen. Und: »Barbara Richter kennt meinen Vertrag mit Euch und weiß, dass ihre Arbeit auf unser Vertrauen zueinander gründet.« Die Stiftung erfüllte den Wunsch von Greta, »schweren Herzens« und obwohl sie »im Archiv ausreichend personell ausgestattet« war. Dieser Erfolg sollte sich für Greta noch als Bumerang erweisen.[385]

Es begann eine Art Generationenkonflikt in der Familie. Im Sommer 1990 hatte Greta Bärbel Richter, die noch keine Wohnung in Bonn gefunden hatte, vorübergehend bei sich auf dem Heiderhof wohnen lassen. Das funktionierte nicht gut. Bärbel hatte einen großen Hund dabei, das gefiel Greta nicht. Unterschiedliche Vorstellungen von Ordnung im Haushalt kamen hinzu. Als Bärbel einmal während Gretas Abwesenheit einige Freundinnen in der Wohnung unterbrachte, ärgerte Greta sich über deren Verhalten; sie empfand es als rücksichtslos, fühlte sich in der eigenen Wohnung eingeengt und ausgenutzt.[386]

Auf Öland 1986

Entscheidend aber wurde der Streit um das Haus auf Öland. Als Greta es an ihre Bruderkinder verschenkte, hatte sie damit gerechnet und darauf gehofft, dadurch zwar bei der Arbeit mit dem Haus entlastet zu werden, aber weiter dort wohnen zu können. Dafür war sie bereit, sich am Unterhalt zu beteiligen. Im Mai und im August 1990 verbrachte sie einige Wochen dort. Dabei hinterließ sie allerlei Zettel und Hinweise, wie mit Mobiliar, Einrichtung und Räumen umgegangen werden sollte. Eines der Zimmer wollte sie gerne für sich haben. Das wiederum empfanden Nichten und Neffe als übergriffig.[387]

So, wie Greta es wollte, stand es nicht in den Büchern, und so kam es zum Streit. Den Bruch markierte ein gemeinsamer Brief von Ragna, Hillevi und Ole vom 29. Januar 1991. Darin schrieben sie, zahlreiche Renovierungen stünden an, und dabei seien sie auf Einnahmen durch Vermietung an »unsere (zahlenden) Gäste« angewiesen. Daher werde künftig niemand aus der Familie dort einen »persönlichen Raum« haben können. Einem »geschenkten Gaul«, so heiße es, solle man ja nicht ins

Maul schauen, und sie hätten die Schenkung zwar ohne Bedingungen angenommen, aber jetzt seien sie doch in der Situation, Greta »um Hilfe bitten zu müssen«. Sie schlugen daher ein persönliches Gespräch vor.[388]

Greta schrieb zurück, sie fühle sich von diesem Schreiben nach Art eines Geschäftsbriefes »sehr getroffen«. Sie habe Peter zwar im September 1990 gesagt, sie sei bereit, sich an Renovierungsarbeiten finanziell zu beteiligen, aber wenn das Haus ein »Vermietobjekt« werde, sei sie nicht dabei. Greta wies auf die viele Arbeit und die Mühe hin, welche sie sich über 25 Jahre lang gemacht hatte. Sowohl mit Bezug auf das Haus als auch auf die Regelungen mit dem Archiv zog Greta ein Zwischenfazit: »Gelernt habe ich, jedem zu raten, in Extremsituationen möglichst keine Zukunftsentscheidungen zu fällen.« Unter diesen Umständen müsse sie darauf bestehen, erheblich mehr von Mobiliar und Einrichtung zu sich nach Bonn zu holen, als bisher vorgesehen war.[389]

Als sie nach fast drei Monaten immer noch auf eine Antwort wartete, schrieb Greta ihren Nichten und Neffen erneut. Sie habe nun, ohne Antwort, den Eindruck, sie müsse sich entscheiden, »einen Strich unter Öland zu ziehen«. Dabei war für sie der Sinn der Schenkung gewesen, Öland im Ganzen zu erhalten, »für Euch und für mich«. Sie könne sich an Kosten nur beteiligen, wenn damit für sie auch Rechte verbunden seien. Im Nachhinein bedauerte Greta, wie hastig sie die Schenkung vorgenommen hatte und wie vertrauensselig sie dabei gewesen war. Wenigstens ein »Nießbrauchrecht« für das kleine Haus, ihre *stuga*, hätte sie sich vorbehalten sollen, dann »wäre uns wohl mancher Schmerz erspart worden«. Der jetzige Zustand bedrücke Greta und entfremde sie den drei Beschenkten. Trotzdem machte sie noch einen Vorschlag: Es wäre eine »gute Lösung, wenn Ihr das große Haus und ich das kleine Haus zu nutzen und zur Verfügung hätten«. So eine gemeinsame Basis zu finden, schloss sie ihren Brief, wäre schön.[390]

Auf diesen Gedanken gingen Nichten und Neffe dann aber nicht ein. In zwei Schreiben, die undatiert waren, laut Notiz von Greta erst vier Wochen später, am 24. Mai, bei ihr eingingen, meinten sie zu Greta, sie bewunderten zwar ihre Arbeit für Herbert, aber: »Nun hast Du Zeit, Dein Leben zu leben«, und dazu gehöre, dass sie ihr künftig sagen würden, wenn sie eine andere Meinung hätten, und sie würden »nicht mehr über Wind, Wetter und Wachstum« schreiben. Vielleicht könnten sie Greta durch ihr Beispiel helfen, ihr Leben als Greta und nicht als »Frau Wehner« zu leben. Sie selbst jedenfalls hätten sich in ihrer »Rolle als dressierte Äffchen« nie wohlgefühlt.[391]

Damit war es für Greta genug. Sie schrieb, von einem letzten Aufenthalt in dem Haus auf Öland im Juni 1991, zurück, dieser Brief habe bei ihr zu der Erkenntnis geführt – sie selbst setzte es in Großbuchstaben: »ES GIBT KEINE BASIS ZWISCHEN UNS.« Sie sei weder ihren Nichten und dem Neffen noch anderen gegenüber hochmütig gewesen: »Ich habe Euch nicht wie Affen dressiert.« Und sie sei »auch immer Greta gewesen und geblieben«. Sie habe Herbert geholfen, aber keine Ehrfurcht gehabt, weder vor ihm noch »vor Gustav Heinemann, Erich Ollenhauer, K.G. Kiesinger oder Helmut Schmidt und wem sonst noch«. Sie habe »die Absicht zu bleiben, die ich bin, meinen Weg zu gehen, wie ich es für erforderlich halte. Ich erwarte, dass Ihr dieses respektiert.«[392]

Greta hatte sich, aus ihrer Sicht, also nicht von Herbert zu emanzipieren, denn sie hatte sich nie als Anhängsel oder als abhängige Person gefühlt. Wenn überhaupt, so sah sie es, hatte sie jetzt darauf zu achten, sich nicht von ihrer Bruderfamilie und deren Sichtweisen abhängig zu machen. Der Preis dafür, das wurde ihr im Laufe dieses düsteren Frühjahrs 1991 klar, war die schmerzhafte Trennung und der Verzicht auf das gesamte Anwesen auf Öland.

Dazu trug ihr Bruder Peter wesentlich bei. Vielleicht hatte Greta noch gehofft, er werde sich auch in ihrem Sinne vermittelnd in den Streit einschalten, doch spätestens sein längerer Brief vom Juli 1991 sollte diese Hoffnung zunichtemachen. Er schrieb zwar, ihr Wohlergehen sei ihm wichtig und werde es auch immer bleiben, aber dann benannte er »zwei Seiten«, also grundlegende Kritikpunkte an seiner Schwester. Der erste bestand, zusammengefasst, darin, dass Greta nicht genug für ihr Äußeres tue. Er wolle eine Schwester haben, »die nicht nur durch Leistung, sondern auch durch Schönheit« ihre Frau stehe. Er denke, dass es niemanden gebe, »der ohne diese äußere Anerkennung auf Dauer leben kann.« Der zweite Punkt betraf das Verhältnis zwischen den Geschwistern und Familienteilen. Peter wies Greta darauf hin, sie habe immer wieder erklärt, dass sie gut allein leben könne, dass sie »ohne andere Menschen auskommen« könne. Das bezweifelte er. Er sei enttäuscht, dass Greta ihre persönlichen Probleme nicht mit ihm und seiner Familie teile. Die ganze Familie mache sich Sorgen um Greta, wenn die aber umsonst seien, »dann sind unsere Welten so weit auseinander, dass jetzt keine Überbrückung möglich ist.«[393]

Diesen Brief, sowohl die erste »Seite« mit der »Schönheit« als auch die zweite »Seite« mit dem Wunsch, ihre »Sorgen« mit der Familie zu teilen, wertete Greta als Forderung zur Unterwerfung und Angriff auf ihre Persönlichkeit. Das konnte sie nicht hinnehmen, und so wies sie die Einlassungen ihres Bruders zurück: »Normen, die die Gesellschaft sich gegeben hat, wolltest Du mir beibringen, diese Mühe hättest du lieber Deinen Kindern zuwenden sollen.«

Die Trennung von Öland, von Haus und Grundstück war für sie schmerzhaft und traurig, meinte Greta. Eine ganze Reihe von Freunden – zu nennen sind vor allem Gerhard Jahn und in Hamburg Peter Schulz – hätten ihr, auch nachdem sie ihnen die Briefe gezeigt hatte, geraten: »›Greta, mache einen Strich darunter, mit denen ist nichts zu machen‹, andere sagten, nimm die Schenkung zurück.«[394]

Das tat Greta nicht, aber sie machte den Strich darunter, das Haus auf Öland war für sie Geschichte, die Beziehungen zu den Kindern ihres Bruders lagen bis an Gretas Lebensende in Trümmern. »So gehen wir jeder unsere Wege«, resümierte Greta später. »Es tut mir weh um meinen Bruder, ich hatte immer davon geträumt, im Alter ihm wieder nahe zu sein. Allerdings nicht um den Preis, mich selbst aufzugeben.« Das Verhältnis zu ihrem Bruder blieb schwierig; erst wenige Jahre vor beider Tod im Jahr 2017 fanden die beiden – unter Aussparung aller Streitigkeiten – menschlich wieder zueinander.[395]

Nicht nur nebenbei wurde in dieser Zeit Gretas Beziehung zur Friedrich-Ebert-Stiftung erschüttert. Das hing nicht in erster Linie mit der Personalie Bärbel Richter zusammen, die auf Gretas Druck eingestellt worden war, um den Nachlass von Herbert zu bearbeiten. Sie sollte und wollte eine ausgesprochene Vertrauensperson auch für Greta sein, doch dieses Vertrauen konnte Greta aufgrund der familiären Verwicklungen nun nicht mehr aufbringen. Das teilte Greta der Stiftungsleitung zwar mit, doch hier eine Veränderung zu fordern, würde nach der Vorgeschichte schwierig, und außerdem wollte Greta nicht, dass ihretwegen ein Mensch arbeitslos würde.[396]

Die Stiftung beließ alles wie es war, was unter anderem zur Folge hatte, dass Greta, so sah sie es, über Jahre nicht die zugesagten schriftlichen Expertisen zu Anträgen erhielt, die Einsichtnahme zu gewähren. Das wiederum führte dazu, dass Anfragen über längere Zeiträume bei Greta unbearbeitet liegen blieben.

Wichtiger noch als die Personalie war für Greta ein Vorgang, den sie weder ihrem Bruder noch der Stiftung verzeihen konnte. Etwa um die gleiche Zeit, als Greta die Vereinbarung schloss und das Haus auf Öland verschenkte, bat sie ihren Bruder, ihr aus einem Schrank in dem Ferienhaus einige Jahrgänge der Briefe von Herbert und Greta an Lotte mitzubringen, welche dort seit den Siebzigerjahren lagerten. Peter staunte über den

Umfang des Briefwechsels und interessierte sich nun dafür. Anstatt ihn Greta sofort zu übergeben, bat er sie, ihm auch die bei ihr in Bonn lagernden Briefe ihrer Mutter an Herbert und an sie selbst zur Verfügung zu stellen; er wolle die Schreiben zueinander sortieren. Das tat Greta, aber dann kam die Auseinandersetzung mit der Bruderfamilie, und Peter weigerte sich, Greta ihre Briefe zurückzugeben. Als der Streit eskaliert war, übergab Peter die Schreiben gegen Gretas Willen kurzerhand an das Archiv in der Friedrich-Ebert-Stiftung. Die behielt die Briefe, auch nachdem Greta versucht hatte, sie zurückzubekommen. Immerhin versprach Stiftungschef Holger Börner, dass Greta Kopien bekommen sollte, doch das geschah nur mit Verzögerung, und am Ende fehlten dabei die Briefe ihrer Mutter. Greta machte Börner darauf aufmerksam, dass das Archiv »auch ein Stück meines Arbeitslebens« ist und sie Anspruch auf solidarisches Verhalten seitens der Stiftung habe. In Klammern setzte sie hinzu: »Blumensträuße sind dafür kein Ersatz«. Ein Vertrauensverhältnis war das nun nicht mehr.[397]

Greta als passives, unselbständiges Anhängsel des »großen Mannes« Herbert, das war das Bild, das sich wohl die Bruderfamilie, welches sich jedoch auch große Teile der Sozialdemokratie und der Öffentlichkeit von ihr machten. Dass es nicht zutraf, dass Greta im Gegenteil eine eigenständige, engagierte und auf ihre Weise schon längst emanzipierte Frau war, nahmen viele zu Herberts Lebzeiten und unmittelbar danach nicht wahr. Doch schon bald trat sie aus dem Schatten, und so wurde sie sichtbar, Gretas genuine Größe.

AUFTRITT

Wie leergefegt war Gretas Kalender in den Jahren der Pflege. Längst hatte sie von Taschenkalendern mit Blättern für einzelne Tage zu Wochen- und Monatsübersichten gewechselt. Doch plötzlich, für Anfang August 1990, ist da ein vollgeschriebenes Blatt mit neuen Namen, Adressen, Orten. Im Osten. Ehe sie Mitte des Monats nach Öland fuhr, besuchte Greta die Verwandtschaft in Radebeul; sie kam nach Schneeberg, Dresden und Geising, ans Grab von Herberts Eltern – und traf schließlich das Ehepaar Vogel in der Nähe von Berlin.[398]

Anlass der Reise war Gretas Wunsch, Erna persönlich zu berichten, wie das Leben ihres Cousins zu Ende gegangen war. In die Zukunft wies allerdings ihr Besuch in Dresden. Anders als bei den vorherigen Reisen mit Herbert gab es dort nun wieder eine SPD. Greta begab sich auf die Suche nach der neu- und wiedergegründeten Partei, und sie machte sie ausfindig, notierte Namen, Anschriften und Telefonnummern. Sie schrieb der Dresdner SPD und kündigte ihren Besuch an, doch es kam keine Antwort. Also fuhr sie gemeinsam mit Erna aufs Geratewohl zur Geschäftsstelle der Partei in der Güntzstraße 31. Sie klingelten; es öffnete ihnen die Büromitarbeiterin Karin Trost. Ein langes Gespräch entspann sich. Die Dresdnerin berichtete von den großen Schwierigkeiten beim Neuaufbau der Sozialdemokratie, Greta hörte zu und strahlte Zuversicht aus. »Jetzt habe ich Mut, weiterzumachen«, sagte Karin am Ende des Gesprächs.[399]

Solche Begegnungen bestärkten Greta in ihrer Absicht, »so viel als möglich von Herbert in seine Heimat zurückzubringen.« Von da an war Greta immer wieder zu Gast in Dresden und Sachsen, aber nicht nur dort.[400]

Etwas von Herbert zurückbringen, das verstand Greta durchaus wörtlich, im materiellen Sinne. So brachte sie schon auf ihrer ersten Reise einige Bücher mit, und im Herbst 1990 schenkte sie der Sächsischen Landesbibliothek die umfangreiche Sammlung der Bände der Zeitschrift *Archiv der Gegenwart*. Um diese Zeit fand sie einmal kein Hotelzimmer in Dresden, und so erklärte sich der Leiter einer SPD-Veranstaltung im sächsischen Landtagswahlkampf, Klaus Deubel, bereit, Greta zu beherbergen. Von da an übernachtete Greta in Dresden fast immer bei Deubels. Aus dieser Begegnung mit dem zeitweiligen Dynamo-Präsidenten und Sozialbürgermeister von Dresden und vor allem mit seiner Frau, der Ärztin Karin Deubel, erwuchs eine jahrzehntelange Freundschaft.[401]

Es blieb jedoch nicht, wie während der Zeit mit Herbert, beim Zuhören auf Parteitagen und Veranstaltungen, sondern Greta trat selbst auf. Jahrzehntelang hatte sie geschwiegen, und jetzt stellte sich heraus: Greta hatte den Menschen Vieles zu sagen. Sie brachte Erfahrung mit, Sachkunde und Prominenz. So wurde sie bald zu einer begehrten Rednerin – vom Grußwort bis hin zum engagierten Hauptvortrag.

Den Anfang machte ein Auftritt in Nordrhein-Westfalen. Das AWO-Altenpflegeheim in Kerpen-Brüggen wurde am 1. Oktober 1990 in »Herbert-Wehner-Haus« benannt. Zwei Tage vor Inkrafttreten der deutschen Einheit, in Anwesenheit von Ministerpräsident Johannes Rau, hielt Greta ihre erste Ansprache. Dabei stellte sie Herbert Wehners Beispiel heraus,

Greta tritt auf: Herbert-Wehner-Haus, Kerpen, 1990

»den Menschen anzunehmen, wie er ist, seine Art, zu sein, zu respektieren.«[402]

Dann ging sie aber über die Schilderung des Politikers hinaus und erzählte etwas aus dem Alltag mit dem kranken Herbert, wie er beim Abwasch »bis zuletzt versucht« hatte, »mit dem Wischtuch in der Hand zu helfen oder wenigstens dabei zu sein.« Sie leitete daraus die Anforderung an die Pflegerinnen und Pfleger ab, »mit Hilfe der Angehörigen« das vorherige Leben der alten Menschen kennenzulernen, um »Restfähigkeiten zu mobilisieren«, den Kranken wenigstens mit Achtung zu begegnen und ihrer Vereinsamung entgegenzuwirken.

Schließlich wies Greta darauf hin, dass die Arbeiterwohlfahrt »ein Spross der alten Arbeiterbewegung« sei. Sie rief ins Bewusstsein, dass »das Eintreten des Stärkeren für den Schwachen, den Schwachen *teilhaben* zu lassen an den Errungenschaften des Stärkeren, die Basis dieser alten Bewegung ist«. Daraus ergab sich für Greta das Anliegen an die Wohlfahrtsverbände, noch etwas mehr für die Menschen zu tun als das Gesetz vorschreibt. Sie forderte, »dass wir *gute Gesetze* durch warme Mitmenschlichkeit noch *besser* machen.«[403]

In der ersten Hälfte der Neunzigerjahre war sie groß, die Nachfrage in den neu gegründeten ostdeutschen SPD-Landesverbänden nach Hilfe und Zuspruch aus der wesentlich größeren westdeutschen SPD. Gerade Prominenz war gefragt, und Greta wurde zur Fürsprecherin und Mut-Macherin in Herberts Heimat. Doch sie beschränkte sich nicht auf ein Land. Auch nach Brandenburg führten sie viele Wege, aber besonders in Sachsen trat Greta immer häufiger auf. So am 5. Oktober 1991, da sprach sie zum ersten Mal in Leipzig, aus einem besonderen Anlass.

Die sächsische SPD verlieh Greta an diesem Tage die Ehrenmitgliedschaft in ihrem Landesverband; und Greta kam in die Messestadt. Sie dankte für die Ehrung, »die Ihr Herbert Wehner erwiesen habt« und welche sie »stellvertretend für ihn« annehme. Greta hoffe, trotz ihrer »beschränkten Kräfte«, »dem einen oder anderen hier, in Herberts sächsischer Heimat«, Mut vermitteln zu können.

Und dann nutzte sie ihren Auftritt für ein kleines Grundsatzreferat. Gleich zu Beginn kam Greta auf das Wesen sozialdemokratischer Politik zu sprechen. Sie warnte: Radikale Schlagworte wie »Demokratie ist nicht viel, Sozialismus ist das Ziel« hätten schon vor 1933 in die Irre geführt. Vielmehr komme es darauf an, Kompromisse zu finden, um »Not-wendige soziale Regelungen« zu treffen.

Auch aus aktuellem Anlass zitierte Greta die alte Schrift »Der 8-Stunden-Tag« von Karl Kautsky aus dem Jahr 1890. Darin hieß es, die Arbeiter hätten nur dann Erfolg, wenn die Stärkeren für die Schwächeren einträten. Den Begriff der Solidarität könne sie »heute« nicht auf ein Land, »auf unser Volk begrenzt« sehen. Greta erinnerte an das Schicksal etlicher Sozialdemokratinnen und Sozialdemokraten, die – wie sie selbst – in der Nazizeit Asyl in fremden Ländern gefunden hatten. Es seien allerdings zu wenige Länder gewesen, die bereit waren, auch Nichtvermögende und jüdische Mitbürgerinnen und Mitbürger aufzunehmen. »Viele hätten gerettet werden können.« Aus fremden Ländern strömten nun sowohl Glücksuchende als auch Asylsuchende nach Deutschland. Greta rief dazu auf, in beiden, den »Schutz-Suchenden« wie auch in den »Glück, das heißt Freiheit vor Hunger Suchenden, den Menschenbruder, die Menschenschwester« zu erkennen.[404]

Greta sprach diese Sätze unter dem Eindruck der ausländerfeindlichen Ausschreitungen im sächsischen Hoyerswerda. Sie waren noch keine drei Wochen her. Mit Steinen und Molotow-Cocktails hatten Neonazis vietnamesische und andere »Vertragsarbeiter« sowie ein Flüchtlingsheim angegriffen. Ein sympathisierender Mob von Anwohnern ermutigte das Treiben der Angreifer mit Applaus und Zurufen. Das örtliche Landratsamt kam zu der Einschätzung: »Es besteht einheitliche Auffassung dazu, dass eine endgültige Problemlösung nur durch Ausreise der Ausländer geschaffen werden kann.« Hoyerswerda bildete den Auftakt zu einer Reihe ausländerfeindlicher Pogrome und Attentate im frisch vereinten Deutschland, so die Angriffe auf ein Asylbewerberheim in Rostock-Lichtenhagen 1992 sowie die Mordanschläge von Mölln und Solingen 1992 und 1993. Die deutsche Politik – am Ende auch unter Beteiligung der SPD – reagierte nicht in erster Linie mit einem Eintreten für Mitmenschlichkeit und Solidarität in Gretas Sinne, sondern sie schränkte schließlich 1993 das im Grundgesetz garantierte Recht auf Asyl für politisch Verfolgte ein.[405]

Greta jedenfalls warb in Leipzig dafür, stolz auf die sozialdemokratische Tradition zu sein, sie zu bewahren und weiterzuentwickeln: »Soziale Demokratie bedarf des Eintretens der Starken für den Schwachen. Heute, hier bei uns, West mit Ost, die Gesunden für den körperlich oder geistig Behinderten, Erwachsene für Kinder, Junge für Alte, Industrienationen für die Menschen in der 3. Welt.«[406]

Schon 1993 konnte Greta eine eindrucksvolle Reihe von Orten in ganz Deutschland auflisten, die sie besucht hatte. Wie üblich nahm sie an den Bundesparteitagen der SPD teil, aber jetzt auch in Sachsen: Landesparteitage, AfA- und Betriebsrätekonferenzen, Feiern, Gedenkveranstaltungen und Tagungen. Sie besuchte erneut mehrfach Dresden, dann Görlitz (mit Abstecher ins Riesengebirge) und Hoyerswerda; sie fuhr durch die Lausitz, »mit den Gedanken an die Losungen, fuhr ich durch Herrnhut.« Greta sprach in Brandenburg auf einer Veranstaltung des Europäischen Bildungswerks, und sie nahm an Tagungen in Berlin, Chemnitz, Zwickau und Ludwigsfelde teil. Nur »um zu schauen«, besuchte sie die alte sächsische Bergstadt Freiberg sowie Plauen. Nach Marburg, Moers, Münster und Stenden am Niederrhein reiste sie, um »Freunde zu besuchen oder – und – an Tagungen teilzunehmen«.[407]

Zu Gretas Auftritt nach Herberts Tod gehörte es, dass sie aktiv in der SPD mitarbeitete. Sie ging zu den Versammlungen des Ortsvereins Bad Godesberg-Süd, ließ sich als Delegierte zum Bonner Unterbezirksparteitag wählen. Sie scheute, wenn es ihr wichtig erschien, auch nicht davor zurück, sich lautstark zu Wort zu melden, wenn ihr etwas nicht passte.

Das war im Januar 1991 der Fall, als die Friedensbewegung im Bonner Hofgarten gegen den von den Vereinigten Staaten mit dem Irak geführten Golfkrieg um Kuwait protestierte. Die SPD rief mit zu der Kundgebung auf, ohne jedoch einen eigenen Redner zu stellen. Greta schrieb daraufhin an ihre »Freunde« und die »Genossinnen und Genossen« im Bonner Unterbezirk, in der Bundestagsfraktion und im Präsidium der SPD. Mit Sorge habe sie Kenntnis genommen »von der unpolitischen Art, in der sich unsere SPD an der aus Ohnmachtsgefühlen entstandenen« Demonstration am 26. Januar beteilige. Es sei schwer, gleichzeitig für eine friedliche Lösung des Konflikts einzutreten und dabei nicht »in den Sog von Antiamerikanismus, militanter propalästinensischer und antiisraelischer extremer Gruppen zu geraten«. Dies gelte umso mehr, wenn die Partei gleichzeitig die Möglichkeit aus der Hand gebe, durch »politisch erfahrene und in Massenveranstaltungen wirkungsfähige Personen« eine Haltung zu vertreten, welche »der ganzen politischen Lage gerecht wird«. So rief sie zu »Nachdenklichkeit« vor weiteren Entscheidungen auf. In einem weiteren Brief legte sie nach. Vom Gefühl her sei sie dafür, sofort Frieden zu machen, gleichzeitig quäle es sie zu wissen, dass das jetzt gar nicht erreichbar sei. Greta erinnerte an ihre Jugend vor dem und im Zweiten Weltkrieg, als friedliebende Menschen – wie ihre Jugendliebe Arnošt – in der Emigration mit der Waffe in der Hand gegen Hitler antreten mussten. Was am Golf geschehe, sei grauenhaft, aber ihr graue auch vor dem Despoten Saddam Hussein, der seinem Volk bereits acht Jahre Krieg aufgebürdet und unendliche Mittel statt zum Wohle der Menschen zum Morden ausgegeben habe. Das heiße, so Gretas Folgerung, »Friedensbewegung muss künftig viel früher beginnen.«[408]

Helmut Schmidt antwortete, er bewundere ihre Aktivität. Für den Brief an die »Freunde« wegen der Friedensdemonstrationen bedankte er sich, der habe ihm sehr eingeleuchtet: »An dir ist eine Politikerin verlorengegangen.«[409]

Der Altbundeskanzler bewunderte auch Gretas Einsatz in den neuen Bundesländern. Im Herbst 1993 schrieb er: »Außer von Dir, von Hans-Jochen Vogel und von mir selbst höre ich kaum von westdeutschen Sozialdemokraten, die sich so ausführlich und nachhaltig um die Menschen im Osten des Vaterlandes kümmern.«[410]

Greta antwortete, ihr fielen da noch eine Reihe weiterer Beispiele ein; bescheiden meinte sie, ihr Wirken könne sich nicht mit dem von Schmidt oder demjenigen von Vogel messen. Sie fügte hinzu: »Ich sage zwar ab und zu meine Meinung, z. B. auch auf Landes- oder Unterbezirksparteitagen, doch hauptsächlich ist mein Beitrag Zuhören, spüren lassen, dass ich die Menschen verstehen will und sie ernst nehme. Zuwenden zu kleinen Gruppen und einzelnen Personen und dabei Mut zu machen, auf ihre eigenen Fähigkeiten zu vertrauen.« Greta fand es wichtig, die »viel zu kleine SPD in Sachsen« zu unterstützen, gerade deswegen »müssen wir viel hineinstecken«. Dabei sah sie die Partei in einem Dilemma: Diejenigen, »die man gemeinhin Arbeiter nennt und die in großer Zahl ohne Arbeit sind, stehen überwiegend abseits der SPD«, und diejenigen in der sächsischen SPD, die meinten, sie stünden den Arbeitern besonders nahe, verträten zum Teil eine seltsame politische Mischung aus »vergangenes Jahrhundert, Intoleranz und ›wir sind die einzig richtigen‹«. Dabei müsse die Sozialdemokratie »in allen Bevölkerungsschichten wurzeln«, und es bleibe wichtig, Mitglieder »unter den ›Arbeitern‹ zu gewinnen und sie in die verantwortlichen Funktionen der SPD einzubeziehen«, besonders dort, wo »der verzerrte Sozialismusbegriff der Kommunisten/SED von manch einem auf die SPD projiziert wird«.[411]

Der Sozialdemokratie helfen, Wurzeln in der sächsischen Bevölkerung zu schlagen, sollte auch das Herbert-Wehner-Bildungswerk. Die Idee, ein eigenes SPD-nahes Bildungswerk für Sachsen zu gründen, entstand kurz nach der Wiederherstellung der deutschen Einheit 1990. Solche unabhängigen parteinahen Bildungsträger gab es in einer ganzen Reihe von westdeutschen Bundesländern, so zum Beispiel das Bildungswerk Stenden in Nordrhein-Westfalen am Niederrhein. Der SPD-Bezirk Niederrhein leistete nun seit Ende 1989 Aufbauhilfe für den ostdeutschen SPD-Bezirk Chemnitz, der vor dem Zusammenschluss mit Dresden und Leipzig zum Landesverband Sachsen im Jahr 1991 die regionale Parteigliederung war. Der langjährige Bezirksgeschäftsführer Franz Huppertz gehörte zu den »Parteisekretären«, auf welche Herbert Wehner sich seit den Parteireformen von 1958 ganz besonders gestützt hatte. Ins Tagungsheim im Wald von Stenden lud Huppertz auch sächsische Sozialdemokraten zu Seminaren ein, darunter war der Vorsitzende des Bezirks Chemnitz und dann erste SPD-Landesvorsitzende, Michael Lersow. Der war von der Bildungsstätte hingerissen und sagte am Schluss: »Das müsste in Sachsen auch sein, dieses Stenden.« Damit war die Idee geboren, und als für 1992 erstmals Mittel für die politische Bildung im Haushalt des Freistaats Sachsen bereitgestellt wurden, griff Huppertz sofort zu. Gemeinsam mit Rainer Schröer, dem Leiter des Bildungswerks Stenden, traf er sich im vogtländischen Falkenstein mit Peter Adler. Dieser war als Parlamentarischer Geschäftsführer im Landtag seitens der SPD für die Verhandlungen über den Haushaltsplan zuständig. Gemeinsam mit Schröer kümmerte sich Adler fortan um die Vorbereitung. Die Niederrheiner schickten den Bildungs- und Parteiaktivisten

Klaus Reiners als ersten hauptamtlichen Leiter des neuen Bildungswerks nach Chemnitz.[412]

Am 14. September 1992 wurde das Bildungswerk in Dresden gegründet. Greta war vor Ort dabei; sie gehörte zu den vierzehn Unterzeichnerinnen und Unterzeichnern der Gründungsurkunde. Dass das Werk nach Herbert heißen sollte, war, nach Gretas Ehrenmitgliedschaft im sächsischen SPD-Landesverband 1991, ein »Herzenswunsch der Sachsen«. »Politische Bildung unter dem Namen Herbert Wehner ist eine vielfältige Herausforderung«, meinte Greta und wies auf Herberts umfassende, langjährige Tätigkeit in der innerparteilichen Bildungsarbeit hin. Dabei sei er »nicht nachzuahmen, aber, kann als Vorbild wirken«.[413]

Die öffentlichen Mittel der Staatskanzlei musste das Herbert-Wehner-Bildungswerk sich schon bald mit der großen Friedrich-Ebert-Stiftung teilen, die ebenfalls Anspruch auf die Gelder erhob und dafür Unterstützung im Landesverband der SPD fand. Im Bereich der kommunalpolitischen Bildung kam es zunächst ebenso zu einer Aufteilung der Mittel. Zusammen mit den schlechten Wahlergebnissen für die sächsische SPD führten diese Teilungen zu einer chronischen finanziellen Unterversorgung. Das Herbert-Wehner-Bildungswerk geriet in eine prekäre Lage zwischen parteilichen Ansprüchen, öffentlichem Auftrag, hohem inhaltlichem Anspruch und bescheidenen Möglichkeiten.

Umso wichtiger waren der Name Herbert Wehner und die aktive Hilfe von Greta. Über beides ließ sich öffentliches Ansehen schaffen und bundesweite Unterstützung mobilisieren. Diesen Weg gingen die Niederrheiner von Anfang an. Die Feier zu Gretas 70. Geburtstag am 31. Oktober 1994 organisierte Klaus Reiners professionell. Sie fand am Wohnort von Peter Adler statt, in einem Gasthof mit kleinem Hotel in Liegau-Augustusbad nordöstlich von Dresden. Es wurde bundesweit eingeladen, die Festrede hielt der Parteivorsitzende Rudolf

1994: Rudolf Scharping spricht in Liegau-Augustusbad zum 70. Geburtstag von Greta – mit im Bild: Rudolf Dressler, Karl-Heinz Kunckel und Peter Adler

Scharping. »Ein Haus für Onkel Herbert« hieß dann der Titel einer Spendenaktion aus dem Jahr 1996 für eine Bildungsstätte mit Übernachtungsbetrieb in Sachsen. Mit Herberts Bild und den Unterschriften von Hans-Jochen Vogel und Richard Schröder warb das Bildungswerk im SPD-Magazin *Vorwärts* für den Erwerb von »Bausteinen«. Das Ganze mündete in die Gründung des »Freundeskreises Herbert-Wehner-Bildungswerk« am 8. Februar 1997 in Dresden. Für das Amt des Sprechers konnte der ehemalige Partei- und Fraktionsvorsitzende Vogel gewonnen werden. Dieser beschränkte sich keineswegs darauf, eine Galionsfigur darzustellen, sondern kniete sich höchstpersönlich und erfolgreich in die Werbung immer neuer Mitglieder hinein. Die folgenden etwa anderthalb Jahrzehnte kam Vogel im Schnitt zweimal pro Jahr nach Dresden, zur Sitzung des Kuratoriums für den Wiederaufbau der Frauenkirche im Februar sowie – meist – im Sommer zu den Treffen des Freundeskreises mit öffentlicher Veranstaltung. Nahezu auf jeder dieser Reisen stattete Hans-Jochen Vogel Greta in ihrer

Wohnung einen Besuch ab. Dabei hatte er lebhaft seine Gespräche in Bonn bei Herbert und Greta in Erinnerung. Obwohl die neue Wohnung über 500 Kilometer vom Bonner Heiderhof entfernt war, konnte Vogel im Wohnzimmer bei Greta lebhaft beschreiben, an welchem Platz Herbert bei ihren Begegnungen zu sitzen pflegte und auf welchem er selbst gesessen hatte. Hans-Jochen Vogel amtierte bis 2001 als Sprecher, aber auch nachdem er den Posten an seinen Nachfolger als Bundesjustizminister, Jürgen Schmude, abgegeben hatte, setzte er seine Unterstützung und seine Dresden-Besuche fort, solange seine Gesundheit es zuließ.

Greta selbst nahm von Anfang an regen Anteil. Sie besuchte viele Seminare, hielt Grußworte auf öffentlichen Veranstaltungen und sprach auf Feiern von Bildungswerk und Freundeskreis zu Ehren des Namensgebers bis hin zur großen Feststunde zu Herberts 100. Geburtstag in Dresden am 11. Juli 2006. Organisatorisch getragen vom Bildungswerk, waren die Feierstunden zu ihrem 75. sowie zu ihrem 80. Geburtstag in den Jahren 1999 und 2004 gesellschaftliche Großereignisse für die kleine sächsische Sozialdemokratie. Mindestens einmal im Jahr zu Herberts Geburtstag, meist aber öfter, gelang es Bildungswerk und Freundeskreis, ein großes Publikum zu versammeln und mit wichtigen Politikern zusammenzubringen. Dazu zählten regelmäßig Hans-Jochen Vogel, Jürgen Schmude und Wolfgang Vogel, öfter Peter Struck und Franz Müntefering, aber neben vielen anderen auch Helmut Schmidt, Johannes Rau und Frank-Walter Steinmeier. Greta als Galionsfigur und nahbare prominente Persönlichkeiten nach Dresden holen, das war ein Erfolgsrezept der ersten zwei Jahrzehnte Herbert-Wehner-Bildungswerk.

Auf dem Höhepunkt seiner Entwicklung im Jahr 2009 hatte der Freundeskreis Herbert-Wehner-Bildungswerk über 560 Mitglieder, am Ende waren um die 500 000 Euro an Spenden zusammengekommen. Eine Bildungsstätte mit Tagungshaus ist daraus zwar nicht entstanden, aber es war doch ein namhafter Beitrag zum Bau eines Herbert-Wehner-Hauses in Dresden, in welchem auch das Bildungswerk im Jahr 2020 einen Platz gefunden hat.

Das hat Greta aber nicht mehr miterlebt, zumal das Projekt des Hausbaus ihr schon einige Jahre vor ihrem Tod fremd geworden war. Das aber steht auf einem anderen Blatt.

Fast ebenso eng entwickelten sich zunächst Gretas Beziehungen zur Deutschen Alzheimer-Gesellschaft. Sie wollte sich sozialpolitisch einsetzen, nach ihren Kräften für die Pflege demenzkranker Menschen wirken. An dieser Stelle verband Greta die drei Stränge ihres aktiven Lebens: ihre langjährigen politischen Erfahrungen, ihren professionellen Hintergrund als Sozialarbeiterin und Gesundheitsfürsorgerin sowie ihre eigene Hilfstätigkeit, also ihre praktischen Kenntnisse aus der Pflege ihrer Mutter, besonders aber ihres demenzkranken Ehemannes Herbert Wehner.

Angefangen hatte dieses Engagement schon 1988 mit einer Idee aus der Hamburger SPD, in Harburg eine parteinahe »Greta-und-Herbert-Wehner-Stiftung« zu gründen. Daraus wurde, nach Gretas Intervention, ein »Greta-und-Herbert-Wehner-Projekt Hilfe zur Selbsthilfe für pflegende Familienangehörige im häuslichen Bereich, insbesondere bei der Pflege gerontopsychiatrisch kranker Angehöriger«. Spenden alter Hamburger SPD-Mitglieder wurden eingeworben, und es kam zu einem Auftritt Gretas am 2. Mai 1991 im Wilhelmsburger Rathaus bei einer Veranstaltung gemeinsam mit Hamburgs Bürgermeister Henning Voscherau. Das Projekt schien auf dem Weg, doch dann verlief es sich; mit den eingenommenen Spenden geschah nichts. Greta meinte 1998, sie schäme sich dessen »so stark«, dass es ihr inzwischen schwerfalle, nach Hamburg zu reisen. Etwas müsse mit diesem Geld geschehen, und so konnte sie schließlich erreichen, dass die wesentlich bescheidener als erwartet geflossenen Spenden nach Dresden an den Freundeskreis Herbert-Wehner-Bildungswerk übertragen wurden.[414]

Gretas Engagement für die Demenzkranken und vor allem für deren Angehörige bahnte sich seinen Weg auch so. Im Dezember 1989 war die Deutsche Alzheimer Gesellschaft e.V. gegründet worden, und nach Herberts Tod kam Greta in Kontakt mit Eleonore von Rotenhan, der ersten Vorsitzenden. Jürgen Schmude, der die Professorin als ehemalige Kirchentagspräsidentin kannte, hatte die beiden Frauen aufeinander aufmerksam gemacht. Im Februar 1991 fuhr Greta zu einem Gespräch mit den Vorsitzenden nach München und erklärte sich gemeinsam mit zwei weiteren Herren bereit, Mitglied im Kuratorium der Gesellschaft zu werden. Ihr selbst gelang es schon im März, Helmut Schmidt als viertes Mitglied zu gewinnen. Der Altbundeskanzler und *Zeit*-Herausgeber bemühte sich dann auch persönlich um finanzielle Hilfen für die Gesellschaft und darum, ihre Arbeit über die Presse bekannt zu machen. In den Mitgliederversammlungen ließ er sich jedoch durch Greta vertreten. Insgesamt war der Gründung des Kuratoriums kein Erfolg beschieden. Aufgrund von Startschwierigkeiten und internen Querelen im Verein verzögerte sich sein Zusammentreten immer wieder; auch ein zweiter Anlauf unter neuem Vorstand im Jahr 1994 blieb offenkundig stecken. Greta nahm das kopfschüttelnd zur Kenntnis. In der Alzheimer Gesellschaft gerieten das Engagement von Greta und auch dasjenige von Helmut Schmidt im Kuratorium später in Vergessenheit.[415]

Dabei setzte Greta sich intensiv für die Ziele des Vereins ein. Im Oktober 1991 nahm sie an einer bundesweiten Tagung der Alzheimer-Gesellschaft in der Dresdner Dreikönigskirche teil. Als Mitglied des Kuratoriums hielt sie dort ein Grußwort. Sie forderte »eine menschenwürdige Pflege der Kranken ohne Zerbrechen der pflegenden Angehörigen«. Dazu bräuchten diese ebenso wie die Kranken Verständnis und Hilfe, etwa durch die Beratung von Sozialstationen; hinzukommen müssten Tagespflegestätten, entlastende häusliche Hilfen sowie »menschenwürdige« Alters- und Pflegeheime. Tief versetzte Greta sich in die Situation der häuslichen Pflege in Ostdeutschland, wo viele Menschen in beengten Wohnverhältnissen lebten: »Wie soll in dem winzigen Bad die volle Hose gewechselt werden? Oder, im späteren Stadium, der Kranke im Rollstuhl versorgt werden oder in der Wohnung ein Krankenbett Platz kriegen?«[416]

Im Publikum saß eine Mitarbeiterin der Dresdner Arbeiterwohlfahrt, Rita Schawohl. Ebenso wie Greta war sie Kinderkrankenschwester, doch mittlerweile Leiterin der AWO-Sozialstation im Stadtteil Prohlis. Dort war sie gerade dabei, ein Modellprojekt auf den Weg zu bringen, ganz so wie es auch Greta vorschwebte. Für Demenzkranke, die weiter in ihrer gewohnten Umgebung, in der Familie lebten und von ihren Angehörigen gepflegt wurden, richtete die AWO eine Tagespflege mit fachkundiger Betreuung ein. Das sollte den Kranken Abwechslung im Leben geben, gleichzeitig die Familienangehörigen von den Mühen der Pflege etwas entlasten und ihnen Beratungsmöglichkeiten eröffnen.

Rita Schawohl war von Gretas Auftritt begeistert. Hier kam eine ältere Frau, weit hergereist aus dem Westen, und sie sprach über die Probleme Demenzkranker und ihrer Angehöriger ebenso wie über Lebenslagen im Osten Deutschlands mit einer großen Mitmenschlichkeit, mit Herzenswärme und tiefem Verständnis. Im Jahr darauf kam Greta erneut nach Dresden, unter anderem war sie eingeladen, das Heim der AWO im Stadtteil Prohlis zu besichtigen. Da sagte jemand zu ihr: »Wir haben auch noch eine Sozialstation hier.« Greta meinte: »Die muss ich kennenlernen«, und so traf sie Rita wieder, ließ sich von ihr die Einrichtung zeigen und war ebenfalls begeistert. Fortan unterstützte Greta das Prohliser Bundesmodellprojekt »Integration einer gerontopsychiatrischen Tagesstätte als Bestandteil einer Sozialstation«. Aus dem gemeinsamen sozialpolitischen Eintreten mit Rita für eine Verbesserung der Pflege für demenzkranke Menschen wurde eine tiefe Freundschaft.[417]

Jedenfalls trat Greta nach Herberts Tod keineswegs nur auf Veranstaltungen der SPD auf, sondern ging weit über deren Rahmen hinaus. Natürlich gehörten dazu Tagungen der AWO, für die Greta ja selbst in jungen Jahren gearbeitet hatte, aber auch Veranstaltungen von Verbänden wie der Alzheimer-Gesellschaft sowie Zusammenkünfte von Angehörigen pflegender Berufe.

In ihren Redebeiträgen zum Thema Pflege von Demenzkranken rief Greta zum solidarischen Miteinander und Helfen auf, und sie forderte sozialpolitische Verbesserungen, insbesondere im Bereich der Pflegeversicherung, welche ja erst 1995 eingeführt wurde. Dabei nutzte sie das Beispiel ihrer Erfahrungen mit der Pflege von Herbert als anschauliches Beispiel, um ihre Forderungen zu untermauern.

Zuwendung ist das wichtigste Medikament, die Zuwendung der liebenden Angehörigen, aber auch die Zuwendung des professionellen Pflegepersonals. Davon ging Greta aus, sie beließ es aber nicht bei moralischen Appellen, sondern machte klar, dass für Zuwendung Spielraum geschaffen werden muss, dass es dafür Entlastungen im Pflegealltag braucht und eben kein enges Korsett mit zu knapp bemessenen, ökonomisch abrechenbaren Betreuungszeiten für Pflegerinnen und Pfleger. Die Bedürfnisse des demenzkranken Menschen sollten im Mittelpunkt stehen und letztlich Maßstab für den Pflegeaufwand sein. Menschen zuvörderst als Kostenfaktoren zu sehen, das hielt Greta für einen Auswuchs des bundesdeutschen Gesundheitssystems; für sie war das bürokratisch und menschenfeindlich.

Greta fand es falsch, dass die Pflegeversicherung »unverzahnt« neben der Krankenversicherung stand und nicht ein Teil derselben war. Das wirke sich, meinte sie, »verheerend« bei den Demenzkranken aus. Demente seien Kranke, und darum brauchten sie Pflege. Sie brauchten, ebenso wie ihre Angehörigen, professionelle Zuwendung, Betreuung und Rat. »Menschenwürde ist mehr, als Kranke mit Nahrung zu versorgen und ein- oder zweimal am Tag Körperpflege zu betreiben. Sie erfordert Zuwendung, Mitmenschlichkeit.«[418]

Mit diesem Ziel beteiligte sich Greta an einer Unterschriftensammlung unter dem Motto »Demenzkranke sind Teil unserer Gesellschaft!« Über 16 000 Unterschriften konnten Greta und Rita persönlich am Welt-Alzheimer-Tag, dem 21. September 1998, im Rahmen einer Aktion der Alzheimer-Gesellschaft und der Hirnliga e.V. dem SPD-Fraktionsvorsitzenden Rudolf Scharping und dem Parteivorsitzenden Oskar Lafontaine in Bonn überreichen. Es war genau eine Woche vor der für die SPD so erfolgreichen Bundestagswahl von 1998.

Die Unterzeichnerinnen und Unterzeichner forderten die »zukünftige Bundesregierung« auf, die soziale Ungerechtigkeit zu überwinden, Demenzkranke nicht länger zu diskriminieren und deren Situation sowie diejenige ihrer Angehörigen zu verbessern. Im Einzelnen forderten sie eine bessere und klarer geregelte finanzielle Versorgung, die Ausrichtung von Therapie und Pflege an den individuellen Bedürfnissen der Kranken, den Erhalt und die Schaffung von Versorgungsstrukturen für Demenzkranke und ihre Angehörigen sowie Mittel für die Grundlagenforschung.[419]

Die bei der Wahl am 28. September über den langjährigen CDU-Kanzler Helmut Kohl siegreichen Sozialdemokraten und Grünen erklärten es dann in ihrem Koalitionsvertrag unter dem Motto »Pflegeversicherung stabilisieren« immerhin zu ihrem Ziel, »die Qualität der Pflege und Betreuung zu erhalten und sie angesichts begrenzter Finanzspielräume weiter zu verbessern.« Bereits vom Bundestag beschlossene »maßvolle« Leistungsverbesserungen sollten umgesetzt werden, eine Finanzierung der medizinischen Behandlungspflege durch die

Greta mit Rita Schawohl (um 1994, noch in Bonn)

Krankenversicherung werde angestrebt, die bisherige finanzielle Versorgung sollte »überprüft« werden. Das klang nach einer Pflegepolitik mit angezogener Handbremse. Es dauerte dann bis Ende 2001, ehe mit dem Pflegeleistungs-Ergänzungsgesetz einige Verbesserungen der Betreuung im häuslichen Bereich eingeführt wurden.[420]

Ob für die SPD, das Bildungswerk oder für die Anliegen Demenzkranker: Das Engagement der Rentnerin Greta bedeutete für sie mit ihrer angegriffenen Gesundheit körperliche Schwerstarbeit. Sie selbst schilderte es 1993 so:

»Meine Hörbehinderung (inzwischen als hochgradige Innenohrschwerhörigkeit bezeichnet) fordert, besonders, wenn ich aktiv beteiligt sein soll, meine Konzentration und damit Kräfte aufs Äußerste. Wirklich folgen kann ich nur im kleinsten Kreis, wenn alle Teilnehmer auf mich Rücksicht nehmen, bei großen Veranstaltungen hilft mir die zusätzlich (zu den Hörgeräten), Übertragung z. B. bei Simultanübersetzungen. Schwerhörigenanlagen sind selten vorhanden und oft zu schwach.«

Daneben kam Greta ihr »Grundproblem Herz« geradezu nebensächlich vor, da komme sie »ganz gut zurecht, ich muss zwar alles viel langsamer machen als früher, doch das gehört zum Alt werden«. Zu ihrer Schwerhörigkeit und zu ihrer Herzschwäche kamen jedoch schwere Gehbeschwerden hinzu:

»Umgeschmissen hat mich Ende Oktober mein Knie. Im Januar dieses Jahres (93) bin ich im Dunkeln gestolpert und aufgeschlagen, vom Knie bis zu den Knöcheln ein Bluterguss.

Ganz schmerzfrei war das Knie seitdem nicht, zum Arzt war ich damals nicht, weil ich unmittelbar darauf zu Frieda nach Hannover fahren wollte (...).

Im Oktober rannte ich mehrere Etagen Rolltreppen herunter, die letzte ging aber aufwärts, ein Meniskus-Schaden kam hinzu. Rennen und Gepäck, zwischen zwei Zügen in Magdeburg, gab mir den Rest, am Geburtstag war es dann so zermürbend, dass ich am 2. November zum Arzt ging. Mehrere Punktionen des Knies, Cortisonspritzen und Zäpfchen brachten keinen Erfolg.

Meine geplante Reise, von Wiesbaden nach Dresden und weiter nach Hannover, musste ich streichen, mindestens 2 Wochen das Knie schonen, nochmal punktieren war die ärztliche Reaktion und der Hinweis, wenn es bis Weihnachten nicht gut ist, muss eine Operation in Betracht gezogen werden. 2 1/2 Wochen haben Besserung gebracht, seit einer Woche fahre ich etwas mit dem Rad, aber Laufen ist noch schlecht. Ich hoffe, ohne Operation zurecht zu kommen.«[421]

Sie kam noch knapp vier Jahre zurecht, mehr schlecht als recht, dann war im Herbst 1997 doch die erste Knieoperation fällig. Nachhaltige Besserung brachte diese allerdings nicht. Greta war eine alte Frau geworden, hochgradig schwerhörig, wackelig auf den Beinen mit Rollator und aufgrund ihrer Herzschwäche häufiger kurzatmig. Dabei war und blieb sie immer noch hoch aktiv.

ANGRIFFE

Allein die Geschichte der Attacken und Rufmordkampagnen gegen Herbert Wehner zu dessen Lebzeiten zu schildern, würde ein ganzes Buch füllen. Ein zweiter Band wäre dann für die Zeit nach seinem Tod fällig. Hier geht es aber um Gretas Geschichte.

Die verschiedenen Vorwürfe gegen Herbert beschäftigten nicht nur Journalisten und Historiker, in den Ruhestand getretene Politiker und zeitgeschichtlich Interessierte, sondern immer wieder Greta. Lange Jahre war sie Herberts Weggefährtin gewesen, und nicht zuletzt sie selbst sah ihren politischen Einsatz im vereinten Deutschland auch als Fortsetzung seines Lebenswerks an. Um dieses Werk und um die Erinnerung daran hatte Greta zu kämpfen.

Drei Themen waren es vor allem, mit denen interessierte Kreise und Personen auch nach seinem Tod Jagd auf Herbert Wehner machten: Erstens ging es um sein Verhalten in Moskau zur Zeit der stalinistischen Säuberungen. Zweitens war da seine Rolle beim Thema Häftlingsfreikäufe und Familienzusammenführungen, also sein Verhältnis zur DDR und zu Erich Honecker. Als drittes Thema kam der Vorwurf hinzu, er habe Willy Brandt hintergangen und 1974 dessen Rücktritt als Bundeskanzler betrieben. Alle drei Themen hatten ihren Berührungspunkt in der Verdächtigung, Herbert Wehner habe sich nie wirklich von seiner kommunistischen Vergangenheit lösen können, bis hin zu der Behauptung, er sei heimlich Kommunist geblieben und habe gemeinsame Sache mit Ost-Berlin gemacht.

Wie Greta einmal bemerkte, konnten die Vorwürfe den toten Herbert persönlich nicht mehr treffen. Das war die positive Kehrseite dessen, dass er sich nicht mehr, wie zu Lebzeiten, gegen sie zur Wehr setzen konnte. Doch nun trafen und betrafen die Angriffe Greta als seine Witwe und alle diejenigen, denen an einem positiven oder auch nur realistischen Bild von

Herbert in der Öffentlichkeit gelegen sein musste. Dazu gehörte die SPD, denn kaum ein Politiker hat die Geschichte dieser Partei nach 1945 so sehr geprägt wie Herbert Wehner.

Den Vorwürfen entgegenzutreten, Herbert habe in Moskau Menschen ans Messer geliefert, war für Greta am schwierigsten, denn diese Vorgänge lagen vor ihren Jahren an seiner Seite; sie konnte hier nur bedingt entlastende Erinnerungen beisteuern. Als der *Stern* im Februar 1993 anhand von »Geheimdokumenten« behauptete, Herbert Wehner habe »als kommunistischer Funktionär in Moskau zahlreiche Genossen denunziert«, reagierte Greta dennoch.[422]

Sie fertigte eine ausführliche Notiz an, in welcher sie auf offensichtliche Fehler, Oberflächlichkeiten und falsche Darstellungen in dem Magazin hinwies. Was solche Dokumente aus Moskau anbelange, kommentierte Greta, stehe sie diesen »grundsätzlich kritisch gegenüber«, denn Herbert habe immer wieder davon berichtet, »mit welcher Perfektion« die Kommunisten Dokumente fälschten. Dies sei »in Moskau mit Sicherheit auch gegen eigene Mitglieder und von den Russen gegen Ausländer geübt« worden. Ihr Papier ging an eine ganze Reihe von Politikerinnen, Politikern und Funktionären der SPD.[423]

Helmut Schmidt schickte Gretas Vermerk gleich an den SPD-Vorsitzenden Björn Engholm und meinte dazu: »Ich denke, unser Verein ist es dem toten Wehner schuldig, dass wir uns bemühen, Verunglimpfungen von ihm abzuwenden, soweit wir das vermögen.« Er regte an, dass die Partei »zunächst geräuschlos« ein oder zwei Personen darum bitte, sich mit der Sache zu befassen. Dafür komme zunächst der Historiker und SPD-Bundestagsabgeordnete Hartmut Soell in Frage. Dieser hatte knapp zwei Jahre zuvor eine Biografie über den »jungen Wehner« veröffentlicht.[424]

Davon hielt Greta nun wieder nichts. Sie finde Soell zwar »ganz interessant«, aber er habe ihres Wissens »nie mit Herbert über dessen Leben und Wirken gesprochen«. Dem Parteivorsitzenden Björn Engholm schrieb sie, eine Antwort auf den *Stern* müsse »politisch und nicht durch Kommentare von Historikern geschehen«. Herbert sei weniger als ein Drittel seiner aktiven Zeit in der KPD tätig gewesen, nach fünf Jahren der Neuorientierung habe er sich über zwei Drittel seines politischen Lebenswegs für die SPD engagiert. Veröffentlichungen wie die des *Stern* und dann bald im *Spiegel* sollten die SPD verunsichern, »auch deshalb ist eine politische Reaktion erforderlich.«[425]

Zu dieser Zeit steckte Engholm bereits in der »Schubladenaffäre«, die Anfang Mai des Jahres zu seinem Rücktritt von allen Ämtern führen sollte. Es dauerte über drei Wochen, bis Greta eine Antwort des Parteivorsitzenden erhielt. Er teile ihre Sorgen, schrieb Engholm, dass die Angriffe auf Herbert vor allem die Partei treffen sollten. Er versicherte Greta, dass er bei jeder sich bietenden Gelegenheit öffentlich darauf hinweisen werde, dass »dubiose Historiker« Herberts Verdienste nicht schmälern könnten. »Sei versichert«, schloss er den Brief, »dass im Parteivorstand und in den Gliederungen der SPD niemand vergessen hat, was wir Herbert zu verdanken haben.« Dies unterstrich Engholms Stellvertreter, der ehemalige Vorsitzende der Ost-SPD Wolfgang Thierse. Er schrieb Greta persönlich, seine Bewunderung und sein Respekt vor Herberts historischer Lebensleistung bleibe »ungebrochen«.[426]

In der Zwischenzeit hatten andere schon gearbeitet. Jürgen Schmude prüfte im März, ob sich gerichtliche Schritte gegen die Vorwürfe lohnen würden. Der Rechtsanwalt und ehemalige Bundesjustizminister kam zu dem Ergebnis, das sei wenig aussichtsreich. Er riet zu erwägen, »ob nicht die Partei in geeigneter Weise eine Stellungnahme abgeben sollte.« Dazu stimmte er sich mit Hans-Jochen Vogel ab, der ebenso wie er selbst zwar keine Führungsämter mehr innehatte, aber noch Abgeordneter des Bundestags war. Gemeinsam verfassten die beiden den Entwurf zu einer Erklärung, den Vogel an den SPD-Bundesgeschäftsführer Karlheinz Blessing schickte. Das SPD-Präsidium übernahm den Text der beiden wortwörtlich und veröffentlichte ihn am 23. März 1993, »in dankbarer Verehrung« aus Anlass des zehnten Jahrestags von Herberts Ausscheiden aus dem Bundestag. Wie es Schmudes Linie entsprach, ging die Erklärung auf die Vorwürfe in den Medien nicht direkt ein. Sie beantwortete sie aber insofern, als von »bitteren Erfahrungen« mit dem totalitären Unrechtssystem die Rede war, die Herbert Wehner »zum entschiedenen und kompromisslosen Gegner auch dieser Form von Diktatur« werden ließen. Den Maßstäben und dem Vorbild Wehners nachzustreben, schloss die Erklärung, »kann für demokratische Politiker nur nützlich sein«.[427]

Unterdessen sorgten weitere Veröffentlichungen dafür, dass die Diskussion über Herbert Wehners Moskauer Jahre nicht abriss. Im April 1993 erschien, vom *Spiegel* umfänglich publizistisch begleitet, »Die Akte Wehner« des aus DKP-Kreisen stammenden Hamburger Forschers Reinhard Müller, eine kommentierte Publikation ausgewählter Dokumente verschiedener Moskauer und Berliner Archive. Um die gleiche Zeit, am 31. März 1993, strahlte die ARD zum ersten Mal den Fernseh-Zweiteiler »Wehner – Die unerzählte Geschichte« des Regisseurs Heinrich Breloer aus. »Herbert Wehner als Täter und Opfer im Exil«, so lautete die Schlagzeile der Kölner Boulevardzeitung *Express*.[428]

Das insgesamt über dreistündige »Dokudrama« enthielt eine Mischung aus Dokumentarszenen, Zeitzeugeninterviews und schauspielerischen Darstellungen. Breloer wollte mit dem Film dem »Geheimnis« Wehner auf die Spur kommen, dabei das Ganze »so offen wie möglich« halten, wobei er einräumte: »Gelegentlich ist der Film frei erfunden.«[429]

Greta selbst hatte an dem Film mitgewirkt. Sie hatte sich bereitwillig von Breloer dafür interviewen lassen, die Gespräche hatten in ihrer Wohnung stattgefunden. Für die Schauspielszenen hatte sie dem WDR eine Reihe von Gegenständen als Requisiten geliehen: ein Bild, eine Mundharmonika, die Totenmaske von Kurt Schumacher, die Wohnzimmer-Stehlampe und Herberts Lehnstuhl. Im Laufe der Arbeit waren sie einander so nahegekommen, dass Greta dem Regisseur das »Du« angeboten hatte.[430]

Am Ende – wie oft bei Journalisten – überwog bei Greta die Enttäuschung. Sie hatte gehofft, der Film werde das Leben von Herbert insgesamt würdigen, stattdessen deckte Teil eins nur die Zeit von 1969 bis 1974 ab, und da auch noch mit Schwerpunktsetzung auf seine angebliche Rolle beim Rücktritt Willy Brandts. So sei doch ein »halbes Zerrbild« herausgekommen. Greta vermisste Herberts Sensibilität für Mitmenschen sowie sein »breitgefächertes Arbeiten und Überzeugen«. Außerdem enthielt »Die Nacht von Münstereifel« Anekdoten und Darstellungen von Zeitzeugen, die Greta völlig unglaubwürdig fand, etwa die Behauptungen von Karl Wienand über nächtelange Schweigegespräche mit Herbert. Für so etwas hatten wir doch gar keine Zeit, meint Greta später zu mir.

Der zweite Teil, am selben Tag wie der erste zu später Stunde gesendet, befasste sich mit Herbert Wehners Moskauer Jahren zur Zeit des Stalinismus. Darin fand Greta die Zeitzeuginnen beeindruckend; besonders angetan war sie von Herberts Lebensgefährtin aus seiner Zeit als Kommunist, Lotte Treuber, »die wirkliche Lotte, noch heute ist die Liebe zwischen ihr und Herbert spürbar, das war schön für mich.« Nicht fair fand sie den Umgang mit Ruth von Mayenburg. Diese hatte der Regisseur offenkundig zum ersten Mal am originalen Moskauer Ort mit Dokumenten konfrontiert, die Herberts Verstrickung in die stalinistischen Machenschaften betrafen. »Eine so alte Frau, die sichtbar von ihren Erinnerungen überwältigt war, Archivmaterial vor der Kamera lesen zu lassen und ihre unreflektierten Eindrücke sagen zu lassen.« Für Greta, so schrieb sie an Breloer, war das »ein Missbrauch«.[431]

Der Regisseur rechtfertigte sich knapp, es sei schon ein Kraftakt gewesen, »Wehner überhaupt als ein Thema hier im

Sender« durchzubringen. Auf Gretas Kritikpunkte ging er im Einzelnen nicht ein, aber er sei sich seiner Schwächen bewusst. »Gerecht sein ist für die Kunst schwierig – sie wählt [aus] und spitzt zu.«[432]

Ein dritter Teil, über den Greta mit Breloer lange im Gespräch gewesen war, hätte aus ihrer Sicht vor allem Herberts langjährige Hilfe für Menschen aus der DDR, sein solidarisches humanitäres und politisches Engagement behandeln sollen. Doch dessen Fertigstellung unterblieb. So ist der Zweiteiler zwar ein streckenweise beeindruckendes, auch filmkünstlerisches Werk geworden, doch wird er Herbert Wehner insgesamt nicht gerecht. Episodenhaft, sensationsheischend verkürzend bleibt der Film ein Torso.

Einfühlsamer und wirklichkeitsnäher war da ein anderer Filmbeitrag, an dem Greta mitwirkte. »Meine Jahre mit Herbert« hieß die NDR-Fernsehdokumentation von Sabine Polenz aus dem Jahr 1994. Hier wird Gretas Lebensgeschichte zusammen mit derjenigen von Herbert erzählt. Den Rahmen für die vielen Dokumentaraufnahmen bilden unaufgeregte, ruhig gesprochene Antworten Gretas auf Fragen der Filmemacherin, aufgenommen auf ihrer Gartenterrasse im Bonner Heiderhof. In dem Film meint Greta über Herbert: »Er war überhaupt ein anderer als der, als der er dargestellt wurde in der Öffentlichkeit. Selbst in der Öffentlichkeit war er ein anderer, als der er dargestellt wurde.«

Etwa um die gleiche Zeit geriet das Ehepaar Helga und Wolfgang Vogel, spätestens seit den Achtzigerjahren mit Greta befreundet, in die Fänge der Westberliner Justiz. Es hatte im März 1992 begonnen, mit Durchsuchungen von Vogels Haus und Kanzlei sowie den ersten 18 Tagen Untersuchungshaft für den Anwalt. Vogel, so der Vorwurf eines übereifrigen Staatsanwalts, dem – Greta gegenüber – auch »rechtsradikale« Neigungen nachgesagt wurden, habe zu DDR-Zeiten Mandanten, denen er bei ihrer Ausreise geholfen habe, ihre Häuser und Wohnungen zu Spottpreisen abgepresst und sich dabei bereichert. Im Juli 1993 wurde der Anwalt zum zweiten Mal verhaftet. Wegen angeblicher Fluchtgefahr; auch Vogels Ehefrau Helga wurde inhaftiert.[433]

Einige Wochen zuvor hatte Greta die Vogels zuhause besucht. Sie fand beide »innerlich so stark verletzt, dass ich um sie fürchte«. Gleich nach der Festnahme, am 19. Juli 1993, schrieb sie an Helga Vogel. Sie fühle sich »tief mitbetroffen über die Weise, wie die deutsche Justiz Euch behandelt«. Greta fügte eine persönliche Erklärung hinzu. Diese begann mit der Feststellung, sie schäme sich »für diese meine Heimat Bundesrepublik Deutschland«. Die Vorwürfe gegen den Anwalt müssten juristisch geklärt werden, dazu bedürfe es keiner Haft. Ihren Text schrieb Greta mit einem breiteren Publikum im Blick. Die deutsche Einheit, so schloss Greta ihren Appell an Mitmenschlichkeit, werde nur vollendet werden, »wenn wir uns annehmen, so wie unsere unterschiedlichen Voraussetzungen in den unterschiedlichen Systemen uns haben leben und werden lassen.«[434]

Greta und Herbert mit Helga und Wolfgang Vogel (Bonn, 1987)

Tags darauf schickte sie den vierseitigen Text an Hans-Jochen Vogel und schilderte ihm ihre Angst um die Freunde. Es folgte ein Schachtelsatz à la Wehner: »Bitte, wir dürfen doch nicht einfach zwei Menschen zerbrechen lassen, die durch unser Wollen, weil wir sie brauchten, um wenigstens etwas mehr Menschlichkeit zwischen den damals vorhandenen zwei deutschen Staaten, aus ihrer reinen rechtsanwaltlichen Tätigkeit in das Politische hineindrängten.« Sie bat Vogel, alles ihm Mögliche zu tun, um den beiden zu helfen. Ebenso schrieb sie an Helmut Schmidt, die Berliner Justizsenatorin Jutta Limbach und den Regierenden Bürgermeister Eberhard Diepgen.[435]

Beim Berliner Senat pochten sie auf die Unabhängigkeit der Justiz, sonst rannte Greta mit ihrer Fürsprache teils offene Türen ein, aber sie half doch. Hans-Jochen Vogel legte sich ins Zeug; der ehemalige SPD-Chef führte Gespräche mit Helga Vogel und einem Rechtsanwalt; er besuchte Wolfgang Vogel in der Haftanstalt, demonstrativ, ebenso wie Helmut Schmidt, Jürgen Schmude und der ehemalige Chef der Ständigen Vertretung in Ost-Berlin, Klaus Bölling. Altkanzler Schmidt, Herausgeber der *Zeit*, hielt Greta über seine Bemühungen um menschlichen Zuspruch und öffentliche Stellungnahmen auf dem Laufenden.[436]

Helga Vogel kam nach dreieinhalb Wochen gegen Kaution frei, ihr Mann dagegen saß über ein halbes Jahr in Berlin-Moabit. Die lange Untersuchungshaft und die Vorwürfe deprimierten den Anwalt. So schrieb Helga in dieser Zeit an Greta, ihre Besuche in der Haftanstalt seien »immer sehr traurig«. Greta wiederum schrieb oft an die Vogels, sandte kleine Geschenke und versuchte, Wolfgang Mut zu machen: »Bei aller Bedrückung, in der Du lebst, lass Dich nicht erdrücken, das was Du getan, hat einer großen Zahl von Menschen das Leben erträglich werden lassen und dieses Wissen soll Dir Kraft geben, aufrecht und mit gutem Gewissen den Beschuldigern entgegenzutreten.«[437]

Über sechseinhalb Jahre zog sich das Verfahren hin. Dabei wurden die Vorwürfe immer dünner. Die ganze Zeit über hielt Greta den Kontakt und machte den Vogels Mut. Die Freundschaft zwischen den dreien wurde in dieser Zeit nur noch tiefer. Die Prozesse endeten erst im August 1998, mit einem Freispruch des Bundesgerichtshofs. Das war, letztendlich, ein Sieg, aber Wolfgang Vogel blieb, bis an sein Lebensende im Jahr 2008, in seiner Würde getroffen, tief verletzt.[438]

Im Januar 1994 hatte Greta kaum Zeit, sich über die Freilassung von Wolfgang Vogel zu freuen. Denn zu dieser Zeit begann die größte der Kampagnen gegen Herbert. Dabei ging es, vier Jahre nach seinem Tod, nicht nur um den Ruf Herbert Wehners, und auch nicht wirklich um die Aufarbeitung der Vergangenheit. Rechte, konservative Medien und Politiker suchten nach Möglichkeiten, der SPD im Wahljahr Knüppel zwischen die Beine zu werfen, Nachrichtenmagazine und Boulevardpresse betrieben Sensationsberichterstattung, um Auflage zu erzielen, und eine Politikerwitwe im Kampf um die Hoheit über das politische und papierne Erbe von Willy Brandt suchte ihr Mütchen an der Sozialdemokratie und Brandts vermeintlichem Gegenspieler Herbert Wehner zu kühlen.

Es begann mit Nachrichten darüber, dass der »Forschungsverbund SED-Staat« der Freien Universität Berlin in den Archiven der Stasi »präzise Angaben« über angebliche Geheimkontakte Herbert Wehners zur SED entdeckt habe. Konservative Medien meinten, daraus den Verdacht konstruieren zu können, Herbert sei als Minister für Gesamtdeutsche Fragen aufgrund seiner Moskauer Vergangenheit erpressbar gewesen. Die SED-Führung habe das ab 1967 genutzt, um konspirativ im Zusammenspiel mit Herbert Wehner die Anerkennung der DDR im Zuge der Neuen Ostpolitik vorzubereiten.[439]

Zu dieser Zeit befand sich die Witwe des im Oktober 1992 verstorbenen Willy Brandt im Dauerstreit mit SPD und Friedrich-Ebert-Stiftung. Es ging darum, wem der Nachlass des verstorbenen Parteivorsitzenden und Bundeskanzlers gehören sollte: der parteinahen Friedrich-Ebert-Stiftung oder einer noch zu gründenden Stiftung des Bundes, wie die Witwe forderte. Brigitte Seebacher-Brandt nutzte die entstehende Aufregung um Herbert Wehner und legte kräftig nach. In der *Frankfurter Allgemeinen Zeitung* ließ sie aus Notizen ihres verstorbenen Ehemanns zitieren. Der habe Herbert Wehner nie getraut. Der Fraktionsvorsitzende habe seine Kontakte zu Erich Honecker hinter dem Rücken des Kanzlers gepflegt, und Wehner habe im Bunde mit der SED 1974 den Sturz Willy Brandts betrieben.[440]

Es war die Zeit der »Rote-Socken»-Kampagne. Die Zeitungen berichteten landauf, landab. »Wehner ein Spion?«, titelte die *Bild* am 17. Januar. Zwei Tage später, an Herberts viertem Todestag, war bereits eine rege Debatte im Gange. Hans-Jochen Vogel nahm Herbert Wehner in Schutz, er finde die Verdächtigungen bedrückend. Die CSU-Landesgruppe im Bundestag dagegen steuerte auf einen Untersuchungsausschuss hin. Die Möglichkeit, dass einer der »zeitweise wichtigsten Politiker« erpressbar gewesen sei, müsse geklärt werden, meinte ihr Vorsitzender Michael Glos. Der Bundesgeschäftsführer der SPD, Günter Verheugen, nannte die Vorwürfe dagegen eine »denunziatorische Kampagne auf dem Rücken eines Toten«.[441]

An diesem Tag setzte Greta sich hin und schrieb ihre Entgegnung, die sie an die SPD-Bundestagsfraktion richtete und die diese wiederum gleich an die Medien weitergab.

Darin meinte sie, die Behauptung, Herbert habe »für die andere Seite« gearbeitet, sei »absurd«. Solche Kampagnen habe es vor Bundestagswahlen immer wieder gegeben; deswegen sei sie keineswegs beunruhigt. Um zu beweisen, dass an den Vorwürfen nichts dran war, legte Greta dem Brief 17 Seiten Dokumente aus den Jahren 1973 und 1974 bei. Daraus ging hervor, dass Herbert seinerzeit Willy Brandt über alle seine Kontakte zu Honecker informiert hatte. Geheimkontakte zur SED habe Herbert nicht gehabt, bei den in den Akten erwähnten Gesprächen habe es sich ausschließlich um Gespräche zu humanitären Fragen mit dem Anwalt Wolfgang Vogel gehandelt. Ebenso wenig stimme es, dass Herbert Wehner 1974 den Kanzler gestürzt habe: »Herbert stand auf dem Standpunkt, dass, wenn Willy bereit gewesen wäre, die Guillaume-Affäre durchzustehen, dass er es dann geschafft hätte. Und Herbert hätte ihm dann beigestanden.«[442]

Tags darauf hatten die drei großen Boulevardzeitungen *Bild*, *Express* und *Morgenpost* den gleichen Aufmacher: »Krieg der Witwen«. Die Berichterstattung unterschied zwischen den beiden Frauen: Während Seebacher-Brandt kein gutes Haar an Wehner lasse, habe Greta in ihrem Brief Willy Brandt als großen Staatsmann gelobt, der Unermessliches für »unser Land« geleistet habe. Eine ganze Reihe Kommentatoren ließen sich von Gretas Stellungnahme beeindrucken; die Kampagne für einen Untersuchungsausschuss geriet ins Wanken. Die *Hamburger Morgenpost* kommentierte: »Die Brisanz des Themas mag reizen, weil eine gewisse Frau Seebacher mit Eifer versucht, die Verbindung Brandt-Wehner-Scharping herzustellen – für den Einsatz der schärfsten Waffe des Parlaments kommt die Show der schwarzen Witwe aber kaum in Frage.«[443]

In den kommenden Tagen und Wochen ging die öffentliche Auseinandersetzung weiter. Konservative Kreise legten neue Verdächtigungen nach, die CDU forderte etwa, auch die Rolle von Herbert Wehner beim Misstrauensvotum gegen Brandt 1972 unter die Lupe zu nehmen. Ein sehr differenziertes, die Vorwürfe klug sezierendes Interview gab der Sekretär der Historischen Kommission beim SPD-Parteivorstand, Uli Schöler, der *Berliner Zeitung*. Das Bild vom »wölfischen Verräter« Wehner sei weder in Bezug auf Moskau 1937 belegt, noch treffe es auf sein Verhalten in der Zeit der Neuen Ostpolitik zu.[444]

Unterdessen stellte »Der Bundesbeauftragte für die Unterlagen des Staatssicherheitsdienstes der ehemaligen Deutschen Demokratischen Republik«, kurz: die Gauck-Behörde, 868 Blatt

Archivgut zusammen, um nach eigenen Angaben »eine Ahnung davon« zu vermitteln, wie sich die Stasi »am ›Komplex Wehner‹ zu schaffen machte«. Dabei handelte es sich um eine Teilkopie der umfangreichen Wehner-Akte des sowjetischen Geheimdienstes in Moskau aus der Zeit der stalinistischen Säuberungen und weitere Informationen. Das Material hatte das MfS in den späten Sechzigerjahren zusammengestellt, als Munition für Kampagnen des SED-Regimes gegen den Sozialdemokraten bis hin zur Vorbereitung eines möglichen Schauprozesses. Gegen Ende Januar 1994 verteilte die Behörde »wegen des hohen öffentlichen Interesses« die zwei schnell zusammengestellten Aktenordner an zahlreiche Journalisten.[445]

Vielen Zeitungen fiel nun auf, dass an den Unterstellungen, Herbert Wehner habe als Spion für die andere Seite gearbeitet, nichts dran war, dass es der Stasi damals vielmehr darum gegangen war, öffentliche Kampagnen gegen den SPD-Politiker vorzubereiten. Selbst die *Welt*, in der die Behauptungen zuerst breitgetreten worden waren, schrieb nun: Der Vorwurf, Wehner habe für die DDR gearbeitet, »lässt sich aus dem Gauck-Material nicht erhärten.«[446]

Greta nahm am 25. Januar in Bonn an der Bundeskonferenz der SPD zur Europawahl 1994 teil. Im Mittelpunkt der Aufmerksamkeit standen dort weniger die Kandidatinnen und Kandidaten der Partei als die Vorwürfe der Brandt-Witwe. Die Delegierten feierten Greta mit heftigem Beifall. Sie selbst stellte dazu nur fest: »Der Beifall war für Herbert.«[447]

Zeitweise sah es so aus, als würde die ganze Debatte kippen. Immer mehr Stimmen aus der SPD forderten den Parteiausschluss der Witwe Willy Brandts beziehungsweise legten ihr den Austritt nahe. Aus der CDU gab es dagegen Beitrittsangebote. Der stellvertretende CDU-Fraktionschef Heiner Geißler sprach sich jedoch gegen die Aufnahme von Brigitte Seebacher-Brandt in seine Partei aus: »Ich fühle mich in der Gesellschaft von Denunzianten nicht wohl.«[448]

Differenzierte Kommentare gingen am Ende eher zugunsten der Verteidigung Herbert Wehners aus. Die Veröffentlichung der »Notizen zum Fall G.« von Willy Brandt in der *Frankfurter Allgemeinen Zeitung* erbrachte, wie eine Reihe von Historikern feststellte, »nichts Neues«. Helmut Schmidt nannte die Spionagevorwürfe gegen Herbert Wehner abwegig; er sei von Wehner nie enttäuscht worden. In den folgenden Wochen ging die öffentliche Debatte weiter, aber insgesamt nahm die Aufregung ab. Soweit es darum gegangen war, die SPD im Wahljahr mit Vorwürfen einer zu großen Nähe zum untergegangenen SED-Regime in die Ecke zu drängen, war die Kampagne misslungen. Der Sturm über Wehner und die Wehners legte sich.[449]

Aber: Selbst wenn sie widerlegt wurden, die Zerrbilder über Herbert blieben in den Köpfen. Interessierte holten sie in den folgenden Jahren und Jahrzehnten immer wieder hervor, variierten und garnierten sie mit neuen Unterstellungen.

1996 legte Brandts Mitarbeiter Egon Bahr seine Lebenserinnerungen »Zu meiner Zeit« vor. Bahr warf Herbert Wehner darin vor, er habe Willy Brandt hintergangen und verraten; er wurde anhand des Archivmaterials widerlegt. Greta war daran beteiligt. Sie verständigte sich mit Wolfgang Vogel und Hans-Jochen Vogel, stellte der historischen Forschung ihre Unterlagen zur Verfügung. Die Gegenseite musste am Ende nachgeben. Sehr verquast gab Bahr schließlich zu, seine Vorwürfe seien »nicht aufrecht zu erhalten«. Da waren sie aber schon öffentlich breitgetreten und mit der nächsten Kampagne verquickt worden.[450]

1997 veröffentlichte Stasi-General Markus Wolf seine Erinnerungen »Spionagechef im geheimen Krieg«. Der *Stern* betonte im Vorabdruck, Wolf verdächtige darin Herbert Wehner als Verräter. Die *Bild*-Zeitung sprach von »Hochverrat«. Ein breites Presse-Echo folgte. Bald schon kam es zum Dementi des Urhebers: »Es gibt für denjenigen, der das Buch lesen wird, nichts, was Wehner als Spion bezeichnen würde, aus meiner Sicht auch nicht als Verräter«, sagte Wolf dem ARD-Fernsehen. Das Medientreiben ging jedoch weiter. Erneut schaltete sich Hans-Jochen Vogel ein; Wolfgang Vogel und Greta schrieben Leserbriefe an die *Süddeutsche Zeitung*.[451]

Greta notierte einmal, privat für sich: »Mir setzt es innerlich stark zu, dieses immer wiederkehrende Zerstören wollen eines Menschen, der bemüht war, seinem Gewissen zu folgen.«[452]

DEUTUNGSHOHEIT

»Krieg der Witwen»? Eine Zeitung brachte gar eine Karikatur, welche Greta und Seebacher-Brandt als Spinnen in einem zwischen Büstenköpfen von Herbert Wehner und Willy Brandt gesponnenen Netz zeigte. Doch das »Duell der roten Witwen« war eine haltlose Übertreibung. Greta führte keinen Krieg, sie begab sich nicht auf das Niveau der Brandt-Witwe, sie verteidigte Herberts Ruf, ohne dabei Willy Brandt herabzusetzen.[453]

Über das Vorgehen von Brigitte Seebacher-Brandt war Greta irritiert, noch Jahre später eher erstaunt. Sie hatten einander zwar gegen Ende der Amtszeit von Herbert Wehner kennengelernt, aber die Begegnung, so ließ sie mir gegenüber erkennen, war oberflächlich geblieben. Deutliche Sympathien hegte sie dagegen für Rut Brandt, die geschiedene vorherige Ehefrau von Brandt. Als dieser starb, schrieb Greta ihr persönlich. Ihre Gedanken gingen in diesen Tagen an Rut und ihre drei Söhne, meinte Greta in dem Brief, den sie mit den Worten schloss »Hab Dank liebe Rut für Dein Sein.«[454]

Greta als Witwe hätte sich, selbst wenn sie es gewollt hätte, nicht aus der Auseinandersetzung um Herbert heraushalten können. Seit 1953 war sein Wirken untrennbar mit ihr verbunden, sein Lebenswerk war zu ihrem geworden, und sie hatte es auf sich genommen, das Erbe zu bewahren und es weiterzutragen. Angriffe auf Herbert trafen immer Greta persönlich, und so musste sie sich damit auseinandersetzen.

Die Witwe spricht – 100. Geburtstag von Herbert Wehner am 11. Juli 2006

Dritte, Freunde, Weggefährten, Journalisten, die Partei und ihre Gegner schrieben Greta immer wieder die Rolle der Witwe zu. Auch als solche war sie gefragt, und sie wurde gefragt. Dabei war sie, das zeigt ihr Auftritt für Pflegebedürftige sowie als Mut-Macherin für die Menschen in Ostdeutschland, eine politische Persönlichkeit aus eigenem Recht, mit eigenen Ansprüchen und eigenem Stil. Aber natürlich war und blieb sie Herberts Witwe. Sie konnte und wollte diese Position ausfüllen – und sie dabei nicht zuletzt für ihre Agenda nutzen.

Zu Herberts aktiven Zeiten kamen nur wenige auf die Idee, Greta zu fragen, und wenn, dann hielt sie sich bedeckt. Artikel, Filme, Bücher über Herbert, die Arbeiten von Journalisten entstanden ohne ihr Zutun. Das gilt auch für die ersten von Wissenschaftlern geschriebenen Biografien. Die Autoren hatten noch zu Herberts Lebzeiten geforscht. Wayne Thompson, dessen Studie »The Political Odyssey of Herbert Wehner« 1993 ausschließlich auf Englisch in den USA erschien, hatte seit Mitte der Siebzigerjahre auf eigene Faust recherchiert, ohne di-

Greta im Sommer 2010

rekten Zugang zu den Wehners und ihrem Material. Das Buch entging Greta, allein schon aufgrund der Sprachbarriere.

Der sozialdemokratische Politiker und Historiker Hartmut Soell legte 1991, ebenfalls ohne Zugriff auf die Akten der Wehners, seine umfangreiche Studie »Der junge Wehner« vor. Greta fand das Werk zwar lesenswert, jedoch weniger mit Bezug auf Herbert. Für sie waren, zumal im Vorfeld ihres Umzugs nach Dresden, die 80 Seiten Dresdner Stadtgeschichte von Interesse, also die Vorgeschichte am Anfang des Buches, in der Herbert noch gar nicht zur Welt gekommen war.

Nach Herberts Tod war Greta zuständig für die Frage, wer Zugang zu seinem (und ihrem) Archiv haben sollte. Daraus ergab sich – und es ging darüber hinaus –, dass sie fortan mitzuentscheiden hatte, welche Bücher über Herbert geschrieben würden, welche Porträts von ihm – und ihr – erscheinen würden. Für die Nutzung des Archivs in Bonn war Gretas ausdrückliche Zustimmung erforderlich. Stellungnahmen aus wissenschaftlicher Sicht zu Anträgen erhielt Greta von der Friedrich-Ebert-Stiftung jedoch zunächst nicht. Unter diesen Umständen blieb vieles liegen, und der einzige Weg zu den Beständen führte über das Vertrauen Gretas. Letzteres war umso notwendiger als bedeutende Teile des Archivs von Herbert, Lotte und Greta bei ihr in der Wohnung verblieben. Die Unterlagen nahm Greta bei ihrem Umzug 1996 von Bonn nach Dresden mit.[455]

Der erste Historiker, der sich um Gretas Vertrauen für eine Gesamtbiografie Herberts bemühte, war Gerhard Beier. Er kam aus einer alten Flensburger Arbeiterfamilie, die schon mit Gretas Familie mütterlicherseits befreundet war. Gerhards Bruder Ulrich, ein Bildhauer, hatte das Grabmal für Lotte und Herbert auf dem Godesberger Burgfriedhof geschaffen. Herbert und Greta mochten Gerhard Beier. Der Gerd ist ein »liebenswürdiger Schlawiner«, meinte sie. Aber als er sich darum bemühte, über Greta Zugang zum Archiv zu erhalten, sperrte sie sich. Sie hielt, so teilte sie schon im Jahr 1990 mit, Beier in erster Linie für einen Sammler. Gretas Sorge war, dass das geplante Buch »viel zu weitschweifig wird, vollgepfropft mit unwichtigen Daten«.[456]

Ohnehin sollten, so sah Greta es, die Akten zu Herbert in der Friedrich-Ebert-Stiftung am besten – wie in staatlichen Archiven üblich – mindestens 30 Jahre unter Verschluss bleiben. Insofern erübrigten sich weitere Anfragen eigentlich, und so behandelte Greta auch die ersten Bemühungen des Historikers August Hermann Leugers-Scherzberg, von denen Bärbel Richter ihr im Frühjahr 1991 berichtete. Der »junge Mann« wolle seine Habilitationsschrift über Herbert Wehner und die SPD in den Fünfziger- und Sechzigerjahren schreiben.[457]

Es dauerte dann fast zwei Jahre, bis ein Brief des Historikers an Greta Erfolg hatte. Sie lud Leugers-Scherzberg im Januar 1993 zu sich nach Bonn ein, die beiden führten ein langes Gespräch, und das Eis war gebrochen. Es passte gerade besonders gut, denn um diese Zeit gingen die ersten Kampagnen gegen Herbert wegen seiner Moskauer Zeit los. Greta hatte einen Unterstützer gefunden, der noch dazu eine hohe Meinung von Herbert hatte. Sie gab ihm die Gefängnisaufzeichnungen Herberts aus Schweden zu lesen, und August meinte dazu: »Nachdem ich Selbstbesinnung und Selbstkritik gelesen habe, bedrückt mich der Gedanke, dass Herbert Wehner genial gewesen sein könnte.«[458]

Die Deutsche Forschungsgemeinschaft bewilligte ein Stipendium, und für gut zwei Jahre war die Arbeit am Projekt gesichert. August würde zwei Tage die Woche in Bonn sein und im Archiv der Ebert-Stiftung sowie in Gretas Wohnung auf dem Heiderhof an seinem Buch arbeiten. Schon bald waren die beiden per »Du«, und Greta freundete sich auch mit der Familie, Augusts Frau und den zwei Kindern an; im Frühling 1994 wurde ein weiteres Kind geboren, Elisabeth. Greta wurde ihre Taufpatin.

Gleich zu Beginn ihrer Freundschaft verständigten Greta und August sich auf ein Buchprojekt. Es ging dabei darum, den »verzerrten Meldungen über Herbert« entgegenzutreten. Beim Verlag Kiepenheuer & Witsch sollte »Selbstbesinnung und Selbstkritik« erscheinen. Eine Premiere fand am 17. März 1994 in Dresden statt. Greta war dankbar, das Buch hier vorstellen zu können. Sie nahm Bezug auf Herberts Analyse der nationalsozialistischen Diktatur. Daraus gelte es zu lernen. Das Buch mache darauf aufmerksam, dass mangelnde demokratische Eigenverantwortung »menschlich-moralisch Schwache in die Rechtsradikalität treibt«.[459]

In den folgenden Jahren schrieb August zahlreiche Aufsätze, und er hielt Vorträge über Herbert Wehner, die dazu beitrugen, Vorwürfe zu widerlegen, die tatsächlichen Zusammenhänge aufzuklären, das Verhalten von Herbert zu erklären. Er war – zu nennen ist sonst vor allem der SPD-Historiker Heinrich Potthoff – mit der wichtigste wissenschaftliche publizistische Fürsprecher Herbert Wehners in der Zeit der Kampagnen und Schlammschlachten zwischen 1993 und 1997.

Mit seiner hohen Meinung über Herbert Wehner hielt August nicht hinter dem Berg, und so kam er auch zu kritischen Urteilen über gegenwärtige Politiker. Rudolf Scharping etwa, schrieb er im Dezember 1993 an Greta, würde ebenso wie Willy Brandt den Eindruck erwecken, er verzichte auf »klare Akzentsetzungen im öffentlichen Diskurs«. Darauf habe Wehner aber stets Wert gelegt und schon in »Selbstbesinnung und Selbstkritik« auf die Folgen des Unterlassens hingewiesen.[460]

Greta setzte sich für den in Münster wohnenden Forscher ein, soweit sie das vermochte, aber schließlich wurde August doch arbeitslos. Die Fertigstellung der Habilitationsschrift verzögerte sich; erst Ende des Jahres 2000 wurde sie angenommen. Am 23. Mai 2001 hielt August in Essen – Greta war zugegen – seine Antrittsvorlesung über die Rolle Herbert Wehners beim Rücktritt Willy Brandts, und im Frühjahr 2002 erschien August H. Leugers-Scherzbergs Habilitationsschrift »Die Wandlungen des Herbert Wehner. Von der Volksfront bis zur Großen Koalition« im Propyläen Verlag.[461]

Zu diesem Zeitpunkt hatten August und Greta sich inhaltlich voneinander entfremdet.

Als ich 1998 nach Dresden zog, hatte ich nicht vor, eine Biografie über Herbert Wehner zu schreiben. Dass es dann doch so kam und im Jahr 2006 mein Buch erschien, lag unter anderem an der prekären Lage des Herbert-Wehner-Bildungswerks, entscheidend aber war Greta.

Natürlich war mir bekannt, dass Greta bereits einen Historiker gefunden hatte, von dem sie sich eine grundlegende Arbeit über Herbert erhoffte. Dass andere nur schwer Zugang zum Archiv erhielten, hing damit scheinbar zusammen. Im Sommer 1998 machte Greta mit August und seiner Familie gemeinsam Urlaub im Osterzgebirge. Da habe ich sie besucht und auch mit dem Historiker Gespräche geführt. Diese fand ich anregend, die Gespräche führten unter anderem zu Vorträgen auf Seminaren des Herbert-Wehner-Bildungswerks.

August H. Leugers-Scherzberg hatte einen ausgesprochen geistesgeschichtlichen Zugang zu Herbert Wehner – und war davon überzeugt, den Schlüssel zu dessen Verständnis gefunden zu haben. Greta wurde demgegenüber immer skeptischer. Im Frühjahr 1999 hatte er einen Vortrag mit dem Titel »Herbert Wehner und der Kommunismus« entworfen, für ein geplantes Seminar in Dresden. Darin meinte er, dass Herbert von der »kriegswissenschaftlich reflektierten Planung und Durchführung von Politik« im Marxismus-Leninismus zeitlebens begeistert war und diese nach seiner kommunistischen Zeit »weiterhin in der SPD und zum Nutzen der SPD« für freiheitliche Ziele anwendete.[462]

Bei mir führten diese Formulierungen zu einer vorsichtigen Kritik. An August mailte ich, mir erscheine es so, dass Herbert doch möglicherweise mehr aus seiner politischen Praxis gelernt habe als aus den Gedanken Lenins oder Stalins. Greta, die den Aufsatz ebenfalls zu lesen bekam, schrieb an August, der Text habe sie »ganz benommen« gemacht. Sie halte es »für falsch, davon zu sprechen, Herbert hätte sein politisches Handeln nach kriegswissenschaftlich reflektierter Planung entwickelt.« Ein solches »menschenverachtendes politisches Handeln« habe Herbert dagegen mehrfach der CDU/CSU vorgeworfen.[463]

Gretas Irritation wuchs, als sie im Mai 2001 in Essen bei Augusts Habilitationsvortrag über Herbert Wehners Rolle beim Rücktritt Willy Brandts zu Gast war. An dem Vortrag quälte sie die, wie sie es empfand, »weitschweifige Schilderung der Frauengeschichten«, mit denen der Kanzler angeblich zu tun hatte. Als sie dann später den Vortragstext lesen konnte, milderte sich dieser Eindruck jedoch, und sie gewann ein positiveres Bild.[464]

Dann kam die Habilitationsschrift; sie wurde im folgenden Jahr als Buch veröffentlicht. Der Autor vertrat darin nachdrücklich die These, dass Herbert Wehner Zeit seines Lebens Politik mit Hilfe der leninistischen Organisationstheorie gemacht habe. Greta schrieb ihm dazu: »Du weißt, dass ich anderer Meinung bin als Du in Bezug auf Herberts Krieg beeinflusste [sic] Handlungsweise und in Bezug auf Lenin.« Beweise könne sie dafür nicht vorlegen, »sondern nur das Erinnern an Herberts Erzählungen.« Herbert sei allerdings kein Schönfärber oder Lügner gewesen, also könne ihr Erinnern auch nicht falsch sein, meinte Greta.[465]

Mittlerweile hatte ich selbst zwei bebilderte Vorträge über Herbert Wehner ausgearbeitet und mehrfach gehalten. Den einen über Herbert Wehners Jugend in Dresden, den anderen über den »Paukenschlag«, die Rede vom 30. Juni 1960. Eine Kernaussage war, dass es Herbert Wehner im Denken und Handeln darum ging, das Freund-Feind-Denken politisch zu überwinden, sie stand also im Gegensatz zu den Auffassungen von August. Mit Gretas Wissen und Billigung schrieb ich unter dem Titel »Der falsche Wehner« eine Rezension zu seinem Buch, welche diesen Gegensatz klar markierte. Sie wurde später bei der Friedrich-Ebert-Stiftung im *Archiv für Sozialgeschichte* veröffentlicht.[466]

Die inhaltlich notwendige Distanzierung führte für Greta zu einem erneuten, schmerzhaften Bruch. Sie bemühte sich in den folgenden Jahren, wenigstens brieflich den Kontakt zu ihrer heranwachsenden Patentochter in Westdeutschland aufrechtzuerhalten. Von Zeit zu Zeit schrieben die beiden einander Briefe. Greta schickte auch Bücher, so im Mai 2007 ein Jugendbuch über das Dritte Reich. Dazu schrieb sie: »Es gibt in unserer Welt auch heute an vielen Orten schlimme Zustände und Entwicklungen. Dieses zu sehen, ist der erste Schritt, um das Wenige, das der Einzelne tun kann, anzupacken. Der erste Schritt kann die Bereitschaft sein, dem Menschen zu helfen, der neben uns zu kurz kommt.«[467]

Gretas Entscheidung, den umfassenden Zugang zum Nachlass von Herbert nur einem Forscher exklusiv zu überlassen, ihn ansonsten weitgehend verschlossen zu halten, erwies sich, wenn nicht als verfehlt, so doch zunehmend als überholt. Ich sprach mit ihr und meinte, die Leute würden sowieso über Herbert schreiben. Wenn sie aber die Archivbestände nicht nutzen dürften, dann könnten sie mit Recht behaupten, da werde viel Geheimnis gemacht, es müsse also Geheimnisvolles, ja Verwerfliches in den Akten sein. Es wäre daher besser, sich keine Blöße zu geben, stattdessen das Archiv zu öffnen und die Leute ihre eigenen Schlüsse ziehen zu lassen. Ausgehend hiervon und um Greta von dem Entscheidungsdruck bei Anträgen zu entlasten, überlegte ich mit ihr gemeinsam, der Friedrich-Ebert-Stiftung eine Änderung der Archivvereinbarung vorzuschlagen. Greta sollte künftig Anträge nicht mehr genehmigen müssen, sondern ein Vetorecht erhalten. Wenn sie dies nicht binnen einer gewissen Frist ausgeübt hätte, sollte die Stiftung nach bestem Wissen und Gewissen über die Anträge entscheiden. Diese sollte die Stiftung, damit Greta fachkundig beraten werden könne, nicht mehr nur an Greta, sondern auch an mich schicken. Den Vorschlag machten wir im Frühjahr 2002; das Gespräch mit Archivleiter Michael Schneider führte immerhin dazu, dass Schneider persönlich für Greta Empfehlungen zu Anträgen auf Einsichtnahme schrieb. Es dauerte aber zwei Jahre, bis 2004, ehe die Friedrich-Ebert-Stiftung auf unseren Änderungsvorschlag einging. Greta und ich konnten Jürgen Schmude als Vermittler gewinnen, und mit seiner Hilfe wurde dann im Sommer des Jahres die Neuregelung im Sinne aller Beteiligten abgeschlossen.[468]

In der Zwischenzeit, als die Akteneinsicht noch zustimmungspflichtig war, entschied Greta, wer die große Biografie zu Herberts 100. Geburtstag im Jahr 2006 schreiben sollte. Dass das meine Aufgabe würde, war weder Gretas noch mein Plan.

Im Winter 2003 auf 2004 schlugen Hans-Jochen Vogel und Franz Müntefering Greta vor, einem anderen Forscher die Einsichtnahme für das Projekt zu genehmigen.[469]

Am 20. Juli 1992 mit Jürgen Schmude

Alexander Behrens hatte sich bereits im Herbst 2002 an sie gewandt und die Unterstützung der Friedrich-Ebert-Stiftung für seinen Antrag bekommen. Er war dann auch nach Dresden gereist, wo er mich – Greta fühlte sich dazu nicht in der Lage – im Herbert-Wehner-Bildungswerk aufsuchte. Ich hatte einen guten Eindruck und berichtete Greta vorsichtig positiv. Auf Gretas Empfehlung hin führte er schon erste Gespräche mit wichtigen Zeitzeugen wie Max Kohnstamm, Jürgen Schmude und Michael Weber. Deren Berichte an Greta fielen unterschiedlich aus.

Der Forscher machte aber einen entscheidenden Fehler. Als Ausweis seiner Fähigkeiten gab er an, den Journalisten Peter Merseburger bei seiner 2002 erschienenen Willy-Brandt-Biografie wissenschaftlich beraten zu haben. Dieses Buch studierte Greta daraufhin aufmerksam und legte viele Zettel hinein; sie stellte dabei »reichlich Fehler und Verzerrungen in Bezug auf Herbert« fest. Ihr werde »buchstäblich übel«, schrieb sie, wenn sie erlebe, was alles »solide Arbeit sein soll und mit dem Begriff Forschung bezeichnet wird«.[470]

Mir wurde nun klar, dass Greta zu dem Anderen kein Vertrauen fassen konnte. Aber er hatte auf Betreiben der Ebert-Stiftung schon prominente Fürsprecher gefunden. Eine Ablehnung würde daher eine gewisse Bringschuld für uns in Dresden nach sich ziehen. Eine solide Biografie, aus allen vorliegenden Quellen erarbeitet, rechtzeitig zum 100. Geburtstag Herbert Wehners im Jahr 2006, sollte nicht in Dresden, nicht von Greta verhindert werden. Daraus folgte, dass ich ernsthaft überlegte, es selbst anzugehen. Ich traute es mir zu. Im Dezember 2003 entschloss ich mich daher, eine Biografie zu schreiben, egal, ob noch andere Bücher kämen oder wie Gretas Entscheidung über den anderen Antrag am Ende ausfallen würde.

Diese war dann eindeutig. Greta teilte der Friedrich-Ebert-Stiftung im Januar 2004 mit, sie lehne den anderen Antrag ab. Sie empfahl, mich bei dem Projekt zu unterstützen. An den Fraktionsvorsitzenden Franz Müntefering schrieb sie, ihr Wunsch sei es, »dass die Nachkriegsgeschichte der Sozialdemokratischen Partei und ihr Wirken im Parlament und als Organisation verständlich dargestellt wird«, denn das sei ohne Kenntnis des Menschen Herbert Wehner und ohne Schilderung seines Wirkens nicht möglich. Dem Gedanken, zum Anlass des 100. Geburtstags von Herbert eine Biografie herauszugeben, stimmte sie zu; sie sei daher »zum Entschluss gekommen, mit Dr. Christoph Meyer darüber zu sprechen und zu bitten, dass er diese Arbeit anpackt.«[471]

Doch meine Aufgabe in Dresden war nicht historische Forschung, sondern die Organisation der politischen Bildungsarbeit, und da war nicht viel Zeit für eigenes wissenschaftliches Arbeiten. Wenn das Buch rechtzeitig fertig werden sollte, brauchte ich also Entlastung im Job. Mit Gretas klarer Entscheidung konnte nun wichtige Unterstützung für das Projekt organisiert werden. Besonders Jürgen Schmude und Hans-Jochen Vogel, mit dem wir im Februar 2004 in Dresden sprechen konnten, legten sich wieder einmal ins Zeug. Mit seiner

Hilfe konnte die Friedrich-Ebert-Stiftung dafür gewonnen werden, das Buchprojekt mit einem »Herbert-Wehner-Stipendium« zu fördern. Greta selbst legte eine erhebliche monatliche Spende hinzu, und so wurden zwei Jahre Quellenstudien, mehrwöchige Archivreisen nach Berlin, Bonn, Koblenz und Stockholm, Zeitzeugengespräche und konzentriertes Schreiben am Dresdner Schreibtisch möglich.

Greta machte ihre Anmerkungen zu meinen Kapitelentwürfen und fügte aus ihrer persönlichen Erinnerung wichtige Details hinzu. Im Frühling 2006 erschien dann das Buch, und zu einer der ersten Vorstellungen in Berlin auf einem Parteitag der SPD ist Greta mitgefahren und hat mit mir zusammen die Bücher signiert.

Das Werk schaffte es auf die Bestseller-Liste, und es war mit entscheidend dafür, dass an Gretas Wohnort, in Dresden, am 11. Juli 2006 die größten Feiern zum 100. Geburtstag von Herbert Wehner stattfanden. Der Höhepunkt war am Nachmittag im mit über 400 Menschen vollbesetzten Kleinen Haus des Staatsschauspiels die Feierstunde, auf der Helmut Schmidt und Franz Müntefering sprachen. In der ersten Reihe saß Greta neben Hans-Jochen Vogel, Jürgen Schmude, Wolfgang Vogel, Thomas Jurk, Peter Adler und anderen. Ich selbst saß vorne ganz am Rand in der Nähe des Seiteneingangs und erinnere mich, wie erschrocken ich war, als der 87-jährige Altbundeskanzler, von der Reise an dem heißen Tag sichtlich erschöpft, hereinkam und, gestützt auf seinen Stock, die Bühne erklomm. Es ging jedoch alles gut.

Greta begrüßte Schmidt mit einer Umarmung und hielt, wie so häufig, ein kleines Grußwort. Natürlich hatte sie es selbst geschrieben; ebenso wie Herbert Wehner bediente sie sich keines Redenschreibers. Greta erinnerte daran, was Herbert unter Politik verstand: »Das Ordnen der Dinge, die uns alle angehen. Dafür brauchen wir ein breit gefächertes Verständnis für politische Zusammenhänge, ein Teilhabenwollen und -können am politischen Geschehen durch viele Menschen.«[472]

Greta nahm Anteil an meiner Lesereise im Herbst 2006 in Westdeutschland. Wir fuhren zusammen zu einigen Veranstaltungen. Darunter waren ein Besuch bei Michael Weber in Trier sowie das Herbert-Wehner-Haus in Recklinghausen. Wir besuchten die Immobilie. Zu ihrem Entsetzen stellte Greta fest, dass die SPD kein Schaufenster im Erdgeschoss hatte; dort waren Läden untergebracht, während der Zugang zur Geschäftsstelle an der Rückseite des Gebäudes über eine Treppe im oberen Stockwerk war. Das fand sie einer Volkspartei nicht würdig. Die örtliche SPD richtete eine größere Veranstaltung in einer Turnhalle aus. Hans-Jochen Vogel, Greta und ich sprachen dort. Ich erinnere mich noch, wie es auf einer Treppe draußen beim Gruppenfoto ein leichtes Gerangel gab. Angehörigen der lokalen Parteiprominenz ging es darum, neben Vogel oder wenigstens neben Greta stehen zu dürfen.

Das Buch war erfolgreich. Es erzielte Aufmerksamkeit und führte dazu, dass die verzerrenden Angriffe auf Herbert Wehner zumindest phasenweise nachließen. Fortan war Dresden das Zentrum der geistigen Auseinandersetzung mit Herbert Wehner – verbunden mit allen Vor- und Nachteilen, die dieser Standort dafür hatte und hat.

DRESDEN

Das Erbe Herbert Wehners fest in Dresden verankern, dazu ging Greta einen weiteren Schritt, als sie Anfang 2002 anregte, eine eigene Stiftung zu gründen. Diese sollte der politischen Bildung dienen, »um Menschen in Sachsen zu befähigen, im Sinne Herbert Wehners zum selbständigen politischen Denken, zur Entwicklung der Demokratie bis an die Wurzeln der Gesellschaft und Sicherung des gleichen Rechts für jeden

Menschen und für soziales-solidarisches Handeln im Innern und nach außen.« Sie beriet sich mit mir und Jürgen Schmude, gemeinsam erarbeiteten wir die Satzung, und im Jahr 2003 trat die Herbert-und-Greta-Wehner-Stiftung ins Leben. Am 20. Mai, Margaretes Geburtstag, unterzeichnete Greta die Gründungsurkunde. Das Datum war nicht bewusst gewählt, aber Greta war eben an dem Tag zum Geburtstagskaffee bei uns zu Gast. An Herberts Geburtstag, dem 11. Juli, traf sich bei Greta am historischen Wohnzimmertisch der Stiftungsbeirat vollzählig zu seiner ersten Sitzung.[473]

Jürgen Schmude wurde Vorsitzender des Beirats; mit Franz Müntefering war der aktuelle SPD-Fraktionsvorsitzende im Bundestag dabei, die sächsische Landesvorsitzende Constanze Krehl war ebenso zugegen wie Hanjo Lucassen als DGB-Landeschef sowie Peter Adler und Klaus Deubel. Mich machte Greta zum Vorstand und Vorsitzenden der Stiftung.

Im Zusammenhang mit der Gründung änderte Greta auch ihr Testament. Als Alleinerbin setzte sie die Herbert-und-Greta-Wehner-Stiftung ein, als Testamentsvollstrecker und künftig einziges Stiftungsorgan bestimmte sie den Stiftungsvorstand. Damit sorgte sie dafür, dass nicht nur Herberts politisches Erbe, sondern auch das materielle Erbe der Wehners samt Nachlass an Herbert Wehners Geburtsort, ihrer Wahlheimat Dresden, weitergepflegt werden konnte und kann.

Die entscheidende Voraussetzung dafür war, dass Greta selbst im Jahr 1996 anstelle von Herbert nach Dresden »zurückkehrte«.

Gretas Umzug nach Dresden deutete sich schon einige Jahre vorher an. Die Entscheidung fiel nicht von heute auf morgen, sie entwickelte sich schrittweise. Es gab Gründe, die dagegensprachen, in Bonn zu bleiben oder an einen anderen Ort zu ziehen. Eine ganze Reihe von Gründen sprach am Ende für Dresden.

Die längste Zeit ihres Lebens, über 40 Jahre, hatte Greta in Bonn gewohnt. Doch an die Stadt band sie persönlich nicht viel; Heimat war Bonn für Greta nicht; es war in erster Linie der Ort ihrer Arbeit für und mit Herbert. Sie hatte dort nur wenige enge Freunde: Heike und Klaus Flegel sowie Judith Ogen, die ehemalige Mitarbeiterin in Herberts Parteivorstandsbüro. Judith war 1980 mit ihrem Mann Arie nach Israel gezogen und 1990 nach Deutschland zurückgekehrt. Von Arie Ogen, einem aus dem heutigen Polen stammenden Maler mit israelischer Staatsbürgerschaft, hängen mehrere Bilder in Gretas Wohnung.

Zur Bundestagswahl 1994 kandidierten Hans-Jochen Vogel und Jürgen Schmude nicht wieder. An den letzteren schrieb sie: »Der Bundestag wird für mich immer ärmer und ferner.«[474]

Näher dagegen rückte für Greta der Osten, und das hing nicht nur mit Dresden zusammen, sondern auch mit Gretas Wiederannäherung an ihre große Liebe aus Göteborger Zeiten, Arnošt Bass. Dieser, inzwischen Rentner, lebte mit seiner Lebensgefährtin Dušana in Prag. Beide hatten aus ihren früheren Ehen mehrere Kinder und Enkel. Als Anhänger des Prager Frühlings war Arnošt nach 1968 aus der Partei ausgeschlossen und in seiner weiteren beruflichen Entwicklung behindert worden. Gretas Bruder Peter hatte Anfang der Neunzigerjahre den Kontakt zu ihm wieder aufgenommen, seiner Schwester auch davon berichtet, aber Greta hatte gezögert. Einen ersten Brief entwarf sie im Februar 1992, doch sie schickte das Schreiben nicht ab.

Für das darauffolgende Jahr plante sie einen spontanen Besuch in Prag, gemeinsam mit einer Exiltschechoslowakin. Priska Šadek war nach der Invasion 1968 mit ihrer Familie nach Bonn gekommen. Sie war bei Herbert, Lotte und Greta zu Gast gewesen, und die Wehners hatten der Familie beim Start im Westen geholfen. Im November 1992 besuchte Greta die Freundin. Tags zuvor hatte in Berlin eine Großkundgebung gegen Ausländerhass stattgefunden, und Greta machte den Besuch, weil sie annahm, dass Priska durch die verbreitete Ausländerfeindlichkeit »beunruhigt« sei. Dort schmiedeten sie den Reiseplan, beide freuten sich auf die Reise, doch die Tschechin schaffte es nicht mehr. Sie war schwer an einem Gehirntumor erkrankt und starb schon bald darauf, im Januar 1993.[475]

Im Januar 1994 gab Greta dem »Traum«, ihrer Jugendliebe wiederzubegegnen, dann einen »festen Anstoß«. Dieser war allerdings ein indirekter: Sie bat den Verlag, in dem »Selbstbesinnung und Selbstkritik« erscheinen sollte, Arnošt eine Einladung zur Buchpremiere zu schicken. Im Februar schickte Greta eine Wegbeschreibung hinterher, doch aus diesem Besuch wurde nichts. Es folgten aber lange Briefe zwischen Bonn und Prag, in denen beide einander ausführlich ihre Lebenswege schilderten, und schließlich verabredeten sie sich zu einem viertägigen Wiedersehen.

Im Mai 1994 fuhr Greta tatsächlich mit ihrem hellockergelben Volvo nach Prag. Arnošt und Dušana hatten in einer Pension ein Zimmer für sie bestellt. Nach 50 Jahren kam es zum Wiedersehen. Sie verbrachten die Tage miteinander, führten Gespräche und sahen sich auch die Stadt an, wenngleich Greta aufgrund ihrer körperlichen Beeinträchtigungen immer wieder Ruhepausen einlegen musste. Dabei kam Arnošt von sich aus auf die Trennung der beiden im Herbst 1944 zu sprechen. Unvermittelt sagte er zu ihr: »Ich musste damals fahren«, worauf Greta entgegnete: »Ja, du musstest.« Hierüber war Greta nachher froh, sie schrieb Arnošt im Dezember des Jahres: »Heute weiß ich das, ohne Wenn und Aber, der Kampf gegen Hitlerdeutschland war damals das Allerwichtigste. Das wusste ich auch damals, aber der Schmerz der Trennung überdeckte zeitweilig dieses Wissen.«[476]

Arnošt und Greta führten fortan eine freundschaftliche Beziehung. Greta wünschte ein Wiedersehen, doch das verzögerte sich. Sie schrieben einander, teils mit Abständen von mehre-

Wiedersehen mit Arnošt in Prag (1998)

ren Monaten, dafür aber sehr ausführlich. Im Mai 1998 fuhr Greta ein zweites Mal nach Prag. Diesmal nahmen ihre Dresdner Freunde, Rita und Bernhard Schawohl mit ihrer Tochter Anne sie mit. Als sie ankamen, fragte Rita sich, wie die beiden aufeinander reagieren würden, und dann sah sie Arnošt, einen »ganz kleinen Mann mit Baskenmütze«, im Vergleich zu dem Greta groß und kräftig wirkte. Die Beiden liefen aufeinander zu und umarmten sich, ganz lange, selbstverständlich und »inniglich«. Arnošt zeigte den Gästen die Gedenkstätte in der Nähe des Alten Jüdischen Friedhofs mit den Namen der von den Nazis Ermordeten, darunter war fast seine ganze Familie; er war mit seiner Schwester der einzige Überlebende. Ende September des gleichen Jahres fuhr Greta noch ein drittes Mal nach Prag, um Arnošt zu sehen, diesmal mit Karin Deubel.[477]

Greta wünschte sich sehr, dass Arnošt sie auch einmal in Dresden besuchen sollte. Der hielt sich dazu lange bedeckt, meinte schließlich, es habe psychologische Gründe, für ihn sei eine Reise über die Grenze eine größere Leistung als eine Reise innerhalb der Tschechischen Republik. Jedenfalls kam es nicht mehr zu dem Gegenbesuch. Mit 81 Jahren starb Arnošt im Frühjahr 2002.[478]

Nicht zuletzt wegen der Nähe zu Arnošt plante Greta ab 1994 ihren Umzug von Bonn nach Dresden. Im Kopf hatte sie das Thema schon früh, so schrieb sie im März 1994: »Wenn ich körperlich noch mehr arbeiten könnte, dass ich den Umzug verkraften würde und in der Dresdner Gegend eine entsprechende Wohnung finden könnte, oft genug habe ich gesagt, würde ich dort hinziehen.«[479]

Ende August, auf einer Mitgliederversammlung des Herbert-Wehner-Bildungswerks in Liegau-Augustusbad, machte Greta dann einen Scherz mit Folgen. Der Jackpot im Lotto »6 aus 49« wuchs gerade öffentlichkeitswirksam auf Rekordhöhe an, und die anwesenden Mitglieder fantasierten, was sie denn im Falle eines Gewinnes mit dem vielen Geld machen würden. Da sagte Greta: »Wenn ich das Geld hätte, würde ich ein Haus für das Herbert-Wehner-Bildungswerk bauen und für mich eine Wohnung darin.« Mit dieser Äußerung, »etwas leichtfertig«, wie Greta später sagte, wurde sie von den Anwesenden dankbar beim Wort genommen. »Kaum war ich in Bonn«, berichtete sie Arnošt, »rief mich einer an und sagte, es wird gesagt, du ziehst nach Dresden.«[480]

Greta bemühte sich mit Erfolg, eine neue Wohnung in Dresden zu finden. Sie brauchte Platz, mindestens so viel wie in ihrer Wohnung auf dem Heiderhof; denn Einrichtung, Bücher und Unterlagen sollten vollständig mit ihr zusammen umziehen, damit sie später einmal in der Bildungsarbeit eingesetzt werden könnten. Wichtig war ihr außerdem die Lage; sie wollte unbedingt in der Nähe ihrer engsten Dresdner Freundinnen und Freunde wohnen, also entweder den Deubels oder den Schawohls. Fündig wurde sie im Herbst 1994 im Einzugsbereich der AWO-Sozialstation Prohlis. Am Rande des Stadtteils Leubnitz-Neuostra, nahe der damaligen Bundesstraße nach Pirna, in der Tornaer Straße, plante eine Bauträgerfirma eine Reihe von Mehrfamilienhäusern mit Eigentumswohnungen. Es war eine teure Lösung; für Greta mussten zwei kleinere Wohnungen im Hochparterre zu einer zusammengelegt werden, doch sie freute sich, dann künftig zwei Badezimmer mit WC zu haben und auch Gäste dort beherbergen zu können, wobei sie natürlich gleich an Arnošt und Dušana dachte.[481]

Ein Reporter der *Wochenpost* beobachtete Greta im Spätherbst des gleichen Jahres auf dem SPD-Landesparteitag in Plauen. »Erst pflegte sie Herbert Wehner«, hieß es in der Überschrift, jetzt kümmert sich Witwe Greta, so weiter im Text, »um die komatöse Sozialdemokratie zwischen Leipziger Tiefebene und Niederschlesien.« Unter heftigem Beifall kündigte Greta an, dass sie sich zum Jahresende bei der Bonner SPD ab- und im Ortsverein Dresden-Prohlis anmelden werde. Sie rief auf, den nach einem Wahlergebnis von 16,6 Prozent bei der Landtagswahl angeschlagenen Vorsitzenden Karl-Heinz Kunckel zu unterstützen. Dieser habe »unter schweren Bedingungen gute Arbeit geleistet«. Herbert Wehner als großes Vorbild war in Wort und Bild auf dem Parteitag allgegenwärtig. Peter Adler, der Vorsitzende des Herbert-Wehner-Bildungswerks, meinte: »Gerade wegen seines politischen Werdegangs vom überzeugten Kommunisten zum antikommunistischen Sozialdemokraten sei Wehner für die ostdeutschen Genossen wichtig«. Der Journalist kommentierte: »Eine SPD, der es sowohl am sozialdemokratischen Milieu mangelt, die konzeptions- und mutlos ist, braucht eben eine Identifikationsfigur, und sei es auch nur die Witwe eines großen, erfolgreichen Sozialdemokraten.«[482]

Kurz vor dem Landesparteitag, im Dezember 1994, war der Kaufvertrag geschlossen worden. Für etwa 700 000 DM wurde Greta Eigentümerin der neuen Wohnung an der Tornaer Straße 56a. Für die Finanzierung verkaufte Greta die Bonner Wohnung, doch der Erlös deckte nicht den Preis der neuen Immobilie. So schloss Greta einen verzinsten Darlehensvertrag über 200 000 DM mit der Schatzmeisterei der SPD ab. Es dauerte bis 2004, ehe Greta ihre Schulden tilgen konnte. Das Geld, das ihr danach mehr zur Verfügung stand, spendete sie fortan der Herbert-und-Greta-Wehner-Stiftung, zuerst für das Projekt der Herbert-Wehner-Biografie, dann für Archiv und Bibliothek.[483]

Verzögerungen beim Bau führten dazu, dass Gretas Umzug sich immer weiter hinausschob. Erst im Juni 1996 war es so weit, und Greta war die erste Bewohnerin, die in den Neubau einziehen konnte. Ihr Auto, den letzten auf Herberts Namen zugelassenen Volvo, hatte Greta mittlerweile abgegeben. In dieser Zeit reiste sie vornehmlich mit der Bahn. Es war Jürgen Schmude, der es sich nicht nehmen ließ, Greta am 23. Juni 1996 mit den wichtigsten Umzugsgütern und Gepäck in seinem Auto von Bonn nach Dresden zu fahren. Am 28. Juni konnte Greta »mit einem kleinen Vorumzug in ein unfertiges Haus und über Planken« in die Wohnung einziehen. Die Bücher und Möbel erreichten Dresden an Herberts 90. Geburtstag, dem 11. Juli 1996.[484]

In Bonn war Gretas Weggang nicht auf Begeisterung gestoßen. »Für verrückt« hätten sie alle in Bonn gehalten, mit über 70 Jahren umzuziehen, teilte sie der Presse mit. Nur eine ehemalige Mitarbeiterin von Herberts Abgeordnetenbüro habe ihr zugeraten. »Wenn Herbert noch die Einheit erlebt hätte und bei guter Gesundheit gewesen wäre, wären wir doch sofort nach Dresden gezogen.«[485]

Kurz vor dem Umzug lud die SPD-Bundestagsfraktion Greta ein, vor ihr zu sprechen. Sie freute sich über die Einladung,

»hat doch der Bundestag den größeren Teil meines bisherigen Lebens geprägt, obwohl ich dort kein offizielles Amt gehabt habe, noch Angestellte der Fraktion gewesen bin.« Ihre Rede am 11. Juni nutzte sie dazu, auf die langen Jahre ihrer intensiven Arbeit für Herbert, für die Partei und die Fraktion zurückzublicken. Herbert, so leitete sie in die Gegenwart über, habe die Zeit nicht erlebt, »wo das Zurückgehen in die Heimat möglich wurde.« So habe Greta 1990 den Kontakt nach Dresden aufgenommen, um »ein wenig von Herbert zurückzubringen«, und dies sei ihr »wohl ein wenig gelungen«. Dann gab sie den Abgeordneten einige Hinweise mit auf den Weg: Gute sozialdemokratische Kleinarbeit bedeute, den Menschen die eigenen Entscheidungen nachvollziehbar zu vermitteln. Diese »Kleinarbeit dürft Ihr liebe Genossen nicht vernachlässigen«. Sie schloss: »Politische Arbeit fordert den ganzen Menschen und seine Familie. Glück Auf!«[486]

In Dresden wurde Greta mit offenen Armen empfangen. Fast eine Feier ihres Umzugs war die Festveranstaltung des

September 1995 auf der Baustelle in Dresden – Greta zeigt Klaus Deubel ihre neue Wohnung

Herbert-Wehner-Bildungswerks zum 90. Geburtstag von Herbert Wehner am 26. Juni in der Dreikönigskirche. Karl-Heinz Kunckel begrüßte zur Eröffnung Greta besonders herzlich, er freute sich, dass sie ihren Lebensmittelpunkt nach Dresden verlegte und hieß sie »herzlich willkommen in Sachsen«. Ohne sie hätte Herbert seine zweite Lebenshälfte nicht so meistern und seinen Lebensabend auch nicht in Würde verbringen können. »Du warst für ihn und damit für uns, liebe Greta, im wahrsten Sinne des Wortes unentbehrlich«, schloss Kunckel.[487]

Knapp 140 Quadratmeter groß war die neue Wohnung, mit einer Gartenterrasse, ähnlich wie auf dem Heiderhof, etwa 14 Quadratmeter Keller kamen hinzu. In Bonn hatte Greta einen wesentlich größeren Keller; schon vorher war klar, dass nicht alle Bücher in die neue Wohnung passen würden. Der Neubau lag abseits vom Stadtzentrum, in einem »Mischgebiet«, mit vielen Gewerbebetrieben in der Nähe. Greta freute sich, dass es in unmittelbarer Nähe eine Bäckerei gab, doch die schloss nach kurzer Zeit. Fußläufig gab es keine Geschäfte mehr. Mit ihren Herz- und Kniebeschwerden und dem Rollator wurde das Bus- und Bahnfahren für sie nahezu unmöglich, und so schaffte Greta sich in Dresden wieder ein Auto an, einen Kleinwagen, einen goldgelben Renault Twingo. Damit unternahm sie zunächst auch weitere Reisen, schließlich fuhr sie nur noch durch die Stadt, bis sie weit über 80 war und ihr Sehvermögen nachließ.

Nach Schweden war Greta seit 1991 nicht mehr gefahren. Die Mühen der weiten Reise waren das eine, das andere war die unangenehme Auseinandersetzung mit der Familie um das Haus auf Öland. Im Sommer 1997 konnten ihre Dresdner Freunde sie schließlich doch überzeugen. Es fiel Greta nicht leicht; vor der Reise bekam sie buchstäblich Fieber, doch dann ging es los. Rita und Bernhard Schawohl nahmen Greta in ihrem Auto mit, gemeinsam setzten sie nach Trelleborg über. Noch auf der Fähre, das Festland kam in Sicht, fing Greta unvermittelt an zu singen: die schwedische Nationalhymne. »*Mitt älskade land*«, mein geliebtes Land, »*den kära fosterjorden*«, die liebe Heimaterde.

Durch Schweden nahmen sie nicht den direkten Weg nach Öland. Sie fuhren auf Umwegen, über die Westküste. Greta zeigte den Freunden den Kullaberg, Göteborg und Borås, die Orte ihrer Jugend, wo sie mit Lotte und Peter gelebt hatte, wo sie Herbert zuerst begegnet war. Schließlich, auf ihrer Insel angekommen, kamen sie auch an ihrem ehemaligen Haus vorbei, aber Greta brachte es nicht übers Herz, dort anzuhalten und auszusteigen. Sie wohnten, wie später auch, neben Klaus Schneidewinds Haus in Löt bei Stina-Clara und Gunnar Hjulström. Stina-Clara war nicht nur Pfarrersfrau, sondern Distriktskrankenschwester, zeitweise auch Klinikchefin, vor allem aber die langjährige Vorsitzende des »Svenska Demensförbundet«, des schwedischen Pendants zur Alzheimer-Gesellschaft. In Löt hatte sie das Pflegeheim Klockaregården gegründet, mit einer Tagespflege für Demente, ganz ähnlich wie Rita in Dresden-Prohlis. So waren die Gespräche nicht nur freundschaftlicher, sondern auch fachlicher Natur.[488]

Mit dieser Reise war, in Bezug auf Schweden, der Bann gebrochen. Für Greta war es eine Heimkehr, nicht in ihr Vaterland, sondern in ihr *fosterland*, in das Land, in dem sie großgeworden war.

»Verantwortung war für sie ein zentraler Begriff. Darüber hat sie oft gesprochen, dass es wichtig ist, dass Menschen Verantwortung übernehmen für ihr eigenes Leben und für das gemeinsame. Und als sie gespürt hat, dass ihre Kraft weniger wird, hat sie immer öfter gesagt, jetzt müsst ihr die Verantwortung tragen.«
Margarete Füßer

ERINNERUNGS-BILD

Greta ist durchaus anstrengend. Diesen Eindruck habe ich schon, als ich sie das erste Mal sehe, im Dezember 1997. In Dresden, in einem Büro im Sächsischen Landtag. Dort tagt der Vereinsvorstand, der mich als neuen Leiter des Herbert-Wehner-Bildungswerks einstellen wird, die Neue Gesellschaft Sachsen. Greta ist Ehrenvorsitzende. Das ist noch die Zeit der vielen Ehrenvorsitzenden. Es ist Abend; wir haben einen ganzen Tag Bewerbungsgespräche hinter uns. Jetzt geht es zur Entscheidung. Bei den Diskussionen über die Kandidatin und Kandidaten bin ich natürlich nicht dabei. Ich weiß nur aus späteren Erzählungen: Greta hat sich gegen mich ausgesprochen, ich sei für die Aufgabe zu jung. Ich bin damals 31 und werde es trotzdem.

An diesem Abend sehe ich zum ersten Mal Greta Wehner. 73 Jahre alt, weißes Haar, dicke Brillengläser, Hörgeräte, eigentlich recht groß gewachsen, doch geht sie gebeugt, mit Rollator oder an Krücken. Mich mustert sie misstrauisch, so scheint es mir. Herzlich begrüßt sie ein vollbärtiger Mann, das ist Lutz Kätzel, der Landesgeschäftsführer der kleinen sächsischen SPD. Er fragt, wie es ihr geht. Und Greta beginnt zu erzählen, umständlich, von ihrer Knieoperation, was die Ärzte meinen und wie es nun weitergeht, wie es um ihre ständigen Schmerzen in den Beinen steht und welche Aussichten sie auf Linderung hat und wieder bessere Beweglichkeit.

Also ich mache keinen großen Eindruck auf Greta, und sie macht auch keinen großen Eindruck auf mich. Ich ahne nicht, dass diese eher flüchtige Begegnung am Anfang einer 20-jährigen Verbindung steht – und erst recht ahne ich nicht, dass ich eines Tages ein Buch über Greta schreiben werde. Denn was soll an dieser schlichten und umständlichen alten Frau wohl bemerkenswert sein?

Es dämmert mir, als wir uns allmählich besser kennenlernen. Denn dem neuen Leiter des von ihr mitgegründeten Bildungswerks will Greta doch einen guten Start in Dresden geben. Sie lädt mich auf einen Kaffee zu sich in die Wohnung ein. Peter Adler, am Anfang mein Chef – und der wichtigste Helfer bei meinem Start in Sachsen – nimmt mich mit. Der Neubau in Leubnitz-Neuostra liegt etwas abgelegen nahe der Hauptstraße, die nach Pirna führt. Schon das Klingelschild am Briefkasten ist typisch Greta. Weiße Pflasterstreifen sind daneben geklebt, darauf steht, in Gretas damals noch nicht verblasster Handschrift: »Bitte mehrfach kräftig klingeln!« Das tun wir, und erstaunlich schnell kommt die Schwerhörige an Krücken zur Tür. »Willkommen«, sagt sie zu uns und weist auf eine Schwarz-Weiß-Fotografie an der Wand rechts von der Eingangstür. Ein sitzender Herbert Wehner, leger gekleidet, mit hellem Kurzarmhemd, die Pfeife im Mund, freundlich lächelnd. Blickrichtung nach links, in die Wohnung hinein: »Herbert heißt euch hier willkommen.«

Greta führt uns durch ihre Wohnung. Es ist alles so, wie es in Bonn war, bevor sie 1996 nach Dresden gezogen ist. »Familiengeschichte und eigene Erinnerungen empfangen meine Besucher.« Die Möbel, etwa die antiken Schränke in den Eingangsfluren, stammen teils noch aus altem Familienbesitz in Flensburg, vor allem aber aus den Fünfziger- bis Siebzigerjahren. Viele Stücke sind schwedischer Herkunft. Im Flur und an allen Wänden Familienfotografien, Bilder, viele Dresden-Motive, Käthe-Kollwitz-Drucke, es stehen Skulpturen herum, Bergleute, Katzen, Nathan der Weise, eine Grubenlampe, die Totenmaske von Kurt Schumacher – von welcher der CSU-

Baron Guttenberg in seinen Memoiren so fasziniert berichtet hat. Neben den Kunstwerken und Bildern beeindrucken vor allem die vielen Bücher. Die ganze Wohnung ist vollgestopft mit ihnen. Sortiert nach Themen, stehen sie in den Regalen: Im Flur beginnt es mit Bildbänden, vor allem zur bildenden Kunst. Im Wohnzimmer stehen Lexika und theologische Literatur, im Flur dorthin Romane und Schwedisches, es gibt eine Abteilung mit Biografien, es gibt politische Literatur noch und noch: wissenschaftliche Werke, Historisches, Parteitagsprotokolle, Bundestagshandbücher von Anfang an, aber immer auch die aktuellen. In alten Ordnern stehen Akten: Briefe, Gesammeltes, Pressemeldungen, Redetexte, Entwürfe, Artikel von und über Herbert. In Gretas Zimmer findet sich Reiselektüre vor allem zu Schweden, medizinische Fachliteratur zum Thema Alter und Pflege, viele Kinder- und Jugendbücher. Mein Eindruck: Hier wohnen gebildete Leute.[489]

Alles atmet Geschichte und steht da, wo es steht, weil es mit dem Leben der jetzigen und früheren Bewohnerinnen und Bewohner, mit Herbert, Lotte und Greta verbunden ist. Kultiviert, aber keineswegs protzig, evangelische Christen und Sozialdemokratinnen. Die Möbel sind zweckmäßig, schnörkellos. Arbeiterbewegung und Kultur.

Greta serviert Kaffee mit Gebäck. Beim Transport des Geschirrs und beim Decken des Tisches dürfen die Gäste nicht helfen, das weist sie immer energisch zurück. Wir drei setzen uns an den Wohnzimmertisch, beim ersten Mal, meine ich, ist es dieser eher repräsentative Ort, der anmutet wie in einem alten schwedischen Pfarrhof. Dazu Meißner Porzellan, Weinlaubmuster. Bei künftigen Besuchen, als wir vertrauter miteinander sind, setzen wir uns an den Tisch in Gretas gemütlicher Wohnküche. Mit einfacherem Geschirr, Blumendekor.

Ich weiß nicht mehr, worüber Greta und ich genau geredet haben bei unseren ersten richtigen Treffen im Winter 1998. Es wird um das Bildungswerk und seine Arbeit gegangen sein, um die politische Lage, wie wir der sächsischen Sozialdemokratie helfen können. Vor allem aber wird Greta, wie immer, aus ihrem Alltag erzählt und in ihrer besonderen Art, reich an Umwegen, aber immer ans Ziel kommend, etwas aus ihrem Leben berichtet haben, das ihr gerade eingefallen ist. Von da an Verabschiedungen und Begrüßungen mit Umarmung. Das Eis ist gebrochen.

Endgültig schmilzt es weg, als Greta meine damalige Freundin kennenlernt, Margarete Füßer, bei Gelegenheit eines Besuches im Frühjahr. Zwischen den beiden geht es von Anfang an herzlich zu, es entsteht eine ausgesprochen enge Freundschaft. Ein Jahr später ist Greta fröhlich zu Gast auf unserer kleinen Hochzeitsfeier im Standesamt an der Goetheallee. Dann fängt Margarete an, die Bücher zu verzeichnen, zunächst in den Räumen des Bildungswerks, später in Gretas Wohnung. Das macht sie anderthalb Jahrzehnte lang einmal die Woche, wobei später die meiste Zeit mit Gesprächen vergeht, mit gemeinsamem Kochen und Teetrinken, Ausflügen in die Umgebung, zum Beispiel zur Babisnauer Pappel auf der Höhe südlich von ihrer Wohnung. Am Ende ist es dann vor allem Hilfe bei der Organisation von Gretas Alltag. Das ist nicht nur ein Freundschaftsdienst; die Gespräche und Begegnungen sind von beiden tief empfundenes Bedürfnis. Alle paar Wochen bin ich auch dabei, denn zu besprechen hat der Historiker und Leiter des Herbert-Wehner-Bildungswerks mit Greta nahezu immer etwas. Bei und durch Greta wird Dresden für uns in dieser Zeit schnell ein Zuhause.

Und nicht nur Dresden. Gemeinsam fahren wir einige Male in Urlaub, nach Skandinavien, vor allem nach Schweden, mehrmals nach Öland, der von Greta (und Herbert! und Lotte!) wie eine zweite Heimat geliebten Insel. Das erste Mal im Jahr 2000, und zwar mit zwei Autos und viel Gepäck. Da ist Greta die umsichtige Reiseführerin und eigentlich auch Reiseleiterin. Wir fahren in Herberts altem taxigelben 240er-Volvo, Greta in ihrem kleinen Twingo. Mir scheint der Sicherheitsabstand zwischen uns etwas klein. Greta erläutert, das haben die anderen Fahrer ihr so beigebracht, wenn sie mit Herbert einmal in einer Kolonne mitfahren musste. Zusammenbleiben.

Natürlich fährt sie selbst. Greta als Beifahrerin habe ich das erste Mal erlebt, als ich zu einer Preisverleihung mit ihr nach Hamburg gefahren bin. Danach habe ich gedacht: Besser nicht wieder. Ich bin der Meinung gewesen, ich hätte einen ordentlichen, besonnenen Fahrstil. Greta jedenfalls beugt sich die ganze Zeit nach vorne, kontrolliert und kommentiert den Verkehr und meine Fahrweise. Offensichtlich fehlt ihr das Steuer in der Hand.

In unseren ersten Jahren in Sachsen gibt es viele Begegnungen mit Greta, auch außerhalb ihrer und unserer Wohnung. Wir treffen uns auf Seminaren des Herbert-Wehner-Bildungswerks, bei Veranstaltungen im ganzen Land und natürlich zu Parteitagen. Auf denen hat das Bildungswerk einen Stand, und Greta hält fast immer ein Grußwort. Sonst sitzt sie aufmerksam die ganze Zeit vorne und versucht, allen Redebeiträgen zu folgen.

Hocherfreut ist Greta im Februar 1999 in den neuen Räumen des Herbert-Wehner-Bildungswerks zu Gast. In der Kamenzer Straße 12 in der Dresdner Neustadt habe ich im Vorjahr ein Ladenlokal im sanierten Altbau mit großem Schaufenster aufgetan. Mit Mühe – und mit Gretas Unterstützung – konnte ich den Bildungswerksvorstand davon überzeugen, mit den Mehrkosten zu leben, die sich aus dem Umzug ergeben. Politische Bildung, zugänglich für alle, so nah bei den Menschen, das gefällt Greta, und sie ist gern dort zu Gast. Extra für Hans-Jochen Vogel, den Freundeskreissprecher und Teetrinker, besorgt sie eine große dunkelgelbe Teekanne mit Stövchen darunter.

Zwei Tage später trifft sich der Freundeskreis in den neuen Räumlichkeiten. Auf knapp 40 Quadratmetern sitzen, dicht gedrängt, um die 50 Leute. Hans-Jochen Vogel präsidiert. Vorbeigehende Passanten wundern sich, mitten in Dresden, am Werktag, den ehemaligen SPD-Partei- und Fraktionsvorsitzenden durch ein Schaufenster zu sehen, in Augenhöhe. Jochen Vogel freut sich an den großen, wandhohen Regalbrettern gegenüber, voll mit gut sortierten Aktenordnern – und über Gretas Teekanne. Leider hat ein anderer Gast dann bald den Henkel abgebrochen.

Im Juli des Jahres zieht die SPD von Bonn nach Berlin um. In der Tiefgarage des Erich-Ollenhauer-Hauses steht noch der alte Wehner-Volvo. Über Klaus Reiners ist er dorthin gekommen, und der Wagen darf die Karawane, symbolisch über die Gründungsorte der Sozialdemokratie in Mitteldeutschland geführt, öffentlichkeitswirksam anführen. Die ersten Meter mit Gerhard Schröder am Steuer. In Leipzig wird der Volvo feierlich mir, und damit dem Herbert-Wehner-Bildungswerk übergeben. Ehe der Wagen dann in den Besitz der Stiftung übergeht, läuft er noch ein paar Jahre als Reserve-Dienstwagen. Ein Museumsstück eigentlich, Greta schmunzelt, sie findet das albern. Für sie ist ein Auto ein Gebrauchsgegenstand, sonst nichts.

Einmal, im Herbst 1999, fahren Greta und ich gemeinsam weiter in den Dresdner Norden, sie muss dort ein postlagerndes Paket abholen. Bei dieser Fahrt ist Greta ganz vergnügt, die 76-Jährige erzählt mir, zu meiner Überraschung: Ich habe mich verliebt, in Klaus. Klaus Schneidewind, ein Professor für Arbeitslehre in Berlin, Sozialdemokrat, hoch in den Sechzigern. Greta und Herbert haben ihn auf Öland kennengelernt, wo Klaus ein Haus hat. Im Mai des Jahres ist Klaus' Frau gestorben, und er hat Greta gebeten, ihn öfter zu besuchen, er brauche sie. Die Liebe bleibt unerfüllt. Doch das Gefühl, das merken Margarete und ich, das genießt sie. Einige Male können wir mit Greta in den Jahren bis 2005 bei Klaus im Dorf Löt im Norden der Insel Öland wohnen.

Schwerhörigkeit, Schilddrüsenprobleme, Diabetes, kaputte Knie, dazu kommt noch ihre Herzschwäche, das Leiden, welches sie seit ihrer Kindheit hat und das sich im hohen Alter dann durch-

Juli 2011: Stiftungsbeirat in Gretas Wohnung (v.l.n.r.: Frank-Walter Steinmeier, Hanjo Lucassen, Hans-Jochen Vogel, Greta Wehner, Jürgen Schmude, Christoph Meyer)

schlagend bemerkbar macht. Richtig gesund war Greta nie, es ist umso erstaunlicher, wie unternehmungslustig sie trotzdem ist, was sie alles zustande bringt. Dabei sind die Einschränkungen immer sichtbar, doch sie geht offensiv damit um.

Zum Beispiel als »Hobbydiabetikerin« (das ist mein Wort, daher hier die Anführungszeichen, vielleicht ist es nicht ganz zutreffend, eher ist sie eine besonders sorgfältige, vorbildliche Diabetikerin), nachdem so um 2005 herum eine leichte chronische Unterzuckerung bei ihr festgestellt wird. Jedenfalls wiegt sie von da an vor jeder Mahlzeit akribisch die Kartoffelmengen ab und trägt sie in ihr Heft ein. Ich habe fast den Eindruck, sie hätte Freude daran, sie kennt das ja noch aus ihrer Zeit mit Herbert.

Der Rollator. Ihre kaputten Knie legen seine Benutzung nahe. Sie leidet unter ihrer Gehbehinderung. Aber Greta geht damit von vornherein souverän um. Ganz anders als manch andere alte Menschen, die sich weigern, eine Gehhilfe zu benutzen, bis es dann zu spät ist und sie überhaupt nicht mehr mobil sind, weil sie den Umstieg nicht mehr zu einem Zeitpunkt schaffen, zu dem sie noch genügend Kraft haben, ihn zu bewältigen. Greta aber hat sich früh mit ihrer Gehhilfe nicht nur arrangiert, sondern setzt sie ein, bewusst, beherzt und behände.

Den Rollator selbst tragen, ihn selbst ins Auto hieven, auch eine kürzere Treppe hoch, das ist für sie lange eine Selbstverständlichkeit. Sie lässt ihn sich nicht aus der Hand nehmen, alles so lange wie möglich allein schaffen, das soll sie nicht nur trainieren, das verleiht ihr Würde. Wenn ich neben ihr herschlendernd, eine kleine oder auch größere Tasche dabeihabe, so ist diese nach Möglichkeit oben auf das Gerät zu packen oder in den praktischen anhängenden Korb des Rollators zu legen.

Eine richtig schwere Krise hat Greta im Jahr 2003. Im Sommer fährt sie mit unserer Familie – unser Pflegesohn David ist zum ersten Mal dabei – in Ferien auf die Insel Falster im Süden Dänemarks. Schweden scheint in diesem Jahr zu weit. Gretas Knie schmerzen so sehr, dass sie nur selten aus dem Haus in der Feriensiedlung kommt. Sie kann die Zeit kaum genießen. Im Herbst wird sie wieder operiert, technisch gesehen ist der Eingriff erfolgreich. Anschließend, im Dezember, kommt Greta in die große Rehaklinik von Kreischa, im Dresdner Südosten. Als wir sie dort in den Tagen zwischen den Jahren besuchen, ist sie abgemagert, blass im Gesicht, wirkt geistig abwesend. Ich frage mich: Geht es nun bald zu Ende?

In Kreischa klagt Greta über das Regime des Rehabetriebs. Frühmorgens – für sie ist es noch mitten in der Nacht – aufstehen, am Ende langer Gänge die Prozedur von Messungen und Medikamentenvergaben über sich ergehen lassen, ein großes Haus, fremdbestimmt und unpersönlich für sie, und es fehlt ihre Wohnung, die gewohnte Umgebung. Dann bekommt Greta Atemnot; sie wird mit dem Notarztwagen in die Ambulanz des Dresdner Uniklinikums gebracht. Der Arzt findet nichts, vielleicht rühren die Symptome nur aus dem Rehastress. Margarete bespricht sich mit ihm und sorgt dafür, dass Greta ihre Zelte in Kreischa abbricht und die Krankengymnastik bei sich zu Hause macht. Sie schafft es und erholt sich.

Im Frühjahr 2004 ist Greta wieder auf den Beinen, und zu ihrem Achtzigsten, den wir, mit Hauptredner Franz Müntefering, jetzt Parteivorsitzender, am 31. Oktober im alten Ballsaal »Orpheum« gegenüber vom Herbert-Wehner-Bildungswerk begehen, ist sie für ihre Verhältnisse fit. Die SPD schenkt Greta eine CD mit einer wiedergefundenen Aufnahme aus den Sechzigerjahren: Herbert Wehner erzählt aus seinem Leben. Für die Herbert-und-Greta-Wehner-Stiftung gebe ich ein Buch heraus, eine schöne Sammlung von Texten und Reden Gretas seit 1990. Es ist eine Auswahl – der Band hätte auch dicker werden können.

Als Gretas Kräfte dann, in den letzten zehn Jahren ihres Lebens, allmählich nachlassen, denken wir daran – es ist ihre eigene Idee – sie nebenan, in der Dresdner Neustadt, in unseren Neubau mit einziehen zu lassen. Greta macht dann aber einen Rückzieher; sie will in ihrer gewohnten Umgebung bleiben, mitten in die Stadt möchte sie nicht, und ihr graut vor dem Umzug mit 84 Jahren. Um diese Zeit schlägt Greta vor, uns täglich ein Fax zu schicken, mit einer Nachricht von ihr, damit sich niemand Sorgen machen muss, sie einmal nach Tagen in ihrer Wohnung vorzufinden. Greta und wir schaffen uns jeweils baugleiche Fax-Kopier-Drucker an. So geht sie dann hin und her, die Wehnerpost, nahezu täglich von Leubnitz-Neuostra in die Neustadt – bis hinein in Gretas Sterbejahr 2017.

Die zunehmende Kurzatmigkeit. So richtig schwierig wird es damit erst ab Ende der Nullerjahre. Trotzdem: Die Treppe bei uns – wir hatten eine Wohnung mit Treppen bauen lassen – Greta liebt es, auf die Dachterrasse zu klettern. Dann eben mit Pausen auf eigens in jeder Etage bereitgestellten Sitzgelegenheiten. Greta ist voll des Lobes, bis sie die Treppe – 2011, schätze ich, zum letzten Mal erklimmen kann.

Vieles macht Greta nun ein letztes Mal, weil ihre Kräfte dann nicht mehr dafür reichen.

2006 der letzte Urlaub in Schweden mit uns, diesmal nicht auf Öland, sondern auf dem südschwedischen Festland. Die meisten Ausflüge müssen wir ohne sie machen – oder wir sind eben gemeinsam »häuslich«.

2009 nimmt Greta zum letzten Mal an einem Bundesparteitag der SPD teil. In Dresden, nach einer schwer verlorenen Wahl, will sie weiter Mut machen, sitzt sie in der ersten Reihe, abwechselnd Margarete und Renate vom Bildungswerk neben ihr sitzend, versuchend, für sie die Inhalte der Reden mitzuschreiben, damit Greta, mittlerweile fast taub, möglichst viel vom Gesagten mitbekommt.

2010 die letzte Reise. Im Oktober fahren wir mit Greta nach Berlin, sie bekommt das Bundesverdienstkreuz, ein Vorschlag der Dresdner SPD-Stadtratsfraktion, es sollen mehr Frauen geehrt werden. Bei der Zeremonie in Schloss Bellevue sitzt sie in der ersten Reihe, die Aufmerksamkeit der Presse und Fotografen hat allerdings eine hochhackige Schauspielerin, die ebenfalls ausgezeichnet wird. Alles anstrengend für Greta, sie übersteht es gelassen, auch das gemeinsame Essen, zu dem sie uns am Abend ins feine Lokal oberhalb des Hotels einlädt. Sehr kleinformatig das Ganze; als Greta die rechteckig zugeschnittene, knapp streichholzschachtelgroße Kartoffel auf ihrem großen weißen Teller sieht, schüttelt sie den Kopf.

2013 kommt Greta zum letzten Mal zu einem Landesparteitag der sächsischen SPD. Margarete fährt mit ihr hin. Wegen der Jubilarehrung, Greta war im Vorjahr 65 Jahre SPD-Mitglied. Eigentlich ist es nicht vorgesehen, aber sie schiebt ihren Rollator nach vorne, dreht ihn um, setzt sich auf die eingebaute Sitzfläche und spricht ein paar Worte zu den Versammelten. Mut machen, auch dem Vorsitzenden Martin Dulig, darum geht es ihr.

Als Greta und mir im Frühjahr 2014 klar wird, dass das neue Herbert-Wehner-Haus in Dresden nicht so sein wird, wie wir

Greta, 70 Jahre Mitglied der SPD – August 2017

uns das vorgestellt haben, zieht sie die Reißleine. Sie will und kann sich, weil es über ihre Kraft geht, nicht mehr mit dem Projekt beschäftigen, an dem wir inzwischen schon sieben Jahre dran sind. Die Stiftung mit Gretas Wohnung wird nicht in das neue Haus einziehen können, sie muss deshalb ihr Testament noch einmal ändern, damit es zu keinen Komplikationen kommt. Da denkt Greta zuerst daran, alles Margarete zu vermachen, doch das wollen wir beide nicht, es bleibt bei der Herbert-und-Greta-Wehner-Stiftung.

Schon in den Jahren zuvor hat Greta zahlreiche Zettel geschrieben, wem welche Möbel und Bilder gehören sollen. Für ihre Beerdigung fertigt sie ausführliche Notizen an, den Entwurf einer Inschrift auf ihrem Grabstein (an den wir uns dann auch halten werden), bis hin zu Hinweisen, welches Bestattungsinstitut es denn sein könnte. Als es so weit ist, hilft mir Gretas Vorarbeit, als ihr Testamentsvollstrecker alles so zu organisieren, wie sie es sicher beabsichtigt hat. Ebenfalls hilfreich wird es später sein, dass Greta eine ausführliche Patientenverfügung verfasst hat.

Greta ist jetzt grundlegend müde, nicht lebensmüde, aber gelassen geht sie dem Ende entgegen.

Um diese Zeit ist auch Schluss mit Ausflügen, auch mit denen auf die geliebte Höhe südlich von Torna. Greta bleibt fortan in ihrer Wohnung, liegt viel im Bett in ihrem Zimmer, liest dort noch im Lehnstuhl die *Zeit*, geht noch bis in die Küche und ins Badezimmer, isst nicht mehr viel, weil sie keinen Appetit hat, nimmt ab; es ist ein sehr langsames, stetes Wenigerwerden.

Dabei bleibt Greta ein Mensch mit enormer Freude an kleinen wie großen Dingen: Blumen, Bücher, Bilder. Die alten Familienalben mit Fotos aus ihrer Kindheit sind wichtig. Von den politischen Geschehnissen, die sie ohnehin nicht beeinflussen kann, lässt Greta sich die Lebensfreude nicht nehmen, sie nimmt alles wahr, kann es aber genießen, nicht mehr zuständig zu sein.

Greta im Gespräch. Anders als Lotte und Herbert wird sie nicht dement. Doch sie ist jetzt viel in vergangenen Zeiten, in Kindheit und Jugend. Sie erzählt mir zum Beispiel von der abenteuerlichen Flucht nach Dänemark, 1937. Zum Schluss liebt sie es, zu »käbbeln«. Sie hat bis zuletzt Spaß an Wortwitz und »unernsten« Debatten; im Sinnfreien trifft sich unser Humor. Ihre Schwerhörigkeit verstärkt manchmal noch die Komik.

Es kann damit zusammenhängen, dass die Beziehung zu mir besonders am Anfang immer mit Arbeit und mit dem Bereich des Politischen zu tun hat: Das engere – und zum Schluss wohl engste – Verhältnis hat Greta zu Margarete, wie sie überhaupt in den meisten Freundschafts-Paar-Konstellationen das engere Verhältnis zu den Frauen hat. Ich nenne, aus der Bonner Zeit, Heike Flegel; in Dresden sind es Karin Deubel, Rita Schawohl und eben Margarete.

Margarete fährt in den letzten Jahren weiter einmal die Woche zu Greta, mittwochs. Zum Bücherverzeichnen kommt sie nicht mehr. Es geht um Gemeinsamkeit mit Gesprächen und Teetrinken am Esstisch zwischen Küche und Gretas Zimmer, auch mit dem Versuch von Margarete, für sich und Greta etwas Schmackhaftes zu bereiten, damit sie wenigstens einmal etwas isst. Post bearbeiten und Arzttermine, das gehört noch zum Pensum der beiden. Margarete sorgt für frische Blumensträuße, sie bringt auch meist einen für uns zuhause mit. Kochen und Blumen besorgen, das hat früher Greta für Margarete getan, jetzt ist es umgekehrt.

Dann kommen donnerstags die Schawohls zu Greta; Rita und Bernhard fahren für sie einkaufen.

Schließlich am Freitag, kommt noch die Putzfrau, die übrigen Tage der Woche ist Greta allein in der Wohnung.

Greta will es so.

Im Sommer 2017 kann sie ihren Tag kaum noch allein bewältigen. Margarete kommt seit einiger Zeit schon zweimal pro Woche, aber das reicht nicht, Greta ist zu schwach geworden. Rita und Margarete diskutieren mit ihr über eine ambulante Pflegehilfe. Sie sträubt sich zunächst, lässt sich dann aber doch überzeugen. Im Herbst sind alle Formalien geregelt, und eine Pflegerin von der AWO-Sozialstation in Prohlis soll künftig regelmäßig zu Greta kommen.

Für einen Mittwoch Mitte Dezember ist das Einstiegsgespräch geplant. Es ist Margaretes Tag bei Greta, und da soll die Leiterin des Pflegedienstes hinzukommen. Ausgerechnet an diesem Tag findet Margarete Greta mittags auf dem Fußboden ihres Badezimmers sitzend vor. Sie ist gestürzt, hat Schmerzen. Die angerufene Ärztin entscheidet: Der Notarzt soll kommen. Mit dem Krankenwagen geht es dann in die Universitätsklinik.

Dort herrscht reger Betrieb. Greta unter Schmerzen, mit Margarete an ihrer Seite, wird untersucht und geröntgt, dann müssen die beiden fast bis Mitternacht warten, ehe Greta ein Bett in einem Krankenzimmer bekommt. Diagnostiziert wird allenfalls ein Rippenbruch, aber ihr Allgemeinzustand ist schlecht. Die Herzschwäche, Greta muss im Krankenhaus bleiben.

31. Oktober 2016 – Greta und Margarete betrachten Familienfotos

Schon am nächsten Tag soll Greta Krankengymnastik machen. Margarete ist vor Ort, als eine Physiotherapeutin versucht, Greta, die weiter unbeweglich ist, dazu zu bringen, Atemübungen zu machen. Ruppig, kommandierender Ton. Medizinisch wäre es geboten, die Lungenfunktion muss verbessert werden. Aber Greta protestiert gegen alle Versuche, sie zum Mitmachen zu bringen. Da bricht es aus ihr heraus: »Das ist ja hier vollständig undemokratisch!« Am Ende kann sie sich durchsetzen, mit Hilfe von Rita und deren Tochter Anne, die im Klinikum arbeitet.

Am Tag vor Heiligabend sind wir gerade mit der Familie, mit Sohn und Enkeltochter, in Niedersachsen, um Weihnachten zu feiern. Gegen elf Uhr abends ruft Rita bei mir an. Greta ist gestorben, sanft eingeschlafen.

Greta ist 93 Jahre geworden. Sie hat ihr Leben gemeistert, bis zum Schluss, der so war wie ihr Leben, selbstbestimmt.

Der erste Kondolenzbrief aus dem politischen Bereich kommt vom Bundespräsidenten, Frank-Walter Steinmeier. Der ehemalige Sprecher des Freundeskreises Herbert-Wehner-Bildungswerk, nunmehr Staatsoberhaupt, schreibt mir: »Greta Wehner hat sich um unser Land verdient gemacht. Wir werden ihr ein ehrendes Andenken bewahren.«[490]

Am 5. Februar 2018 ist die kirchliche Trauerfeier in der evangelischen Schlosskirche in Dresden-Lockwitz. Viele Gäste sind gekommen, die Greta menschlich und politisch nahestehen. Der Bundes- und der Landesvorsitzende der SPD lassen sich allerdings vertreten, sie haben wichtigere Termine. Franz Müntefering ist da, natürlich Jürgen Schmude; Hans-Jochen Vogel indes kann nicht mehr reisen. In der ersten Reihe sitzen Rita und Bernhard mit Familie, Margarete und ich. Gegenüber, auf der anderen Seite des Ganges, nehmen die angereisten Kinder von Gretas Bruder Peter mit Verwandten Platz. Anschließend wird, im kleinen Kreis, die Urne auf dem Lockwitzer Friedhof begraben.

Auf dem Grabstein, ein paar Monate später wird er gesetzt, steht der Text, den Greta dafür selbst aufgeschrieben hat:

Greta Wehner
geb. Burmester
** 31.10.1924*
in Harxbüttel
† 23.12.2017
nach einem langen ereignisreichen Leben
von Hamburg über Schweden
nach Bonn und Dresden
im Gedenken an
Herbert Wehner
** 11.7.1906 in Dresden*
† 19.1.1990 in Bonn
ehe er heimkehren konnte

ABKÜRZUNGSVERZEICHNIS

AfA	(SPD-) Arbeitsgemeinschaft für Arbeitnehmerfragen
ARD	Arbeitsgemeinschaft der öffentlich-rechtlichen Rundfunkanstalten der Bundesrepublik Deutschland
AWO	Arbeiterwohlfahrt
BDM	Bund Deutscher Mädel
BND	Bundesnachrichtendienst
CDU	Christlich Demokratische Union Deutschlands
CSU	Christlich-Soziale Union in Bayern
DDR	Deutsche Demokratische Republik
DGB	Deutscher Gewerkschaftsbund
DKP	Deutsche Kommunistische Partei
FDP	Freie Demokratische Partei
Gestapo	Geheime Staatspolizei
ISK	Internationaler Sozialistischer Kampfbund
KPD	Kommunistische Partei Deutschlands
KPO	Kommunistische Partei-Opposition
KZ	Konzentrationslager
MfS	Ministerium für Staatssicherheit
NDR	Norddeutscher Rundfunk
NS	Nationalsozialismus
SAP	Sozialistische Arbeiterpartei Deutschlands
SED	Sozialistische Einheitspartei Deutschlands
SGK	Sozialdemokratische Gemeinschaft für Kommunalpolitik
SPD	Sozialdemokratische Partei Deutschlands
UdSSR	Union der Sozialistischen Sowjetrepubliken
UNO	United Nations Organization (Vereinte Nationen)
WDR	Westdeutscher Rundfunk

QUELLEN- UND LITERATURVERZEICHNIS

Archivgut und andere Primärquellen

AdsD – Archiv der sozialen Demokratie, Bonn
- Nachlass Gerhard Jahn
- SPD-BTF (Bundestagsfraktion)
- Protokolle Präsidium

AHS – Archiv Helmut Schmidt, Hamburg

BStU – Der Bundesbeauftragte für die Unterlagen des Staatssicherheitsdienstes der ehemaligen DDR
- MfS-Zentralarchiv ZC
- ZOS – Zentraler Operativstab

HGWST – Herbert-und-Greta-Wehner-Stiftung, Dresden
- Bestände DU (Diverse Unterlagen), EA (Eigene Ausarbeitungen), GW (Nachlass Greta Wehner), HF (Humanitäre Fragen), PB (Persönlicher Briefwechsel), PN (Pflegenotizen), SD (Sammlung Dresden), TK (Terminkalender), WV (Teilnachlass Wolfgang Vogel)
- Bucheinlagen
- Tonaufnahmen und Zeitzeugengespräche
  - Erzählen über Greta Wehner - Veranstaltung des Herbert-Wehner-Bildungswerks, Dresden, 7.7. 2018
  - Greta Wehner erzählt aus ihrem Leben, Dresden, 5.10. 2005
  - Rupps, Martin: Interview mit Greta Wehner am 11.6. 2003 in Dresden (korr. u. autorisierte Fassung)
  - Zeitzeugengespräche Christoph Meyer: mit Erich Bock am 22.2. 2005, mit Jürgen Schmude am 20.3. 2005, mit Erwin Stahl am 17.9. 2005, mit Hans-Jochen Vogel am 24.6. 2005, mit Greta Wehner am 31.8. 2002 (a), 5.9. 2002 (b), 12.9. 2002 (c), 7.5. 2003 (a), 3.6. 2003 (b), 12.6. 2003 (c), 24.6. 2003 (d)

HWA – Herbert-Wehner-Archiv im Archiv der sozialen Demokratie, Bonn

Veröffentlichte Quellen

Bahr, Egon (1996): Zu meiner Zeit. München: Blessing

Christa Hasenclever zum 60. Geburtstag am 21. September 1966. Broschüre. o.O.: o.V.

Fraktion der SPD im Deutschen Bundestag (Hg., 1981): Die Fraktion der SPD im Deutschen Bundestag 1949–1981. Eine Chronik. Überreicht ihrem Vorsitzenden Herbert Wehner zum 75. Geburtstag von der Sozialdemokratischen Bundestagsfraktion. Am 11. Juli 1981. Bonn: o.V.

Gaus, Günter (1966): Staatserhaltende Opposition oder Hat die SPD kapituliert? Gespräche mit Herbert Wehner. Reinbek bei Hamburg: rororo

Guttenberg, Karl Theodor zu (1971): Fußnoten, Stuttgart: Seewald

Herbert Wehner erzählt aus seinem Leben (Vortrag beim CVJM Wuppertal am 4.6. 1966), Doppel-CD, hg. mit Unterstützung der Herbert-und-Greta-Wehner-Stiftung und des Herbert-Wehner-Bildungswerks, Dresden, o.O., o.J. (2005)

Müller, Reinhard (1993): Die Akte Wehner. Moskau 1937 bis 1941. Berlin: Rowohlt

Polenz, Sabine (1994): Meine Jahre mit Herbert. Greta Wehner erzählt, TV-Dokumentation, NDR

Potthoff, Heinrich (1997): Bonn und Ost-Berlin 1969–1982. Dialog auf höchster Ebene und vertrauliche Kanäle. Darstellung und Dokumente, Bonn: J.H.W. Dietz (Archiv für Sozialgeschichte; Beiheft 18)

Rovan, Joseph (2000): Erinnerungen eines Franzosen, der einmal Deutscher war. München, Wien: Hanser

Sammlung fürsorgerechtlicher Gesetze auf den Gebieten der Wirtschafts-, Jugend- und Gesundheitsfürsorge, zusammengestellt für den Unterrichtsgebrauch an der Wohlfahrtsschule Schleswig-Holstein (1950). Kiel: o.V.

Schindler, Peter (1999): Datenhandbuch zur Geschichte des Deutschen Bundestages 1949 bis 1999. Gesamtausgabe in drei Bänden. Eine Veröffentlichung der Wissenschaftlichen Dienste des Deutschen Bundestages. Baden-Baden: Nomos

Stenographische Berichte des Deutschen Bundestages (BT, Sten. Ber.), Bonn 1949 ff.

Thoma, Dieter (1977): Herbert Wehner im »Kölner Treff« (Gesendet im Westdeutschen Fernsehen am 20.2. 1977), in: Jahn, Gerhard (Hg., 1990): Wehner, Herbert: Zeugnis. Persönliche Notizen 1929–1942. 2. Aufl., Bergisch Gladbach 1985, Köln 1982, Lizenzausgabe für die DDR, Halle-Leipzig: Mitteldeutscher Verlag, S. 368–375

Wahlparteitag der Sozialdemokratischen Partei Deutschlands. 21. Januar 1983. Dortmund, Westfalenhalle. Protokoll der Verhandlungen, Anlagen. Hg. vom Vorstand der SPD, Bonn o.J.

Wehner, Greta (1991): Beeindruckende Rede zur Ehrenmitgliedschaft (http://www.hgwst.de/greta-wehner-ehrenmitglied-der-spd-sachsen/, verfügbar am 29.10. 2022)

Dies. (2004): Erfahrungen. Aus einem Leben mitten in der Politik. Hg. für die Herbert-und-Greta-Wehner-Stiftung von Christoph Meyer. Dresden: edition SZ.

Darin: Niederschrift Herbert Wehners (1973), Bad Godesberg, am 2. Dezember 1973, S. 220–235

Wehner, Greta (1990): Mitmenschlich arbeiten und leben. Ansprache zur Namensgebung Herbert-Wehner-Haus in Kerpen-Brüggen am 1. Oktober 1990, S. 154–156

Dies. (1992a): Leben mit Demenzkranken. Rede vor einer Tagung des Europäischen Bildungswerks im Haus Frau und Beruf in Brandenburg/Havel am 12. November 1992, S. 157–163

Dies. (1992b): Unterwegs in Ostdeutschland. Vortrag vor dem SPD-Ortsverein Bad Godesberg Süd am 30. Juni 1992, S. 88–101

Dies. (1993a): Parlament und Parteiorganisation. Rede vor dem SPD-Landesparteitag Sachsen in Zwickau am 4. Juli 1993, S. 102–103

Dies. (1993b): Soziale Demokratie und demokratischer Sozialismus. Notiz aus Anlaß des Streites über eine Gedenktafel in Bautzen, 28. September 1993, S. 130–131

Dies. (1994a): Diese Kampagne wird Herbert nicht ins Zwielicht bringen. Rundschreiben an die Mitglieder der SPD-Bundestagsfraktion vom 20. Januar 1994, S. 69–71

Dies. (1994b): Politische Verantwortung tragen. Ansprache auf der Jubilarfeier der SPD Wuppertal am 18. September 1994, S. 104–111

Dies. (1994c): Solidarität über den Betrieb hinaus. Ansprache beim Mai-Empfang der SPD-Betriebsgruppe Hütte in Salzgitter aus Anlaß des 35-jährigen Bestehens am 28. April 1994, S. 132–133

Dies. (1996): Politische Bildung im Sinne Herbert Wehners. Ansprache anläßlich einer Gedenkveranstaltung des Herbert-Wehner-Bildungswerks zum 90. Geburtstag von Herbert Wehner am 26. Juni 1996, S. 206–209

Dies. (1997a): Den Freunden des Herbert-Wehner-Bildungswerkes zum Geleit. Text für die Broschüre zur Gründung des Freundeskreises Herbert-Wehner-Bildungswerk, Sommer 1997, S. 210–212

Dies. (1997b): Gewerkschaftliches Engagement. Grußwort zur Jubilarfeier der Gewerkschaft ÖTV in Dresden am 12. November 1997, S. 134–138

Dies. (1997c): Letzte Jahre mit Herbert Wehner. Eröffnungsansprache auf dem 1. Deutschen Alzheimer Kongreß in Stuttgart am 4. September 1997, S. 164–176

Dies. (1998a): August Bebel hatte Familie. Ansprache auf einer Veranstaltung des SPD-Unterbezirks Pirna zur 85. Wiederkehr des Todestages von August Bebel auf der Festung Königstein am 12. August 1998, S. 146–148

Dies. (1998b): Mandate sind kein Berufsziel. Grußwort zur Landeswahlkonferenz der SPD Sachsen zur Bundestagswahl 1998 am 21. Februar 1998 im Georg-Landgraf-Haus in Chemnitz, S. 112–117
Dies. (1998c): Mein Miterleben der Demenz. Vortrag vor dem Demenz-Symposium der Techniker Krankenkasse in Berlin am 4./5. Dezember 1998, S. 177–183
Dies. (1998d): Rückkehr in seine Heimat. Ansprache zum Treffen des Freundeskreises Herbert-Wehner-Bildungswerk aus Anlaß der Enthüllung des Herbert-Wehner-Denkmals in Dresden am 25. Juni 1998, S. 74–77
Dies. (1999a): Einen Neuanfang einleiten. Schriftliches Grußwort an die Delegierten des außerordentlichen Landesparteitags der SPD Sachsen in Leipzig am 30. Oktober 1999, S. 123–126
Dies. (1999b): Neue Mehrheiten für Sachsen. Grußwort zur Landeswahlkonferenz der SPD Sachsen in Dresden am 8. Mai 1999, S. 118–122
Dies. (2000a): Demenzkranke und Sterbende begleiten. Vortrag vor dem Besuchsdienst der Evangelischen Gemeinde Dresden-Leubnitz-Neuostra am 19. September 2000, S. 198–203
Dies. (2000b): Die Frau an seiner Seite. Vortrag vor der Dresdner Seniorenakademie Wissenschaft und Kunst, am 17. Oktober 2000, S. 49–68
Dies. (2000c): Ein leidenschaftlicher Parlamentarier. Ansprache zur Präsentation der Sonderbriefmarke aus Anlaß des 10. Todestags von Herbert Wehner in Berlin am 11. Januar 2000, S. 78–79
Dies. (2000d): Leben mit der Bergpredigt. Ansprache zur Gedenkstunde des Herbert-Wehner-Bildungswerks aus Anlaß des 10. Todestages von Herbert Wehner in Dresden am 19. Januar 2000, S. 83–85
Dies. (2000e): Leiden lindern als menschliche Aufgabe. Vortrag an der Evangelischen Hochschule für Soziale Arbeit, Dresden am 7. Juni 2000, S. 184–197
Dies. (2000f): Soziales Handeln und politische Praxis. Rede zur Verleihung der Marie-Juchacz-Plakette auf der Bundeskonferenz der Arbeiterwohlfahrt am 30. Oktober 2000 in Würzburg, S. 139–145
Dies. (2000g): Wirken für Hamburg. Ansprache auf der Feier zur Benennung des Herbert-Wehner-Platzes in Hamburg-Harburg am 16. November 2000, S. 80–81
Dies. (2000h): Zweite Heimat Schweden. Vortrag auf einer gemeinsamen Veranstaltung des Herbert-Wehner-Bildungswerks und der Deutsch-Schwedischen Gesellschaft in Dresden am 15. März 2000, S. 35–48
Dies. (2001): Die Dinge ordnen, die alle angehen. Schlußwort auf der Feier zur Benennung des Herbert-Wehner-Platzes am 12. Juli 2001 in Dresden, S. 82
Dies. (2002a): Ich habe ihn 46 Jahre lang gekannt. Stellungnahme vom 1. Oktober 2002 zu Behauptungen im *Spiegel*-Artikel »Mehr Täter als Opfer?« (Heft 40/2002), S. 72–73
Dies. (2002b): Menschenbrüder und Menschenschwestern. Ansprache zur Eröffnung der Jiddischen Woche in Dresden am 5. Oktober 2002, S. 149–151
Dies. (2002c): Zur Bedeutung von Wahllisten. Rede auf der Landeswahlkonferenz der SPD Sachsen am 20. April 2002, S. 127–128
Dies. (2003a): »Zeitgenossen«. Gespräch mit Lerke von Saalfeld am 26. August 2003, S. 16–34
Dies. (2003b): Etwas in seine Heimat Dresden zurückbringen. Rede für die Konstituierende Sitzung des Beirats der Herbert-und-Greta-Wehner-Stiftung am 11. Juli 2003 in Dresden, S. 213–217

Wolf, Markus (1997): Spionagechef im geheimen Krieg. Erinnerungen. Düsseldorf: List
Zur Person (1964). Herbert Wehner im Gespräch mit Günter Gaus. TV-Interview (ZDF)

Literatur

Andersson, Ingvar (1950): Schwedische Geschichte. Von den Anfängen bis zur Gegenwart. München: R. Oldenbourg

Bade, Klaus J. (2000): Europa in Bewegung. Migration vom späten 18. Jahrhundert bis zur Gegenwart, München: C.H. Beck

Ben Ari, Jitzchak (2005, Beitrag von Pnina Ben Ari): Wie beim Tango – zwei voran, eins zurück, in: Israel und Deutschland. Dorniger Weg zur Partnerschaft. Die Botschafter berichten über vier Jahrzehnte diplomatische Beziehungen (1965–2005), hg. von Asher Ben Natan und Niels Hansen, Köln u.a.: Böhlau

Chernow, Ron (1996): Die Warburgs. Odyssee einer Familie. Berlin: btb

Dertinger, Antje (1997): Heldentöchter. Bonn: J.H.W. Dietz Nachf.

Duhnke, Horst (1972): Die KPD von 1933 bis 1945, Köln: Kiepenheuer & Witsch

Furtmayr-Schuh, Annelies (2000): Die Alzheimer Krankheit. Das große Vergessen. Wissen, vorbeugen, behandeln, mit der Krankheit leben, überarb. und erw. Neuaufl., Zürich: Kreuz-Verlag

Hasenclever, Christa (1952a): Verbindung von Theorie und Praxis in der Ausbildung der Sozialarbeiter. Broschüre. Kiel (hs. datiert auf Mai/Juni 1952)

Dies. (1952b): Zur Neugestaltung der Sozialarbeiterausbildung. Hg. vom Hauptausschuß für Arbeiterwohlfahrt, Bonn (Schriften der Arbeiterwohlfahrt 3). Broschüre. Frankfurt am Main: Union-Druckerei und Verlagsanstalt

Henke, Klaus-Dietmar (2022): Geheime Dienste. Die politische Inlandsspionage des BND in der Ära Adenauer (2 Teile). Berlin: Ch. Links (Veröffentlichungen der Unabhängigen Historikerkommission zur Erforschung der Geschichte des Bundesnachrichtendienstes 1945–1968, Bd. 14)

Herbert, Ulrich (2003): Drei politische Generationen im 20. Jahrhundert. In: Reulecke, Jürgen (Hg.): Generationalität und Lebensgeschichte im 20. Jahrhundert. Schriften des Historischen Kollegs – Kolloquien 58. München: Oldenbourg, S. 95–114

Koch, Alexander (2014): Der Häftlingsfreikauf. Eine deutsch-deutsche Beziehungsgeschichte. München: Allitera (Beiträge zur Geschichtswissenschaft)

Kürschner-Pelkmann, Frank (1997): Jüdisches Leben in Hamburg. Ein Stadtführer. Hamburg: Dölling und Gailitz

Leugers-Scherzberg, August H. (2002): Herbert Wehner und der Rücktritt Willy Brandts am 7. Mai 1974. In: VZG 50, S. 303–322

Mace, Nancy L.; Rabins, Peter V. (1986): Der 36-Stunden-Tag. Die Pflege des verwirrten älteren Menschen, speziell des Alzheimer-Kranken, Bern: Hans Huber

Meyer, Christoph (1997): Die deutschlandpolitische Doppelstrategie. Wilhelm Wolfgang Schütz und das Kuratorium Unteilbares Deutschland (1954–1972). Landsberg am Lech: Olzog

Ders. (2002): Rezension: August H. Leugers-Scherzberg, Die Wandlungen des Herbert Wehner. Von der Volksfront zur Großen Koalition. In: Archiv für Sozialgeschichte 42 (2002), S. 641–644

Ders. (2006): Herbert Wehner. Biographie. 4. Aufl. München: dtv

Ders. (2010): Niederlage und Neubeginn. Herbert Wehner und die SPD 1957. In: Gallus, Alexander; Müller, Werner (Hg.): Sonde 1957. Ein Jahr als symbolische Zäsur für Wandlungsprozesse im geteilten Deutschland. Berlin: Duncker & Humblot (Schriftenreihe der Gesellschaft für Deutschlandforschung, Bd. 98), S. 139–159

Ders. (2013): Der Mythos vom Verrat. Wehners Ostpolitik und die Irrtümer von Egon Bahr. In: Deutschland Archiv Online, 19.12. 2013 (http://www.bpb.de/175147)

Ders. (2017): »Trotz alledem – Weiter arbeiten und nicht verzweifeln!«. Herbert Wehners bitterer Kampf gegen die Nazis. S. 1–42 (http://www.hgwst.de/hgwst/wp-content/

uploads/2017/07/2017-07-19-Trotz-alledem-Dokumentation.pdf, verfügbar am 2.2. 2023)

Ders. (2020): Herbert Wehners große Rede – 60 Jahre danach. Eine historisch-politische Würdigung der Rede im Deutschen Bundestag vom 30. Juni 1960. Youtube-Bildvortrag (https://www.youtube.com/watch?v=foJjGzUIeVs&t=1s, verfügbar am 20.2. 2023)

Ders. (2022): Verdienste, Fragen, Konsequenzen. Anmerkungen zum 100. Geburtstag von Egon Bahr, S. 1–6 (http://www.hgwst.de/hgwst/wp-content/uploads/2022/03/EGON-BAHR-100.pdf, 17.3. 2022).

Müller, Tim B. (2014): Nach dem Ersten Weltkrieg. Lebensversuche moderner Demokratien. Bonn: bpb-Schriftenreihe 1471

Müssener, Helmut (1974): Exil in Schweden. Politische und kulturelle Emigration nach 1933. München: Carl Hanser (Acta Universitatis Stockholmiensis 14)

Pötzl, Norbert F. (1997): Basar der Spione. Die geheimen Missionen des DDR-Unterhändlers Wolfgang Vogel, 3. Aufl. Hamburg: Hoffmann und Campe

Ders. (2014): Mission Freiheit. Wolfgang Vogel. Anwalt der deutsch-deutschen Geschichte. München: Wilhelm Heyne Verlag.

Rimstad, Birgit H. (2013): Jødiske barn og unge som overlevde det norske Holocaust. Flukten fra Norge. Det svenske eksilet. Livet etter 1945. Masteroppgave, Universitetet i Oslo

Reisberg, Barry (1987): Hirnleistungsstörungen: Alzheimersche Krankheit und Demenz, 2. korr. Aufl., Weinheim und Basel: Beltz

Samuelsson, Kurt (1969): Från stormakt till välfärdsstat. Svensk samhällsutveckling under 300 år. Stockholm: Rabén & Sjögren

Schawohl, Bernhard (2020): Neu oder wieder? 30 Jahre AWO in Dresden. Leipzig: Engelsdorfer Verlag

Scholz, Michael F. (1995): Herbert Wehner in Schweden 1941–1946. München: R. Oldenbourg (Schriftenreihe der Vierteljahreshefte für Zeitgeschichte, Bd. 70)

Schwarz, Hans-Peter (1991): Adenauer. Der Staatsmann: 1952–1967. Stuttgart: DVA

Segerstedt Wiberg, Ingrid (1979): Den sega livsviljan. Flyktingöden under förvirringens och förintelsens tid. Stockholm: Liber Förlag

Soell, Hartmut (1991): Der junge Wehner. Zwischen revolutionärem Mythos und praktischer Vernunft. Stuttgart: DVA

Thompson, Wayne C. (1993): The Political Odyssey of Herbert Wehner. Boulder, Colorado: Westview Press

Vogtmeier, Andreas (1996): Egon Bahr und die deutsche Frage. Zur Entwicklung der sozialdemokratischen Ost- und Deutschlandpolitik vom Kriegsende bis zur Vereinigung. Bonn: J.H.W. Dietz (Politik- und Gesellschaftsgeschichte, Bd. 44)

Wiemann, Günter (2011): Hans Löhr und Hans Koch – Politische Wanderungen. Braunschweig: Die Vitamine Verlag

Wöhrle, Armin (2022): Katzen und wir. 20 Jahre Beobachtungen einer Katzenmeute. Fragen – Recherchen – Reflexionen. Hamburg: tredition

Wölbern, Jan Philipp (2014): Der Häftlingsfreikauf aus der DDR 1962/63–1989. Zwischen Menschenhandel und humanitären Aktionen. Göttingen: Vandenhoeck & Ruprecht (Analysen und Dokumente, Bd. 38)

Bildnachweis

Alle abgedruckten Bilder stammen aus den Fotoalben der Familie Herbert, Lotte und Greta Wehner (Sammlung Herbert-und-Greta-Wehner-Stiftung, Dresden).

ANMERKUNGEN

1 HGWST. Zeitzeugengespräch (Zzgspr.) Greta Wehner 2003d, die folgenden Zit. ebd. Aus Platzersparnisgründen wird im Weiteren auf die Nennung der Namen »Wehner« und »Burmester« in Referenzen zu Briefen und Schreiben weitgehend verzichtet.

2 Zzgspr. Hans-Jochen Vogel 2005.

3 Zur Abstammung: HGWST-GW 123. Notiz von Greta (o.D.); Zit. u. folgende Absätze Zzgspr. Greta 2002a.

4 GW 067. Frieda Schütt: »Als ich ein kleines Mädchen war …« (Notiz, o.D.).

5 PB 20-012. Wehner, Herbert: Am Sarge Tante Hannes (Trauerrede, 5.9.73), übrige u. folgende Zit.: Zzgspr. Greta 2002a.

6 Wissenschaftliches Zit.: Herbert 2003, S. 98; Gretas Version in: HGWST-GW 075. Greta an Irmgard u. Günter Wiemann v. 7.1.2006.

7 Chernow 1996, Zit. S. 102ff. sowie S. 341.

8 Vgl. HGWST-SD 82-007. Greta Wehner: Hs. Vermerk zu: Willi Winkler: Ohne Not, in: *Süddeutsche* v. 21.2.2011, S. 12; GW 075. Greta an Günter u. Irmgard Wiemann v. 14.5.2007; dass. v. 13.6.2005; Zit. ebd. § 35 Reichsgesetz für Jugendwohlfahrt (RJWG) v. 9.7.22 (RGBl., S. 633 in der Fassung der Verordnung über das Inkrafttreten des RJWG v. 14.2.24, RGBl. I, S. 110).

9 HGWST-GW 075. Greta an Irmgard u. Günter Wiemann v. 5.4.2006 u. 13.6.2005.

10 Wiemann 2011 sowie Zit. Greta ebd., S. 220.

11 Greta an Günter Wiemann v. 11.6.2006, in: Wiemann 2011, S. 10f.

12 HGWST-PB 19. Lotte an Greta v. 29.10.68.

13 GW 075. Greta an Irmgard u. Günter Wiemann v. 20.7.2005.

14 GW 125. Urkunde Standesamt Groß Schwülper v. 4.11.24, ausgef. 2.3.35.

15 PB 19. Lotte an Greta v. 29.10.68.

16 GW 075. Greta an Irmgard u. Günter Wiemann v. 5.4.2006 u. 13.6.2005.

17 Hierzu u. zum folgenden Zzgspr. Greta 2002a.

18 Für die Ermittlung des Nachnamens von »Etti«, wie sie in Gretas von Lotte zusammengestelltem Fotoalbum heißt, danke ich Layla Kiefel, die gerade an einer Dissertation über Frauen im ISK arbeitet.

19 Zu den Wohnorten: HGWST-SD 82-005. Greta Wehner: Not. zu Wohnorten der Familie 1926–1935 (o.D., mit Vermerk ChM v. 5.9.2002).

20 GW 075. Greta an Irmgard u. Günter Wiemann v. 5.4.2006.

21 Zzgspr. Greta 2002b.

22 Zzgspr. Greta 2003c.

23 HGWST-PB 19. Lotte an Greta v. 31.10.45, in: Album »Poesi« (mit Einträgen von Lotte, Peter, Herbert u. Greta, 31.10.45–15.12.51)

24 GW 62. Greta an Lucia Scherzberg vom 5.1.1998 (hs. Faxvorlage).

25 GW 125. Hanseatisches Oberlandesgericht: Urteil im Prozess gegen Oskar Barth u.a. v. 11.12.34 (Kop. aus BStU-Akten), S. 16/Bl. 224.; Zzgspr. Greta 2002b; Smiatacz, Carmen: Stolpersteine in Hamburg - Carl Burmester *1901 (http://www.stolpersteine-hamburg.de/, gel. 24.6.2019).

26 Zzgspr. Greta 2002b.

27 Vgl. Duhnke 1972, S. 101–105.

28 Kürschner-Pelkmann 1997, S. 181.

29 Zzgspr. Greta 2002b, folgende Zit. ebd.

30 Dertinger 1997, S. 113; Zzgspr. Greta 2002b.

31 HGWST-PB 30-001. Familie Wehner-Burmester an die Wiedergutmachungsberatungsstelle Hamburg v. 8.10.46; Zit. Greta: SD 82-005. Greta: Not. zu Wohnorten der Familie 1926–1935 (o.D., mit Vermerk ChM 5.9.2002).

32 GW 147-001. Lotte, Carl, Greta, Pied, Opa u. Marie an Johanne Hansen v. 12.3.33; Zzgspr. Greta 2002b; GW 125. Hanseatisches Oberlandesgericht: Urteil im Prozess gegen Oskar Barth u.a. v. 11.12.34 (Kop. aus BStU-Akten), S. 33/Bl. 226; S. 17/Bl. 225; Smiatacz: Stolpersteine – Carl Burmester, a.a.O.

33 Stolpersteine in Hamburg. Hans (Johannes) Görtz *1901 (http://www.stolpersteine-hamburg.de/, gel. 24.6.2019).

34 Zzgspr. Greta 2002b; das Folgende ebd.

35 HGWST-SD 82-005. Greta: Hs. Notizen zu Wohnorten der Familie 1926–1935 (o.D., mit Vermerk ChM 5.9.2002), Bl. 5.

36 Zzgspr. Greta 2002b.

37 HGWST-SD 82-005. Greta: Hs. Notizen zu Wohnorten der Familie 1926–1935 (o.D., mit Vermerk ChM 5.9.2002), Bl. 5.

38 GW 125. Bezirksamt Hamburg-Nord: Heiratsurkunde Carl Burmester – Charlotte Nicoline Johanne Clausen v. 9. November 1950; Hanseatisches Oberlandesgericht: Urteil im Prozess gegen Oskar Barth u.a. v. 11.12.34 (Kop. aus BStU-Akten), S. 16/Bl. 224; Smiatacz: Stolpersteine – Carl Burmester a.a.O.; HGWST-GW 125. Greta an Thomas Pusch v. 3.1.97.

39 Ebd. Geheime Staatspolizei/Staatspolizeileitstelle Hamburg an das Deutsche Konsulat in Göteborg v. 8. August 1942 (Kop. von ms. Abschrift); ebd. Greta an Thomas Pusch v. 3.1.97; HWA-1082. Paul Nevermann an Greta v. 16.8.49 (Durchnummerierte HWA-Signaturen ab Nr. 1/HWAA000001 usw. werden hier und im Folgenden abgekürzt wiedergegeben als HWA-0001 usw.); HGWST-GW 125. Standesamt Hamburg-St. Pauli: Sterbeurkunde Carl Burmester v. 2.12.52.

40 Wehner 2003a, S. 20.

41 HGWST. Bucheinlagen. Ansprache von Jens-Peter Burmester zur Präsentation des Buches »Stolpersteine u. Angehörige« am 30.1.2012.

42 Wehner 2003a, S. 22.

43 HGWST-GW 125. Hanseatisches Oberlandesgericht: Urteil im Prozess gegen Oskar Barth u.a. v. 11.12.34 (Kop. aus BStU-Akten), S. 22f./Bl. 225f.; Smiatacz: Stolpersteine – Carl Burmester, a.a.O.

44 Zzgspr. Greta 2002b; zum Folgenden ebd.; zu Maria GW 062. Greta an Lucia Scherzberg vom 5.1.1998 (hs., Faxvorlage).

45 Ebd.; SD 82-005. Greta: Hs. Notizen zu Wohnorten der Familie 1926–1935 (o.D., mit Vermerk ChM 5.9.2002), Bl. 6.

46 Zzgspr. Greta 2002b.

47 Duhnke 1972, S. 205ff.; Zzgspr. Greta 2002b.

48 HGWST. Bucheinlagen. Ansprache von Jens-Peter Burmester am 30.1.2012 (ms.); Zzgspr. Greta 2002c.

49 SD (unverz.). Budeus-Budde, Roswitha: »Ein anderes Deutschland«, in: *Süddeutsche* v. 3.1.2011 (m. hs. Randnotizen v. Greta, Kop.).

50 Greta Wehner: Leserbrief, in: Die Zeit Nr. 32 v. 5.8.94.

51 HGWST-GW 097. Greta: Redenotiz »Chemnitz, UB« v. 10.6.95, S. 3.

52 Ebd. Greta Wehner: »erster Entwurf Landesparteitag Sachsen« 4.7.93.

53 GW 094. Hs. Notiz Greta Wehner v. 12.12.91.

54 GW 196. Notiz Greta Wehners v. 15.1.97 (auf Briefkarte).

55 Tonaufnahme Greta 2005.

56 Zzgspr. Greta 2002c; zum Folgenden ebd.

57 HGWST. Tonaufnahme Greta 2005; Zzgspr. Greta 2002c.

58 Andersson 1950, S. 484–499; Samuelsson 1969, S. 259–272; Müller 2014, S. 145f.

59 Tonaufnahme Greta 2005.

60 Zzgspr. Greta 2002c.

61 Segerstedt Wiberg 1979, insbes. S. 13–17.

62 HGWST-PB 02-002. Annemarie Sch.(?), Frauenschutzhaftlager Moringen, an Lotte v. 27.7.37 u. v. 17.8.37; PB 02-015. Aufruf zur Begnadigung von Liselotte Herrmann, verurteilt am 12. Juni 1937; SD 78-001. Lotte an Karin Kihlmann v. 2.12.37; ebd. Willy Korbmacher an Karin Kihlmann v. 22.6.38 (ms.); ebd. Gunnar Benktander an Willy Brandt v. 27.11.72 (ms., Kop.).

63 Vgl. Bade 2000, S. 282; Müssener 1974, S. 89–92, 96, 159, 121, 160, 196, 200, 445f.

64 Segerstedt Wiberg 1979, S. 205; Zzgspr. Greta 2002c; zum Folgenden ebd.

65 HGWST-PB 37-020. Übersetzung d. Abgangszeugnisses v. 12.6.39 (Abschr.).

66 Zit. Hs. Notiz im Fotoalbum von Greta.

67 Zzgspr. Greta 2002c.

68 Wie die Freundin hieß, ist nicht mehr zu klären. Hinweise gib es auf eine Inga oder eine Solvej (HGWST. Bilder im Fotoalbum von Greta); Zzgspr. Greta 2002c, zum Folgenden ebd.

69 Zzgspr. Greta 2003a; HGWST-PB 37-020. Bescheinigung des Kindergartens Smått Folk v. 14.5.40.

70 Segerstedt Wiberg 1979, S. 70ff.; Zzgspr. Greta 2003a.

71 HGWST-PB 37-021. Bescheinigung von Elsa Hansson, Göteborg, v. 21.1.41.

72 Ebd. Bescheinigung von Lena Collvik, Göteborg v. 30.9.41; Bescheinigung von Carin Sveno-Arheim, Apothekerin, Göteborg v. 14.4.42.

73 Zzgspr. Greta 2003a.

74 HGWST-PB 37-021. Bescheinigung v. Lena Collvik, Göteborg v. 30.9.41.

75 Zur Halsentzündung: PB 02-007. Frieda Schütt an Familie Burmester v. 8.12.42; Zit. Zzgspr. Greta 2003a, zum Folgenden ebd.

76 GW 125. Archivmaterial betr. Ausbürgerungsvorgang Lotte Greta Peter 1943/44 (Kopien aus dem Politischen Archiv des Auswärtigen Amtes).

77 Zzgspr. Greta 2003a.

78 Rimstad 2013, S. 32ff.

79 Zzgspr. Greta 2002c; HWA-4006. Ingrid u. Hans (Beran?) an Lotte v. 28.3.45 (mit Anlagen).

80 Dass. – Anlage: Trauerkarte u. Nachruf.

81 HGWST-GW 003. Bass, Arnošt: Autobiografie. Typoskript, o.D. (1994), S. 122; Zzgspr. Greta 2002c.

82 Bass: Autobiografie. a.a.O., S. 80.

83 Ebd., S. 86f., 101, 126; Zzgspr. Greta 2003a.

84 Zzgspr. Greta 2003a.

85 Ebd.; Bass: Autobiografie. a.a.O., S. 124.

86 PB 08-014. Greta an Lotte u. Herbert v. 29.7.44.

87 PB 02-018. Burmester, Lotte: Bericht über die Solidaritätsarbeit (Entw., o.D.).

88 PB 02-016. Kurt »Seppel« Gebhardt an Lotte v. 24.10.39 u. v. 4.3.41.

89 PB 02-017. Walter Hochmuth an Lotte sowie an Greta u. Peter v. 1.11.42.

90 Scholz 1997, S. 81.

91 Zu Wehner grundlegend: Meyer 2006, zu den Jahren in Moskau S. 68–85.

92 Ebd., S. 86–100; Scholz 1997.

93 HWA-4013. Herbert an Wilhelm Bick v. 27.2.44; HGWST-PB 13-001. Lotte an Herbert v. 18.4.44 u. v. 12.4.44.

94 PB 11-004. Herbert an Lotte v. 1.6.44 u. v. 7.7.44.

95 PB 11-003. Herbert an Lotte v. 18.5.44.

96 PB 11-004. Herbert an Lotte v. 21.6.44; PB 08-021. Quittung von Ernst Löwe, Handels & Fabrik A.B., v. 6.6.44; Zzgspr. Greta 2003b.

97 PB 08-014. Greta an Lotte u. Herbert v. 29.7.44.

98 Polenz 1994; HGWST-PB 11-005. Herbert an Lotte v. 18.7.44; GW 144-020. Ragna, Karen u. Peter an Lotte u. Herbert u. Greta v. 30.3.58, mdl. Mitteilung von Jens-Peter Burmester an den Autor am 31.10.2014.

99 Zzgspr. Greta 2003a u. b.

100 Zzgspr. Greta 2003a.

101 Zzgspr. Greta 2003b, zum Folgenden ebd.

102 Zzgspr. Greta 2003a; HGWST-PB 08-014. Greta an Lotte u. Herbert v. 29.7.44.

103 PB 08-011. Greta an Lotte u. Herbert v. 5.10.44.

[104] Zzgspr. Greta 2003a; HGWST-PB 08-011. Greta an Lotte u. Herbert v. 17.10.44; ebd. Arnošt Bass an Lotte u. Herbert v. 8.10.44.
[105] Ebd. Peter an Lotte u. Herbert v. 14.10.44; GW 028. Arnošt Bass an Greta v. 14.10.44 (Übersetzung ChM); PB 08-011. Greta an Lotte u. Herbert v. 17.10.44.
[106] PB 08-015. Greta an Lotte u. Herbert v. 24.2.45; GW 028. Mimka Justitzová an Greta v. 20.3.45.
[107] Ebd. Arnošt Bass an Greta v. 13.3.94 (ms.); ebd. Greta an Dušana Machova v. 1.10.2002; Bass: Autobiografie. a.a.O., S. 124.
[108] Zzgspr. Greta 2003a; HGWST-PB 37-021. Göteborgs stads kurator för statslösa flyktingar / Ingrid Segerstedt Wiberg: Bescheinigung v. 7.1.46.
[109] PB 08-001. Greta an Lotte u. Herbert (o.D., wahrsch. 9.10.44); PB 08-007. Dass. v. 24. u. 28.4.44 (Postkarten).
[110] Zzgspr. Greta 2003b.
[111] HGWST-PB 37-021. Solhems Upptagningshem: Zeugnis für Greta v. 22.11.45 (ms., »Dublett«, Übersetzung ChM).
[112] PB 24-002. Statens Arbetsmarknadskommission an Herbert v. 11.6.45 (ms.); Zzgspr. Greta 2003b.
[113] Herbert Wehner erzählt 1966.
[114] HGWST-PB 08-019. Greta an Lotte u. Herbert v. 25.7.45.
[115] Zzgspr. Greta 2003b.
[116] HGWST-PB 08-003. Greta an Lotte u. Herbert v. 1.8.[1945]; PB 08-019. Dass. v. 25.7.45.
[117] PB 08-003. Dass. v. 18.8.45.
[118] Ebd. Dass. v. Donnerstag [9.8.45].
[119] PB 37-021. Solhems Upptagningshem: Zeugnis für Greta v. 22.11.45 (ms., »Dublett«, Übersetzung ChM).
[120] PB 08-003. Greta an Lotte u. Herbert v. 6.8.45 u. v. 16.8.45.
[121] Rupps/Wehner 2003.
[122] Zzgspr. Greta 2003a, zum Folgenden ebd.
[123] Zzgspr. Greta 2003b.
[124] HGWST-GW 144-020. Ragna, Karen u. Peter an Lotte u. Herbert u. Greta v. 30.3.58; Fotoalbum v. Greta Burmester, Bilder m. hs. Notizen (Aug. 46).
[125] HWA-4015. Herbert an Rudi Vasen v. 1.5.46.
[126] HGWST-PB 08-023. Peter an Lotte u. Herbert v. 16.2.47; PB 08-032. Greta an Lotte u. Herbert v. 7.6.47.
[127] PB 08-034. Greta an Lotte u. Herbert v. 6.5.47; PB 08-032. Dass. v. 7.6.47.
[128] Ebd. Greta an Lotte u. Herbert, Pfingstsonntag 1947.
[129] PB 08-032. Greta an Lotte u. Herbert v. 7.6.47.
[130] Ebd.
[131] Zzgspr. Greta 2003c, das Folgende ebd.
[132] HGWST-PB 08-023. Greta an Lotte u. Herbert v. 8.2.47.
[133] PB 05-017. Lotte an Familie Schütt v. 19.11.47.

[134] PB 03-002. Herbert an Lotte v. 19.9.47; GW 147-016. Lotte (und Familie) an Fam. Schütt v. 7.1.48; Fotoalbum, m. Bildunterschriften Feb./Mrz. 1948.

[135] Ein Kinderheim, in: *Die Zeit* v. 6.6.46; Zzgspr. Greta 2003c.

[136] HGWST. Rupps/Wehner 2003; PB 37-020. Beglaubigte Abschrift eines Praktikumszeugnisses im Kinderheim Steinbeck, 3.12.48.

[137] Zzgspr. Greta 2003c.

[138] HGWST-PB 05-019. Lotte an Frieda Schütt v. 17.11.48; Zzgspr. Greta 2003c; Meyer 2006, S. 117.

[139] Fotoalbum, Bilder mit Bildunterschriften von 1948.

[140] PB 08-001. Greta an Lotte v. 10.4.[49].

[141] PB 03-004. Lotte an Herbert, Himmelfahrt (= 26.5.) 49.

[142] Rupps/Wehner 2003.

[143] Zzgspr. Greta 2003c (zum Folgenden ebd.); vgl. Meyer 2006, S. 124.

[144] Zur Stiftung vgl. Studierende des 1. BA-Studiengangs Soziale Arbeit der FH Potsdam (2005): Bibliothek der GründerInnen. Seminararbeit (FH Potsdam). S. 1–7 (https://opus4.kobv.de/opus4-fhpotsdam/files/346/gruenderinnen.pdf, gel. 13.11.2019).

[145] Christa Hasenclever zum 60. Geburtstag 1966, o.S.

[146] Zzgspr. Greta 2003c; Hasenclever 1952a, S. 20.

[147] So die Auskunft der Kolleginnen u. Kollegen der FH Kiel.

[148] Hasenclever 1952b, S. 7f., HGWST-PB 37-022. Wohlfahrtsschule Schleswig-Holstein/Dr. Gertrud Beushausen: Bescheinigung v. 11.5.49; PB 03-004. Lotte an Herbert v. 29.5.49.

[149] Sammlung fürsorgerechtlicher Gesetze 1950, S. 61ff., S. 50.

[150] Hasenclever 1952b, S. 7; HGWST-PB 37-020. Zeugnis über die staatliche Prüfung als Fürsorgerin von Greta, 14.3.51; Zzgspr. Greta 2003c, das Folgende ebd.

[151] HGWST-PB 37-020. Praktikumszeugnis für Greta Burmester von der Arbeiterwohlfahrt Moers, 31.3.52.

[152] Zzgspr. Greta 2003c; HGWST-PB 07-001. Greta an Lotte v. 8.7.53; PB 07-002. Greta an Lotte u. Herbert v. 7.8.53 (hs. Ansichtskarte).

[153] PB 37-022. Wohlfahrtsschule Schleswig-Holstein: Zeugnis über eine staatliche Ergänzungsprüfung für Fürsorger(innen) v. 17.3.53.

[154] Zzgspr. Greta 2003c.

[155] HGWST-PB 07-017. Greta an Lotte v. 16.11.52; PB 07-014. Dass. v. 10.12.52. Das Folgende ebd.

[156] Kohlrusch, Eva: »Ich bin nicht für Lavendel in der Politik«, in: *Hamburger Morgenpost* v. 1.9.69.

[157] HGWST. Tonaufnahme Erzählen über Greta 2018.

[158] HWA-820. Teilnehmerliste betr. Sitzungen am 16./17.11.1965.

[159] Bahr 1996, S. 439f.

[160] HGWST-GW 119. Greta an Barbara Trojok v. 24.2.92; Rupps/Wehner 2003.

161 GW 044. Greta an Gerhard Jahn v. 2.2.90.
162 PB 16-006. Textilarbetarnas erkända arbetslöshetskasse, Medlemsbok Lotte Wehner, 5.6.43.
163 PB 08-013. Greta an Lotte v. 2.11.44; PB 16-006. Textilarbetarnas erkända arbetslöshetskasse, Medlemsbok Lotte Wehner, 5.6.43.
164 Meyer 2006, S. 116; HWA-1141. Herbert an Günter Reimann v. 27.12.47.
165 HGWST-PB 03-002. Herbert an Lotte v. 19.9.47.
166 Zzgspr. Greta 2003c.; das Folgende ebd.
167 PB 07-015. Greta an Lotte v. 25.6.53.
168 Zzgspr. Greta 2003c; Polenz 1994.
169 PB 07-015. Greta an Genosse Pfeifer v. 19.6.53.
170 Zzgspr. Greta 2003c.
171 PB 07-015. Telegramme Herbert an Lotte v. 16., 17., 18., 19., 20.6.53.
172 Ebd. Greta an Lotte v. 24.6.53 u. v. 25.6.53.
173 HGWST-PB 07-001. Greta an Lotte v. 5.7.53; das Folgende ebd.
174 Ebd. Greta an Lotte v. 28.7.53; PB 07-002. Dass. v. 11.8.53.
175 Vgl. Meyer 2006, S. 180f.
176 Vgl. HGWST. Ordner »Biographie. Allgemeiner Schriftwechsel 2003–2005«. Vermerk Gretas v. 1.7.2005; PB 07-003. Greta an Lotte v. 23.10.53.
177 Rupps/Wehner 2003; das Folgende ebd.
178 Vgl. Felts, Andrea (2014): Frau am Steuer, in: *Süddeutsche* (online) v. 6.1.2014 (https://www.sueddeutsche.de/auto/geschlechterkampf-ums-auto-frau-am-steuer-1.1854573, gel. 14.5.2020).
179 Vgl. Zzgspr. Erich Bock 2005; PB 07-009. Anton [?], Hamburg, an Herbert v. 28.2.52.
180 Rupps/Wehner 2003.
181 Vgl. z.B. die diversen Reiseplanungen in GW 155.
182 Vgl. Schindler 1999, S. 3260; Fraktion 1981, S. 25f.; HGWST. Tonaufnahme Greta 2005; das Folgende ebd.
183 Vgl. Verheiratet mit Herbert Wehner, in: *Jasmin* Nr. 17/68 v. 19.8.68, S. 38–45; 161, S. 40.
184 HGWST. Rupps/Wehner 2003; PB 37-012. Fernseh-Rundfunkgenehmigung Nr. O816660 für Herbert Wehner, 5.9.65; Greta an ChM v. 23.7.2005.
185 Tonaufnahme Greta 2005.
186 GW 144-040. Herbert an Lotte v. 11.9.55.
187 Die Originale sind in Dresden: HGWST. Terminkalender (1946–1999).
188 Vgl. TK 1957.
189 PB 12-018. Greta an Lotte v. 20.9.70.
190 Vgl. TK 1957.
191 PB 03-013. Lotte an Herbert v. 20.8.57.
192 Vgl. Meyer 2010; Meyer 2006, S. 205–211.
193 HGWST-PB 07-003. Greta an Lotte v. 16.10.53; GW 144-040. Greta an Lotte v. 15.9.55.

[194] Tonaufnahme Greta 2005.

[195] Zur Person 1964.

[196] HGWST-PB 03-002. Lotte an Herbert v. 17.9.47; PB 03-004. Dass., Freitag (27.5.49); PB 03-005. Dass., Pfingstmontag 1949.

[197] Zzgspr. Greta 2003c.

[198] Vgl. Meyer 2006, S. 178f.

[199] Vgl. AdsD, SPD-BTF, 4. WP, Nr. 892. Greta an Leo Bauer v. 24.10.61.

[200] HGWST. Greta an ChM v. 23.7.2005; Wehner 2000h, S. 42ff.

[201] Polenz 1994; vgl. HGWST. Rupps/Wehner 2003 sowie Greta an ChM v. 23.7.2005.

[202] Die Originale dieses Monats befinden sich im Herbert-Wehner-Archiv in Bonn, die Briefe von Lotte in HWA-1209, Kopien der Briefe von Greta u. Herbert: HGWST-PB 44 u. PB 45; Zit. HWA-1209. Lotte an Herbert u. Greta v. 1.6.73 (zweiter Brief).

[203] HGWST-PB 12-036. Herbert an Lotte v. 22.9.63.

[204] PB 12-032. Greta an Lotte v. 8.4.65; PB 12-035. Lotte an Herbert u. Greta v. 12.6.64.

[205] Ebd.; HWA-1209. Lotte an Herbert u. Greta v. 18.6.73, abends; dass. v. 29.6.73.

[206] Verheiratet mit Herbert Wehner, in: *Jasmin* Nr. 17/68 v. 19.8.68, S. 38–45; 161, S. 38, S. 44.

[207] Herbert Wehner erzählt 1966.

[208] HGWST-GW 152-001. Geburtstagskalender (Einzelblätter, o.D.); GW 144-020. Karen, Ragna u. Peter an Lotte, Herbert u. Greta v. 30.3.58; das Folgende ebd.

[209] Ebd. Karen, Ragna, Hillevi, Bengt Ole u. Peter an Lotte v. 11.9.61.

[210] Polenz 1994.

[211] Meyer 2006, S. 178.

[212] Vgl. HGWST. Greta an ChM v. 23.7.2005.

[213] Rovan 2000, S. 402.

[214] Vgl. Müller, Peter Christian: Nächtlicher Flirt zwischen SPD und F.D.P, in: *Handelsblatt* v. 30.9.69.

[215] HGWST. Rupps/Wehner 2003. Zum Thema Spitzenkandidatur siehe auch meine entsprechenden Folgerungen aus Herbert Wehners stenografischer Mitschrift der SPD-Präsidiumssitzung v. 11. Juli 1960 (vgl. Meyer 2006, S. 237f.).

[216] Vgl. Henke 2022; zit. n. Schwarz 1991, S. 932.

[217] Vgl. Meyer 2006, S. 283ff., Zit. ebd.; vgl. HGWST-TK 1966-G.

[218] Vgl. Gaus 1966; Verheiratet mit Herbert Wehner, in: *Jasmin* Nr. 17/68 v. 19.8.68, S. 38–45, S. 40; Guttenberg 1971, S. 134.

[219] Vgl. HGWST-GW 154-001. Liste »Geschenke« (ms., o.D., Juli 1966).

[220] Greta an ChM v. 23.7.2005; Wehner: Wir treiben keine Schlaumeierei, in: *Ruhr-Nachrichten* v. 10.12.66; vgl. Meyer 2006, S. 293f.;

221 Greta an ChM v. 23.7.2005; Rupps/Wehner 2003.
222 Tonaufnahme Greta 2005.
223 Ebd., Greta an ChM v. 23.7.2005.
224 Meyer 2006, S. 302.
225 HGWST. Greta an ChM v. 27.–29.8.2005.
226 Tonaufnahme Greta 2005.
227 Wehner 2000b, S. 66; vgl. HGWST. Greta an ChM v. 27.–29.8.2005. – Joseph Rovan (2000, S. 404f.) erzählt eine andere Version. Danach war es der französische Minister Edmond Michelet, der – auf Rovans Anregung – die Einladung zum Essen aussprach. Sehr lebhaft schildert er, wie wütend und gekränkt Herbert Wehner auf die Ausladung durch den Élysée-Palast reagiert habe.
228 Vgl. HGWST-EA 59-035. Notizheft Gretas zum Vatikanbesuch (17.–19.11.69); SPD im Vatikan, in: *Kölnische Rundschau* v. 20.11.69.
229 Vgl. Meyer 2006, S. 345ff.
230 Vgl. ebd., S. 349f.
231 HGWST-GW 152. Greta: Hs. Notiz »Oh, Gott…« v. 6.12.72.
232 GW 129. Bescheinigung der Bundesversicherungsanstalt für Angestellte v. 26.1.72; Wehner 2003a, S. 29f.
233 HGWST-SD 81-064. Greta an Elisabeth Steil-Beuerle v. 5.2.73.
234 Z.B. in Wölbern 2014, Bildteil, Abb. 22. Bis auf einen knappen Absatz zur Quellenlage (S. 27) kommt Greta in dieser über 500 Seiten umfassenden Dissertation nicht vor.
235 HWA-APK, Nr. 100. Herbert an Axel Springer v. 25.1.70.
236 AHS-DDR 1978–1981, Bd. 3. Hs. Notiz Gretas »21.9.79 / Telefonat mit Dr. Vogel um 13.30«.
237 Polenz 1994.
238 HGWST. Greta an ChM v. 28.8.2005.
239 Wolfgang Vogel, zit. n. Pötzl 2014, S. 447.
240 Vgl. Meyer 2006, S. 316; HGWST. Greta an ChM v. 28.8.2005.
241 Vgl. TK 1967 G.
242 Wehner 2000b, S. 67f.
243 Vgl. Vogtmeier 1996, S. 181f.
244 Vgl. Meyer 2006, S. 398; telef. Mitteilungen von Helga Vogel am 26.1.2022 sowie am 18.6.2023.
245 Vgl. Vogtmeier 1996, S. 182f.; Gesprächsnotiz: Telefonat Christoph Meyer mit Wolfgang Vogel am 7.10.2005, siehe auch Meyer 2006, S. 398
246 Wehner, Herbert: Der Techniker verliehener Macht, in: *Die Zeit* v. 18.7.57.
247 Gesprächsnotiz: Telefonat Christoph Meyer mit Wolfgang Vogel am 7.10.2005.
248 Vgl. auch HGWST-PB 45-001. Herbert an Lotte v. 5.5.73; Polenz 1994.
249 TK 1973-H, Einlage; »Vöglein« z.B. PB 44-001. Greta an Lotte v. 23.5.73.
250 PB 45-001. Herbert u. Greta an Lotte v. 29.5.73; TK 1973-G, Eintrag für 29.5.73.

[251] HWA-1406. Greta an Lotte v. 30.5./1.6.73.
[252] PB 44-002. Greta an Lotte, Bonn, 9.6.73.
[253] Wehner 2003a, S. 27.
[254] HGWST. Greta an ChM v. 23./29.10.2005.
[255] HWA-1406. Greta an Lotte v. 30.5./1.6.73.
[256] Polenz 1994; vgl. Wehner 2003a, S. 27.
[257] HGWST-PB 44-002. Greta an Lotte, Bonn, 9.6.73.
[258] HWA-1406. Greta an Lotte v. 30.5./1.6.73; folgendes Zit. ebd.
[259] HGWST. Rupps/Wehner 2003.
[260] Gespräch Wehner/Mischnick-Honecker am 31. Mai 1973 (Schorfheide), in: Potthoff 1997, S. 280–291, S. 280; Bölling, Klaus; Gauweiler, Peter: Mein Herbert ließ Brandt nicht fallen, in: *WamS* v. 23.1.2000, S. 29–30, S. 30.
[261] HWA-1406. Greta an Lotte v. 30.5./1.6.73.
[262] HGWST-TK 1973-G, Einträge für 31.5.73 u. 1.6.73; HWA-1406. Greta an Lotte v. 25.5.73; HGWST-HF 82. Herbert Wehner: Bericht über die Gespräche am 30. u. 31. Mai 1973 in der DDR v. 1.6.73; HWA-1406. Greta an Lotte v. 30.5./1.6.73.
[263] Das Folgende stützt sich auch auf Meyer 2006, S. 401ff.; vgl. Pötzl 1997, S. 230
[264] Vgl. telef. Mitteilung von Wolfgang Vogel am 7.10.2005; vgl. Pötzl 1997, S. 232f.; HGWST-PB 44-002. Greta an Lotte, Bonn, 6.6.73.
[265] Niederschrift Herbert Wehners 1973, S. 224; vgl. Koch 2014, S. 203, 209; Willy-Brandt-Archiv im AdsD, A 8, Nr. 75. Herbert an Willy Brandt v. 24.6.73.
[266] Pötzl 2014, S. 219; diese und die folgenden Passagen stützen sich stark auf: Meyer 2006, S. 453ff.
[267] Vgl. den umfassenden Schriftwechsel in HGWST-WV 02 sowie Liste Besuchsreisen HW-1980 in WV 05, das meiste Material jedoch in HWA-Allg. Korrespondenz - DDR, Nr. 42 und 60.
[268] HGWST-PB 66-008. Familie Hentsch an Herbert u. Greta v. 19.5.83
[269] Vgl. telef. Mitteilung von Helga Vogel am 26.1.2022; HGWST-HF 55. Edgar Hirt an Wehner v. 5.10.76 u. v. 7.12. (1975).
[270] Vgl. WV 01. Liste »Härtefälle«; ebd. Notiz (Greta) v. 31.5.75; telef. Mitteilung von Wolfgang Vogel am 17.11.2005.
[271] Vgl. Wehner 2002a.
[272] HGWST. Tonaufnahme Greta 2005; Zit. Herbert Wehner hier nach Reiser, Hans: Der Einzelkämpfer reist und schweigt, in: *Süddeutsche* v. 28.9.73.
[273] Opposition greift Wehner scharf an, in: *Bonner Rundschau*; Streit um Berlin-Kurs, in: *NRZ*; Krach um Alleingang Wehners in Moskau, in: *Süddeutsche* – alle v. 27.9.73.
[274] Hochspannung in Bonn vor der Rückkehr Wehners, in: *NRZ* v. 1.10.73; HWA-1525. Fernschreiben des Bundespresseamts an Herbert Wehner in Moskau v. 30.9.73; Feddersen, Jens: Die Sache und der Stil. Kommentar, in: *NRZ* v. 29.9.73; vgl. Meyer 2006, S. 411ff.

275 HGWST-PB 44-004. Greta an Lotte v. 14.9.73.

276 Ebd. Dass. v. 21.9.73.

277 Ebd. Dass. v. 24.9.73.

278 Ebd. Dass. v. 25.9. u. 7./9.10.73; Fromm, Ernst-Ulrich: Auf gelbem Sofa qualmend lässt Wehner Fragen nach dem Alleingang ohne Antwort, in: *Welt* v. 27.9.73, S. 8.

279 HGWST-PB 44-004. Greta an Lotte v. 26. u. v. 27.9.73.

280 Vgl. GW 055. Büro des Bundestagspräsidenten/Persönlicher Referent: Bericht über die Reise der Frau Bundestagspräsidentin u. einer Delegation des Deutschen Bundestages in die Sowjetunion in der *Zeit* v. 24. September bis 2. Oktober 1973 (ms.), 2.11.73, S. 41f.

281 Feddersen, Jens: Wenn Herbert Wehner in Kiew von Liebe spricht, in: *NRZ* v. 29.9.73.

282 HGWST-PB 44-004. Greta (und Herbert) an Lotte v. 28.9.73.

283 Ebd. Dass. v. 29., v. 30.9. u. v. 1.10.73; GW 195. Greta: Hs. Notiz (o.D.).

284 PB 44-004. Greta an Lotte v. 2.10.73.

285 Ebd. Dass. v. 5.10.73.

286 PB 44-015. Typoskript Herbert Wehner: Versuch einer Übersicht über Verlauf u. Gespräche während einer Reise der Delegation des Deutschen Bundestages in der UDSSR, Bad Godesberg, 6.10.73; PB 44-014. Greta an Lotte v. 6./7./9/10.10.73.

287 Ebd. Dass. v. 14. u. v. 17.10.73.

288 Hoffmann, Volkmar: In Bonn rüsten alle für die Herbert-Wehner-Woche, in: *FR* v. 2.10.73, S. 3; vgl. Meyer 2006, S. 419f.

289 Ebd., S. 423.

290 Rupps/Wehner 2003; Wehner 1994a, S. 69.

291 Rupps/Wehner 2003.

292 Wehner 1994a, S. 69.

293 Rupps/Wehner 2003.

294 HWA-1209. Lotte an Herbert u. Greta v. 15.5.73.

295 HGWST-PB 19. Lotte an Greta v. 25.8.74; GW 31. Greta an Ole, Hillevi u. Ragna v. 4.2.91.

296 PB 19. Lotte an Greta v. 25.8.74.

297 Ebd. Dass. v. 7.4.77.

298 PB 12-004. Greta an Lotte v. 2.1.78.

299 Den Begriff verdanke ich Armin Wöhrle (2022). Es handelt sich um eine Beobachtung über das Zusammenleben von Katzen; demnach funktioniert ein solcher »eingependelter Zustand« wohl am besten in einem Matriarchat.

300 Zzgspr. Greta 2003b.

301 »Ich habe Honecker nur einmal gesehen«, in: *Spiegel* Nr. 36 v. 2.9.74.

302 AHS-Innenpolitik O-Z, Bd. 11 1977–1978. Herbert an Helmut Schmidt v. 29.8.78; Wehner 1998c, S. 183.

303 Wehner 2000e, S. 192.

[304] Meyer 2006, S. 466; vgl. z.B. HWA-2939. Schmidt an Greta u. Herbert v. 30.4.82; HGWST. Rupps/Wehner 2003; vgl. Wehner attackiert Brandt/Mißfallen am Führungsstil, in: *Süddeutsche* v. 20.6.77; HWA-2738. SPD-Landesorganisation Hamburg, Kreis 7 Harburg/Heinz Schulte an Wehner v. 1.6.79.

[305] Vgl. BT, Sten. Ber. 9. WP, 1. Sitzung, 4.11.80, S. 1; HGWST. Rupps/Wehner 2003; Altmodisch höflich, in: *Spiegel* v. 17.1.83; Zzgspr. Jürgen Schmude 2005.

[306] HGWST. Rupps/Wehner 2003.

[307] HGWST. Tonaufnahme Greta 2005; HWA-2939. Helmut Schmidt an Greta u. Herbert v. 30.4.82; AHS, H.S. privat H. Wehner 1978–1995. Greta u. Herbert an Loki u. Helmut Schmidt v. 28.4.82.

[308] Vgl. HGWST-PB 17-001. Wehner, Greta: Notizen zu Krankheiten in Herberts letzten Arbeitsjahren 1981–1982 (dat. 21.2.2002).

[309] Rovan 2000, S. 402–406, S. 405.

[310] HGWST-SD 16-003. Michael Weber an Helmut Schmidt v. 1.12.82.

[311] SD 82-021. Greta an Karsten Jauch, *Thüringer Allgemeine*, v. 20.8.2008; Polenz 1994.

[312] HGWST. Greta an ChM v. 20.12.2005; vgl. Wehner 2003a, S. 30.

[313] HGWST. Greta an ChM v. 20.12.2005.

[314] Vgl. Meyer 2006, S. 478.

[315] HGWST. TK 1983 H+G; Greta an ChM v. 20.12.2005.

[316] PB 66-008. Hertha Hoffmann (Springe) an Herbert u. Greta v. 20.5.83; ebd. Hedwig Heider (Nienburg) an Herbert u. Greta, 20.5.83; PB 66-003. Walter Böneker (Norderstedt) an Herbert u. Greta v. 27.5.83.

[317] PB 66-010. Kurt Kabatek (Essen) an Herbert u. Greta v. 23.5.83.

[318] Vgl. z.B. PB 66-008. Familie Hentsch an Herbert u. Greta v. 19.5.83, siehe auch oben, S. 223.

[319] Vgl. die weiteren Schreiben in HGWST-PB 66.

[320] Polenz 1994; HGWST-PB 66-017. Anneliese Schmidt an Herbert u. Greta (o.D., Mai 1983).

[321] Rauhaus, Gerd: Wehners »Graue Eminenz«, in: *Badische Zeitung* v. 20.5.83; HGWST-PB 66-010. Anita Kausche-Link (Köln) an Herbert u. Greta (o.D.).

[322] Vgl. Warum Wehner Stieftochter heiratet, in: *National-Zeitung* v. 27.5.83; Schneider, Jens: Die Erhabenheit der Dienerin, in: *Süddeutsche* v. 23./24.11.96.

[323] HGWST-PB 66-011. Lütcke, Erich: Greta Wehner: Vater ging in den Tod, in: *BamS* v. 22./23.5.83.

[324] Vgl. Wehner 2003a, S. 29f.

[325] Vgl. Polenz 1994; HGWST. Greta an ChM v. 20.12.2005.

[326] Zzgspr. Jürgen Schmude 2005; Wahlparteitag SPD 1983. Protokoll, S. 16f.

[327] Meyer, Christoph: »StipendiatInnengruppe Dresden« (Notiz eines Gesprächs mit Greta v. 12.4.2000); HGWST-SD 16-003. Herbert u. Greta an Michael Weber v. 15.2.83; Wehner 1998c, S. 178.

328 Telef. Mitteilung von Wolfgang Vogel am 7.11.2005; Menschlich gesehen, in: *Berliner Morgenpost* v. 20.5.83.
329 Zzgspr. Erwin Stahl 2005.
330 Polenz 1994; Wehner 1998c, S. 179.
331 Ich habe dies geschildert im Kapitel »Krankheit u. Sterben« in Meyer 2006, S. 475–494. Darauf stütze ich mich im Folgenden auch, versuche aber stärker die Perspektive Gretas einzunehmen.
332 Vgl. HGWST-PB 17. Joachim Bauer an Greta v. 28.3.94; Reisberg 1987, S. 90–95; Furtmayr-Schuh 2000, S. 29f.
333 Vgl. Wehner 2000e, S. 190.
334 HGWST-PB 80. Greta an Johannes Meyer-Lindenberg v. 19.9.90; Wehner 1992a, S. 160 (Hervorh. i. Orig.), S. 160f.
335 Ben Ari 2005, S. 147; Wehner 1997c, S. 169.
336 Vgl. Reisberg 1987, S. 121ff.
337 Philipps, Peter: Die Partei ehrt ihren Kärrner, in: *Welt* v. 17.9.84, vgl. auch Stüting, Manfred: Im Alter zeigt sich Wehner locker, in: *NRZ* v. 15.9.84; Zera, Ingolf: Wehner: Über Bonn kann er jetzt sogar herzlich lachen, in: *Express* v. 15.9.84.
338 Vogel, Stefan: Herbert Wehner: Viel Musik und wenig Garten, in: *Bild* v. 17.9.84.
339 Vgl. Wehner 1997c, S. 168.
340 HGWST-PB 81. Helmut Schmidt an Herbert v. 18.11.86; vgl. Wehner 1998c, S. 180.
341 Vgl. HGWST-EA 97. Hans-Böckler-Stiftung / Frank von Auer an Greta u. Herbert v. 3.12.85 sowie das Redetyposkript ebd.; Wehner 1997c, S. 170.
342 HGWST. Rupps/Wehner 2003; EA97-024. »Mein Grußwort an die Konferenz in Ahlen, 16.12.85« (hs. v. Greta, mit Zusätzen v. Herbert); vgl. Weg zur Mitte, in: *Express* v. 17.12.85.
343 Vgl. z.B. HWA-2355. Helmut Liebe an Herbert v. 4.9.84 mit hs. Vermerk Gretas; AdsD, NL Jahn, Nr. 1/GJAA001376. Greta u. Herbert an Gerhard Jahn zum 10.9.85; Wehner 1997c, S. 170; HGWST-PN 9. 5.9.88.
344 Vgl. Meyer, Christoph: »StipendiatInnengruppe Dresden« (Notiz zu einem Vortrag Gretas v. 12.4.2000); HGWST-PB 44-004. Greta an Lotte v. 18.9.73.
345 Thoma 1977, S. 369.
346 HGWST. Greta an ChM v. 20.12.2005.
347 Vgl. ebd., Meyer 2006, S. 15–18.
348 Vgl. HGWST-PB 69-001. Der Präsident des Ev.-Luth. Landeskirchenamtes Sachsen/Kurt Domsch an Herbert v. 9.7.86; Wehner 1997c, S. 171.
349 Vgl. HGWST-TK 1986-G+H; Wehner 1997c, S. 171.
350 BStU, MfS, ZOS, Nr. 1798, Vermerke des Leiters des ZOS v. 7. u. 12.11.86.
351 Vgl. ebd. Nachmeldung zum Berichtszeitraum 3.–9.11.86; Greta an ChM v. 20.12.2005; HGWST-TK 1986-G+H. Interessanterweise steht im Termin-

kalender, allerdings durchgestrichen, unter dem 3. November ein Eintrag von Greta »Erna evtl. nach Bonn«. Das spricht dafür, dass ein solcher Besuch geplant war, wegen der ohnehin bevorstehenden Reise in die DDR jedoch wieder abgesagt wurde. So könnte die Idee entstanden sein, Erna möglicherweise auf dem Rückweg nach Bonn mitzunehmen.

352 Vgl. ebd.; Wehner 1997c, S. 171.

353 Vgl. ebd., S. 171f.

354 Vgl. Wehner 2000e, S. 185; 1998c, S. 181; 2000e, S. 187.

355 Mace/Rabins 1986; die folgenden Passagen stützen sich besonders auf Meyer 2006, S. 487–490.

356 Vgl. Wehner 1997c, S. 174; 1998c, S. 179f.

357 Vgl. ebd., S. 174f.

358 Vgl. HGWST-PN 12. Einliegende Notiz Gretas (o.D., Oktober 1988); PN 10. 14.9.88.

359 Vgl. PN 1. 12.3.88; Rupps/Wehner 2003; Wehner 1997c, S. 167.

360 Wehner 1992a, S. 161; vgl. HGWST-PN 8. 29.7.88.

361 PN 5. 27.5.88.

362 Wehner 1992a, S. 162.

363 Vgl. z.B. HGWST-PN 5. 30.5.88.

364 Vgl. Zzgspr. Helmut Schmidt, Hamburg, 13.9.2005; HGWST-PN 22. 23.5.89; PB 81. Loki Schmidt an Greta v. 24.5.89; Wehner 1998c, S. 181.

365 HGWST-PN 25. 12.9.89; vgl. Wehner 2000a, S. 202.

366 HGWST-PN 28. 19.12.89.

367 Ebd. 22.12.89; vgl. Greta an ChM v. 20.12.2005.

368 Vgl. PB 17. Notiz Gretas zur Diagnose von Dr. Johannes Meyer-Lindenberg v. 30.1.90; Wehner 1992a, S. 163; HGWST-PN 28. Einträge v. 17.–19.1.90; Greta an ChM v. 20.12.2005.

369 Wehner 2000a, S. 202f.

370 Zu Willy Brandt: Tonaufnahme Greta 2005.

371 Wehner 2003b, S. 215.

372 Zit.: Doering, Kai: Zitate von Willy Brandt: Manche sind wahr, andere Legende (https://www.vorwaerts.de/artikel/lieblings-brandt-zitate-vorwaerts-leser, 22.10.2019).

373 HGWST. Greta u. Christoph Meyer an Sigmar Gabriel v. 26.1.2013.

374 Vgl. Christoph Meyer: Brückenbauer, in: *Vorwärts* Juni 2013, S. 40; Meyer 2013; Haferkamp, Lars: Willy Brandt: »Er war zutiefst Mensch«. Vorwärts-Online v. 7.6.2013 (https://www.vorwaerts.de/artikel/willy-brandt-war-zuerst-mensch, gel. 2.3.2023).

375 HGWST. Ordner »Greta Faxe Juli 2012-Juni 2013«. Greta an Margarete Füßer u. Christoph Meyer (Faxe) v. 26. u. 27.5.2013.

376 Zu Egon Bahrs Einordnung vgl. Meyer 2022.

377 Vgl. Wehner 2000e, S. 192; HGWST-DU 34. Traueransprache bei der Beerdigung von Herbert Wehner am Dienstag, den 23. Januar 1990 um 11.30

Uhr auf dem Burgfriedhof in Bad Godesberg; Abschied von Herbert Wehner, in: Bulletin des Presse- u. Informationsamts der Bundesregierung Nr. 15 v. 26.1.90, S. 117–124.

378 Vgl. AdsD, NL Jahn, Abgabeliste 6.7.87, Nr. 1102. Gerhard Jahn an Greta v. 30.1.90.

379 Vgl. Zzgspr. Greta 2003c.

380 HGWST-GW 171. Greta an Ragna, Hillevi u. Ole (Riensberg/Burmester) v. 24./25./26.6.91; vgl. TK-1990 G2-02.

381 GW 125. Inskrivningsmyndigheten i Kalmar Domsaga: Inskrivningsbevis Nr. 9698–9700 v. 30.4.90.

382 GW 044. Vertrag zwischen Herbert Wehner u. der Friedrich-Ebert-Stiftung / Günter Grunwald v. 1.3.83.

383 Ebd. Greta Wehner: Anmerkung zur Herbert-Wehner-Archiv-Vereinbarung, 13.2.2002; ebd. Holger Börner an Greta v. 17.1.90.

384 Ebd. Greta Wehner u. Holger Börner, Vorsitzender der Friedrich-Ebert-Stiftung: Vereinbarung über das »Herbert-Wehner-Archiv« (HWA) in der Friedrich-Ebert-Stiftung, dat. 28.3.90 (m. Vermerk Greta Wehners »5.4.90 in der FESt.«).

385 Ebd. Greta an Jürgen Burckhardt v. 11.4.90; ebd. Holger Börner an Greta v. 16.8.94.

386 GW 171. Greta an Peter Schulz v. 19.7.91.

387 Vgl. ebd. Ragna Riensberg, Hillevi u. Ole Burmester an Greta (Eingang hs. als »Brief I« v. 24.5.91 datiert).

388 Ebd. Dass. v. 29.1.91.

389 Ebd. Greta an Ragna Riensberg, Hillevi u. Ole Burmester v. 4.2.91.

390 Ebd. Dass. v. 26.4.91.

391 Ebd. Ragna Riensberg, Hillevi u. Ole Burmester an Greta (Eingang hs. als »Brief II« v. 24.5.91 datiert).

392 Ebd. Greta an Ragna Riensberg, Hillevi u. Ole Burmester v. 24./25./26.6.91.

393 Ebd. Peter an Greta v. 5./6.7.91.

394 Ebd. Greta an Peter v. 16./17.7.91.

395 HGWST-GW 028. Greta an Arnošt Bass v. 27.3.94.

396 Vgl. GW 044. Greta an Holger Börner u. Jürgen Burckhardt v. 16.7.91.

397 Ebd. Greta an Holger Börner v. 26.4./19.5.92 (Hervorh. i. Orig.).

398 TK1990-G2-08.

399 GW 061. Greta an Helmut u. Loki Schmidt v. 26.10.93; SD 82-014. Briefblockseiten mit Vermerk von Greta an ChM v. 17.7.2009; Meyer, Christoph: StipendiatInnengruppe Dresden (Notiz v. 12.4.2000).

400 SD 80-004. Greta an Lutz Kätzel v. 19.12.93.

401 Tonaufnahme Greta 2005.

402 Wehner 1990, S. 154.

403 Alle Zit. ebd., S. 154–156, Hervorh. i. Orig.

404 Wehner 1991.

405 Fünf Tage im September 1991 (Rassismus/AIB 93/3.2011/16.09.2011, https://www.antifainfoblatt.de/artikel/f%c3%bcnf-tage-im-september-1991, gel. 29.10.2022).

406 Wehner 1991.

407 HGWST-SD 80-004. Greta an Lutz Kätzel v. 19.12.93.

408 GW (unverz.). Greta an UB Bonn, Bundestagsfraktion und Präsidium des Parteivorstandes v. 25.1.91; Greta an SPD-Unterbezirk Bonn/Hans Walter Schulten v. 7./8.2.91.

409 GW 061. Helmut Schmidt an Greta v. 7.2.91.

410 Ebd. Dass. v. 12.10.93.

411 Ebd. Greta an Helmut u. Loki Schmidt v. 26.10.93.

412 Vgl. »Herzenswunsch der Sachsen«, in: *Wehnerpost* 9 (Herbst 2002), S. 5, das Folgende ebd.

413 HGWST-GW 079. Greta Wehner: Den Freunden des Herbert-Wehner-Bildungswerkes zum Geleit (o.D., 1996).

414 Vgl. GW 026. Helmuth Frahm an Herbert Wehner v. 6.7.88 (ms.); Greta Wehner: Redemanuskript »Hamburg Wilhelmsburg Bürgerhaus, 2. Mai 91»; Greta an Jörg Kuhbier v. 10.3.98.

415 Vgl. GW 012. Greta an Wolfgang Thierse v. 6.9.92; ebd. Deutsche Alzheimer Gesellschaft e.V. / Eleonore von Rotenhan an Greta v. 8.2.91; GW 061. Helmut Schmidt an Greta v. 7.3.91; GW 012. Helmut Schmidt an Greta v. 21.11.91; ebd. Henning Voscherau an Helmut Schmidt v. 26.10.92; ebd. Greta an Angelika Maaßen v. 14.8.94.

416 GW 012. Wehner, Greta: »Alzheimer Gesellschaft in Dresden 21.10.91«.

417 Tonaufnahme Erzählen über Greta 2018.

418 GW 014. Wehner, Greta: Alzheimer-Patienten u. deren Angehörige brauchen Unterstützung. Rededisposition zur Pressekonferenz in Bonn am Weltalzheimertag 21.9.98.

419 GW 014. LAG Alzheimer Gesellschaften NRW u. Hirnliga e.V.: Pressemappe zur Unterschriftenaktion 1998 (o.D., September 1998); Schawohl 2020, S. 21.

420 Aufbruch und Erneuerung – Deutschlands Weg ins 21. Jahrhundert. Koalitionsvereinbarung zwischen SPD u. Bündnis 90/Die Grünen v. 20.10.98. S. 1–52, S. 27 (https://www.spd.de/fileadmin/Dokumente/Beschluesse/Bundesparteitag/koalitionsvertrag_bundesparteitag_bonn_1998.pdf, gel. 2.12.2022); Gesetz zur Ergänzung der Leistungen bei häuslicher Pflege von Pflegebedürftigen mit erheblichem allgemeinen Betreuungsbedarf – Pflegeleistungs-Ergänzungsgesetz – PflEG v. 14. Dezember 2001 (BGBl. I S. 3728).

421 HGWST-SD 80-004. Greta an Lutz Kätzel v. 19.12.93.

422 Völklein, Ulrich: Die Kader-Akte Herbert Wehner, in: *Stern* (Heft 8) v. 18.2.93, S. 168–171.

423 HGWST-GW 007. Greta Wehner: Bemerkungen zu *Stern*, Heft 8, 18.2.93 (o.D.), Blatt II.

424 Ebd. Helmut Schmidt an Björn Engholm v. 24.2.93; vgl. Soell 1991.

425 HGWST-GW 007. Greta an Margitta Terborg v. 23.2.93; ebd. Greta an Björn Engholm v. 28.2.93.

426 GW 034. Björn Engholm an Greta v. 22.3.93; GW 070. Wolfgang Thierse an Greta v. 23.3.93.

427 GW 061. Jürgen Schmude an Greta v. 10.3.93; GW 071. Hans-Jochen Vogel an SPD/Karlheinz Blessing v. 22.3.93 (mit Anlage »In dankbarer Verehrung …«); GW 007. SPD-Parteivorstand / Cornelie Sonntag: Mitteilung für die Presse Nr. 169/93 v. 23.3.93.

428 Müller, Reinhard (1993): Die Akte Wehner. Moskau 1937 bis 1941. Berlin: Rowohlt; vgl. dazu Soell, Hartmut: Gegen seinen Willen zum Mittäter geworden, in: *Die Zeit* v. 2.4.93, S. 24; Jans, Gunnar: Herbert Wehner als Täter u. Opfer im Exil, in: *Express* v. 1.3.93, S. 2.

429 »Ethnologe der Bundesrepublik«, in: *General-Anzeiger* v. 31.3.93, S. 38.

430 Vgl. den Briefwechsel in HGWST-GW 030, darunter der Miet-/Leihschein des WDR v. 4.9.92.

431 GW 030. Greta an Heinrich Breloer v. 19.4.93.

432 Ebd. Heinrich Breloer an Greta v. 21.4.93.

433 GW 068. Greta an Helmut Schmidt v. 3.8.93; vgl. Pötzl 2014, S. 437–441.

434 HGWST-GW 072. Greta an Helga Vogel v. 19.7.93; ebd. Greta: Hs. Vermerk »Ich schäme mich …« v. 19.7.93.

435 GW 068. Greta an Hans-Jochen Vogel v. 20.7.93.

436 GW 071. Hans-Jochen Vogel an Greta v. 22.9.93; vgl. Pötzl 2014, S. 442; HGWST-GW 068. Helmut Schmidt an Greta v. 1.8.93; dass. v. 13.8.93.

437 GW 072. Helga Vogel an Greta v. 14.1.94; ebd. Greta an Wolfgang Vogel v. 22.10.93.

438 Vgl. Pötzl 2014, S. 441–446.

439 Vgl. z.B. V.Z.: Ein Gebrannter. Kommentar, in: *FAZ* v. 10.1.94.

440 Vgl. Reuth, Ralf Georg: Brandt war von Wehners Kontakten nicht überrascht, in: *FAZ* v. 17.1.94.

441 Vogel: Wehner war kein DDR-Agent, in: *Süddeutsche* v. 19.1.94; CSU wünscht Klarheit über Wehners Rolle, in: *Stuttgarter Zeitung* v. 19.1.94.

442 Wehner 1994a, S. 69; das Dokument in Wehner 2004, S. 220–239.

443 Greta Wehner – So kämpft sie um die Ehre ihres Mannes, in: *Express* v. 21.1.94; Wisser, Horst: Witwe und Wahlkampf. Kommentar, in: *Hamburger Morgenpost* v. 21.1.94.

444 Vgl. Affäre Wehner belastet SPD. Union: Die Archive öffnen, in: *Welt am Sonntag* v. 23.1.94; »Absurd, daß Herbert Wehner ein Ost-Spion war«, in: *Berliner Zeitung* v. 22.1.94.

445 HGWST (ohne Signatur). Der Bundesbeauftragte für die Unterlagen des Staatssicherheitsdienstes der ehemaligen Deutschen Demokratischen Republik: »Vorbemerkung« (dat. v. 15.1.94).

446 Vgl. Stasi wollte SPD-Politiker Wehner 1966 bloßstellen, in: *Westfälische Rundschau* v. 25.1.94; Zit. 868 Blatt Stasi-Akten über Herbert Wehner, in: *Welt* v. 25.1.94.

447 Delegierte feierten Wehners Witwe, in: *Rhein-Zeitung* v. 26.1.94.

448 Neue politische Heimat bei der Union, in: *Express* v. 26.1.94.

449 Vgl. Historiker: Nichts Neues in Papieren, in: *Thüringer Allgemeine* v. 27.1.94; Helmut Schmidt legt Zeugnis für Wehner ab, in: *Frankfurter Rundschau* v. 27.1.94; Schmidt, Helmut: Wider die Legende von Verrat u. Königsmord, in: *Die Zeit* v. 28.1.94.

450 Vgl. Bahr 1996, S. 444; HGWST-JV 01. Egon Bahr an Hans-Jochen Vogel v. 25.2.99.

451 Vgl. Wolf 1997; Wolf stellt klar: Herbert Wehner war weder Spion noch Verräter, in: *Berliner Morgenpost* v. 29.5.97; Briefwechsel mit Greta in HGWST-GW 071, darin insbes. der Artikel Vogels für den *Tagesspiegel*: Der »Stern« u. sein Wolf. Über den Umgang mit einem Toten« (Fax Hans-Jochen Vogels v. 21.6.97); GW 072. Kop. der Leserbriefe (erschienen am 7./8.6. bzw. 12.6.97) mit hs. Vermerk Gretas.

452 GW 195. Greta Wehner: Hs. Notiz (o.D.).

453 Schoenfeld: Das Duell der roten Witwen. Karikatur, in: *Berliner Zeitung* v. 24.1.94.

454 HGWST-GW 030. Greta an Rut Brandt v. 13.10.92.

455 Vgl. GW 044. Greta Wehner: Anmerkung zur Herbert Wehner-Archiv Vereinbarung v. 28.3. resp. 5.4.90 (dat. 13.2. bzw. 13.8.2002), S. 3.

456 WV 36-007. Greta an Wolfgang Vogel v. 10./12.6.90.

457 Vgl. GW 044. Greta Wehner: Anmerkung zur Herbert Wehner-Archiv Vereinbarung v. 28.3. resp. 5.4.90 (dat. 13.2. bzw. 13.8.2002), S. 5; ebd. FES / Bärbel Richter an Greta v. 15.2.91 (m. Vermerk Gretas v. 3.3.91).

458 GW 062. August H. Leugers-Scherzberg an Greta v. 19.4.93.

459 SD 80-004. Greta an Lutz Kätzel v. 19.12.93; GW 096. Greta Wehner: Hs. Rededisposition »Herbert Wehner Abend in Dresden« 17. März 1994, S. 2.

460 GW 062. August H. Leugers-Scherzberg an Greta v. 7.12.93.

461 Vgl. GW 063. August H. Leugers-Scherzberg an Greta v. 8.2.2001 (Fax).

462 Ordner »Herbert Wehner. Literatur K-S.« Darin: August H. Leugers-Scherzberg: Herbert Wehner und der Kommunismus. Unveröffentlichtes Typoskript, 1999, S. 14.

463 Ebd. Ausdruck von E-Mail-Text Christoph Meyer an August H. Leugers-Scherzberg (o.D., März 1999); GW 062. Greta an August H. Leugers-Scherzberg v. 13.4./28.3.99.

464 Ebd. Dass. v. 30.5.2001; der Vortrag selbst: Leugers-Scherzberg 2002.

465 GW 063. Greta an August H. Leugers-Scherzberg v. 25.10.2001.

466 Vgl. dazu die aktual. Fassung im Internet: Meyer 2020; vgl. Meyer 2002.

467 HGWST-GW 063. Greta an Elisabeth Leugers-Scherzberg v. 7.5.2007.

[468] Vgl. den umfassenden Schriftverkehr in Ordner »Herbert-Wehner-Archiv Bonn Allgemein»; GW 045. Änderung der Vereinbarung über das Herbert-Wehner-Archiv (HWA) v. 11.7./29.7.2004.

[469] Vgl. z.B. GW 120. Franz Müntefering an Greta v. 7.1.2004.

[470] Vgl. GW 057. Alexander Behrens an Greta v. 28.9.2002; Merseburger 2002; Greta an Michael Schneider (undat. Briefanfang).

[471] GW 052. Greta an Michael Schneider v. 30.1.2004; Greta an Franz Müntefering v. 23.1.2004.

[472] (unverz.). Schlusswort Greta (nach Redemanuskript) v. 11.7.2006.

[473] GW 061. Greta an Jürgen Schmude v. 25.1.2002.

[474] Ebd. Greta an Jürgen Schmude v. 9.6.94.

[475] GW 059. Priska Šadek an Greta v. 27.10.92 (mit hs. Vermerk Gretas v. 9.11.92; PB 88-016. Priska Šadek an Herbert Wehner v. 2.7.78; Greta an Arnošt u. Mimka Bass v. 11.2.94.

[476] GW 028. Greta an Arnošt Bass v. 27.12.94.

[477] Tonaufnahme Erzählen über Greta 2018.

[478] GW 028. Arnošt Bass an Greta v. 2.9.98.

[479] Ebd. Greta an Arnošt Bass v. 27.3.94.

[480] Ebd. Dass. v. 26.12.94; Wehner 1997a, S. 211.

[481] GW 028. Greta an Arnošt Bass v. 26.12.94.

[482] Wassermann, Andreas: Zuchtmeisters Witwe. Für Sachsen, in: *Die Woche* v. 22.12.94.

[483] Vgl. HGWST-GW 127. Urkunde des Notars Ulrich C. Cannawurf v. 1.12.94; vgl. u.a. ebd. Greta an Inge Wettig-Danielmeier v. 17.7.2004.

[484] Vgl. GW 061. Jürgen Schmude an Greta v. 29.5.96; Wehner 2003b, S. 215.

[485] Zit. n. Wassermann: Zuchtmeisters Witwe, a.a.O.

[486] HGWST-GW 097. Greta Wehner: »11.6.96 SPD-Bundestagsfraktion«.

[487] Videoaufnahmen. Videoaufzeichnung der Veranstaltung »Herbert Wehner. Politik für Deutschland« am 26.6.96.

[488] Mitteilungen von Bernhard und Rita Schawohl am 4.5.2023.

[489] GW 022. Greta an Frieda Schütt v. 29.12.96.

[490] SD 83-026. Frank-Walter Steinmeier an ChM v. Dezember 2017.

DANKSAGUNG

Kein Biograf ist mit seinem Projekt allein. Lebte sie noch, hätte ich an erster Stelle Greta Wehner zu danken, für ihr Leben und die vielen Reden, Briefe und Schriften. Hinzu kommen zahllose Gespräche und Interviews mit Greta, die von unschätzbarem Wert für mich sind. Von beiden Seiten unbeabsichtigt, haben wir damit einen Grund für dieses Buch gelegt. Ich kann nur hoffen, ihr damit gerecht geworden zu sein.

Weiterhin und wiederum habe ich all den anderen zu danken, die mir bei meiner 2006 erschienenen Biografie »Herbert Wehner« mit Rat und Tat zur Seite standen und von denen einige inzwischen verstorben sind, darunter Helmut Schmidt, Erwin Stahl und Hans-Jochen Vogel. Den letzten politischen Worten dieses großen Sozialdemokraten und Staatsmannes, kurz vor seinem Tod 2020 seinem Sohn diktiert, versuche ich auch mit diesem Werk etwas gerecht zu werden. Darin heißt es: »Maßgebend waren mir als Vorbilder Willy Brandt, Helmut Schmidt, Herbert Wehner und Waldemar von Knoeringen. Mögen sie in der Erinnerung der deutschen Sozialdemokratie und der deutschen Öffentlichkeit bleiben. (…) Sorgen Sie dafür, dass Deutschland bleibt, wofür wir gekämpft haben.«

Vielfältige Hilfe habe ich bei diesem Projekt erfahren; dabei sind die Beiträge ganz unterschiedlicher Natur. Besonders danke ich: Margarete Füßer, André Kerner, Maria Ploß, Klaus Reiners und Claudia Toppat-Reiners, Rita und Bernhard Schawohl, Dr. Franz Georg Strauß sowie Helga Vogel.

Wenn in dem vorliegenden Buch etwas nicht stimmen sollte, bin ich für Hinweise dankbar. Sind solche Hinweise berechtigt, so gehe ich im Internet darauf ein, unter http://www.hgwst.de/gretakorrekturen/.

PERSONENVERZEICHNIS

Auf die Nennung von Greta, Herbert und Lotte Wehner wird hier verzichtet.